Myron Hurna
—
Amoklauf am offenen Lernort

Der Autor Myron Hurna, geboren 1978, studierte und lebt in Freiburg. Er promovierte über Legitimation moralischer Normen, veröffentlichte Bücher zu Paul Celan, zur Moralphilosophie und zu politischer Sprache sowie Gedichte.

Myron Hurna

Amoklauf am offenen Lernort

Politisch korrekte Sprache
bei Linken und Rechten

Königshausen & Neumann

Bibliografische Information der Deutschen Nationalbibliothek

Die Deutsche Nationalbibliothek verzeichnet diese Publikation in der Deutschen
Nationalbibliografie; detaillierte bibliografische Daten sind im Internet
über http://dnb.d-nb.de abrufbar.

© Verlag Königshausen & Neumann GmbH, Würzburg 2024
Gedruckt auf säurefreiem, alterungsbeständigem Papier
Umschlag: skh-softics / coverart
Umschlagabbildung: Charles Perrault: Abstrakter Hintergrund © envato.com
Alle Rechte vorbehalten
Dieses Werk, einschließlich aller seiner Teile, ist urheberrechtlich geschützt.
Jede Verwertung außerhalb der engen Grenzen des Urheberrechtsgesetzes ist
ohne Zustimmung des Verlages unzulässig und strafbar. Das gilt insbesondere
für Vervielfältigungen, Übersetzungen, Mikroverfilmungen und die Einspeicherung
und Verarbeitung in elektronischen Systemen.

Printed in Germany

ISBN 978-3-8260-8459-1
eISBN 978-3-8260-8460-7

www.koenigshausen-neumann.de
www.ebook.de
www.buchhandel.de
www.buchkatalog.de

Einleitung: *Wer hat den Brunnen in die Textwüste gestellt?*

Das vorliegende Sprachbuch ist eine Fortsetzung meiner früheren Bücher zur politisch korrekten Sprache. Es untersucht politisch korrektes Sprechen in vielen Erscheinungsformen. Der Anstoß zu einer solchen Untersuchung gab folgender Gedanke: Wenn die Sprachkorrekten behaupten, dass mit Sprache Macht ausgeübt wird, dann muss man *ihre* Sprache untersuchen. Wenn Sprache unterdrückend ist, wie politisch korrekte Aktivisten behaupten, dann ist auch ihre Sprache der Überprüfung wert, ob in ihr sprachliche Gewalt auftritt. Wie in den Beiträgen zuvor, habe ich mich hier wieder auf stilistische Aspekte verlegt (denn es ist eine eigenwillige Ästhetik, mit der uns politisch korrekte Verhaltensweisen, politische Werte und Haltungen vermittelt werden) und auf das, was die Korrekten *Sprachstrukturen* nennen. Die Untersuchung dieser Strukturen bedingt, dass sehr viele Sprachbelege präsentiert werden, allerdings genügt das noch nicht, um Regelmäßigkeiten aufzuzeigen. Man braucht auch Theorien, um die Sprachdaten zu interpretieren; dabei helfen uns gerade die Annahmen der Sprachkorrekten, etwa, dass das Deutsche eine maskuline Herrschaftssprache sei. Ich werde also auch solche theoretischen Unterbauten prüfen. Die vorliegende Betrachtung berührt zudem linguistische und sprachphilosophische Fragen, vor allem deshalb, weil sie von den Sprachkorrekten bemüht werden, um die politisch korrekte Sprache zu verteidigen. Bekanntlich stammt das politisch korrekte Sprechen aus den Universitäten, so dass es immer begleitet wurde mit philosophischen Prämissen, was Sprache ist oder was sie sein sollte. Die Sprachkorrekten setzen viele neue Regeln, wie man nicht-diskriminierenden und inklusiven Sprachgebrauch betreibt, weil sie Sprache als unterdrückendes Herrschaftsinstrument missverstehen. Diese neuen Regeln werden von der Sprechergemeinschaft als künstlich und repressiv empfunden, und sie werden von ihr abgelehnt in der Hoffnung, dass sie sich im täglichen Sprachgebrauch langfristig nicht durchsetzen. Die politisch Korrekten geben Sprachempfehlungen, doch die einzige Sprachempfehlung, die ein Buch geben kann, dass sich mit der Sprache der Sprachkritiker befasst, lautet: Jedes Wort ist erlaubt und man verwendet es, wenn es dafür sachliche Gründe gibt. Hinzu kommt: Trotz ihres Gutsprechs pflegen die Korrekten einen Verbalextremismus und ich werde das anhand vieler Beispiele zeigen. – Dem Leser wird auffallen, dass ich kaum einzelne Wörter ausdeute, sondern mehr Wortreihen, Wortfamilien, Ableitungen, Wortpaare etc. untersuche. Eine Einwortanalyse hätte allenfalls schwachen Beweischarakter. Im Unterschied zu den Sprachkorrekten, die behaupten, bestimmte Ausdrücke oder Sprachstrukturen seien diskriminierend, zeige ich die schon jetzt bestehende sprachliche Vielfalt auf, die dadurch ermöglicht wird, dass die durchschnittlichen Sprecher, aber vor allem auch Künstler, Schriftsteller und Dichter, Ausdrücke in ganz verschiedenen Weisen gebrauchen. Der korrekte Umgang mit Sprache minimiert diese Vielfalt. Deutlich wird der politisch korrekte Umgang mit Sprache, die Sprachkorrekte und Gutsprecher pflegen, wenn man die vielen Ausdrücke betrachtet, die aus einem Schema resultieren, oder die auf eine bestimmte moralische Art gebraucht werden. Wie üblich entnehme ich meine Beispiele vor allem der grauen Literatur (Broschüren, Flyer, Zuschriften an mich, Elternrundbriefe, Werbematerialien usw.), aus Zeitungsartikeln, von Webseiten, aus persönlichen Gesprächen. Alle Ausdrücke wurden händisch zusammengetragen. Es werden diejenigen Ausdrücke, die mehr als einmal vorkamen, in einfache Anführungszeichen gesetzt, längere authentische Phrasen, ohne dass der Urheberbeleg möglich ist, ebenfalls. Zitate werden mit Quellen auf die übliche Weise zitiert.

Tausche ›Indianer‹ gegen ›Indigener‹: Wortersetzung und Zensur

Die Zensur von Ausdrücken (und damit auch implizite Vorstellungsverbote) ist offensichtlichstes Merkmal des politisch korrekten Sprachgebrauchs und wird von den Gegnern der politisch korrekten Sprache am meisten diskutiert. Die Zensur kann als Ersetzung von Ausdrücken eine sanfte Zensur sein, sie kann aber auch durch Sprechverbote stark werden. Wir haben mehrere Typen von Ersetzung: Die *ersatzlose Tilgung* von unliebsamen Personenausdrücken wie ›Schwarzer‹, ›Mohr‹, ›Neger‹, ›Nigger‹, ›Kanake‹, ›Bimbo‹, ›Zigeuner‹, ›Mestize‹, ›Mischling‹, ›Mulatte‹, ›Schürzenjäger‹, ›Buschmann‹, ›Schwulenseuche‹[1] usw. Wir haben die *einfache Um-*

---

1 Ein stigmatisierender Begriff, der von den Medien gebildet wurde und keine breite Verwendung in der Allgemeinsprache fand.

benennung bei ›Mohrenapotheke‹, ›Mohrenstraße‹, ›Negernbötel‹ (Umbenennung vorgeschlagen), ›Zigeunerschnitzel‹, ›Mohrenkopf‹, ›Der Nigger von der Narcissus‹ => ›Der Niemand von der Narcissus‹ (also Personen- und Sachausdrücke). Und wir haben schließlich die *Ersetzung* unliebsamer Ausdrücke durch *neutralere, positivere*, oft auch akademischere und technischere Ausdrücke: ›Fräulein‹ => ›Frau‹, ›Schwarzer‹ / ›Farbiger‹ => ›PoC‹, ›Zwerg‹ => ›Kleinwüchsiger‹, ›Schlitzauge‹ => ›Epikantus medialis‹ u.v.m. Durch die Ersetzung kommt es auch zur Ablehnung des Bildhaften solcher Ausdrücke wie ›Mandelauge‹, ›Liliputaner‹, ›Heimchen am Herd‹, ›Hausdrache‹, ›Dorfmatratze‹, ›Schürzenjäger‹, ›Platzhirsch‹, ›notgeil‹ usw. (Bildhaftigkeit ist leicht zu verstehen, es ist der Unterschied zwischen einem Ausdruck wie ›Katzenauge‹ und ›Reflektor‹.) Hierhin gehört das Phänomen der Verstärkung, nämlich, dass ein Ausdruck für die politisch Korrekten als zu schwach angesehen wird und daher durch einen stärkeren Ausdruck ersetzt werden muss: Man sagt, ›Antisemitismus‹ sei zu schwach, es müsse ›Judenhass‹ heißen (Anne Frank benutzt schon beide synonym, vgl. Frank 2021; 237, 690). Oder die Bezeichnung soll akademisch und daher offizieller und besser sein: ›Machtergreifung‹ => ›Machtübergabe‹, ›Reichskristallnacht‹ (bildlich) => ›Novemberpogrome‹ (akademisch blass). Man solle ›Churban‹ sagen statt ›Holocaust‹, weil das die Bezeichnung der Opfergruppe ist. Was die Personenausdrücke betrifft, so sollen Eigenbezeichnungen der Gruppen übernommen werden, also nicht ›Zigeuner‹, sondern ›Sinti‹, ›Roma‹, ›Jenische‹, ›Gelderari‹, ›Lallerie‹, ›Lowari‹ usw. Statt ›Eskimo‹ heißt es ›Inuit‹, aber noch besser: ›Inuk‹. Was Länderbezeichnungen betrifft, so sollen die politisch korrekten Formen verwendet werden, die man für internationaler hält und die teils auch aus Eigenbezeichnungen der betreffenden Nationen kommen. So soll man ›Myanmar‹ statt ›Burma‹ sagen und ›Thailand‹ statt ›Siam‹ (›Myanmar‹ und ›Thailand‹ sind aber Wortschöpfungen autoritärer Regierungen). Japan soll nicht ›Nippon‹ heißen, dabei sagen die Japaner ›Nihon‹ bzw. ›Nippon‹… Die alten Landesnamen werden von den Korrekten scheel angesehen, aber im Exotismus verklärt: ›Gärten von Siam‹ (Mischung für Wokgemüse). Es soll nicht ›Vietnamkrieg‹ im deutschen Sprachgebrauch heißen, sondern ›Amerikanischer Krieg‹. Man soll nicht ›Holländer‹ sagen, sondern ›Niederländer‹, obwohl Anne Frank auch beide synonym nimmt (vgl. ebd.). Ebenso sagt Etty Hillesum pauschal „Holland" (Hillesum 2022; 114, 120 und öfter) und nicht ›Niederlande‹. Man hört in den deutschen Nachrichten ›Pressburg‹ und ›Bratislava‹ nebeneinander. Alle empfinden ›Tschechei‹ als diskriminierenden oder belasteten Ausdruck, wohl wegen Hitlers ›Rest-Tschechei‹. Anna Haag schreibt: „Tschechei" (Haag 2022, 20). Luise Pusch echauffiert sich darüber, dass man pauschal ›Amerika‹ sagt und dass „Amerikanisch" ein „arrogant-vereinnahmendes Wort" (Pusch 2019, 105) sei. Dabei ist es nur, wie viele andere Wörter, allgemein, unklar im Fokus (vgl. ›Schwarzafrika‹) und bei Bedarf kann man ja spezifizieren. Umgekehrt: Da man offen ist für Kulturen, muss der Sprachgebrauch anderer übernommen werden und zwar in der feinen und feinsten Differenzierung: Man soll den Unterschied zwischen ›Burka‹, ›Hidschab‹, ›Tschador‹, ›Abaya‹ usw. kennen oder ›'Ndrangheta‹ schreiben, also bitte mit Auslassungszeichen. – Eine weitere unüberlegte Konsequenz der Zensur ist, dass Wörter zwar zensiert werden, aber doch wieder erscheinen. Das ist bei der Akronymisierung der Fall, die man anwendet, wenn man über negative Wörter spricht, ohne sie zu erwähnen, aber anzeigen muss, worüber man spricht. Die missliebigen Wörter werden encodiert: ›I-Wort‹ für ›Indianer‹, ›Z-Wort‹ für ›Zigeuner‹, ›N-Wort‹ für ›Neger‹ usw. Diese Art der Codierung ist nichts Neues, man kennt sie von: ›A-Karte‹ = ›Arschlochkarte‹. Bei Akronymen kommt es oft nicht darauf an, dass man sie richtig decodiert: ›LKW‹ wird oft einfach als ›Laster‹ verstanden. Aber ›Z-Wort‹ muss jeder als ›Zigeuner‹ verstehen, weil man ja wissen muss, was sprachlich tabuisiert wird. Dadurch geraden die Sprachkorrekten in eine Misere. Sie denken, dass der *metasprachliche* Gebrauch schon politisch inkorrekt ist, wenn man etwa sagt: ›Man darf Neger nicht sagen.‹ Sie wollen uns suggerieren, dass die Adressierung falsch ist, man soll nicht ›Neger‹ zu jemanden sagen, aber da sie generell den Gebrauch (auch den metasprachlichen) sich und anderen verbieten, kommen sie zu den Kapriolen wie der deutlichen Codierung. Man kann nicht verstecken, was man wieder zeigen muss. – Wortersetzungen können noch in anderen Erscheinungsformen auftreten. Feministen (etwa Mithu Sanyal) wollen die Allgemeinheit darüber belehren, dass es ›Vulva‹, nicht ›Vagina‹ heiße, wenn man über den äußeren Schambereich redet, was aber nicht stimmt. ›Vagina‹ war schon immer ein unspezifischer Ausdruck und die besondere Benennung des äußeren Teils war nicht nötig, zumindest nicht umgangssprachlich. Dann aber soll es auch nicht ›Scham‹ heißen, weil dieser Bereich mit ›schämen‹ assoziiert würde, was aber auch nicht der Fall ist. Niemand denkt so. Bei der übermäßigen Tilgungssucht, zum Beispiel beim Ausradieren des Ausdrucks ›Volk‹ (wegen ›Volksgemeinschaft‹ usw.), bleiben dann doch viele Ausdrücke stehen, die neutral oder sogar positiv sind, obwohl sie das geächtete Grundwort haben. ›Volk‹ ist schlecht, aber ›Volksgarten‹ ist neutral und ›Volksrepublik‹ ist sogar gut. Viele Ausdrücke mit ›minder-‹ und ›sonder-‹ werden geächtet (›Minderwuchs‹, ›Sonderschule‹, ›Sonderbehandlung‹, letzteres NS-Vokabular), aber wenn es den Korrekten in den Kram passt, sind sie gut: ›Sonderpädagogik‹, ›Sondervermögen‹, ›Sonderbegabung‹, ›geschützte Minderheit‹, ›Minderheitenrecht‹. Das gibt schon einen Hinweis darauf, dass Ausdrücke als ganze positiv oder negativ belegt werden, so dass folglich das Negative von ›Zigeuner‹ nicht an ›Zigeunerschnitzel‹ hängen muss (siehe unten). Die Neuauflage des Buches von F.G. Lorca unter dem Titel ›Zigeunerromanzen‹ zeigt das auch. Die politisch korrekte Sprache treibt die Sprecher zur Verfeinerung und zwingt ihnen eine Art Expertentum auf: Man spricht im Iran nicht ›Persisch‹, sondern ›Farsi‹. Es muss statt bloß ›Muslimin‹ korrekt ›Muslima‹ heißen. Die immer erneuerten Sprachregelungen treffen auch die eigenen Anhänger, deren Sprachgebrauch besonders kontrolliert wird, und die geächtet werden, wenn sie falsch sprechen. So traf es den Klimaaktivisten Tom Radtke, der sagte, der „Holocaust war eines der größten Verbrechen im 2. Weltkrieg" (*taz* online vom 28.1.2020), statt dass er sagte, der Holocaust sei das größte Verbrechen... (Näheres dazu in Hurna 2023b). Politisch Korrekte kritisieren sich selbst wegen ›unreflektierter Wortwahl‹ und geloben Besserung, wenn sie einen inkorrekten Ausdruck, der für sie falsche Annahmen widerspiegelte, verwendeten... Sie versuchen, die Spontaneität ihres Sprechens und Denkens zu kontrollieren. Nun, das sprachliche Verbessern und Korrigieren kennt auch die Alltagssprache, aber die politisch Korrekten verwenden es als politisches Programm. Wer länger auf die Sprachentwicklung achtet oder ältere Quellen heranzieht, wird viele Meliorisierungen entdecken. Ältere Umstellungen waren: ›Putzfrau‹ => ›Raumpflegerin‹, ›Müllmann‹ => ›Müllwerker‹ oder ›Gesundheitskasse‹ statt ›Krankenkasse‹, obwohl es offiziell GKV (›Gesetzliche Krankenversicherung‹) heißt... Auch lesen wir immer noch Anzeigen wie: ›Gesundheits- / Krankenpfleger gesucht‹. Akronym und administrativer Name sind starrer als die Eigenbezeichnungen der Kassen. Die politisch korrekten Eigenbezeichnungen können der Sprechergemeinschaft sogar nur durch aktionistische Politik aufgezwungen werden.

Hier einige neuere Ersetzungen oder sprachliche Verbesserungen:

›GEZ-Gebühr‹ => ›Demokratieabgabe‹ (Verballhornung durch die GEZ-Kritiker)

›Reparationen‹ (eigentlich: ›Wiederherstellung‹) => ›Wiedergutmachung‹ (Änderung in einer Resolution Polens, die Schäden aus dem WK II gegenüber Deutschland geltend macht (laut dt. Presse, doch im Original gibt sich das nicht viel: ›Reparacje‹ => ›Restytucja‹))

›Europäische Union‹ => ›Europäische Familie‹ / ›Europäisches Haus‹

›Leistungs-xy‹ => ›Hochleistungs-xy‹ (xy = Batterien, Sport usw.)

›Bismarckzimmer‹ => ›Saal der deutschen Einheit‹ (doppelte begriffliche Aufwertung: ›Zimmer‹ zu ›Saal‹ und dann von einer historischen Person zu einem historischen Ereignis)

›Plagiatsvorwurf‹ => ›Plagiatsfrage‹

›Ruhezonen‹ => ›Ruheoasen‹

›Recycling‹ => ›Upcycling‹

›Imageschaden‹ => ›Integritätsverletzung‹

›Migrant‹ => ›Mensch mit Migrationshintergrund‹ => ›Mensch mit Migrationsgeschichte‹

›Weltklimarat fürchtet 280 Millionen Klima-Flüchtlinge‹ => ›Weltklimarat erwartet 280 Millionen Klima-Flüchtlinge‹

›Familie‹ => ›Kernfamilie‹ (nach begrifflicher Schaffung von anderen Formen der Partnerschaft und Lebensformen als Familie)

›verbrennen‹ => ›thermisch verwerten‹

›Hautfarbe‹ => ›Hauttyp‹ (Hautfarben differenziert) => ›Hautbild‹ (allgemeiner: Farbe und Beschaffenheit)

›hyperaktiv‹ => ›bewegungsfreudig‹

›Vergewaltigungsopfer‹ => ›Erlebende‹ (Mithu Sanyal)

›Flüchtlingshelferin‹ => ›Flüchtlingsbegleiterin‹

›Erderwärmung‹ => ›Erderhitzung‹ (sprachliche Dramatisierung)

›Schulden‹ => ›Sondervermögen‹

›Aborigines‹ => ›Aboriginals‹

›Themen, die die Menschen bewegen‹ => ›Themen, die die Menschen aufrütteln‹

›Vielfrucht‹ => ›Mehrfrucht‹

›geschichtsblind‹ => ›geschichtsvergessen‹ => ›geschichtslos‹ (Vorwurf, die NS-Zeit zu übergehen oder zu verharmlosen)

›Nigeriakuchen‹ => ›Omas Puddingkuchen‹

›Mannstunden‹ => ›Personenstunden‹

›Freiheit, Gleichheit, Brüderlichkeit‹ => ›Freiheit, Gleichheit, Schwesterlichkeit‹ (Wahlplakat der Grünen, Europawahl 2019)
›Freiheit, Gleichheit, Brüderlichkeit‹ => ›Freiheit, Gleichheit, Solidarität‹ (SPD Grundsatzprogramm)
›problemorientiert‹ => ›lösungsorientiert‹

Geht es um Änderung solcher Ausdrücke wie ›Mohr‹, ›Neger‹, ›Eskimo‹, ›Mestize‹ oder ›Hottentotte‹ in der Literatur, so traut man sich doch nicht an die Klassiker. In Schillers *Räuber* gesellt sich dem „Mohrenmaul" und den „Hottentottenaugen" die „Lappländernase" hinzu (1. Akt, 1. Szene), die nirgends von Korrekten moniert wurde. Auch in Neuausgaben werden ›Mohrenmaul‹ und ›Hottentottenauge‹ selbstverständlich nicht geändert. Treten die Änderungen aber in Kinder- und Jugendbüchern ein und nicht in der Literatur, zu der man zumeist erst im Studium Zugang erhält, so ergibt sich möglicherweise eine Trennung zwischen gebildeten Schichten, die um verbotene Wörter wissen, und solchen, die sie nicht kennen und nicht verwenden... Aber nicht nur das. Die sprachlich Korrekten müssten nicht nur sehr viele Lexeme nach und nach aus dem Sprachgebrauch tilgen. Da viele beleidigende, die Hautfarbe, die Behinderung oder das Geschlecht betreffende Ausdrücke okkasionell sind, auf Metonymie oder Metaphern beruhen, müssten die Korrekten auch diese Bildungsmittel für heikles Vokabular zerstören. Schiller bildet „schlafende Küchengrazie" (*Räuber*, 4. Akt, 2. Szene) neben den gängigen Wörtern wie ›Megäre‹, ›Metze‹, ›Weib‹. Wie sollte man verhindern, dass jemand ein positives Wort wie ›Grazie‹ in eine anrüchige Personenbezeichnung verbaut? Auch die Anspielung müsste zensiert werden. ›Periode‹ ist semantisch doppelt belegt, als Menstruation und Zeitraum. Deshalb ist niemand gehindert, etwas Doppeldeutiges, Anzügliches zu bilden: ›Nicole lässt ihre Periodika erscheinen.‹ Wie wollen die politisch und sprachlich Korrekten das unterdrücken, zumal es Bedürfnisse für negative Personenbezeichnungen gibt? Letztendlich müssten Sprachverbote durch Sanktionen gestützt werden und das ist bestimmt nicht der Weg, den eine freie Sprachgemeinschaft möchte. Sofern nur die Zensur von Einzelwörtern stattfindet, werden die Sprachkorrekten nicht zum Ziel kommen, da immer neues negatives Vokabular entsteht (was auch im Sinne der politisch Korrekten ist, da sie ihre Gegner angreifen wollen). Wenn sie Bildungsmechanismen unterdrücken wollten, dann gingen sie zu weit, und würden die Sprache beschädigen (wenn solche tiefen Eingriffe möglich wären). Außerdem findet das

Sprecherkollektiv immer neue Formen des Ausdrucks; wenn denotative Ausdrücke unterdrückt werden (Politiker X = korrupt), dann steht einem immer noch das viel größere Gebiet der Konnotationen offen: ›Die Korruption frisst sich durch alle Institutionen.‹ Dieser Ausdruck ist gut, weil er die Korruption in die Nähe der Korrosion rückt (*corruptio* => *corrosum*). Noch besser aber ist der sinnliche ›Filz‹ der Klatschpresse.

Gutwörter

Der Schwemmgebrauch von positiven Wörtern ist typisch für das Gutsprech der politisch Korrekten. Ihre Sprache verwendet Ausdrücke, die entweder aus sich heraus positiv sind, wie ›gut‹, ›Qualität‹ oder ›entlasten‹, oder solche, die nur assoziativ positiv sind, wie ›lebendig‹, ›Natur‹ oder ›grün‹. Ich werde das im Folgenden nicht weiter berücksichtigen und erst später noch einmal darauf zurückkommen, außerdem mische ich hier absichtlich positives politisches Vokabular mit Gutwörtern des Alltagsredens, mit Werbewörtern und pädagogischem Gutsprech, um die Ähnlichkeit zu zeigen: ›Güteklasse A‹, ›Premiumpreis‹, ›Lichtworte‹ (weihnachtliche Kirchenesoterik; Übertreibung von ›Trostworte‹), ›Licht und Liebe‹ (Wohlfühlesoterik), ›Mensch‹, ›Lieblingsmensch‹, ›den Mensch in den Mittelpunkt stellen‹, ›Menschlichkeit‹, ›Toleranz‹, ›pro{aktiv}‹, ›Dankbarkeit‹, ›Integration‹, ›integrativ‹, ›integral‹, ›Respekt‹, ›Wertekanon‹, ›Gütesiegel‹, ›wir kümmern uns‹, ›demokratische Rechtsordnung‹, ›Demokratie‹, ›Demokratie Plus‹, ›Demokratiebewusstsein und -erziehung‹, ›demokratischer Imperativ‹, ›Demokratiefördergesetz‹, ›Zusammenhalt‹, ›unterhaken‹ (Olaf Scholz), ›freiheitliche und wehrhafte Demokratie‹, ›sicher unterwegs‹, ›sicher von A nach B‹, ›sichere Wege‹, ›bestmöglich‹, ›wertfrei‹, ›wertvoll‹, ›vollwertig‹, ›hochwertig‹, ›aufwerten‹, ›aufbereiten‹, ›aufarbeiten‹, ›kurze Wege‹ (Stadtplanerideologie), ›ganz eigene Erfolgsgeschichte‹, ›psychische Ressourcen‹, ›Frauenpower‹, ›Fempower‹, ›Ritualgestaltung‹ (Trauerbegleitung), ›Migrations- und Mobilitätspartnerschaft‹, ›Wertepartner‹, ›Chancen‹, ›Chancengleichheit‹, ›Gerechtigkeit‹, ›nachhaltig‹, ›zukunftsfähig und nachhaltig‹, ›Nachhaltigkeit‹, ›unendlich dankbar‹, ›dankbar sein‹, ›freie Welt‹, ›global‹, ›Schweigen brechen‹, ›eigene Stimme finden‹, ›Stimme erheben‹, ›Stimme‹, ›Voice‹, ›Votum‹, ›Dialog‹, ›Betroffene zu Wort kommen lassen‹, ›sagbar‹, ›sichtbar‹, ›machbar‹, ›denkbar‹, ›verhandelbar‹, ›nahbar‹, ›Freiheit‹ (von der Beinfreiheit bis zur absoluten Freiheit), ›Freiverantwortlichkeit‹ (assistierter Suizid), ›inklusiver Begegnungsort‹, ›Begegnungsräume‹, ›zivilisiert‹, ›bio‹, ›natürlich‹, ›nativ‹, ›grün‹, ›ökologisch‹, ›erneuerbar‹, ›bedarfsgenau‹, ›bedarfsgerecht‹, ›15-Minuten-Stadt‹ (nochmals Stadtplaneridologie), ›gemeinsam‹, ›Band der Gemeinschaft‹, ›was uns verbindet‹, ›Evaluation‹, ›Qualitätsmanagment, -entwicklung, -sicherung‹, ›Engagement‹, ›Würde‹, ›Inklusion‹, ›inklusiv‹, ›Verantwortung‹, ›Kommunikation‹, ›Zeitzeuge‹, ›ganzheitlich‹, ›echt‹, ›Transparenz‹, ›Anerkennung‹, ›Achtung‹ (gegenüber sich und anderen), ›sorgsam‹, ›achtsam‹, ›Achtsamkeit‹, ›Vertrauen‹, ›vertrauensvoll‹, ›Awareness-Konzept‹, ›auf Augenhöhe‹ (in Partnerschaft und Beruf, Politik und Wirtschaft), ›friedvolle Lösung‹, ›Stärken stärken‹, ›ermutigen‹, ›ermächtigen‹, ›ertüchtigen‹, ›stärken‹, ›empowern‹, ›Empowerment‹, ›Sustainability‹, ›Compliance‹, ›Compliance-Regeln‹, ›right livelihood‹, ›best practice‹, ›potente und kompetente Frauen‹, „streitbare Toleranz" (Gauck, wohl analog zu ›streitbarer Demokratie‹, auch: „kämpferische Toleranz"), ›Kraft der 10‹ (in einem Mathebuch), ›Genusstag‹ (Mädchenaktion eines feministischen Vereins), ›attraktiv‹ (›attraktive Preise‹, ›attraktive Innenstädte‹), ›Wegbereiter‹, ›Wegbegleiter‹, ›tragfähige Konfliktkultur‹, ›Teilhabe(paket)‹, ›Partizipation‹ (die letzten Schulsozialarbeitssprech), pädagogisch auch: ›freies Material‹, ›freies Spiel‹ und ›offene Klassen‹, ›Lernbegleiter‹ (statt bloß ›Lehrer‹), ›barrierefrei‹, ›niederschwellig‹, ›niederschwelliges Angebot‹, daher auch: ›niederschwelliges Impfangebot‹, ›das passende / richtige / maßgeschneiderte Angebot‹, ›der Umwelt zuliebe‹, ›würdig und ansprechend‹, ›bin froh, dass ich dabei sein konnte‹ (bei einer Beerdigung!), psychologisch und politisch: ›betreffen‹ (negativ: ›Betroffenheit‹): ›xy betrifft dich (auch) / uns / uns als Gesellschaft‹, ›der Natur auf der Spur‹, ›Erlebniskonto‹ (Bankenwerbung), ›gutes Gelingen dafür!‹, ›kompetent, unabhängig, engagiert‹ (und andere Dreierformen), ›von Herzen‹, ›mit Herz‹, ›durch das Herz‹, ›Herzenswärme‹, ›ausgewogen‹, ›Eigenverantwortung stärken‹, ›Herausforderungen annehmen‹, ›Halt geben / finden‹, ›Geborgenheit, Vertrauen, Nähe und Intimität‹ (was Kinder in der Familie finden), ›bunte Mischung‹, ›bunter Mix‹, ›ausgewogener Mix‹. Hier sollten wir zum ersten Mal innehalten. Wie wir sehen, gehören viele der uns vertrauten Wörter dem Gutsprech an, und vor allem das Reden von Pädagogen und Politikern ist durchsetzt davon. Weiter: ›innere Balance‹, ›Nähe‹, ›mitmeinen‹, ›repräsentieren‹, ›abbilden‹, unfreiwilliger Kalauer aus dem pädagogischen Gutsprech: ›rechtschriftlich richtig schreiben‹, zudem: ›ganz arg toll‹, ›Stopp-Regeln‹, ›Kann-Kind‹ (Pädagogik-Sprech), ›Wertschöpfung‹, ›Wertschätzung‹, ›schützens- und schätzenswert‹, ›halt geben / finden‹, ›Bürger‹, ›Bürgerbeteiligung‹, ›Bürgernähe‹, ›starkes Signal senden‹, ›Appell‹, ›Zeichen setzen‹, ›Empathie‹, ›Mitte {der Gesellschaft}‹, ›aufrichtig‹, ›weltoffen‹, ›lebensbejahend‹, ›verstehen‹, ›danke‹, ›bitte‹, ›gerne!‹, ›alles gut!‹, ›ich bin dankbar / froh‹, ›tolle Menschen!‹, ›einfach gut‹, ›Eustress‹, ›Antistress-xy‹, ›Mobilität‹, ›Vernetzung‹, ›xy verhandeln‹ (etwa: „Wertordnung eines Gemeinwesens verhandel[n]" (Scharloth 2021, 34)), ›zur Ruhe kommen‹, ›Sicherheit‹, ›digital‹, ›regional‹, ›regional verwurzelt‹, ›Vielfalt‹, ›Vielfaltsmerkmale aufweisen‹, ›vielfältige Aufgaben‹, ›Abschiedssituationen sind vielfältig‹, ›empathisch‹, ›für sich entscheiden‹, ›lebendig‹, ›lebendiges und barrierefreies Umfeld‹, ›sensibilisieren‹, ›Impulse‹, ›Impulsgeber‹, ›offene Lernorte‹, ›Freiarbeit‹, ›unbürokratisch‹, ›Kümmerer‹, ›Macher‹, ›Schaffer‹, ›Gestalter‹, ›Ermöglicher‹, ›Creator‹, ›Changemaker‹, ›Supporter‹, ›Ally‹, ›Transformator‹ (Umsetzer der ökologischen und gesellschaftlichen Transformation), ›Fenster / Tor zur Welt‹, ›krisenfest‹, ›Deeskalation‹, ›positive Beziehung‹, ›qualifiziertes xy‹ (etwa ›qualifizierte Beziehung‹, aber auch: ›qualifizierte Leichenschau‹), ›Qualität‹, daraus viele Komposita wie: ›Bio-Qualität‹, ›Qualitätsjournalismus‹, alle Begriffe im Umkreis ›Sicherheit‹: ›Stärkung der Patientensicherheit und des Patientenschutzes‹, ›Sicherheit und Sauberkeit‹ (CDU), ›sichere Räume für Frauen‹, dann auch: ›Stabilität‹, ›{Gedichtsheft / Beziehung / Politik usw.} gestalten‹, ›{klassen-, bewegungsübergreifendes, überregionales, antirassistisches, demokratisches, bürgerliches} Bündnis‹, ›Teil der Gesellschaft‹, ›offenes Ankommen‹, ›unverbindlich und offen‹, ›Geschlossenheit‹, ›in engem Kontakt / Austausch stehen‹, ›{Klima / Familien / Bürger usw.} entlasten‹, ›Recht auf Abtreibung / freie Entfaltung / nein sagen usw.‹, ›Vorschlag dankend annehmen‹, ›Talente / mich / Stärken usw. entfalten‹, ›zielorientiert und mutig‹, ›reichhaltig‹ (›reichhaltige Sheabutter‹, ›reichhaltige Ernährung‹ etc.). Noch nicht genug? ›Zukunft‹, ›Zukunft gestalten‹, ›wir gestalten Zukunft‹, ›zukunftsrelevant‹, ›zukunftsorientiert‹, ›gemeinnützig‹, ›Wohlfahrt‹, ›tragende Beziehung‹, ›man fühlt sich getragen‹, ›sich ganz konkret für Gleichberechtigung einsetzen‹, ›schenken‹, ›geben‹, ›bereichern‹ (alle drei aus der Geschenk-Esoterik), ›Basis {des Zusammenlebens}‹, ›basal‹, ›Basisdemokratie‹, ›plant_based‹, ›Die Basis‹ (Partei), aus ›basisch‹ (Creme etc.) und ›Basis‹ dann auch, wie in vielen anderen Fällen, Produktnamen: ›Basica‹, ›Basenbalance‹, ›Base Nutri‹ usw. Das Gutsprech kennt: ›Beteiligung‹, ›Betroffenenbeteiligung‹, ›Mitmachangebote‹, ›Kreativität‹, ›Benefiz‹, ›Unterstützung‹ (schon sehr früh mit dem saloppen ›Stütze‹ konfrontiert), ›an einem (gemeinsamen) Traum arbeiten‹, ›Verantwortlichkeiten klar herausarbeiten / benennen‹, ›intuitiv, nicht kopflastig‹, ›smart‹, ›besseres Bewusstsein‹, ›sich Diskriminierung etc. bewusst machen‹, ›Natur zu Hause erleben / genießen‹, ›fair‹, daraus: ›fairlieben‹, ›fairhandeln‹, ›fairzeihen‹ usw., ›faire Partnerschaft / Konditionen / Gesellschaft‹, ›ganzheitlich‹, oft auch: ›holistisch‹, ›kämpfen für / gegen‹, ›Freiräume / Rechtsräume erkämpfen‹, ›aufrecht‹, ›Rückgrat haben / zeigen‹, ›mehr Genuss, Rechte, Demokratie {wagen}‹, ›smile‹, ›smiling‹, ›smiley‹, ›smile refreshing tissue‹, ›happy school = happy life‹, ›lächel und die Welt lächelt zurück‹, ›ehrlich‹, ›ehrliche Antwort‹, ›ehrliches Unternehmen‹, ›offen und herzlich‹, ›Konsens‹, ›konsensfähig‹, ›consentmanagment‹, ›Consent‹ (beim Sex etc.), daher auch: ›Einwilligung‹, ›Zustimmung‹ als normative Gutwörter, ›Bewusstseinsbildung‹, ›anderen zuhören‹, ›auf meine innere Stimme hören‹, ›lauschen‹, ›horchen‹ (statt nur ›hören‹), ›begabungsgerechter Bildungsweg‹, ›Liebe-Freunde-Brief‹, ›Courage‹, ›exklusive Inhalte‹, ›eigenes Potential entdecken‹, ›Abwehrschirm‹, ›Begegnung‹, ›Heimat‹, ›endlich daheim sein‹, ›ankommen‹, ›sweet home‹, jemanden nicht nur ›treffen‹, sondern ›begegnen‹, ›gut und richtig‹, ›volle Kostenkontrolle‹, ›volle Vorteilsgarantie‹, ›wertbeständig‹, ›was wirklich im Leben zählt‹ und aus der esoterischen Philosophie: ›der Andere‹, ›Leib‹, ›heitere Gelassenheit‹, ›gutes Leben‹, ›Benefit‹, ›Sicherheitsgewinn‹, ›Besseresser‹ (Vegankult), ›freiheitlich-demokratisch ausgestaltetes Gemeinwesen‹ (Gerichtsduktus), ›wertvolle menschliche Fähigkeiten‹, ›Vereinbarkeit von Familie und Beruf‹, ›Gewinner sind alle‹ (bei positiven Leistungen), ›erlernte (im Unterschied zur ›improvisierten‹) Demokratie‹, ›Wert‹, ›Wertigkeit‹, ›Wertstoff‹ (statt bloß ›Rohstoff‹), ›wertvolle Ressourcen‹, ›Beitrag leisten‹, ›Genusscannabis‹, ›{pädagogische, nicht-aggressive} Ich-Botschaften‹, ›flache Hierarchien‹, ›Netiquette‹, ›fühle / schmecke / erkenne / mache / lebe den Unterschied‹, ›make the difference‹, ›aktiv mitgestalten‹, ›nachhaltig bereichern‹, ›xy aufwerten und davon profitieren‹, ›ergebnisoffen‹, ›Mut‹, ›mutiges Eingreifen‹, ›Mut-Orden‹, ›Mut tut gut‹, ›Mutausbruch‹, ›Mutmacher‹, ›Zivilcourage‹, ›vollumfänglich‹ (etwa: ›vollumfängliche Erstattung‹), ›Bleibeperspektive‹ (für Flüchtlinge), ›zuverlässig und verantwortungsbewusst‹, ›befreiend‹ (beim Coming-out oder Rücktritt), ›Fortschrittskoalition‹ (Selbstbezeichnung der Ampelkoalition seit 2021), ›bewusste Verbraucher‹, ›Entlastungspakete‹, ›Primärwälder‹, ›prosozial‹, ›technologische Führerschaft‹ (Grünenideologie) und vieles mehr. Quelle des positiven Vokabulars ist vor allem die Esoterik, die Werbesprache, die Sprache der Pädagogik mit ihren

Verfreundlichungsausdrücken und -phrasen und der Zwang der politischen Sprache, Sachverhalte übermäßig gut darzustellen. Man werfe mir nicht vor, dass ich Ausdrücke nur aufzähle und nicht tiefer analysiere. Das ist nicht nötig, denn alles, was sich zum Gutsprech sagen lässt, liegt bereits mit der Präsentation typischer Gutsprechwörter zu Tage. Aber wer doch einige Schlussfolgerungen möchte, hier: Durch diese Worte kann man auch Schlechtes schönreden und verbrämen: ›Behinderter‹ => ›Person mit Mehrbedarf‹ oder ›Steuer‹ / ›Abgabe‹ => ›Beitrag‹. Oft wirkt diese Korrektheit lächerlich, etwa, wenn man Kinder als ›kleine Menschen‹ bezeichnet, weil das Hochwertwort ›Mensch‹ hier die ›Vulnerabiltit‹ und ›Würde‹ von Kindern besonders betonen soll. Des Weiteren ist die politisch korrekte Sprache zwar sondersprachlich, aber sie hat doch einen Zusammenhang mit dem alltäglichen Sprechen, besonders, wo dieses ebenfalls positive Ausdrücke verwendet: Was ist verständlicher, wenn sich jemand durch ein Wort wie ›Impuls‹, ›neue Impulse‹, ›eine lebenswerte Zukunft braucht neue Impulse‹ beeindrucken lässt, wenn ihm vorher schon das ›Impulsreferat‹ geläufig war? Wer mit ›Initiativbewerbungen‹ gegängelt wurde, der ist auch auf ›Initiative für / gegen xy‹ oder ›Tierwohlinitiative‹ vorbereitet. – Was ist der eigentliche Sinn von positivem Vokabular wie ›offen und transparent‹, ›aufgeklärte Wertegemeinschaft‹, ›keine Denkverbote‹, ›sich engagieren‹, ›Haltung zeigen‹, ›sich zu Werten / Gemeinschaft usw. bekennen‹, ›zusammenstehen‹ und von nervigen Doppelformen wie ›zahlreiche Aufgaben und Herausforderungen‹, ›Unterhaltung und Haltung‹ (über Giovanni Zarrella), ›richtig und wichtig‹, ›fördern und fordern‹, ›akzeptieren und respektieren‹ bzw. ›Akzeptanz und Toleranz‹? Wir können uns diese Fragen beantworten anhand eines typisches Beispiels für Werbegutsprech i. V. m. politischem Gutsprech: ›Transparenz, Kollegialität, Offenheit und Menschlichkeit sind zentrale Führungsgrundsätze unseres Unternehmens. Jeder unserer Mitarbeiter:innen trägt mit seiner Arbeit einen wichtigen Teil zum Gesamtergebnis unseres Unternehmens bei.‹ Im selben Text auch: ›gelebte Vielfalt‹, ›leistungs,- qualitäts- und serviceorientiert‹ (Webseite der Tiger-Palmen-Gruppe) Dieses Sprechen buhlt um Mitarbeiter. Der Politiker und der Aktivist, der Gutsprech verwendet, will Wähler und Gleichgesinnte gewinnen. Derjenige, der Techniksprech mit Sozialideologie verwendet, etwa ›EU-Solidaritätsmechanismus‹, will seriös sein und ebenfalls für seine Sache Anhänger gewinnen. Eine nicht geringere Rolle spielt die „Verfreundlichung des Alltags" (Zimmer 1997, 157), wie es Dieter E. Zimmer ausdrückte. Durch positives Ansprechen und durch eine Gesprächsführung mit ausnahmslos guten Ausdrücken wird niemand verletzt (›Safe speech‹). Das ist ja das, wofür politisch korrekte Sprache dem Ansinnen nach steht: niemanden verletzen, niemanden diskriminieren, alle mit ins Boot holen, alle gleich (fair, gerecht, gut) behandeln, niemanden zurücklassen... Um seine Sache besser zu verkaufen, werden Phrasen aus positiven Worten gebildet: ›grüner Wasserstoff‹, ›offene Lernräume‹, ›diskriminierungsfreie Schulen‹ usw. Diese Sprache muss aber Sondersprache für ein bestimmtes Klientel bleiben, mit Wörtern, die nur spezifisch eingesetzt werden können, da man nicht ›Amoklauf am offenen Lernort‹ sagen kann. Man muss ›Amoklauf an der Universität‹ sagen... Politisch korrekte Sprache setzt sich, wie dieses Beispiel zeigt, nie durch, weil sie nie gemeinsprachlich sein und immer sondersprachlich bleiben wird. Übrigens: Positives Sprechen nimmt Fremdworte auf und macht sie sinnlicher (lebensweltlicher) und positiver: Oxytocin wurde zu ›Liebeshormon‹, ›Bindungshormon‹, ›Wohlfühlhormon‹ und ›Kuschelhormon‹.[2] DNA wurde zu ›Bausteine des Lebens‹ und Wasser (H_2O) zu ›Stoff des Lebens‹... Nun, man wird sagen, dass betrifft nicht die politisch korrekte Sprache. Aber es ist dasselbe Muster und die Übergänge sind fließend. Politisch korrekte Kostümierungen sind: ›Vertreter von xy‹ => ›Verfechter von xy‹, oder: ›Anwalt für xy‹, etwa ›Verfechter von Menschenrechten und Meinungsfreiheit‹, alliterativ: ›Anwalt für die Ärmsten der Armen‹ usw. Das Gutsprech lässt sich manchmal bis in die alltäglichen Gebrauchsweisen verfolgen. Man will ›überzeugen‹, nicht ›überreden‹, oder man will ›wirken‹, aber nicht ›manipulieren‹. Und die Ersetzungen? Nun, man ersetzt negative Ausdrücke, um angeblichen Schaden abzuwenden, um Diskriminierung zu vermeiden. Man ersetzt Xenonyme durch Eigenbezeichnungen der Gruppen, um nicht zu stigmatisieren und um Respekt zu bekunden. Man ersetzt Ausdrücke, um neue Vorstellungen zu forcieren, etwa ein neues Heimat- oder Familienverständnis. Man ersetzt negative Ausdrücke durch gute oder neutrale Ausdrücke, um die Sprache im eigenen Interesse zu verändern; wenn man das gegen das Sprecherkollektiv vermag, hat man Macht. Außerdem ist die

---

2   Oxytocin heißt nicht ›Wohlfühlhormon‹, weil es aus sich heraus so bezeichnet werden könnte, sondern weil ›Wohlfühl-xy‹ ein Schema ist: ›Wohlfühlräume‹, ›Wohlfühloase‹, ›Wohlfühlregeln‹ (Schule), ›Wohlfühlatmosphäre‹, ›Wohlfühltage‹ usw. Wir wissen, dass Oxytocin auch mit anderen, auch mehr technischen Wörtern bezeichnet wird. ›Wohlfühlhormon‹ ist nun auch irreführend für ein Hormon, das Wehenkrämpfe erzeugt...

Ersetzung Binnenkommunikation mit den Gleichgesinnten, mit denen man doch im Wettbewerb steht. Schließlich ersetzt man positive Ausdrücke, weil man einen noch besseren Ausdruck findet, oder weil man vom eigenen Mechanismus getrieben wird.

Noch mehr Gutsprech

Wer bloß ein Weingut hat, wird dieses zu ›Weingarten‹ aufwerten. (Garten hat immer Assoziationen mit dem Paradies.) Wer mit seinem Auto gegen die Wand gefahren ist, das aber besser sagen will, sagt: ›die Wand geküsst‹. In der Küche wird immer alles ›goldgelb‹ gebraten. Man kann von einem ›Heer von Arbeitslosen‹ sprechen, aber auch positiver von ›stiller Reserve‹. Der erste Ausdruck dramatisiert, der zweite Ausdruck mildert bestehende Probleme einer hohen Arbeitslosenquote. Der Muttertag wird sprachlich infantilisiert: ›Mamatag‹ oder auch ›Beste-Mama-der-Welt-Tag‹. Man twittert, dass man in seinem Apartment abhängt, es ist typischerweise zwar ›klein, aber fein‹. Das Gutsprech, besonders das pädagogische Gutsprech, bildet zahlreiche positive Wörter, besonders dann, wenn die Sache, die man beschreiben will, nicht so ist, wie sie sein sollte. Leistungsschwache Kinder werden anhand ihres ›Potentials‹ gemessen. Sie erhalten ›Unterstützung‹, ›Förderung‹ und ›Teilhabe-‹ und ›Inklusionsangebote‹ im Rahmen der ›Bildungsgerechtigkeit‹. Jedes Kind darf dann auf seinem ›Niveau‹ arbeiten, nach ›individuellen Fähigkeiten und Fertigkeiten‹... Im Alltag hat das politische Gutsprech viele unserer Redeweisen in seinem Sinne polarisiert. Man ›trifft‹ jemanden nicht einfach, sondern man ›begegnet‹ ihm. Ein Gespräch ist nicht einfach ›Gespräch‹, sondern ›Dialog‹. Man ›lebt‹ nicht einfach mit jemanden, man ›erlebt‹ ihn. Jemand ist nicht ›stolz‹ auf sich, sondern ›selbstbewusst‹. Man gibt keinen ›Rat‹, sondern ›Impulse‹. Die Polizei ist nicht einfach ›die Polizei‹, sondern lässt in einer Durchsage erklingen: ›Ihre Polizei‹. Das Gutsprech tendiert dazu, mehrere positive Wörter hintereinanderzuschalten: ›naturgerechte Voll-Werte-Häuser‹ oder auf einem Kassenzettel von Aldi Süd: „#Haltungswechsel: Tierwohl ist eine Frage der Haltung. Für ein tiergerechtes Morgen." Auf dem Kassenzettel finden wir das Sinnparadigma von ›Morgen‹ und ›Zukunft‹ und ›next generation‹ bzw. die enthusiastische Sorge, ›was wir unseren Kindern hinterlassen‹. (Haltungswechsel ist doppeldeutig.) Man hat keine Seilschaften, sondern ist lediglich ›bestens vernetzt‹. Übrigens: Was das große Feld der korrekten Haltung angeht, so finden wir neben ›Haltung zeigen‹ und ›aufrecht gehen‹ auch die ›Würdesäule‹ (*Brot für die Welt*) und den ›Haltungsschaden‹ bei denjenigen, die keine Haltung zeigen... Das Gutsprech hat aber noch mehr auf Lager: Alles, was negativ assoziiert werden kann, kann doch irgendwie in Richtung Gutes gezwungen werden: ›Streitkompetenz‹, ›Problemlösekompetenz‹, ›Problembewusstsein‹, ›eine andere Perspektive einnehmen‹, ›JA sagen zu sich, auch zu seinen Mängeln‹, ›aus Feinden lass Freunde werden‹. Da uns die politisch Korrekten immer etwas verkaufen wollen, besonders soziale Werte wie Gemeinschaft, Demokratie, Inklusion, Frieden etc., müssen sie in die Werbesprache verfallen, die natürlich nur die guten Seiten und die Vorteile einer Sache herausstellt. – Das Gutsprech ist vom Euphemismus zu unterscheiden, wobei der Euphemismus ohnehin meistens nichts verschleiert, vgl. ›ableben‹ für ›sterben‹. Da jeder weiß, was gemeint ist, wirkt das positive Wort nicht. Es würde allenfalls wirken auf naive, unwissende Hörer. Eine Bemäntelung funktioniert am besten durch Verschweigen: Man spricht von ›unschönen Vorkommnissen‹, benennt sie aber nicht deutlich. Es gibt Berührungspunkte zum Euphemismus, wenn sprachlich verklärt wird, zum Beispiel in der Traueranzeigenesoterik: ›nicht tot, nur vorangegangen‹. Näher als der Euphemismus als solcher steht die höhere Stilebene dem Gutsprech. Eine höhere Stilebene wird angestrebt, um eine Sache (oder sich als Sprecher) sprachlich besser darzustellen. Wenn alle ›kriegen‹ sagen, sagt man am besten ›bekommen‹; und wenn alle ›bekommen‹ sagen, sagt man am besten ›erhalten‹. ›Erhalten‹ ist stilistisch höher, weil förmlicher, davon kann man profitieren. Man sagt nicht ›auf- oder verbessern‹, sondern ›(mit xy) veredeln‹. Es gibt auch Verbesserung durch Veranschaulichung: Das ›Vorzeigeprojekt‹ wird bildlich zum ›Leuchtturmprojekt‹. Von positiven Ausdrücken kann das Gutsprech umstandslos zu den neutralen, administrativen oder technischen, auch wissenschaftlichen Ausdrücken übergehen, was von den unschönen Ausdrücken nicht möglich ist. Schmuckvokabeln und Formelsprache vertragen sich gut. Oder man verschiebt etwas begrifflich ins Nebulöse. In der Kriminologie hat jemand ›kriminelle Energie‹, in der Sozialpsychologie und Spiritualität soll man ›negative Energie‹ meiden. Die religiöse und sozialpsychologische Esoterik ist einer der Bastionen des Gutsprechs, denn hier muss aller Schrecken abgemildert werden. Daher Redeweisen wie: ›mich selbst bedingungslos annehmen‹, ›mich spüren‹, ›sich sein lassen‹, ›einfach so sein‹, ›wachsen‹, ›das Positive sehen‹, ›fühle mich getragen, angenommen‹. Viele gute aber auch neutrale Wörter bilden die Matrix für zahlreiche Ableger. Nehmen wir das eigentlich neutrale Wort ›Geschichte‹. Vergangenheit ist nicht ›Vergangenheit‹, sondern ›Lebensgeschichte‹. ›Migrationshintergrund‹ ist zu ›Migrationsgeschichte‹ dynamisiert, ebenso die altbackene Text- bzw. Sachaufgabe zur ›Sachgeschichte‹. Man will landauf landab ›Geschichten erzählen‹. Die Betrügerin Elke Lehrenkrauss sagte über ihre Dokumentation: „Die Kraft echter und wahrer Geschichten." Claas Relotius wollte ›authentische Geschichten‹ erzählen. Die Geschichten-erzählen-Esoterik verbreitet sich: Salman Rushdis Aphorsimus ›Wer seine Geschichte nicht erzählen kann, der existiert nicht‹ wurde auf die Straße gebracht von Demonstranten, die gegen die Kündigungen im Medienkonzern *Gruner + Jahr* protestierten. – Was die Natur unter ökonomischen und ökologischem Blickwinkel betrifft, so finden wir interessante semantische Paradigmen: ›grüne Lunge‹ (Wälder, Parks, Amazonasgebiet), ›geografisches Rückgrat‹, ›Regenwälder der Meere‹ (Riffe), ›die Wüste lebt‹, ›das Gründe Band Deutschlands‹ (unberührte Natur im ehemaligen Todesstreifen) usw. Sie bringen uns deren Bedeutung für das Ökosystem Erde bildhaft näher, aber auch ideologisch. Der implizite Vergleich ›Regenwälder der Meere‹ hat dasselbe Problem wie ›Venedig des Nordens‹ für Amsterdam. Venedig ist vielleicht eher das ›Amsterdam des Südens‹ und der Regenwald vielleicht eher ein ›Riff des Landes‹ zu nennen. Man sieht jedenfalls, dass es einen positiven Bezugspunkt für den Vergleich geben muss. Was rechtfertigt den Fokus auf Regenwald und Venedig? – Die Gutsprecherei ist, wie wir schon sahen, auf bestimmte Begriffe festgelegt. Man sagt, die ›Patchworkfamilie‹ ist gut, aber man kann nicht von ›Flickenteppichfamilie‹ sprechen. Das macht nichts, es ist nicht die Schuld der Gutsprecher, weil dieses Phänomen auch für die Normalsprache gilt. Wir sagen ›Dreieck‹ und nicht ›Dreiseit‹. (Da ›Dreiseit‹ eine echte Alternative ist, ist der Sprachgebrauch ›Dreieck‹ eine echte Konvention nach Lewis). Weit kritischer ist der Fimmel der korrekten Aktivisten, unklare Begriffe zu bilden, etwa den Vorwurf ›kryptofaschistisch‹ und jene Abstraktionen, die ganze Kollektive abwerten (›weiße Vorherrschaft‹) oder die akteursabstrakt sind (›Unterdrückungsstrukturen‹). Warum benutzen die politisch Korrekten so gerne den Ausdruck ›Systemgegner‹ (neben ›Staatsfeind‹)? Weil ›Systemgegner‹ an das beliebte Systemsprech anschließt. (In diesem heißt es immer, etwas sei ›strukturell‹, ›systematisch‹ oder ›systemisch‹, womit sich jede konkrete Angabe erübrigt. Sieht man mal ab von konkreten milieuspezifischen Gebrauchsweisen (etwa ›Babylon-System‹, auch: ›shitstem‹ im Reggae), so blüht dieser Gebrauch überall dort, wo man zu diffusen Vorstellungen neigt: ›Amigo-System‹, ›systemischer Missbrauch‹, ›Haptic System‹ (Haarkur) usw.) – Hat das Gutsprech einen Begriff für sich entdeckt und reklamiert, dann blüht dieser in mannigfachen Ableitungen. Diese können einfache Wortableitungen sein oder gedankliche Ableitungen. Dem deutschen Wort gesellt sich oft noch eine Fremdwortvariante hinzu: ›grün‹ und ›green‹ (etwa in: ›green city, die wachsende Stadt‹). Oder ›für‹ und ›pro‹, daraus dann: ›Fürsorge‹, ›für xs sein‹, Bürgermeister nicht nur ›von Hintertupfingen‹ sein, sondern ›für Hintertupfingen‹. Präpositionen werden auch benutzt bei: ›Mit den Menschen, nicht gegen die Menschen.‹ Oder: „Wir kämpfen dafür, dass ihr gegen uns sein könnt." (Bundeswehr) Die Verwendung von ›pro‹ und ›für‹ lässt mannigfache Bildungen für Phrasen, Wortspiele (›four‹ = 4) und Haltungsbekundungen (›pro planet‹) zu. Der begriffliche Pfad ist dann relativ fest und es ist kaum zu erwarten, dass die positiven Begriffe in jüngster Zeit (obwohl sie Widersprüchen ausgesetzt sind) negativ werden. Manchmal wird eine begriffliche Abgrenzung vorgenommen: Warum benutzen die esoterischen Gutsprecher so gerne das Wort ›horchen‹ statt ›hören‹? Etwa: ›in den Wald / in meine Seele hineinhorchen‹, ›Stimmungen erhorchen‹ usw. Das ›horchen‹ ist nahe an ›lauschen‹, dieses ist wie jenes mit Richtungsangabe möglich, was bei ›hören‹ als passive Wahrnehmung nicht möglich ist. (Ausnahmen sollten nicht übergangen werden, etwa dichterische Konstruktionen: „hör dich ein / mit dem Mund" (Celan). Das ›ein‹ gibt hier die Richtung an.) Wir sehen, dass ›horchen‹ mehr sagt als ›hören‹ und das wollen ja die Gutsprecher. Sie wollen in ein Wort mehr Bedeutung hineinstecken. Oder ein Wort wie ›grün‹ wird zum Signalwort. Es wird überall vormontiert. Analysieren wir Robert Habecks ›grüne Leitmärkte‹ (vom Januar 2023): ›grün‹ ist hier Kurzwort und Signalwort für die ideologische Position. ›Leit-‹ stammt aus dem neutralen Wortfeld mit den Mitgliedern ›Leiter‹, ›Leitwolf‹, ›Leitbild‹, ›Leitzins‹, ›Leitfaden‹, ›Leitplanke‹, ›Postleitzahl‹ usw., das auch schon politisiert wurde: ›Leitmedien‹, ›Leitkultur‹ usw. ›Markt‹ ist das Inhaltswort bzw. das Themenwort, es geht ja um Ökonomie. ›grün‹ schafft dann einen Fokus – es grenzt neue, naturfreundliche Märkte von bisherigen, co_2-intensiven Märkten ab. Der ganze Ausdruck ist hinreichend allgemein (was sind denn die konkreten Märkte?) und doch spezifisch (Signal der eigenen Position). Das Gutsprech wirkt auf unser Denken, besonders, wenn die Begriffe immer wieder in neuen Zusammenhängen auftauchen. Das ›Klimawattstunde‹ (statt ›Kilowattstunde‹) von Robert Habeck war vielleicht ein Versprecher, aber könnte es nicht auch ein Ergebnis eines Einwirkens der Begrifflichkeit sein, der er täglich ausgesetzt ist (Paradigma: K + -wattstunde)? – Werden für die Gutsprecher bestimmte Wörter heikel und politisch inkorrekt, wie ›nicht sesshaft‹ (vgl. dazu Heine 2022, 190), so kann doch dasselbe Wort mit einer Fremdwortvariante politisch korrekt ausgedrückt werden: ›nicht sessile Bevölkerungsteile‹ (= Landstreicher, Obdachlose, Zigeuner usw.). Blasse Fremdwörter lassen sich sehr gut politisch korrekt verwenden. Wir sehen es später am Beispiel, wo man ›Hysterikerin‹ für eine Frau ablehnt, aber ›Hysteriker‹ für einen Mann gelten lässt. Natürlich unterliegt die politisch korrekte Sprache auch Restriktionen; sie kann nicht umgehen, dass es Kookkurrenzen gibt. Man wird also ›pro‹ und ›für‹ nicht ganz beliebig verwenden können: ›Ein Herz pro Tiere‹ oder ›Fürvitamin‹ sind selbst für die Korrekten nicht bildbar. Man kann nur ein ›besseres Einbürgerungsverfahren‹ fordern, kein ›bestes‹ oder ›gutes‹. (Dagegen: ›gute Weine‹, ›bessere Weine‹, ›beste Weine‹.) Aber die korrekte Sprache bahnt sich sichere Pfade, um so mehr ihr bestimmte Pfade verwehrt sind. Je älter die korrekten Formeln, umso starrer sind sie. Dagegen schöpft die politisch korrekte Sprache aus paradigmatischen Möglichkeiten, daher die vielen Schwemmausdrücke wie ›klimagerecht‹, ›klimaneutral‹, ›Klimakollaps‹, ›Klimakatastrophe‹, ›Klimarettung‹, ›Klimawandel‹, ›Klimaboni‹ usw. Und das ganze Panorama dieser Möglichkeiten wird deutlich, wenn wir Adjektive, Verben, Komposita und die entsprechenden Fremdwortvarianten betrachten. ›gestalten‹ ist gut gelitten im Gutsprech, mehr noch ›mitgestalten‹, also in Kombination mit Nomen (als Thementräger): ›Zukunft / Mobilität von Morgen / das Morgen / Demokratie (mit)gestalten‹. Oder das Sinnfeld: ›Recht auf‹, ›steht mir zu‹, ›zustehen‹, ›jeder hat ein Recht auf‹ usw. Die politisch korrekte Sprache wird nicht nur den Regeln der Kookkurrenz unterliegen (sie wird also wie alle anderen ›Nüsse knacken‹, aber ›Tabus brechen‹ sagen müssen, nicht umgekehrt), aber sie wird auch neue Kookkurrenzen etablieren, denn sie wird die semantische Verbindung ›Frauen beschämen‹ stärker machen als ›Männer beschämen‹… Was Reihen betrifft: Neben ›Blackfacing‹ wird auch ›Bluefacing‹ als Aneignung kritisiert. So geriet James Camerons *Avatar II* in die Kritik als Aneignung indigener Kulturen und wurde mit dem Titel ›Bluefacing‹ belegt, aber Ernst Ludwig Kirchners ›Blaues Mädchen in Sonne‹, soweit ich sehe, nicht. Offenbar konnte man die Reihe ›Blackfacing‹, ›Yellowfacing‹, ›Redfacing‹ zu ›Bluefacing‹ weiterspinnen, natürlich, indem man ›Bluefacing‹ die generelle Bedeutung gab, dass indigene Völker falsch dargestellt werden.

Hier sehen wir ein Sinnfeld (Vorwurf der kulturellen Aneignung oder Falschdarstellung oder westlicher Blick usw.) und wie es sich der Ausdrücke bemächtigt, die natürlich ähnlich sein müssen, um die Bedeutung widerzuspiegeln. Es lohnt sich eigentlich auch nicht, über eines dieser Wörter einzeln zu debattieren, etwa nur den Vorwurf des ›Blackfacing‹ zurückzuweisen. Man muss das Sinnfeld untersuchen. Und weiter: Das Gutsprech wird in bestimmten Sprechbereichen besonders intensiv gepflegt. Aus der VdK-Werteesoterik: ›Nächstenpflege‹. Wir finden die typischen Gutsprechwörter auf einem Kleidercontainer des Sozialverbandes: ›Solidarität‹, ›Spaß‹, ›Beratung‹, ›Selbstbestimmung‹, ›aktiv sein‹, ›helfen‹, ›jung und alt‹, ›Pflege‹, ›Sozialpolitik‹, ›Recht‹, ›soziale Sicherheit‹, ›Kontakt‹, ›Würde‹, ›Betreuung‹, ›Engagement‹, ›Gemeinsamkeit‹ usw. Gutwörter können zu Gutphrasen ausgebaut werden: ›Flüchtlinge bedarfsgerecht integrieren‹ (Cansin Köktürk), ›andere einbeziehen‹. ›Ruhestifter‹ ist eine positive Bildung zum etablierten ›Unruhestifter‹. – Weitere positive Ausdrücke des politischen Lebens und des Kulturlebens sind: ›Bündnis {eingehen}‹ (das ist aktiver als ›Bund‹) oder ›Bildungsarbeit‹ (feministische, antifaschistische usw.) oder ›günstig‹, ›reichhaltig‹, also von den günstigen Preisen bis zur reichhaltigen Beziehung… Die genossenschaftliche *BBBank* deutet und beutet ihren eigenen Namen im Sinne des Gutsprechs aus: ›better banking‹. Das normale Banking reicht nicht, es muss besser sein, also besser als die Konkurrenzangebote und moderner. Weiter gehts: Ist ›Resilienz‹ ein Gutwort, wird auch die Beförderung dahin zum Gutwort: ›Resilienzförderung‹. Das technische ›Input‹ ersetzt das ältere ›Inspiration‹, ein karitativer Umzugsdienst nennt sich: ›Werte-Wahrer‹ und das Kunsthandwerk eines Restaurators wird zum ›kunstvollen Handwerk‹… Wird ein Mangel an Größe verschleiert, so heißt es: ›mini‹, wird ein Mangel an Substanz verschleiert, so heißt es: ›snack‹ oder ›bite‹.

Gutwörter sui generis und assoziative Gutwörter

Einige Ausdrücke des Gutsprechs sind an und für sich positiv und können nicht anders sein. Sie widerstehen auch einer negativen Kontextualisierung, nicht aber der Ironisierung („Das war schon ganz gut…"). Andere Ausdrücke müssen erst durch einen Kontext oder durch eine starke, dauerhafte Assoziation mit einem Thema zu Gutwörtern gemacht werden. Es sind oft Sachwörter, die dann positiv aufgeladen werden (durch das Thema, mit dem sie verbunden werden, oder durch die Symbolik). Zunächst eine Übersicht mit wenigen, willkürlich herausgegriffenen Beispielen:

Gutwörter sui generis	assoziative Gutwörter
gut, besser, wertvoll, werthaft, wichtig, kostengünstig, reichhaltig, nahrhaft	natürlich, bio, grün
aufwerten, entlasten, veredeln	von xy profitieren, be woke, anerkennen, gestalten
sinnvoll, xy-reich (sinnreich, artenreich)	1A, plus, max, pro
das Gute, Paradies, Glück, Liebe, Friede, Gesundheit, Wohl	Vielfalt, Buntheit, Natur, Licht, Dialog, Mitte

Die Sachwörter, die zu Gutwörtern werden, müssen durch ein Thema positiv besetzt werden. Sie sind also mobil und mit dem Verlust des Themas kann die Güte des Gutwortes verloren gehen. Ein Beispiel ist der Ausdruck ›Natur‹, denn Natur kann als etwas Gutes dargestellt werden oder als etwas Zerstörerisches (man denke an Naturgewalten). Auch die Symbolfarbe grün gehört dazu. Das Wort ›grün‹ kann direkt angegriffen werden: ›grüne Inflation‹, ›grüner Missbrauch von Kindern‹, ›grüne Ideologie‹ usw. Die positiven Ausdrücke sui generis sind demgegenüber relativ fest, sie können nur zu den Themen hingeschoben werden. Beide Klassen von Wörtern können sowohl als Adjektive wie auch als Nomen, als Bestimmendes und Bestimmtes, als Thema oder Fokus eingesetzt werden. Der Leser kann selbst darüber nachdenken, in welche Spalte er Ausdrücke wie ›Güte‹, ›Demokratie‹, ›Power‹, ›offene Klassen‹, ›Hoffnung‹ oder ›partizipieren‹ einordnen würde. Kriterium für Positivität sui generis ist, dass die positive Bedeutung im Wort steckt und weitgehend vom Kontext unberührt bleibt (bis zu dem Maße, wie sich jedes Wort gegen seinen Sinn lesen lässt). Interessant sind auch die Komposita, die sich aus Sachwörtern und positiven Wörtern sui generis zusammensetzen (siehe weiter unten). Ist einmal ein neutrales Wort entdeckt, das nur irgendwie einen positiven Zug bekommen kann, wird es von der Werbesprache, dem Coaching, den Psychologen, der politischen und korrekten Ideologie aufgenommen und im eigenen Sinne hergerichtet: ›Kraftquelle‹, ›Powerquelle‹, ›Vitaminquelle‹, ›Quelle von Sicherheit und Geborgenheit‹, aber auch: ›Quelle von Lebensmut und Vertrauen‹ usw. Unabhängig von der Art der verwendeten Ausdrücke, also unabhängig davon, ob sie assoziativ gut oder eo ipso gut sind, können Sachverhalte und Sachen mit einer ganzen Schwemme positiver Wörtern assoziiert werden. Das Assoziieren guter Attribute zu Sachverhalten, die selbst gut oder neural sind, kennen wir aus der Werbung, aber auch aus dem Gutspech (die sich in diesem Punkt ähneln). Typische Zuordnungen zu *Wasser* durch die Werbung: ›belebend‹, ›Leben‹, ›ur-‹, ›frisch‹, ›erfrischend‹, ›rein‹, ›Quelle‹, ›prickelnd‹, ›klar‹, ›Natur‹, und der Wissenschaft: ›Baustein des Lebens‹. Zu *Milch*: ›frisch‹, ›erfrischend‹, ›natürlich‹, ›Bio‹, ›Eisenquelle‹ usw. Zum *Girokonto*: ›smart‹, ›mobil‹, ›bequem‹, ›flexibel‹, ›digital‹. Zu *Krieg* (einem negativen Wort): ›Befreiung‹, ›Solidarität‹, ›Unabhängigkeit‹. Da gute Sachverhalte mit positiven Wörtern assoziiert werden, kann auch der Gebrauch guter Wörter eine Sache positiv erscheinen lassen. Politisch geht das dann so: Wir nennen etwas ›urdemokratisch‹, eine Abstimmung ›offen‹ oder ›flexibel‹, Konflikte ›lösbar‹, und absolute Katastrophen geben einem die ›Chance auf einen Neubeginn‹...

Das Gutsprech in anderen Sprachen

Das Gutsprech gibt es auch in anderen Sprachen, wie überhaupt die Phänomene der politisch korrekten Sprache (Zensur, Wortersetzung, Sprechkontrolle, Gendersprech usw.). Das Englische, das wir ja schubkarrenweise ins Deutsche übernehmen, steht uns am nächsten. Optimistischer Politslogan: ›yes, we can‹, Gutsprech aus Wirtschaft, Marketing, Esoterik und Politik: ›careful and circumspect‹, ›purpose‹, ›solution‹, ›empowering‹, ›mindfulness‹, ›be mindful‹, ›sustainability‹, ›mindset of responsibility‹, ›embedded democracy‹, ›upholding rights‹, ›Peacebuilding‹ usw. Auch Wörter, die die politische Korrektheit in ihrer Verlogenheit überführen, übernehmen wir: ›Greenwashing‹, ›Bluewashing‹, ›Whitewashing‹. Das Englische liegt so nahe, dass wir uns hier kurz fassen können. Die meisten Ausdrücke sind unmittelbar transversabel: ›achtsam‹ = ›mindful‹. Sie sind international verwendbar, die Ideen können sich leicht über den Globus verbreiten. Wir finden typische Ausdrücke des (politischen) Gutsprechs, beispielsweise von Wolodymyr Selenskyj, als er am 14.5.2023 in das Gästebuch der Regierung einen Text mit Wörtern ›reliable ally‹, ›defend freedom and democratic values‹ unterschrieb. Diese Ausdrücke sind ohne Verlust der positiven Bedeutung ins Deutsche übersetzbar. – Die romanischen Sprachen sind für politisch korrekte Begriffe vielleicht am besten geeignet, sie innerhalb eines größeren Sprachgebietes zu verbreiten, man denke an ›femicido‹. Dieser Ausdruck ist von vielen Institutionen (Medien, Polizei, Politik) aufgegriffen worden und wird auch in offiziellen Sprachregelungen verbreitet. Die Gutsprecher in Italien sprechen vom ›vivere bene‹, daher in der deutschen Werbung: ›Bungalow Bene-Vivere in Westerland zu vermieten‹. Alle Ausdrücke romanischen Ursprungs, die in gutsprecherischer Herrichtung zirkulieren, sind leicht erkennbar. Aus dem Portugiesischen: ›renovável‹, ›sustentável‹, ›inclusão‹, ›inclusivo‹… Viele Ausdrücke sind fremdsprachlich oder altsprachlich, so dass deren eigentliche politische Inkorrektheit (nach heutigen Maßstäben) den Korrekten nicht auffällt. Meine Lieblingsbeispiele sind: ›Sudan‹, eine Verkürzung aus arabisch für ›Land der Schwarzen‹, oder ›Planet‹: ›Umherschweifer‹, ›Landstreicher‹, vulgo: ›Zigeuner‹.

Inklusives Sprechen

Ein wichtiges, auch von den Kritikern der politisch korrekten Sprache bekämpftes Merkmal ist das inklusive Sprechen. Es betrifft Frauen und Minderheiten oder abweichende bzw. neue Lebensformen. Hier ist die falsche These der Korrekten, dass Sprache überhaupt Gruppen oder Geschlechter repräsentiert bzw. mitmeint bzw. abbildet. Das Beispiel hier soll nur sein: ›Schülerinnen und Schüler‹, weil man meint, dass ›die Schüler‹ maskulin sei und Frauen ausschließe. Es ist aber *nur formgleich* mit ›der Schüler› und das Geschlecht ist im Plural neutralisiert… Beim inklusiven Sprechen gibt es die Tendenz zu bürokratischen Wortungetümen: ›der Vorstand‹, ›der Sitzungsleitende‹, und zur Überdehnung: ›Krankenschwesterin‹ oder ›Wirtschaftsweisin‹, auch zu falschen Paarbildungen: ›die Hebamme‹ und ›der Hebammer‹. Zudem regelwidrige Eingriffe mit Sternchen und Unterstrich oder Doppelpunkt, die, wie Doppelnennungen, das Verständnis erschweren oder schlicht falsch sind: ›Heilige Dreikönig:innen‹ oder ›Prostatapatient*innen‹, die semantisch falsch sind, oder ›Drogensüchtig:innen‹, bei dem die maskuline Markierung ganz fehlt. Immer falsch ist der Wegfall von ›e‹ des Maskulinums: ›Kolleg:innen‹, ›Zeug:innen‹. Ein Fehler liegt offenkundig in Angaben wie diese: ›3 Todesfälle je 1.000 Einwohner:innen‹. Der Referent ›Einwohner:innen‹ benennt beide Geschlechter. Bei der Bezugnahme auf Einwohner als Kollektiv bleibt es unfraglich, ob die drei Toten Männer oder Frauen sind. Besteht jedoch der Bezug zu einer differenzierten Größe, wie ›Einwohner:innen‹, so stellt sich die Frage, welches Geschlecht die Toten haben… Dabei leisten alle diese sprachlichen Markierungen nicht das, was sie leisten sollen, sind also nicht inklusiv, weil die entsprechende Vorstellung (von vielen Geschlechtern, Minderheiten usw.) nicht aktiviert wird. Dafür markieren sie den Sprecher auf Schritt und Tritt als Anhänger der Korrektheit. Das bedeutet, dass die Sprache, statt ein Signal der Toleranz und Offenheit nach außen zu senden, ein Signal der Zugehörigkeit nach innen sendet, also ein Gruppensignal ist. – Gutsprecher benutzen im Alltag das servile Kommentaradverb: ›gern‹ und sagen dauernd ›alles gut‹. Aus einer Mail an mich: „… danke für Ihre Rückmeldung! Ich finde es großartig, dass Sie sich die Zeit genommen haben, mir ausführlich zu schreiben! Ja, die Gefahren, die Sie nennen, bestehen tatsächlich, teilweise sehr massiv. Meine Antwort darauf ist: Nicht die diskriminierungssensiblen Räume gehören abgeschafft. Das sage ich als jemand, der Benachteiligung in hohem Maß erfahren hat; und ich habe mir viele Male gewünscht, dass man die Probleme ansprechen könnte. Nur kann man das nicht, wenn ›Diskriminierungsbewusstsein‹ nicht besteht." Es sind also Bewusstsein und Sensibilität, die etabliert werden sollen, so also das ständige Achtgeben, das Achtsamsein, die permanente Selbstreflexion und das Detektieren. Und dazu kommen die neuen Regeln und Werte: Im *alverde*-Magazin vom März 2023 heißt es über richtiges Verhalten gegenüber Menschen mit Behinderung, nachdem 10 Knippe-Tipps (wie: ›Keine Fragen zur Behinderung‹) propagiert wurden: „Es sind gar nicht so viele besondere Regeln. Das A und O ist der Respekt!" (S. 77) Die Korrekten haben immer eine *Werthierarchie*, aber an der Spitze steht nur ein *sekundärer Wert*, hier also Respekt. Freiheit wäre ein primärer Wert, weil er auch denen zukommen muss, die die Freiheit anderer beschneiden, während man denjenigen, der respektlos gegenüber anderen sind, den Respekt versagen kann. Die sekundären Werte machen es also leichter, zwischen denen, die den Guten zugehören, und denen, die es nicht tun, zu unterscheiden, während primäre Werte sofort eine Gemeinschaft *aller* konstituieren. Typisches Psychosprech: „Ich berate mit kreativen, dennoch fundierten Methoden. Ich orientiere mich an den methodischen Ansätzen aus der kognitiven Verhaltenstherapie, der humanistischen Gesprächstherapie sowie des Life Coachings. Ich biete KEINE psychologische Psychotherapie an, sondern arbeite rein beratend, ressourcenstärkend und lösungsorientiert." (K. Stenger) Weil die ›kreativen Methoden‹ leicht missverstanden werden könnten als solche, die man nicht besonders ernst nehmen muss, muss die Psychologin noch ›dennoch fundierten Methoden‹ hinterherschieben.

Schon in dem kleinen Absatz (von einem Handzettel) finden wir eine ganze Reihe an Gutwörtern, wobei ›kreativ‹ von ›fundiert‹ in die Schranken gewiesen werden muss, weil es einen Konnotationsüberschuss Richtung Unseriosität hat… Auffallend sind die langen Partizipien ›ressourcenstärkend und lösungsorientiert‹, eigentlich vier Gutwörter, die zusammengepresst sind.

Fremdwortgebrauch und akademischer Wortschatz

Die politisch korrekte Sprache macht einen starken Gebrauch von Fremdwörtern und akademischen Vokabular oder von deutschen Wörtern mit fremdwörtischen Elementen wie Prä- und Suffixen, um autoritärer auf den Hörer zu wirken. Sie nutzt das akademische Standardvokabular wie ›Struktur‹, ›System‹, ›Diskurs‹, ›Diskursgeschichte‹, ›Narrativ‹, ›Topos‹, ›Mythos‹, ›Person‹, ›Resonanz‹ (H. Rosa), das als Grundlage für die vielen positiven oder negativen Ausdrücke der Korrekten dient: ›rassistische, frauenfeindliche Strukturen‹, ›antisemitischer Diskurs‹, ›antijüdische Narrative‹, ›rechte Topoi‹, ›rechte Verschwörungsmythen‹, „Resonanzkalkül [der neuen Rechten]" (Scharloth 2021; 4, 14, 240 u.ö.) usw. Wir finden oft seriös auftretende Langformen: ›Desinformationsnarrativ‹. Je länger ein akademisch gewandetes Wort, umso mehr Eindruck schindet es. Deshalb allerorten der Gebrauch von ›Authentizität‹ statt des kürzeren ›Echtheit‹. Wie sehr nervt das lange ›herauskristallisieren‹ statt des schlichten ›zeigen‹. Quelle für fremdwörtisches Vokabular ist hier vor allem der akademische Bestand an Fremdwörtern und das Englische, aus dem man vor allem Personenbezeichnungen und neues Stigmatisierungsvokabular entlehnt: ›Heteronormativist‹, ›Sexist‹, ›Rassist‹, ›Antisemit‹, ›Transphobist‹, ›Old White Man‹, ›White Supremacy‹, ›Hater‹, ›Gaslighter‹, ›Stalker‹, ›Gefährder‹, ›Narzisst‹, ›Klimaleugner‹, ›Machist‹, ›Mobber‹, ›Vertreter hegemonialer Männlichkeit‹, ›Neokolonialist‹, ›Neokolonisator‹ (man beachte die fremdwörtischen Dubletten, so auch im Englischen: „French colonizers", „French colonialists" (Tran et al. 2017, 30). (Die politisch Korrekten hadern oft mit Dubletten; wir finden ›hegemoniell‹ und ›hegemonial‹ oder ›unbewusst‹ und ›unterbewusst‹ im selben Text nebeneinander. Im Gespräch mit mir wusste ein Hobby-Anleger nicht, ob er ›Diversität im Portfolio‹ oder ›Diversifikation im Portfolio‹ sagen sollte. Er benutzte beides. Korrekte tendieren zum Gebrauch von ›humanistisch‹ statt ›human‹, weil sie der -istisch-Form mehr Seriosität zusprechen, aber eigentlich wollen sie nur herausstellen, dass sie *human* sind... Es ist ein Anschluss an den globaleren, traditionsreichen Humanismus anstatt an bloße Humanität...) Wer vor dem Problem steht, sich für sein technisches Produkt zwischen dem Namen ›Aktivierer‹ und ›Aktivator‹ zu entscheiden, der wird zum letzteren greifen, weil er noch fremdwörtischer ist. Übliches Akademievokabular und die daraus resultierenden Anwendungsfehler findet man auch bei den politisch korrekten Aktivisten: ›Verortung‹, ›Pointe‹, ›diametral entgegengesetzt‹, ›x und y in einem Spannungsverhältnis‹, ›der entscheidende Unterschied‹, ›Praxen‹ von Akteuren, statt richtig: ›Praktiken‹... Doch wichtiger als diese immer wieder auftauchenden Wörter ist der ganze Charakter dieses Teils der politisch korrekten Sprache: Das gewichtige Reden in einem restringierten Code, der eine mögliche Ausdrucksbreite beschneidet. Beliebt bei Korrekten aber auch bei Rechten sind ›Narrativ‹ und ›Mythos‹. Die Linken werfen den Rechten Verschwörungsnarrative vor oder dass sie einem Mythos anhängen. Die Rechten unterstellen der Politik, dass sie mit Klimanarrativen die Massen steuern. Die Feministen: ›Mythos Mann‹, die AKW-Befürworter: ›Das Narrativ der grünen Energie.‹ Usw. ›Narrative‹ stehen hoch im Kurs bei Linken und Rechten. ›Narrativ‹ und ›Mythos‹ haben sich noch nicht aufgebraucht, aber man sieht schon, dass diese Ausdrücke ganz schwach sind, wenn man sie auf alles und jeden anwendet. Ich schlage zur Auffrischung einen neuen Akademismus vor: ›Diegese‹. Auch das ist ein auftrumpfendes Scheinwort, aber immerhin noch jungfräulich, nicht von jedem verwendet. – Noch ein Gedanke: In den *Minima Moralia* steht der Aphorismus: „Fremdwörter sind die Juden der Sprache." (Adorno 1997, 141) Fremdwörter werden hier jedoch nicht so verstanden, dass sie dem Deutschen fremd sind. Im Gegenteil, jedes Fremdwort, zumal wenn es lautlich und syntaktisch angepasst ist, ist ein deutsches Wort. Nur dass die Akademiker (ebenso wie rechte und linke Gutsprecher) immer das Fremdwort als besonderes Wort herausstellen und sich damit schmücken. Das wird besonders bei den Autoren deutlich, die zunächst das Fremdwort benutzen und dann das deutsche Wort hinterher schieben. Ein Fremdwort, zumal ein eher verständliches Fachwort, kann schon verwendet werden, wenn es der Sache dient, aber nicht, wenn es Autorenschmuck ist. Doch das ist es meistens, wenn die politisch Korrekten glänzen wollen. Außerdem setzt das unverstandene, zu allgemeine Fremdwort eine falsche Prämisse; so setzt ›Diskurs‹ die Prämisse, das tatsächlich allgemeine, gesellschaftliche Debatten stattfinden, doch wie dieser Diskurs beschaffen ist, das sagt man uns nicht. (Statt den abgegriffenen Ausdruck ›Diskursraum‹ zu nehmen, der immer irgendwie Ordnung des Gesagten vermittelt, schlage ich angesichts der Vielfalt der Redeweisen innerhalb einer Gesellschaft vor zu sagen: ›babylonisches Multiversum‹. Denn die Debatten, vor allem die politischen Debatten, in der sich so viele verschiedene Meinungen, Akteure, Streitstile usw. kreuzen, gehen doch bunt durcheinander. Oder, um die Mode vom ›Diskursraum‹ noch etwas weiter zu treiben: ›Diskursorbit‹) – Die Universität ist das Biotop für viele abstrakte Phrasen, die uns als Ausdrücke mit diagnostischer Funktion verkauft werden. Aus einer Broschüre von Literaturwissenschaftlern: ›epistolare Verfahren‹, ›Heimkehr und Fremdkehr‹, ›Stigma-Managment‹, ›Verdichtung und Verflechtung‹, ›Verflechtungsästhetiken von Interkulturalität und Intersektionalität‹ usw. Jeder dieser Ausdrücke weist ein typisches Merkmal des akademischen Gutsprechs auf: Im ersten Ausdruck das Fremdwort, das zu einem recht sinistren Adjektiv eingeschmolzen wird; der zweite Ausdruck enthält ein imponierendes Wortspiel; der dritte kombiniert zwei Modewörter zu einer Sache, die, wenn es sie geben könnte, schwer durchzuhalten wäre; die anderen Ausdrücke schließlich enthalten inhaltliche Redundanz, die entsteht, wenn man Gleichwertiges, nur wenig Nuanciertes mit ›und‹ koppelt. – Beliebt neben ›Diskurs‹, ›Strukturen‹ und ›System‹ sind auch die ›Ebenen‹. Die Grüne Jugend schreibt: ›Tierschutz auf allen Ebenen‹. Das soll wohl nicht mehr heißen, als dass überall Tiere geschützt werden sollen. Doch welche Ebenen sind gemeint, konkrete oder abstrakte? Konkrete Ebenen (Etage eines Hauses, Landschaft usw.) kommen nicht in Betracht, denn sie hätten mit dem Thema Tierschutz nichts zu tun. Also muss es ein Abstraktum sein, am ehesten zu verstehen als logische Gliederung, und im Kontext von Tierschutz sicher: global, national, regional, lokal u.ä. Doch gehen wir hier nicht in die Höhe, sondern in die Breite. – ›Gutes Gelingen‹ sagt man im Alltag, aber ›Gelingensbedingungen‹, ›gelingendes Leben‹ sind Akademismen. ›Gelingen‹ ist ein starkes Gutsprechwort und bildet mittlerweile eine eigene Esoterik (vgl. Hurna 2023, 254). Es gibt noch eine Sache, auf die ich eingehen möchte, nämlich auf das Problem fremdwörtischer Dubletten. Ein Beispiel: Es gibt zu ›schüchtern‹ das Fremdwort ›introvertiert‹ als Dublette und zu diesem das Gegenwort ›extrovertiert‹, aber zu ›schüchtern‹ gibt es kein Gegenlexem, nur die Verneinung mit ›nicht‹. Hier fehlt nichts, weil man ja ausdrücken kann, dass jemand ›nicht schüchtern‹ ist. Jetzt erhebt sich die Frage bzgl. der Dubletten, ob ›introvertiert‹ etwas anderes oder mehr aussagt als ›schüchtern‹. Im typischen

Psychosprech heißt es: ›Was viele nicht wissen: Introvertiertheit ist mehr als Schüchternheit.‹ Zweifellos wird etwas anderes, vielleicht mehr, vielleicht weniger ausgesagt, so richtige Synonyme dürften selten sein. Vielleicht ist der Gebrauch aber auch nur milieuspezifisch. Doch die Korrekten unter den Psychologen wollen unbedingt einen feinsinnigen, aber doch gehörig tiefen Unterschied zwischen ›introvertiert‹ und ›schüchtern‹ sehen und füllen ganze Bibliotheken. Dasselbe mit ›Depression‹ und ›Traurigkeit‹. Nein, man sei nicht ›traurig‹, sondern ›depressiv‹, wahlweise nicht ›depressiv‹, sondern ›nur traurig‹... Oder: Man hat schon eine ›Phobie‹, nicht nur ›Angst‹. Oder man erklärt wortreich den Unterschied zwischen Gefühlen und Emotionen! Das Problem ist, dass man ständig belehrt wird und zwar anhand von bloßen Vokabeln. Auch die politischen Aktivisten, die uns ›Gaslighting‹, ›Mansplaining‹, ›Manspreading‹ usw. erklären, unterliegen dem Trugschluss, dass mit einem unverstandenen Wort die Sache bedeutsamer wird. – Abstrakta wie ›Kommunikation‹ oder ›Kompetenz‹ sind beliebt bei den esoterischen Gutsprechern. Solche abstrakten Ausdrücke ermöglichen es, viele andere Begriffe unter sie zu subsummieren oder gar gleichzusetzen. Man ist also für ›gelingende Kommunikation‹, man setzt ›Liebe‹ mit ›Kommunikation‹ gleich (damit verliert Liebe ihre Färbung), man spricht von ›persönlicher Kompetenz‹, und schließlich hämmern uns die akademisch beflissenen Schmiede eine ›kommunikative Kompetenz‹ zusammen. – Politiker benutzen ›Konsequenzen‹ statt ›Folgen‹: Täter sollen die ›Konsequenzen ihres Handelns spüren‹, ›eine Politik xy hat diese oder jene Konsequenzen‹ usw. ›Konsequenzen‹ klingt viel gewählter und seriöser als ›Folgen‹. Abstrakta wie ›Deutschland ist dynamischer Migrationsakteur‹, eine Formulierung von Naika Foroutan, verschleiern, dass Deutschland ein Einwanderungsland ist, was man ja auch so schlicht sagen kann. Etwas schlicht sagen ist in diesem Falle etwas deutlich sagen, während am soziologischen Wort-Popanz noch viel mehr hängt.

Fremdwortgebrauch im Fokus: Demokratie forte

Hinsichtlich des Fremdwortgebrauchs im Gutsprech können wir verschiedene Beobachtungen machen. Sicher festzustellen ist die Tendenz zum Fremdwort (als Attitüdenwort), ja zum Fremdwörtischen überhaupt (aus Akademisierungsdünkeln oder um etwas zu verschleiern), dann der oft parallele Gebrauch von Fremdwort und deutschem Wort (Stilbreite des

Gutsprechs), dann, wenn es sein muss, die Verdrängung des deutschen Wortes durch das Fremdwort. Außerdem können wir noch beobachten, dass das Fremdwort in verschiedenen Stillagen verwendet wird. Der Fremdwortgebrauch ist oft modisch: Einmal als rein technisches Wort in die Welt gesetzt, erlebt ›hybrid‹ seine ausufernde Verwendung (vgl. Hurna 2023a). Man müsse „auf hybride Bedrohungen" (Carsten Breuer) reagieren, das Innenministerium quakt von ›Abwehr hybrider Bedrohungen‹ (statt ›verschiedentlicher‹ oder ›gemischter‹). Beispiele für parallelen Gebrauch: ›bestens versorgt‹, ›optimal versorgt‹. Manchmal verdrängt das Fremdwort das deutsche Wort: ›Vitalraum‹ kann man sagen, ›Lebensraum‹ ist ohne besondere Semantik schwerer zu sagen. Man sagt ›smart‹ und ›intelligent‹ statt ›klug‹: ›intelligente Waffensysteme‹, ›smarte Digitalisierung‹, ›smarte Sanktionen gegen Russland‹ usw., aber: ›bedachte Außenpolitik‹... Manchmal gibt es Konventionen des Wortgebrauchs. Man spricht, wenn es um Kolonialismus geht, immer vom ›kolonialen Blick‹ (auf Afrikaner, auf schwarze Frauen usw.), aber wenn es um die Erforschung des Kolonialismus geht, heißt es immer: ›postkoloniale Perspektiven‹. Nachgestellte Gutwörter sind oft fremdwörtischer Herkunft: ›aktuell‹ (›Demokratie aktuell‹), ›forte‹ (›Schmerzgel forte‹), ›aktiv‹ (›Demokratie aktiv‹), ›konkret‹ (›Demokratie konkret‹), ›pro‹ (›Theater pro‹), ›inklusiv‹ (›Mathe inklusiv‹) usw. Manchmal lässt sich auch ein deutsches Wort benutzen: ›jetzt‹ (›Frieden jetzt‹, ›Verhandlungen jetzt‹). Weil das Fremdwort oft nicht verstanden wird oder die gängige Bedeutung stärker ist, kann es von einem Sinnbereich zum nächsten wandern: ›Booster‹ gab es zuvor auch in der Kosmetik, erst dann als Bezeichnung der dritten Impfung. Der eigentliche Sinn von ›Booster‹ ist uns nicht geläufig. Selbstverständlich sind auch hier der Bewegung der verschiedenen Ausdrücke Grenzen gesetzt und es kommt nicht zu beliebigen Bildungen: ›Demokratie forte‹ ist so gut wie sicher ausgeschlossen, weil ›forte‹ noch in einem Bereich festgehalten wird. Aber wer weiß, was die ›Zukunft plus‹ bringt...

Gespenster, die begeistern: Wortspiele und Phrasen

Ein weiteres Phänomen ist das Aufkommen von (kämpferischen) Phrasen (›Nein heißt nein‹) und Formeln (›Hass und Hetze‹, ›fordern und fördern‹, ›richtig und wichtig‹, ebenso: ›wichtig und richtig‹, ›schützens- und schätzenswert‹, außerdem: ›schätzens- und schützenswert‹), aber auch viel Wortspielerisches, darunter originelle und stilsichere Wortspiele. Die Gutsprecher und Korrekten bieten Phrasen, die gelungen sind, vor allem, weil sie etablierten ästhetischen Regeln gehorchen: ›Es gibt keinen Planeten B.‹, ›Sich fürs Klima erwärmen.‹ Das wortspielerische Zusammennehmen von Sinnbereichen birgt aber auch die Gefahr, den eigenen Konstruktionen auf den Leim zu gehen und das Wort als Designator für die Wirklichkeit zu halten, etwa wenn Aktivisten Klimaerwärmung und Kolonialismus zusammenschließen: ›co$_2$lonialism‹ oder den Kapitalismus mit Autos: ›Smash Carpitalismus‹… Wir haben platte Wortspiele (›Natur pur‹, ›der Natur auf der Spur‹; ›Brownies gegen Braun‹) und schon etwas gehobenere (›yes, ve gan!‹) und oft dieselben Strategien, etwa sinntragende Morphemisolierungen: ›DenkMal!‹, ›BeziehungsWeise‹, ›her story‹, ›Natur PROdukt‹, ›PROtein‹, ›überzeuGENDERe Sprache‹, ›Pfandtastisch!‹ usw., auch wenn die einzelnen Teile oft keinen Sinn mehr ergeben… Die Großschreibung beim Herausheben von Wortteilen ist dabei ein Anschreien des Lesers: ›MANNdat‹ (Männerrechte), ›FeminisMUSS‹ oder: ›Frauen werden durch Männer MANNipuliert…‹. Ich kann mir einen politisch korrekten Dichter denken, der ein Gedicht mit dem Titel ›KontroVerse‹ verfasst, in dem also ›Verse‹ als [fɛʁsə] und [vɛʁzə] lesbar ist. Doch was ist mit [ˌkɔntʁo]? Dasselbe, wenn man Gemüse aufwerten will: ›arten-reich‹. Wir finden bei den politisch korrekten Aktivisten viele Wortspielereien: ›gaymischte Musik‹ (›queerbeat‹), ›to do‹ => ›tu du!‹ und Sprüche: ›Enteignen ist klasse.‹ (Besser wäre: ›Enteignen hat Klasse.‹) oder ›I will LIED you‹ (deutschsprachiges Singen). Besondere Dopplungen bzw. Reime und Binnenreime werden gerne verwendet: ›stressless‹, ›Highlight‹, ›sei dabei‹, ›wichtig und richtig‹, ›hate aid‹, ›fair wear‹, ›fair & care‹, ›dream team‹, ›gender bender‹, ›blame game‹ (als Vorwurf), ›volle Kostenkontrolle‹, ›Ende Gelände‹, ›Gedanken tanken‹ (Resilienz-Esoterik), ›dezente Akzente‹, ›smart gespart‹, ›Kapitulation ist keine Option‹ (bei Linken und Rechten beliebt), ›Korn bringt uns nach vorn‹ (erst Trinkspruch, dann bebildert mit ukrainischem Weizen), ›Zusammenhalt in Vielfalt‹, ›prima Klima‹, ›science ist meins‹ (Lied von Mai Thi Nguyen-Kim und Carolin Kebekus), ›Zukunft gestalten – Werte erhalten‹ (*Werteunion*), ›Komm rein – sei daheim‹ (Döner-Kiosk), ›Win-Win mit Sinn‹, ›Gedenken schenken‹, ›here & queer‹ (CSD-Motto Frankfurt 2012 nach Rowan Ellis), ›Cool am Pool‹ (Konfliktlotsen), ›Do good, feel good‹, ›Good food, good mood‹[3], ›mitei-

---

3 Ich habe früher ›Faust aufs Auge‹ als Beispiel für stilistische Salienz im Alltag durch Dopplung (hier: ›au‹) genannt, aber nicht weiter begründet. Vgl. auch ›Augen auf beim Eierkauf‹. Die Stadtsauberkeitskampagne ›augenauf! Freiburg‹ wirbt 2023 mit: „August

nander füreinander‹, ›Anti-Clan-Plan‹, ›safe the date‹ (Sicherheit beim Dating, Umstellung von ›save the date‹), ›beat the heat‹ (Schlagwort aus der Debatte der Überhitzung), ›from zero to hero‹ (Karriere, Motivationsslogans), ›Pflück ein Stück vom Glück‹ (Biofrüchte, Coaching) usw. Das rechte Sprechen kennt: ›Schuldkult‹ oder ›go woke, go broke‹. Weiteres Gutsprech: ›Sichere Mieten statt fette Renditen.‹ (*Die Linke, Verdi*), ›ring for the king‹ (enthusiastische Kampagne im Zuge der Krönung Charles III.) Mit dem hässlichen ›-ieren‹: ›legalisieren statt inhaftieren‹ (pro Haschisch-Initiative) und mit Reim: ›ÖPNV statt Stau‹. Die Formel ›x statt y‹ ist schon für sich eine kleine Untersuchung wert. Die substituierende Präposition ›statt‹ ist kürzer als ihre Langformen (›anstatt‹, ›anstelle‹) und unbetont. Damit ist sie für kurze, plakative Statements geeignet. Da die Formel reduziert ist, ist sie beliebig verwendbar: ›Kinder statt Inder‹ => ›Tinder statt Kinder‹ und kann zum Beispiel mit Reim ausgebaut werden: ›Gestalten statt verwalten‹, ›Diplomaten statt Granaten‹ (Friedensbewegung), ›Impfen statt schimpfen‹ (Impfkampagne), ›schlichten statt richten‹ oder mit Alliteration: ›lieber blubbern statt belasten‹ (SodaO), ›shoppen statt schießen‹ (Waffen eintauschen: ›cash for guns‹), ›Einfälle statt Abfälle‹ (Umwelteroterik), ›kinderfrei statt kinderlos‹ (Buchtitel der Antinatalistin Verena Brunschweiger). In ›Vielfalt statt Einerlei‹ ist interessant, dass man das negativere ›Einerlei‹ dem neuen Hochwertwort ›Vielfalt‹ gegenüberstellt. Mit dem Wort ›Einheit‹ wäre das nicht möglich. Aus einer Kunstzeitung: ›Mitwirkende statt Künstler‹, weil auch Normalbürger in die Kunstproduktion eingespannt werden… Mit extremer Gegenüberstellung: ›werde Ganzheitliche Assistenz statt nur Pflegehelfer‹ (FSP) Das ›Dorf statt Stadt‹ ist auch salient wegen der Wortfamilie aus ›status‹. Oder nehmen wir Reime: ›Aktiv aus dem Tief.‹ (Zeugen Jehovas), ›Starker Wille statt Promille.‹ (Zeugen Jehovas und Bayrische Landeskampagne). In Langform mit Alliteration: ›Warme Wohnung statt warmer Worte‹ (G!G-Kampagne). Reime können aber nur plakativ verwendet werden, niemand würde so sprechen. Nur die Werbung tut es übermäßg:

---

hat ein Auge drauf." Maskottchen des einerseits als ›Kampagne‹, andererseits als ›Freiburgs neues Movement‹ Beworbenen ist eine Taube, die der Volksmund auch als ›Ratten der Lüfte‹ kennt. Sprachlich ist von den Strategen der Kampagne ›August‹ gewählt worden; die Taube macht auf Plakaten große Augen, es handelt sich also auch um Kontrolle. ›Augias‹ wäre kontraintuitiv zur Kampagne gewesen, aber auch irgendwie passender zum Müllproblem… Die Phrase bindend ist das ›u‹ in: ›gut zu Fuß‹, daher auch ›ut‹ in: ›Mut tut gut‹. Eine Kampagne zur Lebensmittelrettung heißt ›Too good to go‹ statt ›Too good to waste‹… Auch hier zwingt sich die Form dem Gedanken auf.

›Feine Weine‹. Es sind Reime, die das Thema hipp präsentieren und somit Sympathien für die Prävention schaffen. (Schönheitsfehler des G!G-Satzes ist aber sein ›statt‹, das als Formel in vielen Wendungen auftritt: ›Klimakrise: Anpacken statt kapitulieren!‹, ›Heimat statt Migration‹, ›Freiheit statt Faschismus‹, ›Leben statt Lockdown‹ (Impfkampagne) usw.) Der Reim hat, ebenso wie die Alliteration, die Funktion, den Ausdruck formal so zu festigen, dass sein Inhalt über große Zeiträume transportierbar wird, deshalb: ›dick pic‹, ›shy guy‹ oder ›Kinderficker‹ (Grundgerüst: i + er). Ein Ausdruck, der irgendeine stilistische Auffälligkeit besitzt, wirkt besser und länger. Beliebt sind Reime für die Verschlagwortung: ›Wandel durch Handel‹, ›Frieden schaffen ohne Waffen‹, ›wer schlägt, der geht‹ und nochmal: ›schlichten statt richten‹.[4] All diese Wortspiele der politisch Korrekten sollen helfen, ihre Ideen an den Mann zu bringen. Je nach den Fähigkeiten des entsprechenden Wortspielers fallen die Resultate ansehnlich oder platt aus: ›zuMUTen‹. – Jeder politisch korrekte Sprachakrobat will was gelten, daher die Wortspiele, etwa bei *Rewe*: Aus dem Wort ›undenkbar‹ wird ›umdenkbar‹ gebildet. Hintergrund sind ökologische, grüne Visionen. Ein Wortspiel ist ›eminenzbasiert‹ als Variante von ›evidenzbasiert‹, um zu sagen, dass man in der Wissenschaft statt auf Tatsachen auf Eminenzen baut (am besten auf graue). Da die Eminenz eine Art von Autorität ist, handelt es sich um Kritik an Autoritätsgläubigkeit in der Wissenschaft. Viele Wortspiele wirken im Kleinen: ›fit‹ und ›vital‹ werden zu ›fital‹ (Fital-Management für Bewegung), und auch sonst können Gutwörter zu einem Werbewort verklebt werden: ›aktiVita‹. Sie sollen unsere Aufmerksamkeit auf sich ziehen, aber sie sollen uns auch zum Denken bringen. Daher das billige Wortspiel: ›Denkmal‹ => ›denk mal!‹. Gute Wortspiele der Korrekten folgen dabei der ewigen Regel: Geringer Aufwand, große Wirkung. Daher ist ›Liebe für alle, Hass für keinen‹ platt, aber ›Einsam? Damit bist du nicht allein‹ ist gut. Bei Männerrechtlern finden wir: ›e-MANNzipation‹, bei Rechten: ›ReGIERung‹, und so, wie der ›Wutbürger‹ zum ›Mutbürger‹ wurde, wurde die ›Wut im Bauch‹ zum ›Mut im Bauch‹ (Grüner Parteitag). Sprachspiele aus der Müllentsorgung und Umweltpflege: ›we kehr for you‹, ›mülle grazie‹. – Scharloth kritisiert, dass Rechte die für sie unliebsamen Politiker durch Verballhornung und morphologischer Verbiegung des Namens abwerten. Aber erstens ist die Verballhornung des

---

4 Das ist kein Wunder, weil Reime in formelhaften Wendungen jeher beliebt sind: ›no money, no honey‹, ›du bist was du isst‹ usw.

Namens überall beliebt, zweitens muss dafür nicht der Name geändert oder verzerrt werden, es reicht die negative Konnotation: Unter den vielen Spottnamen für Attila Hildmann finden wir: ›Avocadolf‹, ›König Hetzel‹, ›Gemüse-Goebbels‹ usw., was bedeutet, dass man mit Konnotationen arbeiten kann, um jemanden zu diskreditieren. Oder: ›Al<u>brecht</u> <u>brich</u>t das Arbeitsrecht‹, das neben dem unspektakulären Reim eben auch eine Assoziation durch das gemeinsame Morphen ›brech-‹ auslöst. Eine negative Konnotation ist immer ein bisschen Bespöttelung, vgl.: ›die denkmalgeschützte Alte‹. – Schließlich: Das Phraseologische und das Formelhafte kann unter ästhetischen Gesichtspunkten betrachtet werden: Bollnow sagt zur Reihenfolge von „Ruhe und Gelassenheit", dass diese vom „Gesetz der sprachlichen Schönheit" (Bollnow 1985, 116) bestimmt werde. Im Sinn hat er gewiss Behagels Hinweis auf die Stellung der kürzeren Sinneinheit vor der längeren (vgl. Behagel 1932, 5f.). Insofern von dieser Gruppierung ein ästhetischer Reiz ausgeht, verstehen wir, warum Phrasen wie ›Hass und Hetze‹ feststehen, aber die Wörter in Phrasen wie ›fordern und fördern‹, ›richtig und wichtig‹ und ›schützens- und schätzenswert‹ ihre Position tauschen können. Sie sind gleich lang und gleich unwichtig. (Gegenbeispiele sollen nicht übergangen werden: So sind ›Feuer und Flamme‹ oder ›Hänsel und Gretel‹ gewiss gleichsilbig, und doch unvertauschbar. Hier liegt wohl die Starre der Prägung vor, die die Elemente unvertauschbar macht.) Wo Behagel durchschlägt, wie bei ›Titel, Thesen, Temperamente‹ oder ›gut, schnell und professionell‹ (Hausmeisterservice), sehen wir noch andere stilistische Besonderheiten: Alliteration und Reim. – Um die ganze Stilbreite zu sehen, die man mit Hochwertwörtern und anderen Bildungen erzielen kann, nehmen wir noch einmal das Beispiel von eben: Hat man die Auswahl zwischen ›smart‹, ›intelligent‹ und ›klug‹, so sind diese Worte nicht beliebig einsetzbar, sondern durch den sich herausbildenden Wortgebrauch irgendwann mehr oder weniger gefestigt (Ausbildung von Kollokationen): ›Peter ist intelligent / smart / klug / bedächtig‹ usw. ist möglich im Unterschied zu den eher gefestigten ›intelligente Waffensysteme‹, ›smarte Digitalisierung‹, ›kluge Entscheidungen‹, ›bedachte Außenpolitik‹ usw. Alle Adjektive sind Hochwertwörter im Gutsprech. Die folgende Tabelle zeigt, wie ›smart‹ als das wohl beste Exemplar der obigen Hochwertwörter eine Rolle spielen kann im Gutsprech, indem es in verschiedener Weise zusammen mit anderen Stilmitteln eingesetzt wird und Wirkung zeigt:

Phrase mit Hochwertwort	salientes Stilmittel	Merkmale
intelligente Waffensysteme	-	Hochwertadjektiv
smarte Digitalisierung	kürzeres Adjektiv	Hochwertadjektiv
smart gespart	Reim	kürzer, euphonischer Reim
guard smart	Umstellung des Adjektivs	euphonischer Reim

Weitere stilistische Parameter

Die stilistische Auffälligkeit eines Wortes erschließt sich nur dem, der einen Sinn für die Auffälligkeit hat. Wir können aber auch vermuten, dass sie auf den oberflächlichen Hörer wirkt, wie ich das für Alliterationen annehme. Wenn politisch Korrekte über neue Wörter und Phrasen nachdenken, die sie für ihre Sache verwenden wollen, beachten sie stilistische Möglichkeiten, andernfalls kämen solche Bildungen wie ›Ende Gelände‹ nicht vor. Versetzen wir uns in die Lage eines Dichters, der die Worte wägt, oder in die Rolle eines Werbetexters oder politisch Korrekten, der sich um eine neue Kreation bemüht. Was geben Ausdrücke her? Yoko Tawada sieht in ›Bettstatt‹ vier Kreuze, so dass sie das Wort an einen Friedhof erinnert. Man kann in ›Monotonie‹ selbst Monotonie erkennen und in ›Seelenleere‹ oder ›leeres Meer‹ die Leere. Es bedarf nur eines gewissen Vorstellungsvermögens. Der ›anschmiegsame Cashmere‹ klingt auch sprachlich wohltuend, das ›Weiche‹ ist auffällig, noch mehr die ›Faust aufs Auge‹ oder der ›Göttergatte‹. Die politisch korrekten Alliterationen ›Hand aufs Herz‹, ›Rainforest run‹, das ›Kann-Kind‹ oder die unkorrekte ›Opferolympiade‹ bedienen sich der Alliteration, um Aufmerksamkeit zu erhaschen und um als Phrasen zu überdauern. Man nehme ›Gegen Patriarchat und Penisfixierung‹ (Gruppe *La dolce Vulva*) oder ›Hort des Hasses‹ (Telegram usw.) Das ›sch‹ in ›Schutt und Asche‹ ist zufällig, aber es stabilisiert den Ausdruck, hat also dieselbe Funktion wie die Alliteration. Der ›Depp vom Dienst‹ kann auch die ›Deppin vom Dienst‹ sein, aber auch der ›Schurke vom Dienst‹. Wir sehen wieder den Inhaltsvorrang. Wäre der ›Rainforest run‹ ein Wettbewerb, dann sicher ›Rainforest race‹, oder aber ein Spaziergang, dann ›Rainforest walk‹. Jetzt ist er ein umweltpolitischer Lauf, also passt es, es ist eine gute Alliteration. Merksatz aus der Pick-up-Szene: ›Der Fehler ist dein Freund‹, nicht ›dein Buddy‹. Man ist ›fix und fertig‹, manchmal auch ›fix und alle‹, aber Fertigprodukte sind nur ›fix und fertig‹. Man ist ›am Arsch‹, nie ›am Po‹, und man meidet den ›bösen Blick‹, nicht den ›bösen Anblick‹. Wir haben die Sachlage, die den (oft zurechtgestutzten) Inhalt des Wortes hergibt, dann die stilistische Einkleidung, gemäß einer Wahrheit in der Dichtung: *Die Form stützt den Inhalt.* Daher sollten wir bei der Betrachtung von Ausdrücken immer stilistische Merkmale berücksichtigen, auch wenn wir grundsätzlich anerkennen sollten, dass es einen Inhaltsvorrang gibt. Diesen sehen wir hier: Man bildet ›Hitzewelle‹, nicht ›Wärmewelle‹, weil die Hitze stärker ist. Erst 2022 wurde in den Medien von ›Klimaerwärmung‹ auf ›Klimaerhitzung‹ umgestellt – hier war die Motivation die dramatischere Darstellung. Auch die Form kann zum Inhalt werden. Oder ein positiver Inhalt wird in einen neuen Wortkörper überführt: ›Ehrenmann‹ => ›Ährenmann‹ (Aufwertung der Landwirte). Etwas wird zu Schlechtem durch Wortspiel: Der ›Euro‹ wurde zum ›Teuro‹, die ›Pandemie‹ zur ›Plandemie‹. Der Wortspieler selbst erhält die Prämie, wenn sein stilistisch gut bewehrter Ausdruck dem Prinzip *kleinster Aufwand mit größter Wirkung* genügt. Daher auch: ›Katarstimmung‹ (Kritik an der WM in Katar), ›Sojalismus‹ (Ökosozialismus), ›Hetzkampagne‹ => ›Herzkampagne‹ (gegen Hass und Hetze) usw. Typisches korrektes Doku-Wortspiel: ›Wahre Liebe‹ => ›Ware Liebe‹ (über Prostitution, Scamming usw.). Der Ausdruck ›Kipppunkte‹ ist silbisch gesehen sicher eine Zufallsbildung, aber nun machen die Dreifachkonsonanten das Wort sehr stabil. ›Kipppunkte‹, sonst nur in der Klimadebatte verwendet, wurde ungefähr im Jahr 2022 auch auf andere Probleme übertragen, man sprach von ›Kipppunkten‹ in der Demokratie (Transformation in einen Autoritarismus) oder in der Debatte um soziale Gerechtigkeit (Zunahme von Armut). Das Wort ›Kipppunkt‹ ist eigentlich leer, wie jeder topologische Begriff (vgl. ›Diskursraum‹, ›Freiräume für Frauen‹), aber gerade das macht ihn so flexibel, so dass es als Diagnosewort in verschiedenen Debatten wirken kann. Man wird einwenden, dass ›ppp‹ keinen besonderen Zweck erfüllt, doch man täusche sich nicht. Bestimmte Laute gehören zum Design eines Wortes und machen es auffällig (siehe: ›Gewissensbisse‹, ›gendergerecht‹, ›free speech‹). Wir lesen Sätze wie: ›xy tut gut‹ (überzogen bei: ›Mut tut gut‹), ›mit xy Gutes tun‹, ›einkaufen und Gutes tun‹ usw. Es heißt nie: ›Gutes machen‹. Das ›Machs gut!‹ ist auf die Verabschiedung beschränkt. Offenbar ist der Klang von ›u-u‹ konstitutiv für die Gutphrase. Ein anderes Phänomen der Stilistik, die auch bei den hier behandelten Sprachphänomenen wichtig ist, ist die silbische Kürze. Autoritative Langwörter trumpfen meist mit ihrer Kompliziertheit auf, Kurzwörter sind oft Schlagwörter. Dabei ist ein kurzes Wort stilistisch gesehen meist die bessere Wahl. Das bürokratische Langwort kollabiert ins handliche Kurzwort oder in die Abkürzung: ›Baufinanzierung‹ => ›Baufi‹. ›Solidaritätsbeitrag‹ ist zu lang, also wird daraus das hippe ›Soli‹. In diesen Fällen schließt das Kurzwort sogar an die i-Sublimanten an: ›Mutti‹, ›Hubi‹, ›Flüchti‹, ›Studi‹ usw., die alle locker, hipp oder vertraut wirken. Oder die Verkürzung von ›People of Colour‹ zu ›PoC‹, je nach dem, ob der Ausdruck in einem Erklärtext erscheint oder auf der Straße skandiert wird. Daher: ›Nein heißt nein‹ als Tautologie, aber mit Bekräftigung und dreifachem ›ei‹, oder ›Genug ist genug‹ (Logo: G!G), das ebenfalls Kraftsprech ist. ›Macker boxxen‹ will durch ›xx‹ auffälliger sein.[5] Beliebt sind Zusammenziehungen, auch viele Kofferwörter, ebenfalls ein Phänomen, das man unter stilistischer Kürze verbuchen kann: ›Terf‹, ›Huso‹, ›Cis‹ usw. Diese Kurzformen können schnell und im abwertenden Gestus verwendet werden. Bei der Betrachtung der politischen Sprache der Korrekten sind stilistische Parameter zu untersuchen, einfach weil diese Sprache Inhalte vermitteln will – und Inhalte haben Formen, die es ihnen erleichtern, uns gedanklich einzunehmen. Noch ein Beispiel: Man bemüht ›Zahlen, Daten, Fakten‹ – natürlich jeder in seinem Sinne. Man beachte den vokalischen Klang dieser Reihe, denn auch das ist Stilistik, von der wir ausgehen können, dass sie subtil wirkt. Originalität des Wortspiels, Modewörter und Formelhaftigkeit schließen sich nicht aus, sie können zusammengehen: ›5 Fakten zu 5G‹. Emphatisch und optisch salient ist ›ja!‹. Einzelwörter, aber auch Phrasen lassen sich stilistisch bezüglich ihrer Griffigkeit untersuchen (vgl. ›no means no‹). Griffig (für das Auge, die Zunge und das Denken)

---

5   Das xx ist überhaupt als Augendialekt dort sehr beliebt, wo sonst x steht: ›maxx‹, ›flexx‹, ›vlexx‹ (Slogan: ›Verbindungen schaffen, Menschen bewegen‹). Wegen [ks] wird ›Klicks‹ zu ›Klixxs‹, ›Klecks‹ zu ›Klexx‹ aber nur in diese Richtung, denn nie wird ›Mixer‹ zu ›Micksesr‹, sondern ›Mixer‹ wird ausgezogen zu ›Mixxer‹. ›Wichser‹ wird zu ›Wixxer‹, ›sticks‹ werden zu ›stixx‹ und bei ›wachsen‹ (epilieren) greift man auf das Englische ›wax‹, ›waxing‹, ›waxxing‹ zurück. Aus ›Box‹ wird ›Boxx‹, nie ›Bocks‹, daher ›boxen‹ => ›boxxen‹ => ›Nazis boxxen‹. ›XL‹ wird zu ›XXL‹ aufgeblasen, ›extrem‹ zu ›x-trem‹ oder gar ›xx-trem‹ und die Rechten bilden ›Volx{wille}‹ usw. Dasselbe bei z oder tz, das zu zz wird: ›Fizz‹, ›Bruzzler‹, ›Chipzz‹ usw. Doppelte Konsonanten machen das Schriftwort auffälliger. Das xx und das zz sind hier nicht Verklausulierungen, um Algorithmen zu täuschen, die evtl. Ausdrücke zensieren, sondern sie heben hervor. Das x ist als Modernisierungszeichen beliebt: ›fresh x‹ (EKD). Der von Rechten oft proklamierte ›Tag X‹ als Entscheidungstag ist von Linken ebenso beliebt, etwa 2023 bei den Protesten um Lina E.

wird ein Ausdruck, wenn er eine oder mehrere stilistische Besonderheiten hat, wobei es letztlich das Ziel ist, den mit dem Ausdruck verbundenen Gedanken oder die Emotion weiterzutragen.

Sublimanten und Meliorisierer

Bleiben wir kurz bei den Sublimanten. Es sind Silben oder Affixe, die einem Wort Prestige verleihen. Zu unseren Gutwörtern gehören einige Sublimanten, die kurz sind und als (vor oder nachgestellte) Adjektive, Präoder Suffixe eingesetzt werden können: ›verde‹ (verkürzt auch: ›ver‹), ›öko‹ (= ›eco‹), ›pro‹, ›smart‹, ›re-‹ usw. Beiwörter können sein: ›multi‹, ›pur‹, ›max‹ usw. wie ›Multivitamin‹, ›multikulturell‹, ›CDU pur‹ usw. Manchmal führen Sublimanten zu einer Stileinheit. Sublimantendungen sind Kunstendungen und treten bei Firmennamen und Produktnamen auf. Sehr beliebt sind die Wörtchen ›tec‹, ›tech‹, ›tek‹, ›teck‹, ›teq‹ um Eindruck zu machen, überhaupt ist gerade hier die Vielfalt der Endung erstaunlich. Man kann von einer gewissen Wortdynamik sprechen. (Man sehe auch: ›Protex‹ von ›protect‹.) In ›fairtiq‹, das eine Umgestaltung von ›fertig‹ ist, ist ›fair‹ die Anbindung an Fairness nach dem bekannten Schema ›fairlieben‹, ›fairkaufen‹ usw., aber ›-tiq‹ nur Augendialekt und Meliorisierer, um den ganzen Ausdruck hipper zu machen. Trotz der strengen Ordnung für die Vergabe von Medikamentennamen gibt es auch dort stilistischen Spielraum: ›lind‹, ›med-‹ und ›pharm‹ sind Abtrennungen von ›Linderung‹ (bzw. ›Linde‹), ›Medizin‹ und ›Pharmakologie‹. Auch wird ›Vitamin-B-Komplex‹ auf Packungen herausgestellt, obwohl es nur heißt, dass die in der Packung enthaltenen Vitamine zur B-Gruppe gehören. Komplex klingt aber besser. – Auch neutrale Wörter können in einer entsprechenden Zusammenstellung zum Meliorisierer des ganzen Ausdrucks werden: In ›medizinische Maske‹ wurde während der Corona-Epidemie ›medizinisch‹ zum Hochwertwort, obwohl es eigentlich nur bedeutete: ›Maske im Bereich der Medizin‹ Das ›medizinisch‹ wurde deshalb zu einem positiven Wort, das ›Maske‹ aufwertete, weil es für Qualität stand. Ein meliorisierendes Beiwort: ›ehrlich‹ (wie in ›ehrliche Beratung‹ usw.) oder ›supervidierte Einzelberatung‹ (d.h. der beratende Psychologe ist selbst Teilnehmer einer Supervision). Ein ganz technisches Wort wird hier zur Aufwertung der Sache genommen. Außerdem macht das Fremdwort Eindruck. Dabei weiß jeder, wie wenig produktiv Supervisionen sind. Die Meliorisierung in globalen Ausdrücken hat seine Grenze, wenn es zu Widersprüchen zwischen dem guten und dem negativen Begriff kommt: Eine ›medizinische Ohrfeige‹ kann es ohne einen sachlichen Grund nicht geben. Wenn Sachwörter (besonders technische Wörter) zu Hochwertwörtern werden und beliebig als Adjektive eingesetzt werden, ist es kein Wunder, dass das manchmal schiefgeht: ›digitale Revolution‹, ›digitales Klassenzimmer‹, ›digitale Problemlösungen‹ lassen wir uns vielleicht noch gefallen, aber ›digitales Bargeld‹ nicht, weil es ein Widerspruch ist. Bei ›vollwertigen Impfschutz‹ sind es gleich drei semantische Bestandteile, die die Sache begrifflich aufwerten – ganz unabhängig davon, ob die Impfung schadet oder nützt. Das technische Wort ›hybrid‹, das zu einem Meliorisierer wurde, habe ich andernorts behandelt. Nehmen wir nur das Wörtchen ›agil‹: ›agiles Projektmanagment‹, ›agiles Team‹, ›agil auf Herausforderungen reagieren‹ und was des Nonsens mehr ist. Austauschbar ist ›agil‹ mit ›effektiv‹, das noch positiver ist und daher gerne verwendet wird: ›effektives Team‹ usw. ›agil‹ und ›effektiv‹ sind keine Gutwörter eo ipso, sondern müssen erst zu solchen hergerichtet werden. Auch ›tech‹ ist kein irgendwie positives Morphem, es ist sogar ziemlich blass. Erst indem man technische Finesse herausstellt oder eben technische Effizienz kann so ein farbloses Morphem zum Signal von Gutem werden: ›Biotec‹, ›biotech‹, ›natur-tec‹, ›greentec‹, ›Legal tech‹ (Digitalisierung in der Justiz) usw. Dasselbe bei ›trans‹, das sogar in Ausdrücken wie ›trans Mensch‹ aggressiv verteidigt wird, oder ›faktor grün‹. Zur Meliorisierung gehören schließlich auch politisch korrekte Gesetzestexte und Verordnungen: ›Gute-Kita-Gesetz‹, ›Entgelttranzparenzgesetz‹, ›Transparenzverordung‹, ›Informationsfreiheitsgesetz‹, ›Chancenaufenthaltsgesetz‹, ›qualifiziertes Aufenthaltsrecht‹, ›Wachstumschancengesetz‹, ›Lieferkettensorgfaltspflichtengesetz‹, ›Hinweisgeberschutzgesetz‹, ›Selbstbestimmungsgsetz‹ oder ›Demokratiefördergesetz‹, weil sie positive Wörter verwenden. ›Fairnessparagraph‹ wird der § 32a UrhG genannt. Gesetze nehmen in die Pflicht, normalerweise wirken sie nicht durch sich selbst, sondern durch Sanktionen bei einem Verstoß gegen das Gesetz. Die guten Begriffe in den Gesetzestitel sind Verbrämung der Inhalte. Des Weiteren kann mit den Meliorisierungen eine Stilhöhenänderung eintreten. Die Korrekten legen Wert darauf, dass aus einem positiven oder neutralen Ausdruck ein negativer werden kann. In manchen Fällen so negativ, dass man den Ausdruck ausrangieren muss. Aus einem negativen Wort kann aber auch ein positives oder neutrales Wort werden: ›Fanatic‹ => ›Fan‹. Aus einem gehobenen Wort kann ein Soziologensprechwort werden: ›peer‹ => ›peer group‹. Aus einem blassen Wort kann ein Prollwort werden: ›Politik‹ => ›Polit‹ (wie ›Politbüro‹). Man kann Worte mit einer stilistischen Höhe verwenden: ›Macht hoch die Tür, das Tor macht weit‹. Oder ganz technisch, stillos: ›Tür- und Torsysteme‹. Von der Möglichkeit der Änderung in der Stilhöhe macht auch das korrekte Sprechen Gebrauch. Nehmen wir die Tiefenesoterik: ›Deep Moisture‹, ›tiefe Bauchatmung‹, ›Tiefeninterview‹, ›deep fake‹, ›zutiefst erschüttert‹, ›zutiefst bewegt‹, ›tiefes Mitgefühl‹, ›zutiefst erniedrigt‹, ›tiefe und intensive Gespräche‹, ›vertiefte / vertiefende Informationen‹, ›vertieftes Studium‹, ›Tiefenpsychologie‹, ›Tiefwirk-Effekt‹ usw. Diese Redeweisen betten das an sich informationsarme Wort ›tief‹ ein in das Sinnfeld, das Tiefe und Oberfläche gegenüberstellt und die Tiefe für das bessere von beiden hält. Das Pronomen ›wir‹ wird zu einem substantielles ›Wir‹, wenn es heißt ›wir schaffen das‹ oder ›wir gegen Rechts‹ etc. Hier wird nicht nur ein Wort in ein bestimmtes Thema eingegliedert, sondern auch sein stilistischer Wert scheinbar erhöht. – Zu den ganz spezifischen Hochwertwörtern gehören die Attribute ›direkte, repräsentative, wehrhafte, streitbare‹, die zu ›Demokratie‹ gesetzt werden. Die letzten beiden stammen aus dem Sinnfeld des Soldatischen; es ist die Frage, ob sie zur Demokratie passen. In ihnen liegt eine gewisse Aggression, in ›streitbar‹ ist diese nicht mehr passiv. ›Repräsentativ‹ wird als positives Wort besonders herausgestellt. Wir haben in Deutschland eine repräsentative Demokratie, aber eigentlich ist die Funktion der Repräsentation etwas, was die Demokratie, gemessen an einem Ideal vom Demokratischen, eher einschränkt, weil nicht Millionen von Bürgern direkt auf die Politik Einfluss nehmen können. (Legen wir einfach 1950 mit ca. 70 Millionen Bürgern in Deutschland zugrunde im Vergleich zur Schweiz 2023 mit ca. 8 Millionen.) Das bedeutet, ›repräsentativ‹ kaschiert einen Mangel (gemessen am Ideal der Demokratie). ›Direkte Demokratie‹ ist mit dem Gedanken des Demokratischen mehr vereinbar, fast tautologisch.

Parataxe als fancy Stilmittel

Das parataktische Anordnen von Wörtern oder Phrasenteilen ist sehr beliebt im politisch korrekten Sprechen. Sehen wir uns zunächst normale Beispiele an: ›Deckel federentlastet‹, ›Oliven entsteint‹ usw. Der attributive Ausdruck (›entsteinte Oliven‹) wäre um eine Silbe länger. Der prädikative Gebrauch ist irgendwie griffiger, lässiger: ›Rechte Hetze debunkt‹, ›Daumen hoch‹ usw. Parataxe nutzen auch Schlagphrasen: ›meine Daten –

meine Regeln‹, ›mein Körper – meine Entscheidung‹ (kürzer, und damit für die Straße besser geeignet: ›my body – my choice‹). Es werden zwei Sinnfelder nebeneinander gestellt, den Zusammenhang stellt der Betrachter selbst her (und durch diese geistige Arbeit ist er schon in das Thema verwickelt). Wir sehen Werbung für Blutspenden: ›Blut spenden – Leben spenden‹. Die stärkere Form ist: ›Blut spenden – Leben retten‹, genau wie: ›Essen retten – Leben retten‹ (Containern) oder ›Besser trinken, besser leben‹ (Bad Dürrheimer Mineralwasser). Oder: ›think green, be green‹, ›gesunde Erde – gesunde Menschen‹ (dm-Serie), ›happy school – happy life‹ u.v.m. Die Parataxe kommt natürlich auch im Alltag vor (›berührt – geführt‹) und manchmal kunstvoll in der Werbung: ›Badisch sympathisch. Schwäbisch gründlich.‹ Die aktionistische Gutsprecherei nimmt diese kurze, verdichtete Form auf, weil sie weiß, dass sie beliebt und wirksam ist. Parataxe garantiert Kürze, und Kürze bietet eine konzise Informationseinheit. Als im Winter 22/23 eine Ideologie des Energiesparens einsetzte, fanden wir: ›Tür zu, Geschäft offen‹. Eine kurze Informationseinheit ist auch: ›Fukushima gedenken, Japan erleben‹ oder: ›Frauen schützen, Gewalt verhindern‹. Wenn die Teile unverbunden nebeneinander stehen, muss der Leser die Verbindung herstellen, entweder eine kausale oder modale Verknüpfung oder sonst irgendeine geeignete Verbindung. Beliebt ist die harte Gegenüberstellung zwischen Sprechendem und Adressat: ›Unser Wachstum – Ihre Chance‹ (*Ziemann*)

Phrasen kosten nichts

Jeder Sprachbegabte weiß, dass Phrasen nichts kosten, dass man sich mit ihnen nicht festlegt, vor allem um so weniger je allgemeiner die Phrasen sind. Unter Phrasen verstehe ich sowohl ausformulierte, oft stilistisch markante Sätze als auch wiederholt Dahingesagtes. Die politisch korrekte Phraseologie verfertigt, wie sollte es anders sein, ihre Gutsprechphrasen oder Phrasenteile am Fließband: ›Frieden jetzt‹, ›Gerechtigkeit jetzt‹, ›Yoga jetzt‹, ›Zukunft jetzt‹, ›Selbstbestimmung jetzt‹ (CSD-Pride Hamburg 2023). Oder politisch: ›Völkerfrühling‹, ›Prager Frühling‹, ›Arabischer Frühling‹, ›Iranischer Frühling‹. All diese Bezeichnungen sollen zwar etwas geschichtlich Einmaliges benennen, aber dann ist es doch ein Schema, das auch die Besonderheit des Ereignisses zweifelhaft werden lässt. Anders als zum Beispiel ›Tauwetterperiode‹, ein Wort literarischer Herkunft und einmaliger Prägung. Von Armin Laschet bzw. von seinen

Ghostwritern stammt der Ausdruck: ›Dritte deutsche Einheit‹. Zugrunde gelegt wird die konstruierte Reihe: Erstens: Wiedereingliederung der deutschen Vertriebenen aus den ehemaligen deutschen Ostgebieten. Zweitens: Wiedervereinigung von Ost- und Westdeutschland 1989. Drittens: Integration von Zugewanderten. Diese Konstruktion ist unübersehbar bemüht: Ersteinmal sind die gängigen Formulierungen um die Aufnahme der Flüchtlinge nach dem Zweiten Weltkrieg selbst für die CDU zu heikel, deshalb der Streit um ›Vertriebene‹ versus ›deutsche Flüchtlinge‹ usw. Zweitens aber sind ausländische Zuwanderer offensichtlich keine Deutsche, so dass von Wiedervereinigung via Integration nicht geredet werden kann. In einem eigentlichen Sinn kann bei der deutschen Wiedervereinigung von 1989 auch nicht von einer zweiten gesprochen werden. Sie ist die erste und einmalige deutsche Einheit. Die Nummerierung ist politisch motiviert und wird geschaffen, um der Integration von Zuwanderern einen besseren Namen zu geben. – Phrasen, die Forderungen enthalten, sind immer stark, es geht immer ums Mehr: ›mehr Bildungsgerechtigkeit‹, ›mehr Planungssicherheit‹ (Stadtentwicklung, Familien etc.), ›mehr Frauenrechte‹, ›mehr Körperbewusstsein‹ (Shiatsu), ›mehr Gemeinwohl‹, ›mehr Gemeinnützigkeit‹, ›mehr Demokratie wagen‹ usw. Viele Phrasen sind werbend, deshalb unehrlich: ›Wir verbinden und bewegen Menschen.‹ (Verkehrsbetriebe), statt einfach: ›Wir befördern Massen.‹ Oft impliziert das gesagte Positive das ungesagte Negative. Oder Phrasen sind roh: ›Macker boxxen‹, ›Nazis auf die Fresse‹, ›Fuck AfD‹ usw. Oder beide Teile einer Sache werden phrastisch ausformuliert: So ist man gegen das ›Recht des Stärkeren‹ und setzt ihm die ›Stärke des Rechts‹ entgegen. Oder der ›marktförmigen Demokratie‹ setzte man den ›demokratieförmigen Markt‹ entgegen. Es sind einfache Umdrehungen der ursprünglichen Aussage. Die Gutsprechphrase enthält oft ein oder mehrere Gutsprechworte: ›Pro Ehe für alle‹, ›Für Demokratie, Gerechtigkeit und Frieden‹, ›Frauenrechte sind Menschenrechte‹, ›Nur ja heißt ja‹ usw. Wir kennen schon das Phrasendesign ›x statt y‹. Auch die Phrasen mit ›pro‹ haben dasselbe Design. Hier ist es so, dass ›pro‹ vor ein Nomen gesetzt wird, aber dass ›kontra‹ fast nie genannt wird. (Und auch das Herz schlägt immer für etwas, nie gegen etwas.) Wenn man Phrasen wie ›Nein heißt Nein und Ja heißt Ja‹ brüllt, wirkt das immer autoritär. Die Phrasen, derer man sich bedient, sind meistens starr, formelhaft, sie eignen sich als Plakatierungen, und sie versuchen, das Maximum an politisch korrekten Inhalt in eine leicht aufnehmbare Form zu gießen. Komplexität ist Phrasen fremd. Doch es kann sein, dass komplexe Debatten hineinschießen, wie bei ›Nein heißt nein‹. Weitere bekannte Phrasen: ›Sag ja / nein zu xy‹, ›yx braucht mehr als Medizin‹ (nämlich statt Techniken soziale Werte, z.B. Liebe), ›Wir stehen für Weltoffenheit und Toleranz‹ (es können auch andere positive Werte sein) usw. Letzteres ist Haltungsbekundung, die zur Folge hat, dass diejenigen ausgeschlossen werden, die nicht mitmachen oder andere Werte oder Interessen vertreten. Denn die gute Haltung wird nur denjenigen zuteil, die selber gut sind und ihre ›Gutness‹ stets bekunden. Doch typisches Gutsprech (etwa ›gestalten‹) kann auch mit gröberem, aggressiven Sprech zusammengehen: ›Häuser besetzen, Wohnraum gestalten.‹ Das wäre wieder ein Beleg dafür, dass das positive Sprechen auch aggressiv sein kann. – Phrasen bestehen aus Phrasenteilen; das Gutsprech montiert diese Phrasenteile: ›sich xy bewusst werden‹, ›xy gerecht werden‹ (z.B. Verantwortung). Schon die Schwemmausdrücke können Elemente von Phrasen werden: ›wertebasiert‹, ›wertegeleitet‹, ›wertebewegt‹ werden dann verbaut in ›wertebasierte Außenpolitik‹, ›wertegeleitete Außenpolitik‹, ›wertebewegte Außenpolitik‹. Daraus dann: ›Wir stehen für eine wertebasierte Außenpolitik‹ oder: ›Ich und meine Regierung stehen für eine wertebasierte Außenpolitik‹ usw., und das in mannigfachen Variationen, wobei man sich hinter diesen Phrasen versteckt und die eigentliche Politik nicht erklärt. Wortspiel der Friedensesoterik: „Es gilt, den Frieden zu gewinnen, nicht den Krieg." Untersuchen wir eine Gutphrase, die ich an einer Litfaßsäule gesehen habe: „Seid ruhig! Für ein faires und respektvolles Zusammenleben." (Das Ganze wird mit einer unvermeidlichen Alliteration garniert: ›relax mit respekt‹) Der Leser ist jetzt schon gut vorbereitet, um die Bestandteile analysieren zu können: Die Präposition ›für‹ ist nicht einfach da für die Thematisierung, sondern sie stellt das Positive heraus, man könnte ja auch einfach gegen Lärm sein. Mit ›fair‹ und ›respektvoll‹ haben wir die typische Doppelformel und mit ›Zusammenleben‹ den sozialen Wert. Das Ganze lebt aber nicht aus sich heraus, sondern wird begleitet mit einem rüden Imperativ. Und ich finde das sehr typisch für die Korrekten, dass sie zwar auf Werte referieren, diese aber immer zwanghaft mit Regeln, Normen, Verboten oder Imperativen durchsetzen wollen. Sie sind in letzter Konsequenz illiberal, denn sie werben nicht für Tugenden, Werte und gute Verhaltensweisen, sondern sie drohen mit Strafen.

Doppelformen

Doppelformen sind sehr häufig und meistens stilistisch arm. Ein Beispiel: „Zu Hause repressiver und im Ausland aggressiver." (Blinken über China unter Xi Jinping, von Baerbock später aufgegriffen und so wiederholt) Rhetorisch ist dieser Satz kein Meisterstück, aber er wirkt auf unser Denken. Repression und Aggression sind sich ähnlich, die Repression ist eine Art von Aggression nach innen. Wir stellen schnell diese Zusammenhänge her und glauben noch, dass es ein *symmetrischer* Zusammenhang ist. Jinping wird uns somit als autoritärer Machthaber dargestellt, doch wir erfahren nicht, dass er mit seiner Innen- und Außenpolitik auch ein Risiko eingeht. – Doppelformen (und damit Langformen durch Dopplungen) sind fast immer stilistisch schwach: Über George Sand und Chopin heißt es: ›ungewöhnliche Liebe zweier außergewöhnlicher Menschen‹. Hier kann man die Attribute vertauschen, sie wirken also beliebig und daher nicht stark. Im Streit zwischen dem Mars-Konzern und Einzelhändlern konnte man 2022 auf Zetteln lesen, dass es trotz ›langer und intensiver Verhandlungen‹ nicht zu einer Einigung kam. Man will hier sowohl die Quantität als auch die Qualität betonen, aber letzteres hätte gereicht. Nicht immer schließt Qualität Quantität ein, auf sie kommt es hier aber an. Hier geht die Doppelform schon in das Kraftsprech über, das die Verhandlungen als hart deklariert. Typische Doppelformen mit Gutsprechwörtern finden wir in einem Beitrag von Olaf Scholz in der FAZ online vom 1.11.2022: „Gefragt sind Augenmaß und Pragmatismus" oder: „offener und klarer Austausch." Man findet durch diesen stilistischen Gebrauch immer die gleiche Tonart. ›Macher und Schaffer‹, ›fördern und fordern‹, ›schätzens- und schützenswert‹, ›integratives und innovatives Europa‹ (Partei: *Volt*) usw. sind typisches Gutsprech und läuft auf Monotonie hinaus, was man insbesondere bei kraftsprecherischen Schallformen findet: Etwas ist ›natürlich natürlich‹, man soll ›Stärken stärken‹ oder das ›Lernen lernen‹. Doppelformen können unfreiwillig komisch wirken: ›nachhaltige Tierhaltung‹, ›weil FISCH FRISCH am besten schmeckt‹, ›wissentlich und willentlich‹, ›Leben leben‹ (Ethikbuch), ›entscheidender Unterschied‹, ›mit guter Vergütung‹ (Stellenwerbung). Das Gutsprech neigt zu Doppelformen mit ›und‹ in Verbindung mit positiven Ausdrücken: ›engagiert und couragiert‹. In der Esoterik: ›Kontakt und Austausch mit sich und anderen‹, ›sich selbst sicher und stabil zu wissen und zu fühlen‹. Beispiele bei Kaehlbrandt sind: „angenommen und erfolgreich gestaltet" (Kaehlbrandt

2016, 222), „Institutionen verbinden und stärken" (ebd., 227), „gesellschaftlichen Teilhabe und Mitwirkung" (ebd., 231), „erkannt und anerkannt werden" (ebd., 231). Oder allgemein: ›xy lernte yx kennen und lieben‹ (Klappentext Liebesromane), ›von Gewalt bedrohte und betroffene Frauen‹ (Feminismus), ›tragischer und trauriger Vorfall‹ (Politsprech nach Messerattacke). Bei Etty Hillesum: „Leben und Erleben", „Leiden ... trägt und erträgt" (Hillesum 2022; 27, 143) Auch hier ist das letztere ein Teil des ersteren, so dass die Nebeneinanderstellung gekünstelt, aber nicht kunstvoll wirkt. Bei Anna Haag finden wir: „behandelt und misshandelt" (Haag 2022, 124), „durchleben und durchleiden" (ebd., 128), obwohl der negative Kontext schon nahelegt, ›behandelt‹ und ›durchleben‹ als negativ aufzufassen, so dass es eigentlich keiner Spezifizierung mit einem genuin negativen Wort mehr bedarf. Oder bei der bekennenden Rechten Ellen Kositza: „In Deutschland werken und wirken 1600 Frauenbeauftragte." (Kositza 2022, 7) Ist das stilistisch fein? Nein, es ist wortspielerisch naheliegend und daher nicht besonders. Die Doppelform für Negatives und mit Alliteration: „schändlich und schäbig" (Gregor Golland, CDU, zu den Plünderungen im Ahrtal nach der Flutkatastrophe), „schlimm und schrecklich" (Gil Ofarim zu angeblich antisemitischen Aussagen gegen ihn), „vorsätzlich getrickst und getäuscht" (Martin Trefzer, AfD, über die Plagiate in Franziska Giffeys Doktorarbeit). – Wir können das Stilmittel der mit ›und‹ verbundenen Doppelformen genauer untersuchen und begründen, warum dieses Stilmittel bei den politisch Korrekten oft misslingt. Ich nehme dazu als Kontrast aus der Literatur E.T.A Hoffmanns *Fräulein von Scuderi*, weil sich darin so viele mit ›und‹ verbundene verbale und nominale Doppelformen finden. Die zuerst folgenden Beispiele des Gutsprechs sind verschiedenen Quellen entnommen. Das Muster ist ›x und y‹: ›fordern und fördern‹, ›mich lieben und annehmen‹, ›gepflegt und gesund‹, ›Hass und Hetze‹, „ökologischer und ökonomischer" (Peter Unmüßig), „verehre und achte" (Pusch 2019, 104), ›gemeinsam lernen und leben‹ (Inklusionsbroschüre), ›Authentizitäts- und Integrationsnachweis‹ (elektronische Datenübermittlung), ›Sicherheit und Sauberkeit‹ (CDU-Slogan), ›richtig und wichtig‹, „Richtiges und Wichtiges" (Pusch 2019, 105), ›schützens- und schätzenswert‹, ›Weltoffenheit und Toleranz‹, ›lieben und schätzen‹, ›ehrlich und authentisch‹, ›gesellschaftliche Entwicklungen auf- und annehmen‹, ›aufgeschlossen und unvoreingenommen‹, ›Bringen Sie Ihrem Gegenüber Wertschätzung und Respekt entgegen.‹ (Unternehmenswebseite), ›moralische und ethische Verpflichtung‹, ›kreist um gegenseitiges Verständnis und globales Miteinander‹, ›Natur erleben und entdecken‹ usw. Wir können den alliterativen Schmuck vieler Doppelformen hier vernachlässigen, da meine Beispiele willkürlich herausgegriffen sind. Wir sehen, dass die Elemente x und y bei diesen Bildungen des Gutsprechs semantisch verschieden sind. Oft jedoch ist ein Element Bestandteil schon des anderen Elements, so dass das untergeordnete Element überflüssig ist. In diesen Fällen müssen wir von einer reinen Verstärkung ausgehen oder dass, da den Gutsprechern doch wichtig ist, dass das untergeordnete Element erwähnt wird, eine Auslagerung eines Details vorkommt. Ein Beispiel ist ›lieben und schätzen‹, da ›schätzen‹ Bestandteil von ›lieben‹ ist. Die Liebe ist positiver und beinhaltet schon das Schätzen im Sinne des Wertschätzens der geliebten Person. Andere Doppelformen stellen verschiedene Aspekte nebeneinander und greifen auf zwei Gebiete aus: ›ökologischer und ökonomischer‹. Das dürfte auch auf den Fall zutreffen, wo ein übergeordneter und ein semantisch inkludierter Aspekt verwendet wird; auch das ist ja Ausgreifen, einmal global und einmal im Detail. Es geht also den Gutsprechern darum, immer mehr zu sagen, detailreich und allgemein zu sein. Wir sehen wieder das Bedürfnis der Gutsprecher, präzise zu sprechen. Doch hier könnte der Einwand kommen, dass das ein gängiges Vorgehen und somit nicht zu beanstanden sei. In der Belletristik finden wir: „stark und fest" (Hoffmann 2015, 5), „wiegend und prüfend" (ebd. 18), „still und ruhig" (ebd. 38). Auch reine Doppelformen zur Verstärkung (wie sie auch unser Alltagssprechen kennt), etwa „um und um", „zögerte und zögerte", „dann und wann" (ebd. 7, 27, 33), sind bei Gutsprechern beliebt und insofern nicht angreifbar. Warum sind die gutsprecherischen Formeln dennoch meistens abzulehnen? Zunächst: Die Doppelform mit ›und‹ ist (wie auch die Dreierreihe) immer eine Erweiterung, die unter Umständen jedoch nicht nötig ist. Es ist also immer eine mehr oder weniger bewusste Wahl. Als Stilmittel in der Belletristik ist es kein Präzisionsinstrument, sondern nur darauf angelegt, Bilder zu schaffen, weniger darauf, Informationen zu liefern. Bei den Gutsprechern sollen jedoch Informationen geliefert werden. Weitere stilistische Effekte der Langform, die auch nicht zu beanstanden sind, versuchen die Aussage länger und eindrücklicher zu machen. Dennoch, wenn die Doppelform mit ›und‹ zu einer Formelmaschine wird, ist sie abzulehnen. Die Doppelform mit ›und‹ ist bereits eine Formel, auch in der Belletristik. Das Gutsprech aber verwendet die Formel auf eine andere Weise, nämlich als Mittel, um möglichst viel sprachlich abzudecken und dennoch präzise zu sein. – Mit den

Zutaten der politisch korrekten und der feministisch-esoterischen Sprache können wir Sätze am Fließband bilden, etwa einen Satz, den es so noch nicht gibt, aber leicht geben kann: ›Sylvia Plath schrie und schrieb sich die Seele aus dem Leib.‹ Hier also Alliteration und Doppelform, die gar nicht nötig wäre, ein einziges Verb hätte genügt. Mit der Doppelform ist der Satz aber eindrücklicher und nur die Doppelform kann zusätzlich noch die Alliteration bieten als Mittel, eine feste Prägung zu erzeugen. Nach diesem Rezept auch: ›Virginia Woolf lieferte tragische und doch temperamentvolle Literatur.‹ Oder: ›Beauvoir brauchte und gebrauchte das Schreiben.‹ Oder: ›Unica Zürn teilte mit Plath und Woolf das Schicksal des Selbstmordes aus bitterer Erfahrung und böser Ernüchterung.‹

Mehrfachformen

Die Korrekten sind sich bewusst, dass es verschiedene Stufen ihres Aktionismus gibt, und der höchste Anspruch nicht immer erfüllt werden kann. Daher die Stufungen, mit denen wir genervt werden: ›CO_2 vermeiden vor reduzieren vor kompensieren.‹ (Hintereinanderschaltung von Verben für verschiedene Konzepte.) Oder: ›refuse‹, ›reuse‹, ›reduce‹, ›refill‹, ›renew‹, ›reteq‹, ›recycle‹, ›rebuy‹, ›resell‹, ›regrow(ning)‹. Es gibt auch Bildungen mit Nomen oder Nomenteilen: ›ReForest‹, ›ReCup‹, ›ReBat‹ (Batterienrückgabe), ›Rebalancing‹ (Psychotherapie), ›ReFood‹, ›Reerding‹ (natürlichere Bestattung durch Kompostierung) und Wortspiele: ›Refillution‹. Man vergleiche diese Reihe auch mit typischen Werbephrasen, etwa aus dem Beauty-Bereich: ›revital‹, ›revitalift‹, ›regaine‹, ›refill‹, ›refresh mask‹, ›restore‹, ›recreate‹, ›reactivating‹, ›repair & care‹ usw. Das ›re-‹ ist besonders gerne gesehen im Gutsprech (es steht dem ›de-‹ direkt entgegen: ›reforestation‹ / ›deforestation‹) und politisch: ›resist‹. Es wird auch bevorzugt, wenn es Alternativen gibt: ›Reliance‹ statt einfacher ›trust‹. Anhand der Reihe ›love live give‹ (Werbung von *Hugo Boss*) sehen wir das bewusste Spielen mit Vokal- und Konsonantenwechsel. Diese Reihe ist als Produkt einer Überlegung durchsichtig. Doch die Reihe ›refuse‹, ›reduce‹, ›reuse‹ usw. wird nur sichtbar, weil wir die Wörter einander gegenüberstellen. Das hindert uns aber nicht zu behaupten, dass das re-Schema beliebt ist. Es ist ein Muster, das im Sprachgebrauch der Gutsprecher wirkt. Die einzelnen Ausdrücke mögen zu verschiedenen Zeiten und an verschiedenen Orten geprägt worden sein, aber das re-Schema ist so attraktiv, dass es auch produktiv ist. ›recycle‹ ist sicher die älteste Bildung, und vielleicht sollen die anderen ›Recycling‹ übertrumpfen. Bzgl. ›Haltungsformen‹ unterscheidet man in: ›Stallhaltung‹, ›Stallhaltung Plus‹, ›Außenklima‹, ›Premium‹. Bei den letzten drei weiß man eigentlich nicht mehr, was das genau ist. Es ist *sprachliche Verklärung* von etwas, was in der rein industriellen und rationalisierten Tierhaltung nicht vorkommt. ›Premium‹ ist dabei ein Wort mit Positivität *sui generis*, das seinen Bezug zur konkreten Haltung (Freiland?) verloren hat; ›Außenklima‹ ist ein rein technisches (meterologisches) Wort. Oder: Ein freier Bereich, wie es die Pädagogik sein sollte, hat sich verschiedenen expliziten und impliziten Regularien unterworfen, besonders Test- und Kontrollsystemen, Förderungsprozeduren und Hierarchien. Es gibt Stufen der Verarbeitung bzw. Darreichung von Lernmaterial: ›angeboten‹, ›erarbeitet‹, ›geübt‹, ›gefestigt‹. Wir sehen an diesen Beispielen Mehrfachformen, realisiert in gleichen oder doch ähnlichen Lexemen oder in Morphemen (›re-‹, ›ge-‹, ›kom-‹), die innerhalb eines gedanklichen Bereichs konzeptionalisieren. – Unter den Mehrfachmustern können wir auch Sprachmuster und Gebrauchsmuster erkennen. Das Gutsprech bedient sich tradierter Muster, so etwa dem Ausdruck von Einigkeit in drei Schritten:

Absolutismus	Nationalsozialismus	Motto Indiens während seines G-20-Vorsitzes
un roi	ein Volk	one earth
une foi	ein Reich	one family
une loi	ein Führer	one future

Dieses Muster wird auch nicht gemieden, wenn man auf den Nationalsozialismus verweist. Natürlich nicht, denn warum sollte das Muster desavouiert sein, wenn die politisch Korrekten mit ihrem positiven Vokabular sich innerhalb dieses Musters gut ausdrücken können? – Der Sprache zugrundeliegende Muster sind nicht immer geistige Muster (Linguisten sprechen gerne nur von ›Konzepten‹), sie sind oft Gebrauchsmuster, also reine Konventionen. Aus dem nicht-politischen Bereich ein Beispiel: Wir sehen, dass Warenangebot bzw. Dienstleistung vor dem Familiennamen genannt werden (die Beispiele sind aus Freiburg): ›Salon Rohrbeck‹, ›Fahrschule Adler‹, ›Wolle Rödel‹, ›Betten Striebel‹, ›Schuh-Klaus‹, ›Kleider Müller‹, ›Aparthotel Friedrich‹, ›Musik Bertram‹, ›Juwelier Kühn‹. Es handelt sich also um einen Usus, der gegenüber Alternativen, etwa nur den

Markennamen (›Deichmann‹, ›McDonalds‹) zu nennen, heraussticht. Der schon genannten Schwemme von Ausdrücken, in unserem Falle also Gutwörter und Gutphrasen, kommen usuelle Muster entgegen. Muster wie ›x statt y‹ oder ›für xy‹ können wir eher als Gebrauchsmuster denn als konzeptionelle Muster verstehen, obwohl sie natürlich Konzepte transportieren. Wir können uns dann überlegen was passiert, wenn wir aus dem Usus ausscheren und allein dadurch, dass wir unseren Gebrauch ändern, auch die Konzepte ändern. Das ist es übrigens, was ein Künstler tut, wenn er mit der Sprache spielt. Nur, dass, wenn ein Sprachspiel zu oft gemacht wird, es sich wieder um ein Muster handelt. – Mehrfachformen sind oft zum Dreischritt verdichtet. Ein Beispiel dafür, wie Gutwörter in dreigliedigen Phrasenteilen verwendet werden, finden wir auf der Webseite der Merian-Schule in Freiburg: ›Unser Ziel ist Bildung in einem umfassenden Sinn – menschlich, fachlich und sozial.‹, ›Unsere Bildungswerte sind Toleranz, Wertschätzung, Verantwortung.‹, ›Wir gestalten unser Schulleben kooperativ, dialogisch und integrativ.‹ Diese Dreieranordnung findet sich zunächst in der gewöhnlichen Art und Weise, um kurz zu informieren: ›Papier, Pappe, Kartonage‹. Man wird schnell im Sachfeld Abfall orientiert. So auch hier, aber schon mit dem Übergang zum Gutsprech: ›einkaufen, genießen, parken› (*Saturn*). ›genießen‹ ist ein typisches Werbewort, das sich hier zur Sachinformation hinzugesellt. Obwohl scheinbar einfach, können wir die Dreierformel etwas eingehender untersuchen. Der Leser wird wegen unausgesetzter Werbung sicher kennen: ›quadratisch, praktisch, gut‹. Auch hier gibt es nur ein Sachwort und zwei Gutwörter. Typisch ist: ›begegnen – begleiten – betreuen‹ (Sozialstation, Pflege etc.). In die Besetzungsstellen können Verben, Partizipien, Adjektive und Nomen eingesetzt werden, aber auch andere Strukturen: ›mehr x, mehr y, mehr z‹. Rein informativ ist: ›Sanitär, Heizung, Solar‹, auch ›Input, Austausch und Vernetzung‹ kommt rein informativ daher, aber hier ist es der Bereich des Coachings oder auch der Gruppenfindung. Wenn es die Aufgabe der Form ist, verdichtende Information zu liefern (x, y, z als saliente Informationseinheit), dann kann man davon ausgehen, dass die Dreifachform auch Seriosität suggeriert. Daher: ›sozial, ökologisch, staatlich‹ (*Grüner Knopf*), ›kompfortabel, modern, genussvoll‹ (CoffeB) oder ›interkulturell, international, integrativ‹ (Freiburger *Inzeitung*), ›vergessen, verdrängt, versteckt‹ (ebd.) oder: ›einsteigen, umsteigen, ankommen‹ (*VAG* und *Badenova*). Das ›ankommen‹ ist schon aufgeladen, weil es das positive Ziel ausdrückt. Ein anderes Beispiel: „klimaneutral, nachhaltig und resilient"

(*Stadt der Zukunft*) Interessant ist, wenn nicht nur drei Worte auftauchen, sondern sie durch andere Stilmittel strukturiert werden (Klimax) oder Schmuck (Alliteration, Silbenanzahl usw.) enthalten: ›verboten, ver<u>bra</u>nnt, ver<u>ba</u>nnt‹ (*Verbrannte Orte e. V.*). Man beachte die Stileinheit der Verben (›ver-‹) und die Ähnlichkeit der beiden letzten Worte. Einfacher aufgebaut ist: ›entwerten, entwürdigen, entrechten‹. Paradigmatisch ist auch das ›geimpft, getestet, genesen‹, wobei Verben recht einfach zu verwenden sind: ›Artenvielfalt entdecken, erleben, schützen‹ (Naturheft). Ein Beispiel mit Adjektiven: ›[digitales Versenden] spart Papier, ist umweltfreundlich und zeitgemäß‹ (*Deutsche Post*). Man kann sehen, wie fein gearbeitet diese Struktur ist. Dreierformen sind nicht nur freistehend, sondern können auch in Sätze eingebunden werden, dann erscheinen sie mit Konjunktion: ›zügig, kompetent und preiswert‹, ›inspirieren, ermutigen und bestärken‹ (Editorial Jugendbuchkatalog), ›unterhaltsam, aktuell und empowernd‹ (Buch zur Pride-Bewegung). Im Satz: ›Eine aufwühlende Geschichte, in der es um Armut, Scham und Ungerechtigkeit geht.‹ Es gibt dann weitere Mittel der salienten Verknüpfung, wenn die drei Ausdrücke irgendwie einander ähnlich sind, durch Endungen, Wortart, Assonanz, Alliteration, Reim, wachsende Silbengliederung usw. Das alles sind auffällige Mittel. Man beachte auch, dass Viererformen oder sogar längere Reihen selten werden, und dass Elemente eines Paares nie einfach nebeneinander stehen.[6] Das bedeutet, dass die Dreierreihe fest als Formel verankert ist. Um die Besetzung der drei Stellen zu zeigen, gebe ich folgende Übersicht:

---

6   Ausnahmen sind möglich: ›Büro. Papeterie. SUTTER Schule. Trends.‹. Hier müssen sich symmetrisch die Elemente um den Firmennamen gruppieren, mit drei Elementen ginge es nicht. Das bedeutet, dass lokale Umstände die globale Regel verändern. Natürlich geht es auch wortreicher: „Jede Woche erntefrisches, gesundes, regionales und saisonales Biogemüse" (Kleinsthof). Oder: „Du entscheidest jeden Tag: Wann, wo, wie und wohin du willst." (Frelo) Es gibt natürlich mehr als drei W-Adverbien... Eine weitere Ausnahme ist die Wortwolke, in der sehr viele Wörter präsentiert werden.

Dreierform mit:	Beispiel
Verben	Angst nehmen, achtsam sein, aktiv werden (gegen Klimaerwärmung)
Adjektiven	offen, ehrlich, wohlwollend
Präposition	gemeinsam aktiv, stark und laut für Demokratie
Nomen	Consent, Körpervielfalt und sexuelle Diversität
gemischt	Ein Ziel. Ein Ticket. Landesweit.

Hobbes berühmte Aussage ›solitary, poor, nasty, brutish, and short‹ wird oft zur dreistelligen Formel verkürzt. In dieser Form ist es so bekannt, dass sie Snow (1967, 46) ohne expliziten Bezug auf Hobbes zitieren kann: „nasty, brutish and short" (Snow 1959, 21). Es ist in dieser Verkürzung ein geflügeltes Wort. Für alarmistische Titel ist diese Form sehr beliebt: „belästigt, beschimpft, begrabscht" (*Emma*, 2019) oder: „bedrängt, beschimpft, bedroht" (FAZ-Bericht über Gewalt gegen Amtsträger). „KVB-Vorstand: Personal wird bespuckt, beschimpft, verprügelt" (T-Online, Januar 2023) usw. Das Gutsprech kennt auch zur Stigmatisierung des Gegners negative Dreierformen: „Gewalt im öffentlichen Dienst[:] Beleidigt, bespuckt, bedroht" (Deutschlandfunk vom 23.6.2017) Variante: „Bespuckt, geschlagen, bedroht: Personal von Neuköllner Columbiabad schlägt mit Brandbrief Alarm" (Tagesspiegel vom 12.7.2023) „Gewalt gegen LGBTQ+: Verprügelt, bedrängt, verfolgt und beworfen" (SRF vom 15.2.2021) „Beleidigt, ausgegrenzt, bedroht: Mehr Angriffe gegen queere Menschen in Deutschland" (Tagesspiegel vom 17.5.2023) usw. Wir sehen das Bildungsschema.

›Jeder kann was‹. Sachsätze und versteckte normative Sätze

Die Sprachphilosophie kannte lange den Unterschied zwischen präskriptiven und deskriptiven Aussagen. Der Unterschied fiel in sich zusammen, als man dazu überging, auch deskriptive Sätze als eine Unterklasse von präskriptiven Sätzen aufzufassen. Ein Satz wie ›Die Summe der Winkel eines Kreises beträgt 360°‹ sei zwar als beschreibend anzusehen, denn der Satz mache keine Vorschriften, allerdings müsse der Satz in etwa so gesagt werden, um die Aussage zu treffen. Daher der normative Charakter des Satzes. Die Sprachverwender sind also in einem allgemeinen Sinne auf die

Norm, wie der Satz äußerlich (grammatisch) und innerlich (semantisch) zu bilden ist, festgelegt. Diese Überlegung soll hier aber keine Rolle spielen. Ich halte vorläufig an einer Unterscheidung zwischen normativen (präskriptiven) und assertorischen (deskriptiven) Sätzen fest, denn dann können wir ein rhetorisches Phänomen besser sehen. Normative Sätze sind etwa: ›Liebe deinen Nächsten wie dich selbst.‹ (Moral), ›Willst du gelten, mach dich selten.‹ (Prudentialität), ›Das Runde muss ins Eckige.‹ Beschreibende Sätze sind solche wie: ›Jeder ist sich selbst der Nächste.‹, ›Alle Schrauben werden mal locker.‹, ›Der Ball ist rund.‹, ›Alle Wege führen nach Rom.‹ Je nach Kontext kann die rein beschreibende Aussage schon normativ aufgeladen sein; umgekehrt unterstellen alle normativen Sätze irgendwie auch eine Tatsache. So kann der Satz ›Alle Schrauben werden mal locker.‹ auf die allgemeine Vergänglichkeit der Dinge abstellen oder aussagen, dass auch bei Caroline mal eine Schraube locker ist. Dann gibt es versteckte normative Sätze: ›Liebe kennt keine Geschlechter.‹, ›Opposition ist Mist.‹ (offen wertend, aber versteckt normativ, was die weiteren Handlungen betrifft), ›Wählen gehen.‹ Versteckt normativ ist: ›Eine andere Welt ist möglich.‹ (*Attac*) Jeder wird aus dieser Feststellung einen Imperativ zur Verbesserung der Welt ableiten. Eine Zweideutigkeit attestierte die Polizei dem Plakat ›Nazis töten‹ von der Partei *Die Partei*. Uns interessieren hier jedoch Gutsprechphrasen, die dahin gesagt werden, und die dann einen normativen Gehalt entfalten. So ist die pädagogische Prämisse ›Jeder kann was‹ dahingehend zu verstehen, dass man auch schwache Schüler fördern und wertschätzen soll. Tautologische Sätze wie ›Liebe ist Liebe‹ oder ›nein heißt nein‹ haben die normative Implikation, Liebe zu fördern und sich an ein Nein zu halten. Beide Imperative sind dann nicht zu hinterfragen. Man sagt auch: ›Liebe wird zu zweit gemacht.‹ Diese Feststellung soll normativ bedeuten: ›Die Liebe, der Sex, die Partnerschaft soll auf Konsens beruhen.‹ Das bedeutet in der Praxis, dass, wenn sich ein Partner abwendet, der andere das akzeptieren muss, ohne Versuche zu starten, doch noch die Beziehung zu retten oder den Sex zu bekommen. Obwohl man groß eine Debatten-, ja Streitkultur einfordert, soll es hier keine Möglichkeit der Debatten oder des Überzeugens geben… Alle tautologischen Sätze, die in gefühlsmäßiger Umgebung geäußert werden, entfalten eine normativ zu verstehende Information: ›genug ist genug‹, ›es ist, was es ist‹, ›sicher ist sicher‹. Offen normativ tritt auf: ›Nur Original ist legal‹ (DVD-Copy-Schutz), natürlich mit Reim, damit es eingängiger ist. ›wear the change‹ ist ein allgemeiner, enthusiastischer Aufruf.

Schwemmausdrücke

Das Überschwemmen politischer Debatten und unserer Alltagsrede mit neuen Ausdrücken ist nur möglich, wenn Vokabular schematisch gebildet wird, wobei die Kompositionsfreudigkeit des Deutschen mitwirkt: ›Klimakrise‹, ›Klimakollaps‹, ›Klimanotstand‹, ›Klimarevolution‹, ›Klimasommer‹ (Baerbock) usw. Nach Schema F werden auch Abwertungsphrasen gebildet: ›enthemmte Männlichkeit‹, ›patriarchale Männlichkeit‹, ›aggressive Männlichkeit‹, ›gefährliche Männlichkeit‹, ›toxische Männlichkeit‹ (mehr davon in: Hurna 2021, 151). Oder, aus der Raumesoterik stammend: ›Diskursraum‹, ›Debattenräume‹, ›Freiräume‹, ›Lernräume‹, ›Entfaltungsräume‹, ›Erfahrungsräume‹, ›Begegnungsräume‹, ›Raum für Kreativität‹, ›sozialer Empfangsraum‹, ›öffentlicher Raum‹, daraus: ›… dass Frauen in öffentlichen Räumen angstfrei unterwegs sein können‹, ›Rückzugsraum für Frauen‹, ›Raum einnehmen‹, ›Eltern-Kind-Raum‹, ›safe space‹, ›Schutzraum‹, ›Wohlfühlräume‹, ›Wohlfühloase‹, ›Wohnräume zum Wohlfühlen‹, ›grüne Oasen‹ (städtebauliche Aufwertung), ›Vitalraum‹, ›Ruhe-Raum‹, Wissenschaft als „wertfreier Raum" (Elif Özmen) oder von einem Handzettel: ›mittels erlebnisorientierter Angebote entsteht ein Raum zur Selbsterforschung‹ usw. Dieses Geraune mit ›Raum‹ ist immer noch sehr beliebt. Oder das Zusammenführen von Raum als politisches Symbol und physikalischen Raum: ›Leicht zu öffnende mobile Trennwände eröffnen gemeinsame Lernräume‹ (Broschüre: Inklusion in Schulen) Die Aufwertung von Raum und das entsprechende Substantiv beim Abgelehnten findet sich so: ›Raum für Menschen, kein Platz für Autos‹, ›Kein Platz für Nazis‹. Der Schematismus ist ganz typisch für die politisch korrekte Sprache und nutzt eine Schwachstelle von Sprache überhaupt aus, nämlich, dass diese auch fließbandmäßig Ausdrücke bilden kann für Dinge, die es (so) nicht gibt: ›Eineck‹, ›Zweieck‹ (nach dem Schema, das zu ›Dreieck‹, ›Viereck‹, ›n-Eck‹ führt) oder: ›Einhorn‹, ›Schuhhand‹ usw. Nehmen wir das oben erwähnte Video von *Audi*, in dem es seine Nachhaltigkeitsstrategie zeigt: ›Verantwortung, das Beste aus uns rauszuholen‹, ›Mut, Vertrauen, Zuversicht‹, ›Wille, etwas verändern zu wollen‹, ›offener Blick‹, ›anpacken wollen‹, ›Bock auf Veränderung‹, ›zukunftsfähige Mobilität nicht nur denken, sondern umsetzen‹, ›alle Abteilungen mitnehmen‹ (nicht etwa gleichschalten oder auf Linie bringen, nur ›mitnehmen‹ klingt locker), ›stehe mit xy im Dialog‹ (nicht nur Kontakt, denn das wäre zu schwach) usw. Wir erkennen die Stileinheit, die sich ergibt aus dem Gebrauch von Nomen (Nominalstil), den positiv belegten Ausdrücken, dem Zug ins jugendliche, lockere Sprechen und schließlich aus den typischen grammatischen Konstruktionen (nicht nur – sondern auch, Nomenhäufung). Ein Thema wie Nachhaltigkeit zieht eine ganze Kaskade typischer Wörter und Strukturen nach sich. Auffällig ist, dass die Verpflichtung zur Nachhaltigkeit mit solch dienender Verve angenommen wird. – Wir können unterscheiden in Schwemmausdrücke, bei denen ein Wort Modell stand und es dann zu Ableitungen kommt: ›Universum‹, ›Multiversum‹, ›Pluriversum‹, ›Suniversum‹ (Netzwerk für Klimaschutz und gutes Leben), ›Beautyversum‹. Das ›i‹ übernimmt hier die Scharnierstelle. Prinzipiell fügt sich aber auch ›Metaversum‹ (die Welt von Zuckerberg) ein. Oder man sehe die Reihe: ›Demokratie‹, ›Ochlokratie‹, ›Autokratie‹, ›Bürokratie‹ usw., die zu Bildungen führen, bei denen das Fugen-o die Verbindung übernimmt: ›Merkelokratie‹, ›Scholzokratie‹ usw. Hier wird also das Wort nach einem Schema gebildet, so dass man die Worte vermehren kann. Die andere Weise für Schwemmausdrücke orientiert sich an semantischen Feldern bzw. Themen: ›King of Pop‹, ›Dichterfürst‹, ›heimlicher König der Philosophie‹ (Heidegger) usw. Hier also das semantische Feld der Krönung für Bürgerliche. Das semantische Feld aktiviert verschiedene Wörter und grammatische Strukturen (etwa Genitiv-Attribuierungen), doch ist ein Schema erkennbar. – Positive Schwemmausdrücke mit ›Natur-‹: ›Naturschutz‹, ›Naturschutzgebiet‹, ›Naturfreunde‹, ›aktive Naturgenießer‹, ›Naturbaumarkt‹, ›Naturhaus‹, ›Naturraum‹, ›Naturpionier‹, ›Naturcoach‹ (Seele und Körper mit der Natur in Einklang bringen), ›Natur pur‹, ›natürlicher Glanz‹ (Beauty-Produkte) usw., natürlich auch: ›natürlich‹, ›natural‹, ›naturfreundlich‹, ›naturbelassen‹, ›naturecht‹, ›natürlich sensitiv‹, ›pro nature‹, ›natural blend‹, ›natursanft‹, ›natürlich natürlich‹, ›naturgerecht‹ usw. ›Natur‹ ist ein Gutwort, das nicht eo ipso positiv ist, aber es bezieht sich auf die Tradition, die Natur der Kultur gegenüberzustellen. Daraus gewinnen die Ausdrücke ihre Positivität. Da das Wort ein Marker ist, ist es beliebt für Adjektivbildungen. Paradigmatischer Schematismus ist eine Grundlage der Sprache, sie reicht von Phrasen bis in die Silbenkonstitution hinein und ist nützlich (vgl. ›Gipfel‹, ›Zipfel‹, ›Wipfel‹). Insofern ist gegen Reihen wie ›Hochhaus‹, ›Passivhaus‹, ›Mehrfamilienhaus‹, ›Mehrgenerationenhaus‹, ›Frauenhaus‹ usw. nichts einzuwenden. Wieso sollte der Schematismus bei der politisch korrekten Sprache problematisch sein? Die Vertreter des politischen Korrektheit suchen eben nach Ausdrücken, die ihre Sache gut darstellen. Aber in ihren

Schwemmausdrücken wird der Schematismus über Gebühr beansprucht und die Ausdrücke selbst sind leer. – Schwemmausdrücke können dadurch realisiert werden, indem man Gussformen nachahmt: Nach dem Muster von ›Fridays for Future‹ folgte ›BiPoc for future‹, ›Parents for Future‹, ›Mothers for Future‹, ›Omas for Future‹, ›Architects for Future‹, oder als Label: ›Recycling for Future‹ usw. Schwemmgebrauch hilft, ein Thema in alle möglichen Unterthemen aufzunehmen und diese Gebiete zu politisieren. Nehmen wir das Thema ›Missbrauch‹. Der älteste Gebrauch von ›Missbrauch‹ ist der ›körperliche Missbrauch‹, dann kamen ›psychischer‹ und ›seelischer Missbrauch‹, jüngst auch ›geistlicher Missbrauch‹ (Vorwurf an Sekten wie Zeugen Jehovas). Letzterer führt zu ›seelischem Missbrauch‹, diese zur ›Traumatisierung‹ (wie alle Missbräuche). Man spricht auch vom ›moralischen Schaden‹, wenn etwas unsere Sittlichkeit beeinträchtigt. Wichtig in unserem Zusammenhang ist, dass der Ausdruck ›Missbrauch‹ mit Attribuierungen in neue Gebiete und Zusammenhänge übergreift. – Was einmal neu und deshalb angesagt war, wird dann kopiert: ›doing gender‹, ›doing difference‹, ›doing ethnicity‹, ›doing race‹, ›doing class‹, ›doing god‹ usw. Man beachte, dass im ›doing‹ das Thema steckt, im variablen Nomen der Fokus. ›doing‹ kann zu ›undoing‹ verneint werden und es beinhaltet eine ganze soziologische Theorie, die sich dann auf das nachfolgende Objekt (den Untersuchungsgegenstand) bezieht. Es sind abstrakte Nomen, die in die Zweitstellung geraten und über die dann tiefgründig philosophiert wird. Zuletzt: Das positive Präfix ›mit-‹ ist sehr prominent bei den Gutwörtern: ›Mitmensch‹, ›Miteinander‹, ›Frauen usw. mitmeinen‹, ›Minderheiten / Andersdenkende usw. mitnehmen‹, ›mitmachen‹, ›Mitmachangebote‹, ›mitberücksichtigen‹ usw. Das ›Mitbürger‹ ist inklusiver als das ›Bürger‹, wir hören eigentlich immer: ›unsere ausländischen Mitbürger‹...

Fehlende Pendants und sprachliche Symmetrie

Die feministische politisch korrekte Sprache leidet an einer Symmetriesucht, denn sie will zum Pronomen ›man‹ das Pronomen ›frau‹ bilden, oder zu ›jedermann‹ das Pronomen ›jedefrau‹, zu ›Hausfrau‹ das Pendant ›Hausmann‹, zu ›vernichten‹ das ›verneffen‹, zu ›versöhnen‹ das ›vertöchtern‹ usw. Weil es den ›Sohnemann‹ gibt, sagt eine Bekannte von mir unbedingt ›Tochterfrau‹ zu ihrer Tochter. Die feministischen Korrekten leiden am Zwang, angebliche Benennungslücken in der Sprache auszumachen. Sie vermissen ein männliches Pendant zu ›Frauenzimmer‹ oder ›Weib‹ (sie suchen aber auch nicht nach weiblichen Pendants zu ›Hurensohn‹). Dieser Irrtum ungleich realisierter Ausdrücke entstammt möglicherweise dem verbreiteten Irrtum der Linguistik, die von semantischen, lexikalischen Lücken ausgeht, vgl. bspw. Schwarz / Chur 2007, 62ff. Die beiden Autorinnen unterscheiden traditionell in kognitive Konzepte und deren Versprachlichung mittels Lexemen. Sie behaupten dann: „Nicht alle Aspekte werden versprachlicht. Es gibt eine Reihe von konzeptuellen Einheiten, für die es keine Wörter gibt. Ein Beispiel für eine solche lexikalische Lücke [!] ist schon erwähnt worden." (Ebd. 63) Sie führen dann das Fehlen des Pendants zu nicht-durstig-sein auf, bieten „graublau" als bloße Umschreibung für eine Farbe (Eindruck von grau und blau gemischt), und suchen nach einem fehlenden Pendant zu „nicken" (nämlich der Kopfbewegung zur Seite). Sie sagen dann, man müsse in diesen Fällen auf eine Umschreibung zurückgreifen. Aber genau das wäre eine Versprachlichung, eine Lexikalisierung! Und die Farbe, die man mit „graublau" benennt, heißt am besten: *graublau*. Man sollte nicht von sprachlichen Lücken ausgehen, nur weil man alles Wahrgenommene nicht lexikalisiert. Auf der gleichen Seite wird von Chur und Schwarz bemängelt, dass man den Eindruck eines blauen Himmels, den man durch dichtes Astwerk sieht, nicht mit einem „einzelnen Wort" (ebd.) ausdrücken kann. Warum sollte das überhaupt wünschenswert sein? Für das Lexem „graublau", das beide für eine Umschreibung halten, wollen sie stattdessen das Lexem „glau" (beide ebd.) vorschlagen, was doch nichts weiter ist als die Zusammenziehung des Wortes „graublau"… Eine Seite später sagen sie, dass es keine Lexeme gäbe für nicht-mehr-tasten-können und nicht-mehr-schmecken-können (im Unterschied zu taub, blind und stumm sein), aber dann geben sie doch Fachwörter an, also Lexikalisierungen. Beide machen den Fehler der Feministen: Sie suchen *Einwortlexeme* wie diese feminine Einwortlexeme zu ›man‹, ›jedermann‹ und ›seinerzeit‹ suchen! Doch auf Einwortlexeme hat es unsere Sprache gar nicht abgesehen. Vielmehr ist unsere Sprache viel differenzierter. Vor allem steht sie nicht unter dem Zwang, ständig etwas benennen oder zu etablierten Lexemen Pendants finden zu müssen. Leisi zeigt übrigens, dass man aus der Sprache sogar Konzepte wegnehmen könnte (sein Beispiel sind Genuskollektiva), ohne dass eine „entscheidende Lücke" (Leisi 1975, 33) entstehen würde… – Die Korrekten diskutieren dann pseudowissenschaftlich über Implikationen geächteter Wörter (wie ›Hurensohn‹, der nicht nur den Adressaten, sondern auch seine Mutter beleidigen soll...) und über einen falschen Gebrauch von etablierten Begriffen: Für die Korrekten soll ›erweiterter Suizid‹ deutlich ›Mord‹ genannt werden, obwohl der etablierte Ausdruck ganz sinnvolle Konnotationen hat. Oder man moniert ›Familiendrama‹, obwohl der Ausdruck schon klar macht, dass ein einzelner Täter seine Familie ausgelöscht hat... Von Feministen wird beklagt, dass der Ausdruck ›Beziehungstat‹ verharmlosend ist. Aber das ist er nicht, denn er sagt nichts über die Tatbegehung aus, sondern nur, dass Täter und Opfer sich kannten. Es ist ein kriminologischer Begriff und zugleich einer der Medien; für die Kriminologen ist er kategorial, für die Medien ist er zu allgemein. Er hat zwei verschiedene Funktionen. Der Ausdruck verharmlost nichts. Oder man soll nicht ›Kindesmissbrauch‹ sagen, weil es einen normalen Gebrauch von Kindern impliziere, was einfach nicht stimmt.[7] Im politisch korrekten Sprechen hat ›unsagbar‹ ein ›sagbar‹ als Pendant, aber ›unsäglich‹ hat kein ›säglich‹. Vielleicht kommts noch. Recht erzwungen wirkt ›Schwesterlichkeit‹ zu ›Brüderlichkeit‹. Man nenne es Pendanterie. Das Denken in Lücken ist ziemlich populär geworden und spielt eine Rolle in Wirtschaft und Politik (›Besetzungslücken‹, ›Quotenregelungen‹, ›Lohnlücke‹, ›gender pay gap‹, ›gender data gap‹, ›gender digital gap‹, letztere nach dem Schema ›gender x gap‹, das ich weiter unten nochmal aufgreife), in der Ethnologie (mangelnder Entwicklungsstand von Gesellschaften, ›Innovationslücke‹), in der Sprache, wie oben gesehen, und in der Entwicklung des Strafrechts hin zu mehr Normen. Dabei unterscheidet man beim populären Begriff ›Lücke‹ nicht zwischen funktionalen Lücken (wie etwa Parklücken) und Lücken aus Mängeln (wie Zahnlücken) oder Lücken, die zwar bestehen, aber keine Schwierigkeiten darstellen. Es ist besonders der Zwang, Lücken festzustellen, der vom Zwang motiviert wird, diese Lücken zu füllen. Wie unsinnig es ist, immer neue Lücken zu

---

7   Schon vor der Diskussion des Ausdrucks ›Kindesmissbrauch‹, der nach Auffassung der damaligen Ministerin für Justiz, Christine Lambrecht, aus dem Strafrecht gestrichen werden solle, weil er einen legalen ›Gebrauch von Kindern‹ impliziere (vgl. Hurna 2021, 88), schrieb Pusch: „Verharmlosung: Der Ausdruck *sexueller Missbrauch* impliziert, dass es auch eine angemessene Art des Gebrauchs gibt, denken wir etwa an Alkoholmissbrauch, Tablettenmissbrauch." (Pusch 2019, 116) Diese Argumentation ist abwegig. Niemand assoziiert so, niemand hält Kindergebrauch für eine Implikation von Kindesmissbrauch, und ›Tablettengebrauch‹ und ›Alkoholgebrauch‹ sagt eigentlich auch niemand. Die Sachen bzw. geistigen Zusammenhänge sind anders eingebettet, vgl. ›Tabletteneinnahme‹, ›Alkoholgenuss‹. Man muss von gegebenen Wörtern keine falschen Ableitungen machen.

entdecken, sehen wir im Strafrecht mit der Expansion von neuen Strafnormen, die angeblich neuen Sachverhalten Rechnung tragen müssen. Es werden immer mehr Einzelhandlungen genormt, und damit der Grundsatz hinreichender Allgemeinheit übergangen. Alles, was man unter der ersten Fassung des § 238 StGB als besonderes Delikt ausgestaltet hatte, war zuvor bereits in anderen Normen strafbewehrt. Die weiteren Novellierungen haben immer neue, konkrete Sachverhalte eingeführt (zusätzlich zu neuen, allgemeinen Klauseln, um noch ähnliche Handlungen als die bereits normierten, zu erfassen). Bei neuen Delikten wie ›Cyper-Stalking‹, ›Cat calling‹, ›Doxing‹, ›Upskirting‹, ›Grooming‹ usw. wird deutlich, dass auf die Justiz von außen aktionistischer Druck durch Interessengruppen aufgebaut wird. (›Doxing‹ ist so neu, dass man es in den Schreibweisen ›Doxing‹ und ›Doxxing‹ findet.) Man meint, das Strafgesetzbuch müsse diesen neuen Phänomenen mit neuen Strafnormen gerecht werden, aber das ist nicht der Fall. Wenn diese Normen dann erzeugt werden, füllen sie ebenfalls keine Lücken, denn meistens werden schon bestehende Paragrafen erweitert, verhalten sich also wie Äste zu neuen Zweigen. Wird aber eine Norm getilgt, entsteht rein formal tatsächlich eine Lücke. Zwischen dem § 64 StGB und dem § 66 StGB gibt es einen Ausfall… Oft wird eine Lücke begrifflich dramatisiert: ›Zwischen den Renten in West- und Ostdeutschland klafft eine Lücke…‹ Nur Lücken, die als Mangel angesehen werden, klaffen – eine Parklücke klafft nicht… Letztlich werden aber mit den neuen Straftatbeständen tatsächlich keine Lücken gefüllt. Hier hat die expansive Juridifizierung dasselbe Problem wie die Sprache: Die Sprache kann nicht alles lexikalisch abdecken, nicht einmal konzeptuell, und das Strafrecht kann nicht alle möglichen negativen Handlungen normieren. Der Gesetzgeber fällt auf die alte Täuschung herein, dass neue Worte auch neue Sachen implizieren. – Ein von den Sprachkorrekten abgelehnter Ausdruck ist ›Südländer‹. Er kommt manchmal in Täterbeschreibungen vor, er weckt auch sonst Assoziationen mit dem legeren Süden, und das wird von den Korrekten abgelehnt. Er ist ohne Pendant, denn ›Nordländer‹ oder ›nordländischer Typ‹ kommt kaum vor. Die Korrekten monieren an ›Südländer›, dass mit diesem Ausdruck Stereotypen verbunden seien – aber mit welchem Personenausdruck wären keine Stereotypen verbunden? Und ein gleichberechtigtes Pendant verwirklichen würde nicht dazu führen, dass ›Südländer‹ an stereotypen Assoziationen verlöre, vielmehr würde ›Nordländer‹ solche erhalten… An anderer Stelle (vgl. Hurna 2023a) habe ich gezeigt, warum es für Personenbegriffe aus inhaltlichen und sprachstrukturellen Gründen nicht immer Pendants geben kann. Aus ›Stricher‹ kann formell ›Stricherin‹ werden, aber aus ›Strolch‹ keine ›Strolchin‹, aus ›Freier‹ wird es schwer, eine ›Freierin‹ zu bilden: Hier sperrt sich der Inhalt gegen die Feminisierung. (Dem häufigen und richtigen Hinweis, es gäbe ›Gästin‹ und auch ›Teufelin‹, kann man noch Raabes „Bekanntinnen", „Othelloin" und „Teufelinnen" (Raabe 2017; 108, 119, 127) hinzugesellen, und auch Kleists ›Sechswöchner‹ gehört hierzu.) Dem ›Mädchen für alles‹ kann man keinen ›Jungen für alles‹ beigesellen, jedenfalls nicht dauerhaft. Ein Pendant zu finden kann auch nicht rationales Ziel der Sprache sein. Dass es kein feminines Pendant gibt, ist sogar sprachsystematisch, denn die maskulinen Nomen sind Standard, die weibliche Form und der Plural sind Spezifizierungen. Maskulinum ist Standard etwa bei: ›der nächste bitte‹ (statt ›die nächste bitte‹), ›jedem das seine‹ (statt ›jeder das ihre‹), auch bei: ›Jäger und Sammler‹, wo man nach dem Genderstereotyp die Jäger eher für Männer, die Sammler eher für Frauen halten würde. Dann besteht offenbar keine konzeptionelle Lücke – Frauen werden ja mitgedacht, nur eben als Sammler. Feministen, die betonen, es solle ›Jägerinnen und Sammler‹ heißen, haben Jagen als die attraktivere Betätigung im Sinn... – Die Unterstellung von lexikalischen Lücken kommt noch aus einer anderen Richtung. Sie spielt eine Rolle bei der Debatte um deutsche Wörter und Anglizismen bzw. die Aufnahme von Fremdwörtern. Das Argument lautet, dass mit Anglizismen lexikalische Lücken gefüllt würden und sie daher berechtigt seien. Wir wissen aber, dass Aufnahmen von neuen Ausdrücken nicht zu einer Lückenfüllung, sondern zu einer Spezifizierung gegenüber einer Wirklichkeit, an der wir ohnehin nie alles benennen, führen. (Es kann auch zu redunanten Dubletten kommen.) Außerdem müssten, wenn Aufnahmen aus anderen Sprachen lexikalische Lücken im Deutschen füllen würden, auch Ausdrücke aus anderen Sprachen als dem Englischen immer höchst willkommen sein. Es gibt aber Entlehnungsmoden. Nehmen wir die Bezeichnungen ›Laden‹, ›Geschäft‹, ›Boutique‹, ›Trafik‹, ›Kiosk‹, ›Shop‹, ›Store‹. Das Deutsche hatte einmal nur die ersten beiden, und mit Komposita mannigfache Möglichkeiten, verschiedene Arten von Geschäften zu benennen. Die weiteren Bezeichnungen füllen keine lexikalische Lücke, sondern benennen nur spezifischer, was man auch anders bezeichnen könnte (›Tabakgeschäft‹). Die einzelnen Bezeichnungen benennen bauliche oder funktionelle Unterschiede oder unterschiedliche Warenangebote oder auch verschiedene Verkaufskulturen. Es sind aber alles begriffliche Hervorhebungen von bestimmten fokalen Punkten in der (physikalischen oder sozialen) Wirklichkeit, und es gibt keinen Zwang, dieses oder jenes besonders zu benennen. Einiges wird benannt, anderes bleibt ungenannt. Dass das so ist, muss man auch bei den von den Sprachkorrekten monierten Begriffen sehen, um die Verwendung von ›Fräulein‹ im Unterschied zu ›Frau‹ richtiger zu verstehen. Und das gilt nicht nur für Bezeichnungen, sondern auch für Wörter, die in bestimmten sozialen Sprechakten verwendet werden. Gegen konzeptionelle Lücken spricht, dass es sprachliche Häufungspunkte gibt, die nur aus Bezeichnungskonventionen stammen können: Diesen Laden dort nennt man ›Kiosk‹, denn er ist freistehend und verkauft Zeitungen, Süßigkeiten, Alkohol und Tabakwaren. Der nächste Laden jedoch wird ebenfalls ›Kiosk‹ genannt, er ist aber nicht freistehend, sondern in einem Gebäude; er ist in Berlin und nennt sich ›Spätkauf‹, wird aber von allen ›Späti‹ genannt. Der Steuerbescheid führt ihn mit dem Hypernym ›Geschäft‹. Keiner der ungenannten Aspekte schreit nach einer Benennung, und das, was wir benennen, wird aus unterschiedlichen Beziehungen heraus benannt. Das Bedürfnis der Benennung liegt ganz beim Sprecher, nicht in der Sache. Daher kann das sprachliche Zeichen nur arbiträr sein. Die Dinge um uns herum sind stumm, auch semantisch stumm. Das haben die Sprachkorrekten auch dort erkannt, wo ihnen diese Auffassung nützlich ist, etwa wenn sie sagen, dass der Gebrauch des Wortes ›Neger‹ etwas mit dem Sprecher und nicht mit dem Benannten zu tun hat... Wie wir sprechen ist konventionalisiert, sowohl hinsichtlich der Benennung als auch hinsichtlich der Strukturen, die wir anwenden, wenn wir sprechen. Konzepte spielen keine Rolle. Wir fragen jemanden nach seinem Alter, nicht nach seiner Jugend oder Jugendlichkeit, obwohl wir ›alt‹, ›jung‹ und ›jugendlich‹ kennen. ›Alter‹ ist hier sprachlich der fokale Punkt, wie auch ›Dreieck‹ statt ›Dreiseit‹. Es ist Sache der Konvention, nicht der Konzepte, denn wir haben ja Jugendlichkeit als Konzept. Indem wir nicht nach Jugendlichkeit fragen („Was ist Ihre Jugend?"), haben wir keine lexikalische Lücke, sondern nur eine *stärkere sprachliche Konvention*. Leider unterliegt Sabine Mertens im Gespräch mit Ulrike Stockmann und später auch im Gespräch mit Gerd Buurmann einer Täuschung was die Markiertheit angeht. Mertens nennt die Fragen „Wie alt bist du?" und „Wie hoch ist der Berg?" als Beispiele für Unmarkiertheit. Man frage eben nicht: ›Wie jung bist du?‹ oder ›Wie niedrig ist der Berg?‹ Daher soll auch ›der Lehrer‹ als unmarkierte Form gegenüber ›Lehrerin‹ sein. Hier entgeht Mertens, dass wir es nicht mit Markiertheit, sondern mit sprachlichen Konventionen zu tun haben. ›Wie jung bist du?‹ oder ›Wie niedrig ist der Berg?‹ fragt wirklich niemand. Mertens ist nicht aufgefallen: Überall dort, wo es zwei (oder ›n‹) sprachliche Formen gibt, haben sich die Sprecher konventionell für eine Möglichkeit entschieden. Entscheidet man einmal, dass es ›Vierkantholz‹ heißt, nicht ›Vierseitholz‹, dann ist der Gebrauch fest, eine andere Möglichkeit gibt es nicht. Der Form ›Hier unterrichten Lehrer‹ dem Singular gegenübergestellt, also: ›Frau Lämpel ist Lehrer‹, zeigt nur Formengleichheit, nicht Markiertheit, auch nicht semantische Markiertheit. Mertens hat darin Recht, dass hier der Kontext hilft, aber mehr noch ist es die sprachliche Konvention, die klar macht, was man meint. Wie gesagt: Überall dort, wo es mindestens zwei Realisierungsmöglichkeiten gibt, haben sich die Sprecher für eine Möglichkeit entschieden, so dass sich der eine Wortgebrauch verfestigt. So sagen wie ›Dreieck‹ statt ›Dreiseit‹, was aber auch möglich wäre. Für die Unterscheidung Markiertheit oder Unmarkiertheit müssten beide Formen in Gebrauch sein (wie bei ›der Lehrer Hampel‹ und ›Frau Lämpel ist Lehrer‹). Dennoch ist das letzte Beispiel ebenfalls keines für Markiertheit. ›Lehrer‹ ist einmal auf ein Femininum, einmal auf ein Maskulinum und einmal auf den Plural bezogen: ›Auf dem Goethe-Gymnasium gibt es 23 Lehrer‹ (statt ›Lehrer und Lehrerinnen‹, es handelt sich nur um einen geschlechtsneutralen Plural). Am Wort ändert sich nichts. Deutlich ist ›Lehrerin‹ gegenüber ›Lehrer‹ markiert, was Mertens letztendlich meint, aber das hilft nicht bei der Unterscheidung Plural versus Singular. Hier unterscheidet das Verb – und das ist ja sprachliche Konvention… Markiertheit ist wirklich fest umrissen; etwa bei den Kasus könnte man noch davon sprechen, da ›der Mann‹, ›dem Mann‹, ›den Mann‹, ›des Mannes‹ wirklich opponierende Formen sind (aber ›die Frau‹ (Nom.) und ›die Frau‹ (Akk.) sind es unter morphemischem Gesichtspunkt nicht!). Die unterschiedlichen Fälle für das Maskulinum werden wirklich auch realisiert, während ›Dreiseit‹ oder ›Wie niedrig ist der Berg?‹ nie realisiert werden. Von Markiertheit sollte man daher erstens nur sprechen, wenn es um realisierte Formen geht, die opponieren (›Lehrerin‹ vs ›Lehrer‹, nicht aber bei den Beispielen von Mertens), zweitens aber auch im Falle von ›Lehrer‹ (Sg.) und ›Lehrer‹ (Pl.) gerade nicht, weil hier beide Wörter realisiert und obendrein noch formgleich sind… Als Formengleiche sind beide gleichermaßen markiert oder unmarkiert, so dass die Unterscheidung hier fehlgeht.) – Man kann der Auffassung, es müsse zu bestimmten Wörtern (oder Sinneinheiten) Pendants geben, damit sprachliche Symmetrie (und dadurch Gleichheit) hergestellt werde, am besten mit einer Karikatur begegnen: Versuchen Sie einmal zu jedem Nomen, das Ihnen begegnet, ein Pendant zu finden, also beispielsweise zu ›Matrix‹ die ›Patrix‹. Die Karikatur kann ganz heilsam sein: Anna rechnet mit dem ›Vorfaktor‹, Peter mit dem ›Nachfaktor‹. Dr. Lector ist Arzt für ›innere Medizin‹, Dr. Hyde ist Arzt für ›äußere Medizin‹. Es gab eine ›kambrische Explosion‹, es gibt eine ›anthropozänische Implosion‹. Was für Positiva gezeigt wurde, lässt sich auch für Negationen zeigen, die wir ebenfalls als Paare auffassen können, bei denen es auch keinen Zwang gibt. Normalerweise können wir Adjektive, Partizipien als Adjektive und Nomen verneinen (›ungemütlich‹, ›unbestritten‹, ›Unmöglichkeit‹), aber nicht beliebig: ›Haus‹ => ›Unhaus‹, ›Anti-Haus‹, ›De-Haus‹ usw. Es muss eine sachliche Motivation dafür geben, Schematismus allein ermöglicht nichts. Auch lassen sich ältere Bildungen (Verschmelzungen) mit ›Un-‹ nicht trennen: ›der Unhold‹, ›das Ungetüm‹, und wo es gemacht wird, ist es stilistisch auffällig: ›das Getüm‹.[8] Insofern sehen wir, dass es auch hier kein Bedürfnis nach einem Pendant gibt, es gibt auch keinen tiefer liegenden Zwang. Natürlich kann uns der kreative Umgang mit Sprache Bildungen bescheren, die uns heute noch seltsam vorkommen. Doch müssen die neuen Wörter inhaltlich gerechtfertigt sein und auch eingeführt werden, es reicht nicht, zu sagen, zu ›man‹ müsse es ›frau‹ geben, weil das gerechter sei. Aber in der Sprache geht es oft ordentlich durcheinander zu. Fremdwörter in einem Sachzusammenhang heben ein mögliches deutsches Wort auf:

Innere Medizin	statt Interne Medizin
Internist	statt Innerist

›Innere Medizin‹ und ›Internist‹ bilden also ein Paar, so wie ›Garten‹ und ›Gärtner‹. Es gibt eine Verbindung im Sinn, aber nur eine mittelbare in der Wortbildung, während bei ›Garten‹ und ›Gärtner‹ durch direkte Ableitung der Sinn ein unmittelbarer ist (vgl. auch Pejorisierung: ›Gesinde‹ => ›Gesindel‹, ›kritisieren‹ => ›kritteln‹).

Das Ganze lässt sich auch mit Blick auf das morphologische Design zeigen:

---

8   Vgl. schon Engel 2017, 49: „Das Sprachgefühl der redenden Menschen, wofür wir Sprachleben zu sagen gewöhnt sind, wird seine guten Gründe für diesen Mangel an Analogie haben[.]"

Kurzweil	Kurzeweile	-
Langeweile	Langweil	Langweiler

Es gibt kein Pendant zu ›Langweiler‹. Aber schon die Pendants ›Kurzweil‹ und ›Langeweile‹ sind offenbar in ihrer Wortgestalt nicht auf Entsprechung angelegt. Bei den von den Korrekten gesuchten Pendants soll beides unmittelbar sein, Wortsinn und Wortkörper, jedenfalls in den Fällen von ›seinerzeit‹ und ›ihrerzeit‹, ›Professionelle‹ (nicht: ›Prostituierte‹) und ›Professioneller‹ usw. Oder nehmen wir:

Vorbild	Nachbild
Idol oder Person, der man nachstrebt	optischer Effekt

Hier ist die Paarigkeit im Wortkörper, aber die Semantik geht weit auseinander. Der Wortkörper hat mit ›vor‹ und ›nach‹ zwei übliche Opponenten, doch man muss die Bedeutung der Nomen einzeln lernen und kann das ›Vorbild‹ nicht als optischen Effekt und das ›Nachbild‹ nicht als Anti-Idol verstehen. Ganz anders verhält es sich bekanntlich mit den Wörtern, die zwei, auch noch genau gegenteilige Bedeutungen haben: ›Wir leben noch.‹ Einmal meint ›noch‹ zeitlich nach einem Unglück, das andere mal aber bis zum nächsten Gefahr. Oder ›gleich‹ kann später und sofort heißen: ›Ich komme gleich‹ meint entweder ›sofort‹ oder erst ›später‹. Hier wird die innewohnende Semantik des Ausdrucks je nach Kontext entpackt; oder wir können einfach sagen, es gibt zweierlei Konventionen des Gebrauchs des Wortes. Wenn die Korrekten unter Symmetriesucht leiden und zu einem realisierten Wort mit einer Bedeutung ein Pendant wollen, müssten sie bei diesen Ausdrücken eine neue Ein-Wort-Form zu einer der Bedeutungen schaffen…

Weiteres zur sprachlichen Symmetrie und Lücken

Das Kritteln an der Sprache treibt bei den politisch Korrekten Blüten: Sie wollen zum Beispiel im Zuge der Sichtbarkeit von Frauen, Transpersonen und Minderheiten entweder neue Ausdrücke oder neue Symmetrien. Einige Beispiele habe ich oben gegeben, jetzt wollen wir uns die Struktur dahinter ansehen. Das Deutsche neigt überhaupt nicht zur *sprachlichen Symmetrie*; es gibt Paare (›links‹ und ›rechts‹; ›Mutter‹ und ›Vater‹; ›einhändigen‹ und ›aushändigen‹, aber für denselben Vorgang!) oder Cluster von Pendants (›Norden‹, ›Süden‹, ›Osten‹, ›Westen‹), aber dahinter wirkt keine rein sprachliche Regelmäßigkeit, die Symmetrie durchsetzt.[9] Daher bleibt ›Jungfrau‹ singulär, genauso wie ›Hausdrache‹. Aber auch zu ›amorph‹ gibt es nicht ›morph‹. Und weil ›man‹ nichts mit Männlichkeit zu tun hat, muss es auch kein ›frau‹ geben. ›Hengstin‹ analog zu ›Hengst‹ wirkt ambivalent und dadurch stark; bemüht dagegen ›Frauschaft‹ analog zu ›Mannschaft‹. Die Bildung ›die Erpelin‹ zu ›der Erpel‹ wäre möglich, wird aber durch ›die Ente‹ obsolet. Pendants sollte man der Alltagspoesie überlassen (›schwere Jungs‹ und ›leichte Mädchen‹) und nicht den politisch Korrekten, die ›stille Jungs‹ bilden als pädagogischen Gegenentwurf zu aggressiven Jungs. Dass sich in der etablierten Sprache Fehler einstellen (die ›Subtropen‹ gibt es nicht nur unterhalb des Äquators, sondern auch oberhalb, ›Subtropen‹ ist also nicht spezifisch wie ›Subsahara‹) oder Verzögerungen (Festhalten an der veralteten Einheit ›PS‹) oder sonstige scheinbare Inkonsistenzen (›Aufzug‹ statt ›Abzug‹), zeigt schon, dass das Fehlen von bestimmten Ausdrücken, die Frauen sichtbar machen oder benennen, nichts sein kann, was irgendwie von einer männlichen Sprache, die Frauen sprachlich diskriminiert, herrührt. Außerdem kommt es auf den Einsatz an: ›Schlampe‹ ist sicher auf eine Frau gemünzt, aber ›heiße Schnitte‹ muss es nicht sein. Was das Abwertungsvokabular bzgl. Personen betrifft, so sind Männer jedenfalls benachteiligter. Zunächst ist da der ›Tyrann‹, erst danach als Ableitung die ›Tyrannin‹; der ›Haustyrann‹ ist übrigens als Figur der Strafrechtsdebatte fester etabliert als die ›Haustyrannin‹. Der ›Pädophile‹ ist etablierter als die ›Pädophilin‹. Auch weil Personenbezeichnungen, wenn sie als Entlehnungen aufgenommen werden, im Deutschen ins Standardgenus fallen, sind Männer bei negativen Entlehnungen stärker betroffen als Frauen: ›der Outlaw‹, aber nicht: ›die Outlawin‹. Dasselbe gilt für Ausdrücke wie: ›der Assi‹, ›der Spast‹, ›der

---

9   ›Orient‹ und ›Okzident‹ sind Rudimente eines älteren Vierersystems, zu dem noch ›Septentrio‹ (Siebengestirn: Norden) und ›Meridies‹ (Mittag, Süden) gehören. Debatten zwischen den Kulturen finden nur in Ost-West-Richtung statt, wir sprechen über die Beeinflussung des Orients durch den Okzident, über Kolonialismus des Okzidents, über das Gespräch zwischen Abend- und Morgenland usw. Die Os und die ent-Endungen der beiden Richtungen sind möglicherweise Gründe für den begrifflichen Beibehalt dieser Wörter, denn die Himmelsrichtungen bilden sachlich Gegenstücke Sonnenauf- und -untergang), aber durch die gleichen Morphembausteine werden sie zusammengehalten, während ›Septentrio‹ und ›Meridies‹ keine morphologische Gemeinsamkeit haben.

Tausendsassa‹, ›der Naseweis‹, ›der Nichtsnutz‹, ›der Dämlack‹, ›der Habenichts‹, ›der Kamikaze‹ oder für ›die Kanaille‹ (immerhin generisches Femininum). Diese Ausdrücke sind alle einer In-Movierung unfähig. Man moniert den Ausdruck ›Weiber‹. Abwertender Plural für Männer: ›Heinis‹ (aus: ›Heinz‹ => ›Heini‹ => ›Heinis‹). ›Heinis‹ ist doch im saloppen Sprechen fest verankert (›diese Heinis!‹). Einen schlechten Ruch bekommt das Männliche auch, wenn Genderlinguisten von ›male bias‹ reden. Hinter dem Drang nach sprachlichen Pendants bzw. femininen Formen (der bei ›der Outcast‹ oder ›der Desperado‹ seine Grenze hat) steckt die Sucht nach ›Geschlechtergerechtigkeit‹ oder ›Sichtbarkeit von Frauen‹. Das aber sind ganz außersprachliche Anliegen. – Gegen die Auffassung von lexikalischen Lücken und fehlende Pendants gibt es noch ein Argument: Wir denken uns eine Sprache, in der es keine Unterscheidung zwischen ›allein‹ und ›einsam‹ gibt. Aber vielleicht möchte man in dieser Sprache ausdrücken, dass man nicht nur verlassen, sondern einsam ist und darunter leidet. Das ist durchaus möglich, indem man auf den Kontext ausweicht, Metaphern oder Vergleiche bildet. Dasselbe gilt für Beleidigungen oder Schimpfwörter. Drückt man eine Sache, für die man kein Wort hat, aber doch aus, realisiert also das Konzept, so werden andere Lexeme aktiviert und die ganze Sache lässt sich ausdrücken. Eine Sprache kann eigentlich alles ausdrücken, woran ihr liegt. Dabei muss man beachten, dass eine Sprache nach ihren eigenen Gesetzen funktioniert und nicht durch die Wirklichkeit motiviert wird. – Das ganze Gerede von ›Benennungslücken‹ oder ›Strafrechtslücken‹ geht auf das *aktive Paradigma*, in Lücken zu denken zurück: Man spricht von: ›Lehrkräftelücke‹, sonst aber von ›Fachkräftemangel‹. Man schreit nach ›lückenloser Aufklärung {einer Straftat / eines Unglücks / einer Staatsaffäre usw.}‹, es gibt eine ›Argumentationslücke‹ im Beitrag des Gegners, und Wissenschaftler stellen einen ›Orgasmus-Gap‹ fest (Frauen haben einen schlechteren Orgasmus oder weniger Orgasmus als Männer und das sei ungerecht). Schon 2007 titelte der *Spiegel*: ›Die Gerechtigkeitslücke‹ (es ging um Mindestlohn). Die Nachverdichtung von Wohnraum stellt eine städtebauliche Füllung von Lücken dar. Hier werden die Lücken dann nicht als ›lebenswerte Räume‹ oder gar ›Freiräume‹ verstanden. Man spricht von ›Lücken im Sicherheitsapparat‹, wenn man feststellt, dass aktive Richter, Soldaten und Polizisten Umsturzpläne entwickeln, statt das richtige Gegenteil zu denken: Es besteht keine Lücke, sondern eine personelle Doppelbelegung (für und gegen den Staat). Wenn ein Schlag gegen Verschwörer gelingt, dann hat auch die Kontrolle nicht versagt, es besteht also noch weniger Anlass, von ›Lücken‹ zu sprechen… Das Paradigma der Lücke lässt sich beliebig erweitern: Fast schon ist der ›gender pay gap‹ ein alter Hut, heute spricht man von ›empathy gap‹ (Thema Narzissmus, toxische Beziehungen usw.). Diese angeblichen Lücken kommen daher, weil die politisch Korrekten (und ihre weniger hysterischen Steigbügelhalter) überall Ungerechtigkeiten sehen. Wichtig ist für die Argumentation von Lücken, dass diese immer ›systematisch‹ seien (wir haben wieder das Systemsprech). Zum Beispiel seien die Lohnunterschiede zwischen Männern und Frauen systematisch bedingt, aus ungerechten, männlichen Ökonomien heraus, oder, wo nicht in der Ursache systematisch, so doch in der Verhinderung gerechter Lohnpolitik. Manchmal ergeben sich aber auch Lücken unsystematisch, etwa im Strafrecht, weil die äußere Welt im Unterschied zum Normengefüge sich ändert. Aber auch im Strafrecht gibt es nie Lücken, nur Ausbesserungen bestehender Normen, die allenfalls auf Neues in der Welt der Menschen reagieren. Sprachliche Symmetrie soll auch in Sinnbezirken gelten (eigentlich geht es also um Sinnsymmetrie). So haben wir aus der (forensischen) Psychologie die ›dunkle Triade‹, bestehend aus den Dimensionen ›Machiavelismus‹, ›Narzissmus‹ und ›Psychopathie‹. Ihr hat man natürlich, wie sollte es anders sein, eine ›helle Triade‹ gegenübergestellt. Sie hat die Dimensionen ›Kantianismus‹, ›Humanismus‹ und ›Glaube an das Gute im Menschen‹. Offenbar hat man es auf mehrfache Entsprechungen angelegt, aber ein Diagnosemittel, das derart durchkonstruiert ist, hat nichts mehr mit der schillernden Wirklichkeit psychologischer Defekte oder Tugenden zu tun, ist ein reines Herrschaftsinstrument, um andere zu stigmatisieren. Besonders fällt die Gegenüberstellung ›Kantianismus‹ und ›Machiavellismus‹ auf, die also ein gefälliger Kontrast von Gutem (Moralischem) und Bösem (Unmoralischem) anhand von symbolischen Personennamen in der Form eines Ismus ist. Liest man aber die Schriften der beiden Philosophen, so stellt sich heraus, dass diese viel differenzierter sind. Bei Machiavelli ist der Fürst nicht machiavellistisch… Und wenn die Korrekten Kant als Rassisten bezeichnen, müsste der ›Kantianismus‹ der Triade geändert werden… Aber wir wissen schon, dass all diese Wörter, die symbolische Herrichtung von Namen oder Ausdrücken wie ›Humanismus‹ und ›Psychopathie‹, nur aus dem Zwang entstehen, ein Pendant zu finden, um die uralte Unterscheidung zwischen Gut und Böse in neuem Vokabular zu fassen. Im Übrigen führt die Sucht nach Entsprechungen in der Esoterik zu Schemata wie: ›der Mann‹, ›der Tag‹, ›der Zorn‹ und ›die Frau‹, ›die Nacht‹, ›die Liebe‹... (Bollnow erinnert uns daran, dass man niemals einer sachfremden Konstruktion, sondern dem natürlichen Sprachgebrauch folgen sollte. Im Sprechalltag stellen wir solche Zusammenhänge aufgrund von Wortinhalten oder Wortformen nicht her, nur Esoteriker und Akademiker tun es.) – Noch etwas ist beachtlich: Die Sprachkorrekten, die Pendants suchen, wollen oft nicht nur Einwortpendants, sie wollen auch, dass Form und Inhalt kongruent sind. Es gibt semantische Paare (›Mann‹ und ›Frau‹) und Formpaare (›maskulin‹ und ›feminin‹). Aber nicht immer sind Form und Inhalt harmonisch, manchmal gehen sie überkreuz. Oft liegt es an Dubletten, die im Umlauf sind. Zu ›Herr‹ gibt es ›Frau‹, ›Herrin‹ und ›Dame‹ als Dubletten. In der folgenden Tabelle sieht man, wie ›männlich‹ und ›weiblich‹ inhaltliche Pendants sind, ›maskulin‹ und ›feminin‹ formelle und inhaltliche Gegenstücke, ›Mann‹ und ›Frau‹ ebenfalls Pendants, aber dass das Adjektiv ›fraulich‹ davon abweicht und ohne formelles Pendant ist, obwohl es auch ein inhaltliches Gegenstück zu ›männlich‹ bildet.

der männliche Mann	die weibliche Frau
x	die frauliche Frau
der maskuline Mann	die feminine Frau

In der Reihe ›wertfrei‹, ›wertlos‹, ›werthaft‹ und ›wertvoll‹ hat ›wertfrei‹ eine andere Bedeutung; ›x ist wertfrei‹ heißt nicht, es ist wertlos, sondern ohne Bewertung. Aber ›angstfrei‹ und ›angstlos‹ haben ungefähr dieselbe Bedeutung: ohne Angst sein. Man sieht also, dass Form und Inhalt auseinanderfallen können, und das ist ziemlich oft so. Feministen wollen aber ›frau‹ zum Pronomen ›man‹ erzwingen, damit nicht nur die inhaltliche Entsprechung (›Mann – Frau‹, wobei sie ›man‹ als männlich missdeuten), sondern auch die Entsprechung im grammatischen Usus. Sie sehen also gar nicht, dass es vielfältige Abweichungen geben kann: im Inhalt, in der Form oder im Gebrauch. Wenn es um Pendants geht, dann doch bitte alle Aspekte vereinheitlichen... Noch schlimmer wird es, wenn ein Pendant erzwungen wird, weil eine Silbe ernsthaft oder scherzhaft ausgedeutet wird, so wie bei „Herstory" (Frauen erzählen ihre Geschichten; Frauen haben einen anderen Blick auf Geschichte), dass das Pendant zu ›history‹ sein soll, vgl. dazu schon Pusch 2017, 33. Pusch macht sich die Motiviertheit bewusst, lässt Wortspiele dennoch gelten, belegt sie sinnhaft. Trotz früher linguistischer Kritik verbreitete sich ›herstory‹ und ziert gegenwärtig viele Titel für feministische Podcasts und Webseiten (es findet sich auch die hippe Schreibung: ›HerStory‹). Es handelt sich in diesem Falle also nicht um ein ernsthaftes, linguistisch begründetes Pendant, sondern um ein bewusstes Wortspiel, was uns darin bestätigt, dass man versucht, mit Wortspielen Aufmerksamkeit zu erheischen und Sympathien für die Sache zu gewinnen. – Wir können noch einen etwas anderen Blickwinkel einnehmen: Nicht alle Ausdrücke mit ›vor-‹ haben ein Pendant mit ›nach-‹ und wenn, dann ist ihre Semantik eine andere, vgl. ›Vorgänger‹, ›Nachgänger‹. Pendant wäre: ›Nachfolger‹. ›Vorgänger‹ und ›Nachgänger‹ bilden also formell ein Paar, aber ›Vorgänger‹ und ›Nachfolger‹ das richtige usuelle Paar. Viele Wörter mit ›vor-‹ oder ›nach-‹ haben gar kein Pendant. Es ist der tatsächliche Gebrauch der Sprachteilnehmer, der aus den potentiellen Formen auswählt. Nun, wir können den Korrekten zugestehen, dass sie einen semantischen Partner suchen für ein Wort, das sie skandalisieren. Aber oft hat die Semantik ebenfalls keine Wortpaare, die als gegenseitige Pendants gelten können, so dass der normale Sprecher aus ›Missbrauch von Kindern‹ keinen ›Gebrauch von Kindern‹ ableitet (und Kinder an sich sind auch nicht zweckfrei, niemand denkt so). Die Sprachkorrekten sehen Probleme, wo keine sind. – Und schließlich: Ein Kreis lässt sich als Nulleck ansehen. ›Nulleck‹ wäre eine sprachliche Dublette zu ›Kreis‹, die aus dem Schema ›n-Eck‹ hervorgeht, die aber nicht wesentlich ist. Sie wird daher nicht realisiert. Wer Pendants fordert für eine 1:1-Symmetrie, der würde auch tautologische Dubletten tilgen. Wir sehen das eigentlich auch: Der Ausdruck ›Fräulein‹ (= junge Frau) wird getilgt, weil man ihn als ›unverheiratete Frau‹ vereindeutigt. ›Fräulein‹ hat diese Semantik aber nicht zur Gänze. Natürlich ist ›Fräulein‹ keine hundertprozentige Dublette zu ›Frau‹, sie ist aber dublettiv in Hinblick auf die Semantik ›erwachsene Frau‹. Auch die Bekämpfung von ›Neger‹, ›Nigger‹, ›Schwarzer‹, ›Farbiger‹ in Gegenüberstellung zu ›PoC‹ kann man als Dublettenvernichtung verstehen. Alle diese Ausdrücke sind in Teilen ihrer Semantik, und ganz gewiss in der Farbsemantik, dublettiv zu ›PoC‹. Zuletzt: Feministen beklagen, dass es heißt: ›Wer hat Karriere gemacht?‹, und dass das Fragepronomen maskulin sei bzw. als Antwort einen Mann suggeriert. Doch dass ein feminines Fragepronomen fehlt, hat nichts sprachstrukturell Diskriminierendes an sich (vgl. Hurna 2021, 140). Es gibt sehr viele Beispiele für Lücken oder Asymmetrien in der Sprache, die normal sind, und die, wenn sie keine Personen und keinen Sexus betreffen, auch keine

Aufreger wären. Man sagt ›drei Geschwister werden entzweit‹, nicht ›entdreit‹. Es gibt hier keine Lücke, und bei ›wer‹ auch nicht. ›wer‹ erfragt Personen im Neutrum, im Femininum und im Maskulinum und damit gleichberechtigt alle.

Der Irrtum der Präzision der Sprachkorrekten

Die politisch korrekten Sprecher wollen genau sein; sie wollen das sprachliche Ungemach genau diagnostizieren und das aus ihrer Sicht korrekte Wort verbreiten. Sie sagen, es müsse ›Vulva‹ statt ›Vagina‹ heißen, es dürfe nicht ›Scham‹ heißen. Sie begrüßen solche Lehnwörter wie ›Speziesismus‹ (Tierethik), ›Anthropozentrismus‹ (allgemeine Selbstbezogenheit des Menschen gegenüber einer allgemeinen Umweltethik der Harmonie und des ›Eingebundenseins‹), ›Ableismus‹ (Behindertenfeindlichkeit), ›Ageismus‹ (Diskriminierung aufgrund des Alters) und ›Lookismus‹ (Diskriminierung aufgrund des Aussehens, als Diagnosewort von Pusch dankbar begrüßt). Das sind ihre Förmchen der Bewertung, die sie dann nicht nur auf Handlungen, sondern auch auf den Wortgebrauch ausdehnen. ›Zigeunersoße‹ muss bei ihnen deshalb zwingend ›antizigan‹ sein, aber auch ›Antiziganismus‹ ist dann ein heikles Wort, weil es ›Zigeuner‹ enthält, wie die ›Zigeunersoße‹ den ›Zigeuner‹ als diskriminierendes Wort enthält... Bei so viel Präzision müssen wir beachten: Das alltägliche Reden ist nicht präzise, es ist verschwommen, oft bildhaft, durch Vergleiche und Metaphern angereichert und daher mit eigentümlicher Poesie ausgestattet. Auch die Fachsprachen sind nicht ganz so präzise, wie man meinen könnte, denn sie schaffen bildhafte Ausdrücke als Fachbegriffe: ›Flächenfraß‹, ›Verkehrsinfarkt‹, ›Schneeballerde‹, ›selbstquadrierender Drache‹, ›Urknall‹, ›Fettverbrennung‹, ›Zellatmung‹ oder sehr akustisch durch ›ß‹ und ›sch‹: ›weißes Gaußsches Rauschen‹. Es sind Beispiele für Bildsprache der exakten Naturwissenschaften. Und diese sind nur die offensichtlichen; nahezu alle Fachbegriffe aus dem Lateinischen und Griechischen sind bildhaften Ursprungs.[10] In der politischen Rhetorik gibt es ebenfalls viele Bildausdrücke, man fasse nur das Vokabular zum Ersten Weltkrieg ins Auge: ›der kranke Mann am Bosporus‹, ›Pulverfass Balkan‹, ›Panther-

---

10 Denn es ist eigentlich näher zu unterscheiden zwischen solchen Bildausdrücken, die der populären Wissensvermittlung entstammen, in der das Publikum für schwierige Sachverhalte leicht fassbare Ausdrücke erhält, und solchen Fachbegriffen, die exakt (denotativ oder stipulativ), dabei aber dennoch bloß bildhaften Ursprungs sind.

sprung nach Agadir‹, ›Platz an der Sonne‹, ›Burgfrieden‹ usw. Politische Slogans machen es vor, was Bildausdrücke sein können. Aber sie überdecken auch die viel verwickeltere politische Realität. Dasselbe geschieht heute mit Ausdrücken wie ›Zeitenwende‹, ›Wärmewende‹, ›New Green Deal‹ usw. Noch ein Phänomen ist beachtlich, wenn es um Präzision geht: Wir haben lange Wörter, die, wenn sie alltäglicher Gebrauch werden, verkürzt und manchmal bildhaft werden, wie ›pump gun‹. Und wir haben den beharrlichen Gebrauch von gewohnten Wörtern wie ›Fehlalarm‹ oder ›Tiefenschärfe‹ durch den durchschnittlichen Sprecher, während die Fachbereiche die genormten Begriffe kennen: ›Falschalarm‹ oder ›Schärfentiefe‹. Viele Begriffe sind relational. Das ›Unterhemd‹ hat keinen eigenen Namen. Es ist relativ bestimmt, nämlich in Bezug auf das Hemd. Die ›Antarktis‹ ist nur bestimmt relativ zur ›Arktis‹. Das ist nicht sehr präzise, oder? So sind auch Begriffe, die die Korrekten angreifen, oft so, wie sie sind, und das aus anderen Gründen: ›erweiterter Suizid‹ muss nicht präziser ›Mord‹ genannt werden, und die ›Vergewaltigung‹ nicht (hier mit gegenläufiger Tendenz zur Präzision, nämlich mit Verallgemeinerung): ›sexueller Übergriff‹. Die ›häusliche Gewalt‹ und der ›Haustyrann‹ sind ebenfalls bildhafte Ausdrücke und nichts ist gegen sie einzuwenden, außer die falsche Großschreibung, die die ›Häusliche Gewalt‹ zu etwas Substanziellem macht. Angesichts der Tatsache, dass wir viele bildsprachliche Ausdrücke haben, die wenig präzise sind, oder überhaupt Ausdrücke, die keinen präzisen Fokus haben, wirkt es unfreiwillig komisch, wenn die Korrekten besonders präzise und diagnostisch sprechen wollen. Verräterisch ist es immer dann, wenn sie gute Bildausdrücke ablehnen, wie ›Rothaut‹, ›Mondgesicht‹ oder ›Schwarzafrika‹. Übrigens: Das Detektieren der Korrekten betrifft nicht nur die Sprache, es betrifft ja alle angeblichen Ungleichheiten und gesellschaftlichen Missstände, aber es schlägt sich sprachlich in Formeln nieder: ›genau hinsehen‹, ›klar benennen‹, ›deutlich aufzeigen‹, ›sichtbar machen‹. Die Korrekten und Aktivisten haben ihre speziellen Wörter, um das zu bezeichnen, was sie tun.

Expansion des Vokabulars durch neue Ausdrücke

Die politisch korrekte Sprache erfindet Vokabeln aus dem Blauen heraus, die uns emotional steuern oder gedanklich in die gewünschte Richtung bringen sollen, wie ›Femizid‹, ›Opferzeugin‹ (Hebung im Status), ›Häusliche Gewalt‹ oder das neue ›Schockfieber‹, das unbeteiligte Zeugen einer

Straftat befallen soll, womit die Opfergruppe beliebig und willkürlich erweitert wird. Neue Wörter sind auch: ›Korrosionsstress‹ für angeblich rostende AKWs, wo ›Korrosion‹ genügt hätte. Nach dem Muster ›x + Stress‹ auch: ›Migrationsstress‹ oder in der Pädagogik zur Klassifizierung von Kindern: ›untypisches Fehlerprofil‹. Moniert wird, ein Täter sei ›hochgradig manipulativ‹, was impliziert, dass bloßes Manipulativsein okay ist. Andere sehen auch eine nicht-hochgradige Manipulation durch Männer, etwa in der Partnerschaft, als verachtenswert an (vgl. ›Gaslighting‹), die Manipulation durch einen Verkäufer jedoch nicht. Man beachte, dass alle diese Ausdrücke blasse Abstrakta sind. Bildhafter wäre: Die ›Pein der Migration erleiden‹ statt ›Migrationsstress‹, oder alliterativ: ›Die Mühen der Migration‹… Die politisch korrekten Sprachkritiker ordnen Ausdrücke als negativ ein (sie seien ›menschenverachtend‹, ›diskriminierend‹, ›entwertend‹ usw.), entsprechend ächten sie Schimpfwörter wie ›Bimbo‹, aber auch schwächere Ausdrücke wie ›Ossi‹, ›Wessi‹, ›Besserwessi‹, ›Dritte Welt‹, ›Frauenversteher‹, ›Schürzenjäger‹ (oft älteres Vokabular, beim letzten Beispiel aus der falschen Annahme, die Schürze der Frau habe abwertende Konnotationen) oder ›Backfisch‹ (von Anne Frank oft als Selbstbezeichnung verwendet). Sie weisen empört das Vokabular ihrer Gegner zurück und kontern einen verbalen Angriff wie ›Emanze‹ mit einem stolzen Eigenwort: ›Feministin‹. Politisch heikle Schlagwörter werden sofort skandalisiert: ›Sozialtourismus‹, ›Herdprämie‹, ›Wohlstandsmüll‹, ›Wohlstandsverwahrlosung‹ usw., weil sie Gruppen stigmatisieren. Diese oft bildhaften Ausdrücke haben in der Tat Probleme, aber nicht die, die ihnen die politisch Korrekten zuschreiben. Wichtig ist bei aller Zensur und akademischer Sprachkritik, dass die politisch Korrekten selbst viele Abwertungswörter (›Gaslighter‹, ›Cis-Gender‹, ›Simp‹, ›Terf‹, ›Fascho-Terf‹) und auch subtiles Vokabular bilden, um neue negative Sachverhalte zu erfinden: ›normschön‹, ›Heteronormativität‹, ›Manspreading‹, ›Ageism‹ usw. (mehr Beispiele und Diskussion in Hurna 2021). Durch allgemeine Begriffe wie ›Patriarchat‹, ›maskuline Strukturen‹, ›rassistische Strukturen‹ etc. sollen konkrete Ereignisse begrifflich gefasst werden. Der Mechanismus ist, dass einzelne Fälle natürlich leicht unter begrifflicher Allgemeinheit gefasst und dann wahr werden können (wie in: ›Es ist wahr, dass die Erle ein Baum ist, aber es ist nicht wahr, dass alle Bäume Erlen sind.‹). In einem zweiten Schritt werden aber auch die Abstrakta zu Konkreta, das heißt, dass das ›Patriarchat‹, die ›maskulinen‹ und die ›rassistischen Strukturen‹ wirkliche, konkrete Zustände sind… – Die politisch Korrekten setzen viele neue Ausdrücke, auch Personenabwertungen, in Umlauf. Dabei geht es nicht nur darum, möglichst viele (aus Sicht der Korrekten: adäquate) Ausdrücke zu schaffen, sondern auch ein semantisches Netzwerk bzw. Konnotationen zu erzeugen. Die Korrekten kritisieren immer die Konnotationen, die für sie negative Ausdrücke haben, wie ›Zigeunersoße‹, ›Mohr‹ usw. Aber selbst legen sie es darauf an, den politischen und kulturellen Gegner negativ zu konnotieren und ein semantisches Netz zu schaffen, das möglichst viele Abwertungsvokabeln miteinander verbindet. Nehmen wir Personenausdrücke: ›Stalker‹, ›Gefährder‹, ›Schläfer‹, ›Hater‹. Es sind Wörter der kriminologischen Debatte, ›Stalker‹ ist eine angloamerikanische Dublette zu ›Nachsteller‹, ›Schläfer‹ der Bildausdruck für einen potentiellen Terroristen, ›Gefährder‹ zieht die Semantik von ›Terrorist‹, ›Schläfer‹, ›Stalker‹ und ›Fußballrowdy‹ (vgl. Gefährderansprache) zusammen, und ›Hater‹ ist die Bezeichnung für diejenigen, die im Netz ›Hass und Hetze‹ verbreiten, die Bildform ist: ›Troll‹. Das Ganze gibt es dann auch als witzige Alliteration: ›Dislike-Disser‹. Wichtig ist zu sehen, dass der allgemeinste Begriff ›Gefährder‹ die Verbindung schafft solcher verschiedener Bereiche (und Schweregrade) wie Nachstellung, Fußballrandale und Terror... Fremdwortdubletten sind wichtig für das politisch korrekte Sprechen, um die Anschuldigungen zu verfeinern: Neben dem ›Vergewaltiger‹ tritt der ›Rapist‹ auf, der irgendwie systematischer mit dem sexistischen System bzw. der ›rape culture‹ zusammenhängt...

Falsche Etymologien

Die politisch korrekte Sprache bedient sich falscher Wortetymologien: Korrekte denken, dass ›Demokratie‹ wirklich ›Volksherrschaft‹ bedeute und sie greifen vor allem Ausdrücke unklarer Etymologie (›Zwerg‹, ›Zigeuner‹, ›Mulatte‹) an. An Ausdrücken, deren Herkunft man nicht kennt, lässt sich am besten herumnörgeln. Außerdem versucht die politisch korrekte Sprache Konnotationen und Assoziationen von negativen Ausdrücken zu verhindern oder positive Assoziationen hervorzurufen. So ist ›wachsen‹ für die Korrekten positiv konnotiert: ›an Erfahrung / Herausforderungen / Schwächen usw. wachsen‹, ›am anderen wachsen‹, ›das Grün / das Vertrauen / die Zuversicht wachsen lassen‹, ›green city – die wachsende Stadt‹ usw., aber auch ein Krebs wächst oder die Gefahr einer Inflation wächst... Schauen wir uns Probleme der Etymologie an. Generell gilt: Mit Etymologie kann man weder für noch gegen ein Wort oder einen

Wortgebrauch argumentieren. Man kann nicht sagen, dass ein Wort, weil es dieses oder jenes ursprünglich bedeute, jetzt so oder so gebraucht werden müsse oder nicht gebraucht werden dürfe. Der heutige Gebrauch eines Wortes kann ganz anders sein als der frühere Gebrauch und der heutige Gebrauch zählt allein für eine Kritik am Wortgebrauch. So machen die sprachlich Korrekten häufig darauf aufmerksam, dass der Ausdruck ›Invalide‹ eigentlich ›Wertloser‹ bedeute, deshalb sei dieser Ausdruck diskriminierend. Aber niemand denkt bei ›Invalide‹, dass dieser Mensch wertlos sei, sondern jeder denkt, dass er (durch Krieg) versehrt ist. Außerdem ist ein invalides Ticket ein *ungültiges* Ticket, kein *wertloses* Ticket. Auch eine Sache mit Wert kann ohne Gültigkeit sein; und etwas, was gültig ist, kann eigentlich doch wertlos sein. Aber man braucht gar nicht in diese scheinbar tieferen Überlegungen einzutauchen, weil bei ›Invalide‹ kein normaler Sprecher denkt, der Mensch sei wertlos. Das Fremdwort ist einfach zu blass. – Oft machen korrekte Aktivisten auf eine Wortbedeutung aufmerksam, ohne sie für ihren Gebrauch zu verwenden. Es ist einfach eine enzyklopädische Angabe, meistens Bildungsgehabe. So entnehmen wir einem Lexikonartikel zu ›Transphobie‹, dass das Wort von *phobos*, Furcht, käme, dann aber erfahren wir, dass ›Transphobie‹ ›Trans-*feindlichkeit*‹ bedeute, also nicht nur ›Angst vor Transgender‹. Die Korrekten sind hier einigermaßen im Recht, dass sie irgendeinem Wort (natürlich muss es fremdwörtisch und aus Lateinisch und Griechisch zusammengesetzt sein) eine für sie passende Bedeutung geben. Die Aktivisten können einfach ihr Zwitterfremdwort in einer für sie spezifischen Bedeutung verwenden und propagieren, aber sie brauchen dann die ursprüngliche Bedeutung von ›Phobie‹ nicht, zumal ›Angst vor‹ viel schwächer ist als ›feindlich gegen‹. (Die eigentliche Bedeutung von ›-phob‹ ist natürlich anders: vgl. ›hydrophob‹: ›wasserabweisend‹, nicht ›wasserhassend‹ oder ›wasserängstlich‹. Die Bedeutung von ›transphob‹ wäre dann einfach: ›transabweisend‹, was auch im Sinne der Korrekten sein kann. Nur, dass sie nie den Vorteil sehen, den ihnen die Sprache bietet…) – Ausdeutungen von Lexemen, die gewöhnlich gedankenlos von der Sprechergemeinschaft verwendet werden, und damit Fehler der Ausdeutung, finden wir auch bei gestandenen Sprachwissenschaftlern. Zu ›entsorgen‹ schreibt das *Etymologische Wörterbuch* von Friedrich Kluge und Elmar Seebold: „entsorgen. In verharmlosender Absicht gebildetes Gegenstück zu besorgen." (Kluge / Seebold 2001, 249) Der Beleg, dass es so ist, fehlt. ›entsorgen‹ ist kein Euphemismus, weil ›x entsorgen‹ nicht heißt, dass man die

Sorge los wird. Außerdem kann man sich fragen, ob es andere be-und-ent-Paare gibt, die eine solche euphemisierende Entwicklung durchgemacht haben und man wird kaum welche finden (vgl. ›bewilligen‹, ›entwilligen‹; ›bezeugen‹, ›entzeugen‹, ›bewerkstelligen‹, ›entwerkstelligen‹; ›bezweifeln‹, ›entzweifeln‹; ›entgiften‹, ›begiften‹ usw.; erzwungen ist ›entschleunigt‹ zu ›beschleunigt‹). Warum sollte es gerade bei ›entsorgen‹ der Fall sein, wo es um Müll geht? – Reines Anzeigen von Bildung ist Scharloths Behauptung, ›Zigeuner‹ würde volksetymologisch als „ziehende Gauner" verstanden: „So war Zigeuner beispielsweise lange ein gebräuchlicher Name für eine Bevölkerungsgruppe. Diese Fremdzuschreibung wertete die Bezeichneten jedoch ab, denn volksetymologisch wurde der Name ziehende Gauner hergeleitet." (Scharloth ebd., 34) Geht man dem nach, entpuppt sich diese Behauptung als dermaßen allgemein und spekulativ, dass sie praktisch wertlos ist; oder man schaut sich die Quellen an, auf die Scharloth stillschweigend referiert, bei denen man aber sieht, dass sie dieselbe Allgemeinheit aufweisen. In Theodor Tetzners *Geschichte der Zigeuner* heißt es: „Noch andere glaubten einen richtigen Weg gefunden zu haben, indem sie auf die landstreicherische Lebensweise des Volkes Rücksicht nahmen und hieraus sich die Benennung erklären wollten. Zigeuner sollte soviel heißen, als: Zieh-Gauner, ein Gauner, der umherzieht, und so mag auch die Schreibart Zigäuner entstanden sein." (Tetzner 1835, 9) Wie dokumentiert das *Grimmsche Wörterbuch* die angebliche Volksetymologie, die Scharloth seinen Lesern auftischt? Es schreibt: „das unstete umherziehen der Zigeuner regt an, ihren namen vom deutschen verbum ziehen herzuleiten: was der herr von den Zigeunern oder Ziehe einher schreibet Widmann [...]; man möchte schier denken, dasz dieser name (Sigynä) sei unser Ziehegan, mit welchem namen unsere vorfahren die landfahrer, die für und für umbherzogen, nenneten, zuvor ehe die egyptischen umbläufer bekand worden[...]; Zigeuni, alias Cingari, quasi zieh einher [...]; [...] bei Avé-Lallemant gaunerth." Es steht also nur einmal etwas von Gaunern da und entstammt einer alten Zeit. Ein Wort wie ›Zieh-Gauner‹ hat keinen Beleg; der Zusammenhang von ›Zigeuner‹ und ›gaunerisch herumziehen‹ ist spekulativ. Das Wörterbuch bringt viele Belege für den europäischen und deutschen (Dialekt)Wortgebrauch, so dass das hochdeutsche Wort ›Zigeuner‹ nur *ein* (und daher willkürlicher) Referent sein kann. Nur einige mundartliche bzw. regionale Formen, die das *Grimmsche Wörterbuch* angibt: ›Züginer‹, ›Zigüner‹, ›Zigäner‹, ›Ziganer‹, ›Ziegener‹, ›Zeguner‹, ›Zygoner‹, ›Zegân‹, ›Zigûn‹ usw. Von den meisten dieser Formen kann man ›Zieh-Gauner‹ wortspielerisch nicht ableiten. Bei diesen Formen handelt es sich aber um Belege wirklichen, weit verbreiteten Sprachgebrauchs. Zigeuner wurden auch mit Heiden, Juden und Ta(r)taren zusammengedacht; viele Bezeichnungen leiten sich davon ab, zum Teil so, dass sie uns heute nicht mehr verständlich sind: ›Heiden‹, ›Sarraciner‹, ›Tater‹, ›Tattern‹ (beide von der klareren Form: ›Tartaren‹), ›Bøhmer‹, ›Circulatores‹. Schon ungarisch ›tzigany‹ oder spanisch ›cigano‹ sind dem ›Zigeuner‹ so ähnlich, dass ›Zieh-Gauner‹ keine Basis haben kann; und Scharloth unterstellt mit seiner angeblichen Volksetymologie, dass die Leute solche Ähnlichkeiten nicht sehen würden. Er gibt selbst keine Quelle an, wer ›Zieh-Gauner‹ *ernsthaft* verwendet hat. Alles, was Tetzner und das *Grimmsche Wörterbuch* aufzeichnen, ist der Gang der Spekulation. Es ist leicht zu behaupten, dass sich die Sprecher solche Volksetymologien herrichten und an sie glauben, es ist hier aber so falsch wie im Fall von ›dämlich‹ als Ableitung zu ›Dame‹. Das *Grimmsche Wörterbuch* vermerkt zur Eigenbezeichnung noch: „sie selbst gebrauchen den namen Zigeuner von sich nicht, sondern nennen sich rom mensch, mann, romñi weib, romani tschawe kinder der menschen, manusch mensch oder sinte genossen und kale oder melle schwarze." In der seriösen Sprachwissenschaft ist man sich einig darin, sich einzugestehen, dass man über das Wanderwort ›Zigeuner‹ und seine europäischen Varianten wenig weiß. Oft kommt auch der Hinweis, dass diese Varianten im jeweiligen Land unklar seien. Aber warum müssen sie dann bestimmt negativ sein? Zur Komplikation obendrauf kommt noch, dass Forscher oder Dichter, die das Wort in lautlicher (›Zieh-Gauner‹), bildlicher (Höllenvolk Tartaren) oder kulturgeschichtlicher (Ahasvers-Mythos) Herrichtung verwenden, kein Beleg sind für den allgemeinen Sprachgebrauch. – Nehmen wir noch einmal ›Dame‹ und ›dämlich‹ für verwickelte Irrtümer in der Etymologie. Pusch: „Was nun das ehrwürdige Dogma von der Arbitrarität des sprachlichen Zeichens betrifft, so wurde ich schon als Kind eines Besseren belehrt, als mann [!] mir erklärte, Herren seien herrlich und Damen dämlich. [...] Genauso kreativ wie der traditionelle Chauvinismus (ich erinnere an ›herrliche Herren‹ und ›dämliche Damen‹) ist der neue Antifeminismus." (Pusch 2017; 31, 33) Pober schreibt: „Für eine *große Anzahl* bzw. die *Anwesenheit von Frauen* ist das scherzhafte Lemma [D]ämlichkeiten belegt; durch die Wahl des Wortes *dämlich* für *dumm*, das auf synchroner Ebene homophonisch mit *dame* zusammenfällt, ist das Lemma bereits morphologisch eindeutig pejorativ, da hier auf der androzentrisch scherzhaften

77

Ebene Frauen mit Dummheit gleichgesetzt werden." (Pober 2007, 421f.) In einer entsprechenden Fußnote heißt es: „Hierzu ist auch die umgangssprachliche Wendung *damen sind dämlich und herren sind herrlich!* belegt." (Ebd.) Eine Quelle gibt Pober aber nicht an. Wir können zugestehen, dass es sich um eine okkasionelle Bildung handelt, die mal hier und dort auftritt. Weiter schreibt Pober: „Obwohl das Lemma *herrlichkeit* auf *herrlich* zurückzuführen ist und daher etymologisch *in einem sehr hohen Maße gut, schön* […] bedeutet, kann davon ausgegangen werden, dass dies den wenigsten SprachbenützerInnen bewusst ist, da die etymologische [Ebene] weit weniger Einfluss als die männliche Anredeform *herr* auf synchroner Ebene hat. Daher wird auch das Adjektiv *dämlich* als volksetymologisches Derivat zu *dame* aufgeführt." (Ebd., 421f.) Doch es ist zu bestreiten, dass es sich um eine Volksetymologie handelt. Von Olschansky werden Volksetymologien definiert als Wörter, die „Bausteine enthalten, welche geschichtlich (durch Aussterben der Wortfamilie oder als Entlehnungen aus anderen Sprachen) isoliert worden sind[.]" (Olschansky 2017, 7) Wörter sind dann nicht mehr durchsichtig, sondern werden von jedermann falsch gedeutet: Umdeutung ohne Motiv, einfach aus Irrtum. Olschansky nimmt auch „scherzhafte bzw. intentionale" (ebd. 8.) Ausdrücke in ihr Buch auf, doch ist die Frage, ob es sich nach unserer Definition um Volksetymologien handelt, zumal sie selbst Beispiele aufführt, die sich breit nicht durchsetzen (vgl. 180ff., zu ›Dame‹ und ›dämlich‹: 181). Die Wortspiele, die Olschansky auf Seite 181 aufführt, werden bewusst gemacht, während man bei Volksetymologien Wortbestandteile aus Unkenntnis falsch deutet. Und ›Dame‹ ist europäischer Gemeinbesitz, doch ›dämlich‹ ist es nicht. Man müsste also unterstellen, dass die Leute, die nach Pober ein volksetymologisches Derivat gemacht haben, unfähig sind, genau das zu erkennen. Schon das Fremdwort ›Derivat‹ überführt Pober, denn dieses Fremdwort klingt wissenschaftlich, tatsächlich macht ein größeres Sprecherkollektiv diese Ableitung nicht. Außerdem findet sich kein Beleg, dass ›Dämlichkeiten‹ direkt ›Herrlichkeiten‹ gegenübergestellt ist, wie es Pober auf Seite 423 tut und vorher behauptet. Olschansky hat Pusch zitiert, Pober zwar nicht, kennt aber die feministische Quelle von ›Damen sind dämlich‹. Behandelt wird die Frage 1986 in einer trotzigen Sprachglosse von Luise Pusch. Wir erwarten von einer Glosse nichts Wissenschaftliches, sondern Belehrendes und Heiteres, und so beehrt Pusch denn auch ihre Mitschwestern, wie sie sich zu verhalten haben, wenn jemand mit dem „Uralt-Kalauer" (Pusch 2019, 209) ›Herren seien herrlich und Damen dämlich‹ komme. Man solle ähnliche Kalauer bieten (Gulasch sei lasch usw.) und die Etymologie von ›Dame‹ und ›Herr‹ bemühen. Die Etymologien sind dabei von Pusch schief zurechtgerückt. So bedeutet lat. *Domina* nicht die hochgestellte Frau, wie sie meint, sondern jede Frau als Hausherrin im Haus, als Weiserin gegenüber dem Personal. Die Etymologie von *Herr* bemüht Pusch in die Richtung einer Steigerungsform und unterstellt, dass Männer sich „sozusagen ›super herrlich›" (ebd.) fühlten. Und was ist mit der femininen Form ›Herrin‹? ›Herr‹ und ›Herrin‹ sind doch Ableitungen vom Verb ›herrschen‹. Wichtig in unserem Zusammenhang ist, dass die „umgangssprachliche Wendung" (Pober) ›Damen seien dämlich und Herren herrlich‹ hier als Kalauer behandelt wird, was ja richtig ist, aber nicht als volksetymologische Ableitung, dass aber dennoch unterstellt wird, dass die Leute, die so etwas sagen, daran glauben. Aber dann kann es nicht als Kalauer gemeint sein... Das heißt, dass sich die Feministen hier in einen Widerspruch verwickeln. Die von Pusch gebotene Etymologie zu ›dämlich‹ ist unscharf bis falsch, jedenfalls geht man heute von einer anderen Herkunft aus. Pusch benutzt ein verräterisches „oder" um zwei mögliche Etymologien zu präsentieren. Sie gibt denn auch an anderer Stelle zu, dass es nur ein Wortspiel ist (ebd., 107f.) und dass Wortspiele nur Zutaten sind, aber nichts beweisen. Dass sie die Nomen ›Damian‹, ›Dämel‹, ›Dämlack‹ als negative Maskulina ausweist, bringt sie nicht auf den Gedanken, dass die meisten negativen Personenbezeichnungen Maskulina sind, ganz einfach, weil sie ins Standardgenus fallen, weswegen auch viele Übernahmen aus anderen Sprachen Maskulina sind... In der Folge sind also Männer vermehrt von negativen Personenbezeichnungen betroffen, Frauen oft nur durch Ableitungen. Und hier verfährt die Sprache ganz systematisch. Die In-Movierung ist systematisch möglich, wenn ›-in‹ an einen Konsonanten anschließt. Sie ist besonders möglich bei maskulinen Endungen: ›-er‹ (Lehrerin), ›-eur‹ (Akteurin), ›-or‹ (Revisorin), ›-ant‹ (Passantin). Ebenso bei ›-ler‹ (Dörflerin), ›-and‹ (Doktorandin), ›-ent‹ (Produzentin), ›-ist‹ (Journalistin), ›-ier‹ (Juwelierin, Grenadierin), ›-är‹ (Revolutionärin), ›-oid‹ (Humanoidin), ›-on‹ (Patronin), ›-at‹ (Asiatin), ›-in‹ (Paladinin), ›-it‹ (Alevitin), ›-an‹ (Dekanin), ›-ar‹ (Kommissarin) und ›-all‹ (Vasallin). Sie ist auch möglich bei ›-ei‹: die Freiin. Interessanter sind aber die nicht endungsspezifischen Lexeme (Chef usw.), unter der die Gruppe enthalten ist, die bei femininer Movierung umgelautet werden müssen (Arzt, Tor, Narr) und die große Gruppe auf tilgungsfähigem Schwa (Zeuge, Genosse) usw. Die feminine Movierung von Nomina agentis zeigen schon, dass diese nicht männlich sind. Erst von der letzteren Gruppe her, derjenigen ohne systematische Endung, erhebt sich die Frage, warum einige Wörter nicht movierungsfähig sind. Warum gibt es keine ›Apparatschikin‹, keine ›Freakin‹ oder ›Kaputtnikin‹? Ganz einfach: Sie sind ebenfalls nicht genuin männlich. ›Man sagt, Petra ist ein Freak.‹ Es gibt aber Phänomene, die eines genaueren Blicks bedürfen. ›-in‹ kann an ›-or‹ problemlos anschließen, aber im Deutschen übernimmt man beispielsweise lieber das aus dem Englischen stammenden ›Terminatrix‹ statt es in ›Terminatorin‹ zu verdeutschen. Manche Fabelwesen sind als männlich geprägt, so dass man sich mit einer In-Movierung schwer tut: ›die Orkin‹, ›die Ogerin‹, ›die Faunin‹, ›die Yetiin‹, ›die Trollin‹ im Unterschied zu etablierten Feminina: ›die Vampirin‹, ›die Dämonin‹, ›die Riesin‹. Die konsonantischen Anschlussstellen ermöglichen allerdings prinzipiell eine Movierung, allenfalls ›die Yetiin‹ müsste gegen das Sprachgefühl eingeführt werden, vielleicht als ›die Yetin‹. Das ›-in‹ kann nicht anschließen an Ausdrücke, die explizit Männer meinen (›Eunuchin‹, ›Kastratin‹) oder deren Berufsrolle männlich war: ›Derwischin‹. Beachtlich sind noch die maskulinen Endungen ›-i‹ und ›-o‹, die wir entweder aus Verkürzungen kennen (›der Jugoslawe‹ => ›der Jugo‹) oder aus negativen Bildungen: ›der Normalo‹, ›der Schizo‹, ›der Psycho‹ usw. Man beachte, dass Feminina und Maskulina mit bestimmten Artikel, also ›der Normale‹, ›die Normale‹, bei der o-Bildung ins Maskulinum geraten bzw. dort bleiben. Ein Femininum ist dann nicht mehr möglich, ›eine Normaloin‹ gibt es nicht. Auch die i-Bildung funktioniert so: Wir kennen das ›i‹ als Binnenvokal, um von ›der Flüchtling‹ zu ›der Flücht-i-lant‹ zu ändern. Dann aber auch wird bei den mit dem bestimmten Artikel gleichen Partizipien ›der Flüchtende‹ und ›die Flüchtende‹ zu ›der Flüchti‹, also Maskulinum, geändert. Dieses ›i‹ ist dasselbe Verniedlichungssuffix wie bei ›der Bubi‹, ›mein Brudi‹, ›der Heini‹, ›der Dummi‹, ›der Lefti‹, ›der Woki‹, ›der Normi‹ (die letzten drei beliebt bei Rechten) usw. (Der ›Asso‹ und der ›Assi‹ sind Dubletten.) Auch bei diesen Bildungen sind es also Maskulina, die dann nicht mehr movierungsfähig sind. Auch hier verfährt die Sprache systematisch. Ist im Lexem keine Maskulinität ausgedrückt, so sind diese Bildungen natürlich auch auf Frauen beziehbar: ›Caroline ist so ein Assi‹. Nomina agentis sind eine formal geschlossene Gruppe, semantisch aber offen: ›Wecker‹, ›Timer‹ (Maschine), ›Schreiber‹ (Mensch oder Maschine), ›Spieler‹ (Mensch). Man stützt den generischen Gebrauch darauf, dass ›Spieler‹ zu ›Spielerin‹ moviert werden kann, aber ›Weckerin‹, ›Timerin‹ nicht. Ist das ein Beweis für den generischen Gebrauch von Nomina agentis, die sich auf Personen beziehen? Nein, denn das semantische Merkmal *Maschine* verhindert generell die Personalisierung, sofern es sich nicht um metaphorischen Gebrauch handelt. Die Frage nach der Generalizität von Nomina agentis ist also nur für die Klasse der Personenbezeichnungen zu stellen. Dann gelten die hier schon vorgebrachten Argumente: a) Nomina agentis, insofern sie Personen bezeichnen, treten *formgleich* als Singular und Plural auf, sind in beiden Fällen sexusneutral, und können auf Männer und Frauen angewendet werden. So jedenfalls in der Anwendung vor der ideologischen Behauptung, es seien nur Männer gemeint und Frauen allenfalls mitgemeint. b) Die Anwendung auf eine Frau ist immer möglich, da ein Nomen agentis eben keine spezifische Semantik von Sexus hat: ›Anna ist ein Lehrer‹ ist möglich und gebräuchlich. Das Sprachgefühl in diesem Bereich mag sich ändern, aber nur unter dem Bombardement der Behauptung, ›Lehrer‹ sei generisch (und müsse dann in sexusmarkierende Formen gespalten werden)...

Sprachpolitische Änderungen vs. sprachinterne Muster

Ich weiß nicht, ob Luise Pusch die Arbitrarität (siehe oben) ablehnt, weil sie sie als „Dogma" bezeichnet. Die Arbitrarität gilt jedenfalls bei der Zuordnung von Laut und Sache, später können sich Ausdrücke motiviert weiterentwickeln (differenzierte Beispiele bei Porzig 1962, 21-49, sie betreffen Lautnachahmung, -übertragung, -gebärde und -symbolik). Innere Mechanismen der Ausdrucksbildung, die Arbitrarität ausschließen, sind Muster, die einzelne Ausdrücke ein- oder ausgliedern, oder auch Lautnachahmung, so dass uns auch Ausdrücke verschiedener Sprachen oft ähnliche Lautungen für dieselbe Sache liefern. Das beliebteste Beispiel ist der Kuckuck, der in vielen Sprachen ähnlich lautet, wobei hier auch Entlehnungen des Tiernamens ein Grund sein kann, warum wir auf Deutsch ›Kuckuck‹, auf Italienisch ›Cucolo‹, auf Französisch ›Coucou‹, auf Spanisch ›Cuco‹, auf Vietnamesisch ›Cúc Cu‹ usw. sagen. Eine Explosion versprachlichen wir zu ›Bumm‹, die Engländer zu ›Boom‹, die Franzosen zu ›Boum‹ und die Vietnamesen zu ›Bùm‹. Pusch ätzt gegen die Arbitrarität, um die Motiviertheit des Ausdrucks ›Damen sind dämlich und Herren herrlich‹ zu belegen, aber es ist ja ganz klar, dass Wortspiele motiviert und daher nicht arbiträr sind. Deswegen muss man nicht die Arbitrarität ins Spiel bringen, die ja auch nicht überall wirkt (am ehesten noch bei einer zu rekonstruierenden Ursprache). In nahezu allen Fällen entwickeln sich unsere Ausdrücke, also diejenigen aller Sprachen, die ja untereinander in Beziehung stehen, nicht arbiträr, sondern sind mannigfaltig motiviert, nur dass eben motiviert-sein nicht im Sinne von bewusst-sein zu interpretieren ist. Denn nach wie vor läuft die Sprache gesetzmäßig über unseren Köpfen ab. Das muss auch so sein. Die Weiterentwicklung von Lauten innerhalb von Ausdrücken und selbstverständlich deren Weiterentwicklung ist motiviert durch die Eigengesetzlichkeit der Sprache. Darauf hinzuweisen ist wichtig, um die Chancen einer bewussten Sprachpolitik einschätzen zu können. Bewusste Sprachpolitik ist nur ab und zu am Werk und sie hinterlässt dann auch eher erratisch ihre Denkmäler in der Sprachgeschichte. Wenn Laute oder Geräusche nachgebildet werden (wie ›Miau‹ oder das Türenschlagen), so ist das motiviert, aber interessanter sind diejenigen Fälle, etwa Geräuschwörter, die aufgrund eigener sprachlicher Regeln gebildet werden (etwa die Regel der Verdopplung, die sowohl ein äußeres Geräusch nachbildet, etwa ›kuckuck‹, aber auch nicht Nachgeahmtes, wie ›plemplem‹). Die Erikative (Wurzelworte) können das gut illustrieren (wenn auch nichts beweisen). Die folgenden Beispiele sind den ersten Geschichten aus LTB 422 entnommen (Lustiges Taschenbuch: *Die Unverbesserlichen*, 2011, S. 5–70; die Großschreibung wurde zur Kleinschreibung normalisiert). Ich denke, dass viele solcher Wörter durch sprachliche Regeln motiviert sind. Zunächst alle Wurzelwörter, die durch *Abtrennung* von Verbinfinitiven entstehen: ›Klopf, klopf‹ (an Tür klopfen), ›Klatsch‹ (Ohrfeige), ›Klirr‹ (Tasse zerbricht), ›Schnüff‹ (Hund schnüffelt), ›Trööt, tröt‹ (Hupe), ›Stampf stampf‹ (Marschieren von Soldaten), ›Hops‹ (hüpfen, hopsen), ›Flatter‹ (Papiergeräusch), ›Quietsch‹ (Auto bremst), ›Plopp‹ (Schuhausziehen) usw. Die zugrunde liegenden Verben ›klopfen‹, ›klatschen‹, ›klirren‹ usw. sind offensichtlich. Also ist die Abtrennung eine *sprachliche Regel*. Sie beschert uns zu jedem Verb einen Erikativ. Das Beispiel ist zunächst schwach, weil ja die Geräusche schon in den Verben verpackt waren (vgl. zu einem altgriechischen Beispiel, nämlich ›niesen‹, Porzig ebd., 23). Aber das Muster funktioniert ja auch bei Verben wie ›bremsen‹ => ›brems‹, ›wischen‹ => ›wisch‹ oder ›heucheln‹ => ›heuch‹, die im Comic im Sinne der Visualisierung eingesetzt werden könnten. Also: Sprachliche Regel (oder Konvention) im Kontext des Comics. Schwieriger sind die reinen Geräuschwörter: ›Klonk‹ (Diamant auf Glas), ›Wuhuhuuu‹ (Alarm), ›Pang‹ (Schuss), ›Bdong‹ (Hüpfstock), ›Wromm‹ (Auto braust weg), ›Pling‹ (Fokus auf Uhr), ›Rumms‹ (Türschlagen), ›Zipp‹

(rennen), ›Kracks‹ (Auto gegen Laterne), ›Kracks‹ (Auto gegen Mauer), ›Skriiie‹ (Auto kommt von Fahrbahn ab), ›Krrk, krrk‹ (mörsern), ›Tock‹ (Schlag gegen Kopf), ›Knietsch, knatsch‹ (Ziehen einer Harmonika), ›Sprotz‹ (Spritzen aus Flasche), ›Plink‹ (Metall auf Metall) usw. Hier ist es schwieriger zu sagen, dass diese Ausdrücke konventionalisiert oder durch interne Regeln der Sprache selbst ganz ohne äußeren Einfluss motiviert sind, die meisten sind es wohl nicht. Das ›Ding dong‹ (Türklingel) ist dagegen sicher stark konventionalisiert, obwohl vielleicht ursprünglich rein lautlich nachahmend. Aber der Alarm ›Wuhuhuuu‹ ließe sich auch anders ausdrücken. Auf Konventionalisierung des Ausdrucks könnte hindeuten, wenn ›Womm‹ einmal für Türe schlagen verwendet wird, dann aber das ähnliche ›Wromm‹ für: Auto rast. Vielleicht ist hier das Geräuschwort eine weite Kategorie. Das ›Klick‹ als Geräuschwort der Technik ist sicher breit konventionalisiert; es tritt zweimal auf, einmal als Mickey die Fernbedienung des TVs drückt, einmal wenn er den Radioschalter umlegt. Aber auch: ›Prooot‹ (Schniefen ins Taschentuch) und ›Prött‹ (Schniefen ins Taschentuch), also derselbe Vorgang mit zwei unterschiedlichen Geräuschen. Das bedeutet, dass das Schniefen selbst nichts liefert, sondern dass ein Geräuschwort mit Pr+x+t einmal gesetzt, dann variiert werden kann. Das ist nun nichts anderes als die Veränderung innerhalb von Verben und auch nichts anderes, wenn Augendialekt angewendet wird: ›brutzeln‹ => ›bruzzeln‹. Die Stelle zwischen den Vokalen bei ›brutzeln‹ oder auch die Stelle zwischen den Konsonanten bei Pr+x+t wird zur Spielwiese. Das also nur ein paar willkürliche Beispiele für Motivierung, die aber nicht bewusst ist, sondern die aus Regeln entstehen, die der durchschnittliche Sprecher schon intus hat ganz einfach, weil er Sprachteilnehmer ist. Wenn wir jetzt zurückgehen zu den vielen sprachpolitisch motivierten Ausdrücken, so sehen wir, dass sich jemand ›ens‹ als Neopronomen einfallen lässt, dann aber ›das Ens‹ als Verballhornung daraus wird, oder dass sich jemand ›Lehrer*innen‹ einfallen lässt, das Muster aber auch in falschen Bildungen wie ›Krankenschwester*in‹ fortlebt. Auch die Schwemmausdrücke sind nichts anderes als ein Muster, das immer weiter arbeitet und durch bloßes Kopieren fortlebt. Dasselbe gilt für Phrasen oder Phrasenteile. Ein normaler Ausdruck wie ›das fühlt sich gut / angenehm an‹ wird im korrekten und esoterischen Kontext zum gefühlsintensiven ›es fühlt sich ehrlich / richtig an‹. Wir haben es also mit Motivierung zu tun, aber diese ist nicht bewusst. Wenn man nunmehr sprachpolitische Änderungen befürwortet, muss man wissen, dass die Sprache langfristig ihre eigenen Wege geht. Daher ist heute ›PoC‹ vielleicht in, aber in einigen Jahren eine Abwertung.

Neues Stigmatisierungsvokabular

Die politisch Korrekten monieren, dass Personen und Gruppen abgewertet werden, aber sie selbst bilden viele neue, abwertende Personenausdrücke und vor allem Kollektivstigmata: ›TERF‹, ›alter weißer Mann‹, ›men are trash‹, ›Kolonialist‹, ›Kolonisator‹, ›Neokolonisator‹, ›Neofaschist‹, ›(Baby)Boomer‹ usw. Eigenbezeichnungen von gegnerischen Gruppen werden gewendet und gegen diese verwendet: ›Querdenker‹, ›MGTOW‹, ›Incels‹, ›Identitäre‹ usw. Die Bildungen sind oft Fremdwortprägungen, oft personenabstrakt: ›Alltagsrassismus‹, ›heteronormative Strukturen‹, ›White Supremacy‹, ›männliche Hegemonie‹ usw. Das Angloamerikanische ist hier Hauptentlehnungsquelle sowohl für die politischen Probleme als auch für das entsprechende Vokabular. Das führt dazu, dass es oft englische und deutsche Ausdrücke nebeneinander gibt: ›Hatespeech‹ und ›Hassrede‹ oder ›Stalking‹ und ›Nachstellung‹, allerdings nicht als synonyme Dubletten, sondern in ihrem Gebrauch spezifiziert. ›Peter stalkt mich‹ ist kürzer und jugendsprachlich lässiger als ›Peter stellt mir nach‹. Die politisch korrekte Sprache bedient sich des Englischen und schwimmt damit in der Mode, dass wir allgemein überhaupt so viele Ausdrücke aus dem Englischen beziehen. Dadurch wird nicht, wie man oft sagt, eine Ausdruckslücke gefüllt, sondern das Deutsche wird verfeinert, ausgebaut. Eine verfeinerte Ausdrucksfähigkeit wollen alle Sprachen erreichen. Es ist nun ein Ergebnis der Geschichte, dass das Deutsche die englischen Begrifflichkeiten aufnimmt, und das gilt auch für die politischen Debatten. Normalsprachlich benutzen wir das Englische, um salopper zu sprechen: ›Ich gehe in die Freiburger City‹ wird dadurch möglich, weil ›City‹ etwas anderes ist als bloß ›Stadt‹, wir sagen ja nicht: ›Ich gehe in die Freiburger Stadt‹. In Hurna 2023a habe ich eine beliebte Struktur des Englischen im Deutschen behandelt, die Ing-Form, weil viele politische und kulturelle Begriffe sowie neue Straftatbestände mit ›-ing‹ gebildet werden. Nur so kann ›Plogging‹ (Joggen und dabei Müll sammeln) überhaupt beworben werden oder ›Urban gardening‹ etwas Tolles sein. Und nur so können ›Upskirting‹ und ›Downblousing‹, ›Stalking‹, ›Doxing‹ und ›Grooming‹ besondere Straftatbestände oder Handlungen, die eigentlich keinen besonderen Fachbegriff verdienen, wie ›Drive-by-Shooting‹ oder

›Skimming‹, zu einem besonderen Phänomen stilisiert werden. Die bekannte Vermüllung von Landschaften wird hipper mit ›Littering‹ bezeichnet. Bei den politisch korrekten Aktionisten kommt ein Teil des Wortschatzes aus der Hardcorepornografie, etwa ›kinky‹ oder ›safe word‹; die Rechten nutzen ebenfalls Anglizismen: ›Briefing‹ (für die Einweisung deutscher Politiker durch die USA). Nur mit englischen Lehnwörtern kann man hippe Sätze bilden wie: ›Er hated gegen die community.‹ Es ist nicht unmöglich, denselben Sinn mit deutschen Wörtern auszudrücken, aber es ist unmöglich, den *Sprechgestus* nachzubilden. – Mit einigen der neuen Ausdrücke, die die politisch korrekte Sprache erfindet oder in ihrem Sinne etabliert, verwendet sie schärfere Waffen als ihre Gegner: So monieren die Korrekten den Ausdruck ›Schlampe‹, weil er Frauen abwerte. Und obwohl ganz bildhaft und aus der Mitte der Sprechergemeinschaft entstanden, als okkasionelle Ableitung (von schlampig sein), die sich aufgrund ihres Nutzens gehalten hat, monieren Korrekte den recht guten Ausdruck ›Schlampe‹, den ja auch Frauen gegenüber ihren Konkurrentinnen benutzen. Die Korrekten etablierten den Begriff ›Sexist‹, um entsprechende Verhaltensweisen gegen Frauen zu brandmarken. Nun ist der Vorwurf, ein ›Sexist‹ zu sein, viel einschneidender als der Vorwurf, eine ›Schlampe‹, ein ›Hausdrache‹, eine ›Dorfmatratze‹ zu sein, denn ›Sexist‹ ist mit ›Sexismus‹ und den angeblich ›sexistischen Strukturen‹, dem ›sexistischen System‹, dem ›Patriarchat‹ usw. verbunden. Der Vorwurf ist also stärker und mittlerweile auch justiziabel (Kontext der Frauenfeindlichkeit). Im Übrigen ist die Schwemme der mehr oder weniger neuen Ing-Wörter aufschlussreich: Sehen wir uns diese Wörter an: ›Affective Computing‹ (KI Emotionen beibringen), ›Emotional Eating‹ (Frustessen), ›Accounting‹, ›Debugging‹, ›Name dropping‹, ›Shaming‹, ›Standing‹, ›Nudging‹, ›Mansplaining‹, ›Love bombing‹, ›Monkey Branching‹, ›Future Faking‹, ›Simping‹, ›Ghosting‹, ›Multitasking‹, ›Coming out‹, ›Outing‹, ›(Casual) Dating‹, ›Cross dressing‹, ›Wording‹, ›Oversharing‹, ›Framing‹, ›Cherry picking‹, ›Coworking‹, ›Dogwhistling‹, ›Timing‹, ›Sensitivity Reading‹, ›Mobbing‹, ›Bullying‹, ›Bossing‹, ›Bodyshaming‹, ›Skimming‹, ›Staffing‹, ›Racial Profiling‹, ›Phishing‹, ›Stalking‹, ›Up-Skirting‹, ›Sexting‹, ›Cat calling‹, ›Doxing‹, ›Grooming‹, ›Cruising‹, ›Victim Blaming‹, ›Deadnaming‹, ›Hearing‹, ›Nation Building‹, ›Peace Building‹, ›Team Building‹, ›Green Washing‹, ›Fracking‹, ›Fundraising‹, ›Biomining‹, ›Datamining‹, ›Following‹, ›Recruiting‹, ›Upcycling‹, ›Recycling‹, ›Littering‹, ›Binge Eating‹, ›Mooning‹, ›Whistleblowing‹ oder ›Prepping‹. Hier zeigt sich, wie viel

Ideologie aus dem angloamerikanischen Raum aufgenommen wird. Diese Wörter spiegeln vor, Fachausdrücke für Sachen oder Sachverhalte zu sein, die man klar umgrenzen könnte. Sie sind überwiegend so neu, dass noch unklar ist, ob man sie im Deutschen zusammen oder getrennt schreibt, ob der zweite Besstanteil groß oder klein geschrieben wird. Im Kontrast zu den zwei- oder dreisilbigen Ing-Wörtern stehen die kurzen englischen Wörter, die wir als Anleihen verwenden, um hipp zu sprechen, also ›Job‹ statt ›Arbeit‹, oder ›Shop‹ statt ›Laden‹, ›Geschäft‹, oder ›Kids‹ (oft im Augendialekt: ›Kidz‹) statt ›Kinder‹, ›Jugendliche‹. Natürlich sprechen wir auch mit den Ing-Wörtern hipp und locker; hinter mir im Bus tönt es von einem Mädchen, das auf ihr Handy zeigt: ›Das ist mein Stalker‹ statt: ›Das ist mein Verfolger, Nachsteller, Nachläufer‹... Zugleich aber sind die obigen Ausdrücke viel wichtiger, bedeutungsschwerer. Für Eigenbezeichnungen wird das Englische ebenfalls ausgebeutet: ›PoC‹, ›Migra Kidz‹, ›Desi Kidz‹, alles Kurzformen, die eine hippe und coole Solidarität schaffen. – Man geht auch auf die Begrifflichkeit des politischen Gegners ein und versucht, seinen Wortgebrauch negativ zu kontextualisieren: „Die Bezeichnung ›Globalisten‹ oder ›globalistisch‹ dient Rechtsextremisten als Code für die Steuerung einer angeblich von jüdischen Eliten beherrschten Welt. Höcke, den das Bundesamt für Verfassungsschutz als Rechtsextremisten eingestuft hat, bedient sich in seinen Reden immer wieder dieses antisemitischen Sprachbildes." (Stefan Locke, FAZ vom 24.2.2023) Zunächst einmal ist zu sagen, dass ›Globalismus‹ kein allgemeinsprachliches Wort ist, sondern ein Soziologismus. Dann ist ›Globalist‹ kein Sprachbild, sondern es ist doch deutlich ein Personenabstraktum in der Reihe ›-ismus‹, ›-istisch‹, ›-ist‹, also ein abstraktes, unsinniges Wort. Sprachbilder sind Goethes ›Gedichte sind gemalte Fensterscheiben‹ oder als Einwort: ›knabenmorgenschön‹. Wenn uns das Wort ›Globalist‹ keine Vorstellung vermittelt, dann ist es kein Bild. Es ist einfach eine Stigmatisierungsvokabel für Personen oder global tätige Unternehmen. Ist es rechtsextrem oder antisemitisch? In der Gemeinsprache, wo es so gut wie nie vorkommt, verbindet man keine besondere antisemitische Stoßrichtung damit. Aber Stefan Locke ist es ja um den spezifisch rechtsextremen Gebrauch zu tun. Nun kann man diesen spezifischen Gebrauch der Rechten nicht gut bestreiten, aber wenn das Wort auf Global Player oder auf Teilnehmer des Weltwirtschaftsforums abzielt, dann kann man sagen, sind nicht alle jüdischer Herkunft. Die Menge an Juden und die Menge an Global Playern oder weltweiten Eliten sind nicht deckungsgleich. Insofern müsste man den Rechten eher einen inkonsistenten Gebrauch vorwerfen. Aber darum geht es Locke nicht, er will den politischen Gegner diffamieren, deshalb auch die Erinnerung an die Einstufung Höckes durch den Verfassungsschutz. ›Globalist‹ hat dasselbe Problem wie einst ›Kosmopolit‹, das man antisemitisch gebrauchen konnte oder auch nicht. Man beachte, dass es auch von der Gemeinsprache nicht antisemitisch gebraucht wurde und dass es von Stalin, um antisemitisch zu sein, zu ›wurzelloser Kosmopolit‹ spezifiziert werden musste. Warum? Weil alle diese Personenausdrücke aus dem Fremdwortbestand blasse Abstrakta sind.

In Maßen relativieren

Die Gutsprecher sprechen von ›relativieren‹, wenn ihr Gegner einen Vergleich zieht. Der ist dann ein ›Relativierer‹. Der Gegner wird darauf beharren, dass ›relativieren‹ eigentlich heiße: ›etwas in Relation setzen‹, also ›Verhältnismäßigkeit herstellen‹. Leider kämpft er auf verlorenem Posten, denn ein Wort lässt sich nicht auf seine frühere oder wahre oder etymologisch eigentliche Bedeutung zurückstutzen, wenn man es in der Gegenwart nun mal anders versteht. Man sollte nie auf Etymologien Bezug nehmen, denn sie rechtfertigen nichts. Außerdem besteht das Problem einer Relativierung nicht in den Worten, sondern in den Sachen, die man miteinander vergleicht. Wenn man Femizide, wie es einige Feministen tun, mit dem Holocaust vergleicht, wollen sie das Problem der Frauentötungen semantisch *aufwerten*. Aber sie wollen sicher nicht den Holocaust verharmlosen. Und auch nicht jeder Holocaustvergleich, der sich darum bemüht, ein Gegenwartsproblem, etwa einen Genozid, aufzuwerten, minimiert dadurch den Holocaust. Es wäre auch paradox, wenn das Vergleichsobjekt im Vorgang des Vergleichens schrumpfte, während man mit dem Vergleich sein eigenes Anliegen aufwerten will. Am Ende würden beide minimiert sein. Tatsächlich gelingt ja auch oft die Bedeutungsvergrößerung durch den Holocaustvergleich nicht, weil das zur Sprache gebrachte Problem nicht aufwertungsfähig ist. Das kann daran liegen, dass es an sich betrachtet von geringem Problemumfang ist oder einer anderen Klasse von Gräueln angehört. Außerdem gibt es viele andere Parameter, die einen Vergleich unmöglich machen, ohne dass man die Singularität des Holocausts eigens in Anspruch nehmen müsste. Wenn es um Vergleiche geht, liegt die Falle meistens in der Struktur des Vergleichs. Ein Vergleich hat immer zwei Richtungen: Ich vergleiche A mit B oder eben B mit

A. Das eine ist Vergleichendes, das andere Verglichenes (Vergleichssubjekt, Vergleichsobjekt). Nun kann man einen Vergleich so und so anstellen. Wenn ich Maria mit Katharina vergleiche, kann ich sagen, dass Maria cholerischer ist als Katharina, ich kann aber auch sagen, dass Katharina cholerischer ist, je nach dem, was die Wirklichkeit ist. Wenn ich sage, Maria sei cholerischer, impliziere ich, dass Katharina es weniger ist. Auch damit kann ich anfangen. Es ist eine Frage der Akzentsetzung, wenn ich beide vergleiche und einen Unterschied herausarbeite. Ich kann aber auch sagen, dass Maria genauso cholerisch ist wie Katharina, dann sage ich, dass Katharina so cholerisch ist wie Maria, und es scheint egal, bei wem ich anfange. Und doch ist es nicht egal, denn wenn ich mit Katharina anfange, weiß ich mehr über sie und habe den Vergleichsparameter schon an ihr festgelegt. Und noch etwas kann innerhalb des Vergleichs variiert werden: Als der Krieg zwischen der Ukraine und Russland ausbrach und ukrainische Flüchtlinge nach Deutschland kamen, sagte man, sie kämen *zusätzlich* zur schon andauernden Migration aus Syrien und Afghanistan usw. Dann aber wurde die Referenz geändert und man betrachtete eben jene Einwanderer aus Syrien und Afghanistan als *zusätzlich* zu den Flüchtlingen aus der Ukraine (besonders bei den lokalen Aufnahmestellen). Es liegt hier gar nichts an den Worten, und man muss nicht über das Wort ›relativieren‹ streiten, sondern um die Vergleichsstrukturen. Es ist auch intellektuell interessanter.

Neue Empfindsamkeit

Ein neuer Subjektivismus und eine neue Empfindsamkeit beherrschen Politik und unseren Alltag. Man hört tatsächlich auf der Straße die politischen sowie psychologischen Phrasen, die dieser Empfindsamkeit entsprechen: ›mich bewusst für xy entscheiden‹, ›ganz bewusst xy tun / sein‹, ›bewusst erleben / genießen‹, ›solange es dir gut damit geht‹ (über die Beziehung zu einem Schläger), ›xy wünsch ich dir von Herzen‹, ›ich erlebe x als y‹, zum Beispiel: ›ich erlebe Anna als aufgeschlossen‹, ›ich finde das spannend‹, ›was mir wahnsinnig viel bedeutet‹, ›fühlt sich gut an – ist gut‹ usw. Die Gefühlsausdrücke ›massiv‹, ›zutiefst‹, ›erschütternd‹, ›tieftraurig‹, ›beherzt‹, ›mit Herz‹, ›bewegt‹, ›berührt‹ und ihre Kombinationen finden wir täglich in den Medien. (Die Korrekten wollen, dass man innerlich berührt, ja sogar tief berührt wird, aber wehe die Berührung ist äußerlich! Das ist ein Übergriff!) In der Esoterik des Gut- und Betroffenheitssprechs heißt es: ›die eigene Betroffenheit kommunizieren‹... – Man soll Begeisterung für etwas aufbringen (›good vibes‹), nie Kritik. Man kennt es aus der Werbung: Möglichst gute Stimmung verbreiten und die Hochgestimmtheit halten, ja keinen Zweifel aufkommen lassen, Verletzungen, nagende Kritik oder Missmut vermeiden. Aber diese anbiedernde Verfreundlichung von allen sozialen Beziehungen (wobei man die Macht der Worte überschätzt) hat auch die andere Seite: Die Korrekten sind wütend, polternd, unlocker, unsexy, missionarisch, eifernd, ständig unter Spannung, zickig, unfreundlich, doktrinär. Viele Phrasen, die wir hier angegeben haben, sind getragen vom Missionseifer – ihre Erklärtexte (›Was sind People of colour?‹, ›Warum nicht mehr Eskimo sagen?‹, ›Es heißt trans Menschen!‹) zeugen von der Erzieherlust der Korrekten. Jenseits von Gefühlen und Perspektiven soll das dann objektiv sein, während es sonst heißt, man solle eine andere Perspektive einnehmen. Wer überzeugt ist, dass physiologische Konstituenten die Geschlechter *definieren*, soll eine andere Perspektive einnehmen und dadurch objektiver werden, dass er seine vormalige Auffassung aufgibt. Dass Geschlechter als durch physiologische Konstituenten definiert werden, ist dann für die Korrekten eine *andere* Objektivität, die auch ›zulässig‹ ist. Das bedeutet, dass die Objektivität zersplittert, wie es normalerweise nur subjektiven Sichtweisen gebührt. Vielen Kritikern des politisch Korrekten ist schon aufgefallen: Der Rekurs auf Fakten (›Faktenchecks‹ etc.) findet genau dann statt, wenn das Objektive strittig geworden ist. Oder sagen wir besser: Wenn das Primat des Objektiven angezweifelt wird, denn die Korrekten brauchen das Objektive noch als propagandistische *Form*. Im Faktencheck wie auch innerhalb der neuen Theorien der politisch Korrekten wird ständig das Objektive, das für alle Verbindliche in Stellung gebracht. Mit den richtigen positiven Gefühlen belegt ist es noch attraktiver. Man will mit den neuen Ideen mindestens ›zum Nachdenken anregen‹, das heißt, man hält die Leute für zu blöd, sich ihre eigenen Gedanken zu machen, zu blöd, zu eigenen Ergebnissen zu kommen, und zu blöd, zu diesen dann auch zu stehen. Es ist kein Wunder, dass Denken und Fühlen diese spezielle Verbindung eingehen. Zur neuen Empfindsamkeit gehört auch, dass die Gefühle des Angesprochenen zählen. Wichtig, so die Korrekten, sei, wie sich jemand fühle, besonders die jeweils Betroffenen. Es gilt das subjektive *Empfinden*, aber wenn sich Leute von der Politik, von Sprachverboten oder -vorschriften usw. gegängelt *fühlen*, dann gelten ihre Gefühle nicht mehr. Auch das ›sich befreien von Vorurteilen‹ gehört zur neuen

Psychochirurgie. Genau wie das ›auf sich achten‹, nämlich im Paradigma der ›Achtsamkeit‹, sich selbst und andere ›mitdenken‹ oder seine ›Bedürfnisse‹ und die anderer erkennen und respektieren… Aber auch den ›unbewussten, internalisierten Hass oder Rassismus‹ gilt es aufzudecken.

Positivsprech als beliebiges Sprechen

›Kultur‹ ist ein beliebiger Begriff, er lässt sich positiv verwenden: ›Kultur der Achtsamkeit‹, ›Antikorruptionskultur‹, ›offene Datenkultur‹ usw., und negativ: ›rape culture‹, ›cop culture‹. Also ist er an sich nichtssagend. Das Wörtchen ›Wert‹ geht einem leicht von den Lippen: Man beruft sich, besinnt sich auf ›Werte‹, predigt Werte, appelliert an Werte, verteidigt Werte, nämlich die ›Werte des Westens‹, die ›Werte der Demokratie‹, die ›Werte Europas‹, die ›familiären Werte‹, die ›gemeinschaftlichen Werte‹ usw. Zur Wert-Esoterik gehören auch jüngste Bildungen: ›digitale Werte‹, und zwar, weil man das, was man vorantreiben will, unbedingt mit einem positiven Begriff belegen muss. Etwas ist ›wertvoll‹ oder ›werthaft‹, wir haben nicht nur die ›wehrhafte Demokratie‹, sondern auch die ›werthafte Demokratie‹. ›Bewahrung der Natur‹ ist die ›Bewahrung von Lebenswerten und Lebenswertem‹. Damit ist ›Wert‹ an sich völlig entwertet. So wie sich negative Begriffe verbrauchen, wenn man sie immer und überall verwendet, so auch die positiven Begriffe. Der Vorwurf, ein Nazi zu sein, war mal stark, doch wird der Vorwurf zur Schablone, wird er schwach. ›Küchennazi‹, ›Grammatiknazi‹, ›Veganazi‹ usw. führen alle dazu, den Vorwurf abzuschwächen. Andererseits muss man übersteigern, wenn das einmal Positive an Stärke verliert: Nachdem man ein Produkt mit ›frische Düfte‹ beworben hat, muss man sich etwas Neues suchen, also: ›duftende Frische‹. Es ist ein Übergang vom Konkreten ins Abstrakte, also auch Nichtssagende. (Romer (1968, 94) nennt es Entkonkretisierung, aber Entkonkretisierung von x und Abstrahierung von x ist derselbe Vorgang.) Weil ›bio‹ nicht reicht, wird ›BioBio‹ (Netto-Eigenmarke) daraus, auch noch mit dem Zusatz: ›Vertrauen und Verantwortung‹, eine typische Langalliteration mit zwei positiven Wörtern. Oder ›greenest green‹ bzw. ›supergreen‹. Oder eben ›super bio‹, ›echt bio‹, ›authentisch bio‹, ›absolut ehrlich‹ usw. Als Häufung von Gutwörtern auch: ›Premium Deluxe xy‹. Ein Werbeschriftzug: ›Doppelt gut. Sozial. Regional.‹ (Brennholz Freiburg) Das, was schwach wirkt an einem Ausdruck, müssen die Gutsprecher immer neu beleben. Wenn also ›ich finde das positiv‹ schwach ist, muss es ›ich finde das super positiv‹ heißen. Wenn ›natürlich‹ nicht mehr ausreicht, wird auf ›natural‹ ausgewichen. Etwas ist nicht einfach ›modern‹, sondern ›hochmodern‹. Typisches Werbesprech im Sinne der Ideologie des Lokalen und Regionalen: ›Von der Region, für die Region‹. Es gehört eigentlich auch zur Gemeinschaftsesoterik, da ein lokales Wir beschworen wird, das füreinander einsteht. ›Aus der Region‹ reicht nicht, es muss ›von‹ sein, wie ›direkt vom Bauern‹, und natürlich ›für‹, wie man Bürgermeister, Kommunalpolitiker, Polizist, Pflegekraft, Notarzt, Soldat usw. für etwas ist (vgl.: ›im Einsatz für xy‹).

Eingriffe in feste Sprachstrukturen

Die politisch korrekte Sprache vollzieht Eingriffe in etablierte und funktionale Strukturen: ›Elter 1‹ und ›Elter 2‹, statt ›Vater‹ und ›Mutter‹, oder eben ›SchülerInnen‹, ›Schüler*innen‹, ›Schüler:innen‹, ›Schüler_innen‹, wobei die letzteren Beispiele auch den Schematismus zeigen. (Nehmen wir nur die Zeichen im Einzelnen: *, : und _ sollen im Wort alle dieselbe Funktion haben, nämlich Platzhalterfunktion für viele Geschlechter und Geschlechtsidentitäten (das Binnen-I ist nur für Frauen). So, wie in der Ikonografie ein Zeichen nie verschiedene Funktionen erfüllen kann, sondern nur eine, so können verschiedene Zeichen auch keine eine einzige Funktion erfüllen. Die Sternchen, Gendergap usw. kommen natürlich aus verschiedenen Bereichen, die alle um die Vorherrschaft ihres Vorschlags für bessere Repräsentation ringen. Dennoch, im Ergebnis ist es Chaos. Und Chaos in der Sprache, die Ordnung ist, ist schädlich.) Immer soll versucht werden, durch die Manipulation am Wortkörper die Semantik des Wortes zu ändern. – Scharloth untersucht Eingriffe in den Wortkörper bei rechten Schimpfwörtern, die ebenfalls mit der Absicht gebildet werden, eine Bedeutungsverschiebung zu erreichen, wobei er uns leider kaum Beispiele für subtilere Nuancierung gibt. Das liegt natürlich am eher klobigen Vokabular der Rechten, zu dem Scharloth jedoch leider keine Stilkriterien entwickelt. Die Unlesbarkeit gegenderter Texte ist aber auch eine Stilfrage, ebenso wie die vielen abwertenden Bildungen, die dem Stilgesetz kleiner Aufwand bei großer Wirkung genügen und damit originell sind (etwa Ortsabwertungen: „FORDERasien", „Deutschhonigland", „Detroitschland", „Istamburg", „Haramburg", „Doomstadt", „Halalberstadt", Scharloth ebd., 37, 43, 50, 60, 62), die aber oft genug an sich selbst scheitern, weil sie unlesbare Nomaden der Textwüste sind (etwa: „K*n*k*nh*r*n", ebd.

73). Sicher, das alles ist negatives Vokabular, aber Scharloth schließt von der Negativität auf die Ideologie der Schreiber (die ja auf der Hand liegt), und macht sich die Mühe, sie nach nicht so offensichtlicheren Kriterien zu ordnen, um dann doch wieder platt festzustellen, dass es sich um Anhänger eines völkischen Nationalismus und von ›Verschwörungsideologien‹ handelt, was auch trivial ist, statt Stilistik zum Anlass zu nehmen, andere Aspekte zu erforschen. Dabei fehlt Scharloth auch die weitere Perspektive, etwa die der Ethnophaulismen, um die Schimpftiraden der rechten Schreiber besser einzuordnen. Er schreibt: „Kryptisch nennen sie Deutschland auch AFFERIKA und spielen damit auf eine angebliche Stasi-Tätigkeit Angela Merkels unter dem Decknamen IM Erika an, aufgrund derer sie erpresst werde, Zuwanderung aus Afrika zuzulassen." (Scharloth ebd., 46) Wieso kryptisch? Die Bildung ist offenbar durchsichtig, und dass Afrika von Rechten in vielen anderen, Diskurse verdichtenden Wortbildungen benutzt wird, um Zuwanderung etc. zu kritisieren, hängt damit zusammen, dass sie glauben, damit wirkliche Sachverhalte auszudrücken, so, wie linke Aktivisten glauben, mit ›Heteronormativität‹ oder ›toxischer Männlichkeit‹ einen kritikwürdigen Zustand zu umschreiben. Man stelle auch ›Afferika‹ (Afrika+Affe+Erika) dem „Moffrika" von Anne Frank gegenüber. „Moffrika" für Deutschland, „Moffen" für Deutsche (Frank ebd., 252: „Moffen" und „Mofrika" mit einem f und in Anführungszeichen (wohl Herausgebereingriff), 700: „Moffrika" ohne Anführungszeichen) sind offenbar durchsichtig gebildet: der Suffix von ›Afrika‹ soll Primitivität der Deutschen evozieren. Was dem Abwertungsvokabular der linken Sprachkorrekten fehlt ist in der Tat der Zug ins Vulgäre (vgl. aber das aktivistische Reden: ›Nazis boxen‹, ›ACAB‹, ›fuck the system‹). Auch hier sieht man die Prägung der Akademien. Aber: Bildungen wie ›Elter‹ oder ›Maskulinist‹ (Reihe: ›-ismus‹, ›-ist‹, ›-istisch‹) sind mehr noch Eingriffe in semantische Bezugssysteme und daher heikler als die Zurichtung einzelner Wortkörper. Scharloth geht zwar davon aus, dass sich in den einzelnen Bildungen so etwas wie ein semantisches Netz der Rechten kundtut, aber seine eigenen politisch korrekten Vokabeln wie ›Verschwörungsideologie‹ werden als Erklärungen zu schnell aktiviert.

Hochwertworte

Die politisch korrekte Sprache gebraucht sinnschweres Vokabular, das aber nur aufgebläht ist: ›Vielfalt‹, ›Demokratie‹, ›offene Gesellschaft‹, ›Toleranz‹, ›Respekt‹, ›Würde‹, aber auch pseudogewichtige politische Ausdrücke wie ›Transformation‹, ›Wende‹, ›Change‹ (in Bildungen wie ›Klimatransformation‹, ›Klimawende‹, ›Zeitenwende‹, ›Antriebswende‹, ›Heizungswende‹, ›Mobilitätswende‹ usw.). Oder solche gewichtigen Ausdrücke wie: ›ökologische Transformation‹, ›ökologische Modernisierung‹ oder ›Reboot‹, ›Reform‹, ›Revolution‹, ›Great Reset‹, ›Great Restart‹ (man beachte das beliebte: ›re-‹) oder ›New Big Deal‹, ›New World Order‹, ›Neustart‹, ›Grüne Renaissance‹ usw. (›Tag X‹ der Rechten ist aber missliebig… Was Rechte lange Zeit als bevorstehende Gefahr phantasierten, greifen im Jahr 2022 die Regierungsparteien auf: ›Blackout‹, ›Volksaufstände‹ usw.) Auch hier zeigt die Schwemme (die ja schon mit ›Stunde Null‹ einsetzte), dass die einzelnen Ausdrücke nicht ernst genommen werden müssen. Vielleicht konnte wirklich nur Anna Seghers von einer „Zeitenwende" in ihrem Essay über Vaterlandsliebe sprechen, und das war 1935. – Politisch korrektes Sprechen etabliert Bezeichnungen, die dann von anderen als Standard genommen werden, ohne Alternativen zur Hand zu haben, um die Sache evtl. differenzierter darzustellen. So verwendet Scharloth selbst „globaler Süden" (ebd. 80), das nur Ergebnis ist einer gutsprecherisch motivierten Entwicklung aus der Unterscheidung erster, zweiter und dritter Welt, die man als ›diskriminierend‹ und ›hegemonial‹ empfindet. (Mit Begriffen bewertet man hier Begriffe…) – Viele Hochwertworte, die die politisch Korrekten im Mund führen (und die die Rechten deshalb ganz sinnlos angreifen), sind leer. Je leerer, umso mehr treten sie als Kraftwort auf. ›Rechtsstaat‹ (und entsprechend ›Rechtsstaatlichkeit‹) ist zu einem Kraftwort geworden, weil es nur zu ›Unrechtsstaat‹ kontrastiert, nicht zu Gemeinschaften, die keinen Rechtsstaat haben, aber dennoch friedlich zusammen leben. In einem Rechtsstaat kann man unrechtmäßig behandelt werden und in einem Staat, in dem das Unrecht herrscht, kann es fallweise doch zu gerechten Entscheidungen kommen. In einem Zusammenschluss von Menschen ganz ohne Recht kann man auch frei und glücklich leben. Wie K.R. Popper und andere sagen ist der Rechtsstaat nicht erfunden worden, um Bürger zu schützen, sondern das Recht hat Ordnungsfunktion, und wo Ordnung ist, da ist auch Macht. Selbst wenn diese Macht funktional (im Sinne der Gewaltenteilung) gelagert sein sollte, ist das

Machtinstrument des Rechts doch immer auf der Kippe, missbraucht zu werden. Das Recht eines verfassten Staates steht übrigens nicht in einem Gegenverhältnis zu purer Macht, sondern das Recht (bzw. der Rechtsgebrauch) ist Macht. Es ist also aufzupassen, wer gerade Recht ausübt. Grundlegendes Regulativ von Rechtsakten ist die Gerechtigkeit, aber die Verbindung des Rechts zur Gerechtigkeit ist, wie die Geschichte zeigt, immer fragil. Und: Nicht der hehre Begriff ›Rechtsstaatlichkeit‹ sichert die Sache, sondern die Sache entwickelt sich unabhängig vom Begriff und hat Bedeutung für die Menschen unabhängig davon, wie sie die Sache begrifflich einkleiden. So ist auch ›Demokratie‹ letztlich ein leeres Wort, ebenso leer wie ›Ladungskonjugation‹ quantenmechanischer Teilchen. Unsere Ausdrücke sind weit entfernt von den wirklichen Sachen. Ich sage das zum Erstaunen nicht nur der politisch Korrekten, sondern auch zum Erstaunen der Rechten, die ja auch etwas mit dem Wort ›Demokratie‹ anfangen können.

Stil in Blüte und Stilblüten

Wir sind schon auf viele Phrasen des Gutsprechs gestoßen. Das Phraseologische wird deutlich, wenn man Ausdrücken begegnet, die in beliebige Zusammenhänge gestellt werden, daher austauschbar sind oder gleich klingen. Das Gutsprech wirkt wie aus einem Guss mangels individueller Prägungen: „Identifikationskraft der EU" (Kaehlbrandt 2016, 197) Das Wort ist austauschbar mit: ›Integrationskraft‹. Deutschland ist nicht einfach ›Zuwanderungsland‹, sondern „erfolgreiches Zuwanderungsland" (ebd., 223), Sprachkritik ist nicht einfach ›Sprachkritik‹, sondern gleich „lebendige Spachkritik" (ebd., 226). Wir haben Phrasen, das heißt letztlich: Beliebiges. Und wir haben die Neigung zur Verbrämung, zu Fremdwörtern und zu technizistischem Vokabular, also: mangelnden Einfallsreichtum. Das alles zusammen macht die Stilistik des Gutsprechs aus. Sehen wir uns Stilhöhen an: Wir können Stilhöhen und damit das, was konnotativ mit einem Ausdruck verbunden ist, anhand von Gegenüberstellungen von Wörtern betrachten. Wenn wir Ausdrücke derselben Ebene nebeneinanderstellen wie ›Biomining‹ und ›Datamining‹ sehen wir nicht viel. Beide meinen verschiedene Sachen in der Welt unter dem Aspekt desselben Vorgangs, die Wörter sind formell gleich und haben dieselbe Stilhöhe, hier die des technischen Vokabulars. Sehen wir uns ›Baader-Meinhof-Gruppe‹, ›Baader-Meinhof-Bande‹ und ›Baader-Meinhof-Komplex‹ an.

Der letzte Ausdruck meint natürlich viel mehr als die beiden ersten, er gehört dennoch in die Reihe. ›Gruppe‹ ist neutraler als ›Bande‹. Auch ›Neger‹ und ›Nigger‹ haben verschiedene Stilhöhen, weil verschiedene pragmatische Bereiche, was die Sprachkorrekten aber nicht daran hindern, beide als gleichwertig zu entsorgen. Sie sehen eben nicht die Details. – Guten Stil zeichnet plastisches, oft bildreiches Sprechen aus, das gilt für die Belletristik und Lyrik, aber auch für Sachliteratur und natürlich für das alltägliche Sprechen. Die Alltagssprache bildet am besten den plastischen Stil. Viele Ausdrücke bringen durch ihre Herkunft schon Bildhaftigkeit und damit Stilwertigkeit mit sich. Viele Ausdrücke der Korrekten sind dagegen gar nicht bildhaft, weil auch ihre Quelle nichts Bildhaftes an sich hat. Beispiele zeigt diese Tabelle:

Wort	Quelle	Bildhaftigkeit
hetero / homo	Adjektive und Vorsilben aus dem Griechischen	keine
schwul	Ableitung zu schwül	mittelstark
lesbisch, Lesbe, Lesbierin	Lesbos	stark
Sapphische Liebe	Sappho	mittelstark
gay	Etymologie unklar, stark verändertes Adjektiv	keine
queer	Adjektiv wie strange, weird, not regular	keine
cis	Kopfgeburt von Volkmar Sigusch aufgrund einer Ausdeutung von cis und trans.	keine
vegan	Prägung von Donald Watson	keine

Wortdesign und Phrasendesign

Stilistische Salienz im Wortdesign lässt sich erreichen durch gleiche Laute oder gleiche Silben: ›Stresstest‹, ›Frühstücksglück‹, ›Kipppunkt‹, ›Schokoladenladen‹. Diese Möglichkeiten betreffen vor allem Wörter, die keinen Schematismus wie ›-bar‹, ›-ing‹, ›-ismus‹ usw. haben. Sie können optisch, klanglich und semantisch gestaltet werden, um aufzufallen. Die politisch korrekte Sprache macht von ihnen Gebrauch, besonders bei Schlagwortprägungen. Auch Phrasen können stilistisch so designt werden, dass sie auffallen, einige Beispiele hatte ich oben schon gegeben. Natürlich ist die saliente Prägung durch stilistische Merkmale nicht zwingend, es gibt Heerscharen von politischen Phrasen, die im Gedächtnis bleiben als Prägungen, ohne stilistische Auffälligkeiten: ›Dabei sein ist alles.‹, ›Niemand hat die Absicht, eine Mauer zu bauen.‹, ›Die Renten sind sicher.‹, ›Wegsperren für immer.‹ Viele dieser wenig stilistisch auffälligen Aussagen waren eigentlich nicht dazu gedacht, zu Bonmots zu werden und in die kulturelle Phrasen-DNA unserer Republik einzugehen, man denke etwa an Wowereits ›Ich bin schwul – und das ist auch gut so‹, das ja erst geschliffen werden musste, so dass der Phrasenteil ›und das ist auch gut so‹ nun beliebt ist und an viele Aussagen angehängt wird. Von Schabowskis ›Das tritt nach meiner Kenntnis ... ist das sofort, unverzüglich‹ sind nur die letzten beiden Worte überhaupt ein Bonmot. Giovanni Trapattonis ›ich habe fertig‹ wurde zum geflügelten Wort und wird u.a von Rechten benutzt: ›Deutschland hat fertig‹. Es kann hier nicht um solche Ausdrücke gehen, bei denen die Sprechunsicherheit oder die Spontaneität des Augenblicks prägend ist. Es geht um Ausdrücke, kurze und längere Phrasen, die irgendwie mit Überlegung hergerichtet wurden: ›Feines Fleisch‹, ›Feine Weine‹ (Werbung mit Hochwertausdruck) oder die bereits behandelten Reime wie ›Natur pur‹, ›Mut tut gut‹, Alliterationen wie ›Macker aufs Maul‹, ›Lecker aufs Land‹ oder die Dreierkonstruktion: ›beraten, planen, bauen‹ usw. Auf was kann man achten? Kürze, Prägnanz, Schlagfertigkeit (Hitness, wenn man so will), Rhythmus, interner Widerspruch oder Tautologie sind einige Merkmale. Eine häufige Struktur gutsprecherischer Sätze ist die ungrammatische Weise, den Akkusativ zu bedienen: ›Sie brauchen Passt.‹ (Postbank), ›Das Morgen denken.‹, ›Zukunft groß denken.‹ Auch Phrasen ohne besondere stilistische Eigenschaften werden gebraucht, aber sie müssen Hochwertworte enthalten: ›Die Zukunft wird aus Mut gemacht‹. Wortspielerisch ist die einfache Umkehr: Wut => Mut, daher ›Mutbürger‹, ›Mutmacher‹, ›Mutrede‹, ›Mutausbruch‹, ›Mut im Bauch‹. Aus ›Mutbürger‹ bzw. ›Wutbürger‹ dann statt ›motivieren‹ ›mutivieren‹ bzw. ›wutivieren‹, je nachdem, was von beiden einen motiviert. Ein interessantes Design bietet ›Alerta, Alerta, Antifascista!‹. Die a-Klammer führt dazu, dass diese Formel sehr fest ist und gut gerufen werden kann. Die Sonorität besteht auch an den Rändern. – ›Abstand ist der neue Anstand‹ hieß es während der Corona-Epidemie. Die scharfe begriffliche und damit auch reduziert sachliche Gegenüberstellung ist sehr beliebt. Aus dem Männercoaching: ›Es gibt immer einen Versorger und einen Besorger‹ oder: ›Alpha Fux / Beta Bux‹… Der Sinn ist, beide Begriffe auch morphemisch und stilistisch so anzugleichen, dass sie unmittelbar als Paar (Gegensatz, Gegenstück) erkennbar sind, also nicht so weit auseinander liegen wie etwa: ›hell‹ und ›dunkel‹ oder ›Armut‹ und ›Reichtum‹. So stilistisch, wortspielerisch angeglichene Ausdrücke haben mehr Salienz. Während ich das hier schreibe, plant Peter Hahne ein politkritisches Buch mit dem Untertitel ›Idiotie und Ideologie‹. Das ist ungeschickt; Hahne sollte seiner ersten Intuition nicht folgen und den Titel ändern. Denn hier verführt nur die Alliteration zur Bildung eines Zusammenhangs, sonst nichts. Ein sehr altes Beispiel für eine saliente Zusammenstellung, die durch *stilistische* Mittel eine *begriffliche* Verbindung schafft, obschon die Wirklichkeit vielfältiger ist, ist: ›Nährstand, Lehrstand, Wehrstand‹. Wir haben den Reim des Bestimmungswortes, die Gleichheit des Grundwortes, die gleiche Silbenanzahl und die Dreierkoordination. – Noch etwas ist beachtlich: Politische Phrasen (und auch Gutsprechphrasen) sind immer angreifbar, etwa durch Karikatur oder Inversion. Sie sind Gussformen für Varianten, die aber auch der politische Gegner aufgreifen kann: Zunächst war: ›Deutschland wird am Hindukusch verteidigt.‹ Dann: ›Europa wird in der Ukraine verteidigt.‹ Dann aber auch die Inversion: ›Das Steak wird auf dem Grill verteidigt.‹ (Fleischkonsum und CO_2-Produktion, also gegen Vegetarier und Klimaaktivisten). Aus diesem Grund ist es immer ein Risiko der Gutsprecher und politisch Korrekten, solche Phrasen zu fabrizieren. Varianten, die mal Karikatur, mal Verwitzelung sein können, haben Tradition:

Spruch	Karikatur / spöttische Ergänzung
Der frühe Vogel fängt den Wurm.	Der frühe Vogel kann mich mal. Wer früh ballert, wurmt den Vogel.
„Du sollst deinen Nächsten lieben wie dich selbst." Jesus *Markus 12.31*	Jeder ist sich selbst der Nächste.
Alles hat ein Ende.	Nur die Wurst hat zwei.
Wissen ist Macht.	Nichtwissen macht auch nichts.
„Nichts ist im Verstand, was nicht vorher in den Sinnen war." John Locke	„…außer der Verstand selbst." G.W. Leibniz

Spruch	Karikatur / spöttische Ergänzung
„Nihil est in intellectu quod non prius fuerit in sensibus, excipe." *Ein Versuch über den menschlichen Verstand*	„...nisi intellctus ipse." *Neue Abhandlungen über den menschlichen Verstand*
„Er [der Weise] wird die guten Landwirte nachahmen, die nicht nur gerade gewachsene und schlanke Bäume pflegen [.] [...] Der Weise wird sehen, welche angeborene Art auf jeweils verschiedene Weise zu behandeln ist, wie Krummes zur Geradheit gebogen wird." Seneca: *De clementia*	„Aus so krummem Holze, als woraus der Mensch gemacht ist, kann nichts ganz Gerades gezimmert werden." Kant: *Idee zu einer allgemeinen Geschichte in weltbürgerlicher Absicht*
All animals are equal...	...but some animals are more equal than others. *Von Orwell erfundener Satz, der seine perfide Erweiterung einschließt.*

Die Korrekten, aber auch die Rechten, können sich nie sicher sein, ob eine ernste, tiefsinnige, vielleicht wahre Phrase nicht doch der Verballhornung anheimfällt.[11] Wir kennen drei große Typen von Phrasenzitaten und damit von Intertextualität: a) Zu einer gegebenen Phrase wird die Antiphrase gebildet. Das sind die Beispiele oben. b) Zu einer neuen Aussage wird eine bekannte Phrase oder ein Teil davon angehängt. Günter Schabowskis „...das tritt nach meiner Kenntnis ... ist das sofort ... unverzüglich" kann in Versatzstücken hinter jede beliebige Aussage gestellt werden, am besten ›sofort ... unverzüglich‹, wobei das bürokratische Langwort ›unverzüglich‹ meistens ausreicht, um eine Referenz herzustellen. Von Wowereits „Ich bin schwul und das ist auch gut so" genügt der letzte Teil nach ›und‹. ›und das ist auch gut so‹ wird im Gutsprech wirklich gepflegt. Der interessanteste Aspekt besteht jedoch, wenn c) die Ursprungsphrase zur Schablone von Varianten wird:

---

11   Zu Sprichwort und Antisprichwort vgl. Palm 1997, 3ff., wobei mir die Beispiele etwas gekünstelt vorkommen.

Ich bin schwul – und das ist auch gut so. => Ich bin lesbisch – und das ist noch besser.
Kinder statt Inder. => Tinder statt Kinder.
Stadtluft macht frei. => Arbeit macht frei. => Impfen macht frei.
Deutsche, kauft nicht bei Juden. => Kauft nicht bei Amazon.
Der Führer schützt das Recht. => Die Demokratie schützt das Recht. (Hier ist Carl Schmitts Aussage eine negative Gussform, aber wir verstehen den variierten Satz positiv.)
Dont worry, be happy => Dont worry, be family.
Atemlos durch die Nacht. => Gemeinsam achtsam durch die Nacht. (Nachtsam-Aktion)

Bekannt ist das Deutschland als ›Land der Dichter und Henker‹ als eine Verballhornung des semantisch höher stehenden ›Land der Dichter und Denker‹. ›jetzt oder nie‹ wird in einer politisch korrekten Umweltaktion zu ›jetzt oder now‹. Wer Kubriks *Clockwork orange* kennt, der versteht ›Cutwork orange‹ (Kunst des urbanen Raums). Der Spruch ›Macht kaputt, was euch kaputtmacht‹, wird zu ›Bau auf, was dich aufbaut‹ (*Hornbach*). Die originale Phrase muss im Verhältnis zur Variante mit 2 : 1, 3 : 2 oder 4 : 3 erhalten bleiben, damit sie zugeordnet werden kann. (Das Thema wird behandelt in Hurna 2023, 27ff.) Beim Phrasendesign kann noch ein Phänomen beachtet werden: Einmal das bloße Fortkopieren: ›Wir sind Papst.‹ (2005), ›Wir sind Kanzler‹ (2005), ›Wir sind Preußen‹ (Petra Pau, 2006), ›Wir sind Weltmeister‹ (2014 und davor), ›Wir sind Landrat‹ (AfD, 2023) Die Phrase lautet also: ›Wir sind x.‹ Sie ist salienter als mit Artikel: ›Wir sind das Volk.‹ – Noch ein Wort zur Verschlagwortung: Wir unterscheiden Schlagwörter, Schlagphrasen, und, nach diesem Schema, auch Schlagnamen. ›Neue Seidenstraße‹ wäre so ein Schlagname für eine Sache, die für Aufregung sorgt, während ›Renten rauf‹ und ›Hilfe zur Selbsthilfe‹ Schlagphrasen sind. Ein Slogan wie ›die Renten sind sicher‹ hat keinen stilistischen Schmuck, er kommt aus dem Augenblick (Norbert Blüms Bundestagsrede vom 10.10.1997) und hält sich nur als programmatischer Gedanke im kollektiven Bewusstsein, besonders dann, wenn Zynismus im Spiel ist (vgl. „Niemand hat die Absicht, eine Mauer zu errichten!"). Eine kraftlose Aussage wie ›früher war alles besser‹ hat auch keinen besonderen rhetorischen Schmuck, außer das doppelte ›er‹. Ein schwaches Merkmal, aber immerhin ein Merkmal. Allen diesen Beispielen ist Griffigkeit eigentümlich, die unabhängig ist von der Länge des Satzes. Im kollektiven Gedächtnis bleiben also nicht besonders stilistisch hergerichtete Sätze erhalten, sondern solche, die zum Thema einer Epoche gehören. Es gibt hier wieder Inhaltsvorrang.

Beleidigungen I

Von Stefanowitsch und Scharloth sowie von vielen Feministen wird geltend gemacht, dass viele Ausdrücke über normale Beleidigungen hinausgehen und ›entwertende‹, ›herabwürdigende‹, ›devalidierende‹, eben im Sinne von Rassismus, Sexismus, Antijudaismus usw. x-istische Beleidigungen seien. Sich negativ auf Geschlecht, Herkunft, Hautfarbe, Kultur usw. zu beziehen sei viel brisanter und verachtenswerter als andere Formen der Beleidigung (obwohl natürlich auch diese von den politisch Korrekten geächtet werden). Nun sind Ismen vielleicht wirklich eine besondere Kategorie von Beleidigung, aber sie funktionieren nach demselben Muster der meisten üblichen Beleidigungen, nämlich darauf abzustellen, was jemand nicht ändern kann. Manche Beleidigung, wie ›Depp‹, zielt auf etwas ab, das vielleicht augenblickshaft war, ein intellektuelles Versäumnis; die meisten zielen jedoch auf Habituelles ab, etwa ›Idiot‹ auf habituell mangelnde Kognition, oder eben ›Neger‹ auf die Hautfarbe, die man nicht ändern kann. Die politisch Korrekten bemühen aber bei ihrer Ächtung von x-istischen Beleidigungen das zusätzliche Gewicht von Kolonialismus, Nazismus und Frauenunterdrückung, was aber gar nicht nötig ist, da viele der heutigen von den Korrekten monierten Abwertungen oft nicht aus dieser Zeit stammen. So stammt ›Mestize‹ jedenfalls nicht aus der Frühzeit des Kolonialismus, als es noch keine Vermischung von Weißen und Dunkelhäutigen gab. Der Kolonialismus war darüber hinaus ganz praktisch – verbale Abwertungen wie ›Wilde‹, ›Neger‹, ›Nigger‹ usw. waren zwar nicht bloß en passant, aber wohl nicht so essentiell oder konstitutiv für eine brutale Handlung oder für die Errichtung des kolonialen Systems, das auch ganz stumm hätte stattfinden können. Die Korrekten sprechen oft von ›Entmenschlichung‹, fremdwörtisch: ›Dehumanisierung‹ durch Worte. Man kann annehmen, dass Worte entmenschlichen können, aber man muss erstens annehmen, dass es nicht das Wort, sondern die Absicht ist, die entmenschlicht (und mehr noch die Folgen), und dass man zweitens Menschlichkeit, Humanität, Achtung, Kultursensibilität usw. als Forderung übermäßig stark machen muss, um Rede, die entmenschlicht, entsprechend stark zu verurteilen. Der Kolonialismus war aber nun ein Vorgang, der für die weißen Europäer seinerseits nicht besonders aufwertend war. Der Weiße wurde von sich nicht als besonders human geadelt, so dass der Umgang mit den Kolonisierten, verbal gesehen, besonders inhuman war. Die heutigen Bewertungsmaßstäbe gab es damals nicht. Bleibt nur die Unterscheidung ›Herrenmensch‹ und ›Untermensch‹ bzw. ›Sklave‹, die es tatsächlich gab. Auch diese Unterscheidung war echt ideologisch und mehr als bloße Begleiterscheinung der Kolonialherrschaft und der Kolonialexpansion. Aber der Kolonialismus hat (neben der Habgier) seinen Ursprung auch in der Missionierung, die die ›Wilden‹ als Rohmaterial zur Kultivierung nach westlichen (christlichen) Maßstäben ansah. Die Abwertung der Nicht-Europäer war also, vereinfacht gesagt, eher ambivalent als dass sie klar dehumanisierend war. Was nicht ausschloss, dass Sklaven gefoltert und liquidiert wurden, was wiederum gar nicht auf verbale Abwertung abstellen musste (wiewohl diese immer modal hinzutritt; der Gegner wird verbal meistens abgewertet, auch wenn er praktisch schlimmer behandelt wird, als es Worte tun können). Die Annahmen unserer heutigen politisch Korrekten zum besonderen Gewicht von x-istischen Beleidigungen sind mindestens schief. – Gehen wir weiter: Feministische Aktivisten der Korrektheit wollen Vokabular wie ›Drama-Queen‹, ›Weiberkram‹, ›Zicke‹, ›Zickenkrieg‹, ›Hausdrache‹, ›Dorfmatratze‹, ›bissige Stute‹, ›dumme Gans‹, ›dumme Pute‹, ›Freudenhaus‹ (weil es für die Frauen keine Freude macht, darin zu arbeiten) usw. ausradieren. Zunächst einmal ist dieses Vokabular bildstark. Alle Tierbezeichnungen haben ihr Äquivalent in Beschimpfungen des Mannes (›dummer Ochse‹, ›dummer Esel‹ usw.), die Feministen nicht monieren. (Geht es um Tierbilder, trifft den Mann manchmal eine doppelte Stigmatisierung: Männer in Gruppen bilden ›Rudel‹, ein Mann allein, besonders einer, der sich sozial zurückzieht, gilt als ›einsamer Wolf‹. ›Dumme Gans‹ und ›dummer Esel‹ halten sich die Waage.) Auch Ausdrücke wie ›Platzhirsch‹, ›Alphamännchen‹, ›Sitzpinkler‹, ›Warmduscher‹, ›Frauenversteher‹ stehen nicht gerade auf der Agenda der feministisch politisch Korrekten. Diese ersetzen das bildhafte Schimpfvokabular durch abstrakte, bildlose Ausdrücke wie ›Sexist‹ (entsprechend auf anderen Gebieten: ›Rassist‹, ›Antisemit‹, ›Hater‹), die, wie bereits gesagt, am Ismus hängen und somit eine schärfere Waffe darstellen, die aber auch typischerweise unsinnlich sind. Sie sind eine viel größere, gröbere Schablone als die bildhaften und damit strikt nur okkasionell anwendbaren Ausdrücke wie ›Schlampe‹, ›Hausdrache‹, ›Dorfmatratze‹ usw. Auch ein Wort wie ›mannstoll‹ wollen die feministisch Korrekten

ausradiert sehen, dabei benutzte es schon Anne Frank; sie wollte nicht als
›mannstoll‹ gelten... Es war doch offenbar gut, dass ihr dieses Wort zur
Verfügung stand. Im Grunde findet eine zweifache Expansion der Bewertungsschablone statt, qualitativ und quantitativ: Alle Abwertungen sind
gleich entmenschlichend; wenn jemand ›Schlampe‹ sagt, wird die Frau
dehumanisiert... Zugleich ist derjenige, der es sagt, habituell, nicht okkasionell ein Sexist und damit auch Bestandteil eben der Strukturen, die
man mit Kolonialismus, Patriarchat usw. bezeichnet, die also institutionellen Charakter haben... Was hat das anderes zur Folge, als dass die Korrekten die monierten Strukturen bis in die Gegenwart verlängern, statt zu
überprüfen, ob ihre globalen Annahmen über noch globalere Strukturen
stimmen? Beleidigungen können immer verfertigt werden, daher ist der
Kampf gegen sie aussichtslos, jedenfalls, was die Ausdrücke selbst betrifft.
Untersuchen wir Beleidigungen wie ›Idiot‹, ›Depp‹, ›Arschloch‹, ›Assi‹,
›Spast(i)‹, ›Azzlack‹, ›Tussi‹, ›Zicke‹, ›Alman‹, ›Kartoffel‹ usw., dann sehen
wir, dass es sich um ein-, zwei-, maximal dreisilbige Lexeme handelt, die,
wie Basislexeme (›Mund‹, ›Kopf‹, ›Hand‹...) und Zahlen sowie Präpositionen, kurz sind, weil ihr Gebrauch einfach sein soll. Die Beleidigungen sind
mehr oder weniger frequent, daher kurz. Alle aufgeführten Lexeme sind
starre Lexeme, müssen also erst usuell werden in Sprechakten: ›Idiot!‹, ›Du
Spast!‹ usw. Von hierher rührt das Problem, dass manche meinen, dass
›Jude‹ ein Schimpfwort sei, weil es in Sprechakten wie ›Jude!‹, ›Judensau‹,
›Juda(s) verrecke!‹, ›du Jude‹, „Juddebub" (Leisi 2016, 64) und in negativen
Kontexten wie „Judenzins" (Schillers *Räuber*, 1. Akt, 2. Szene) etc. vorkommt. Ganz unentschieden, ob ›Jude‹ rein lexematisch eine Beleidigung
sei, also unabhängig von der Anwendung, ist Ronen Steinke (vgl. Steinke
2020; 10, 37). Aber die Anwendung ist nicht die Bedingung für den Status
als Beleidigung, denn auch das ›Ausländer‹ in ›Ausländer raus‹ wurde
nicht negativ. Hinter dem Sprechakt liegt die *Absicht*, sie allein erklärt, dass
ein Sachwort wie ›Kartoffel‹ oder ›Weißbrot‹ oder eine normale Herkunftsbezeichnung wie ›Alman‹ zu einer Beleidigung werden kann. Oder
wir denken an antisemitische Ausdrücke des November-Pogroms:
›Dreckjude‹, ›Talmud-Gauner‹ oder an eine Gleichung der 30er Jahre:
›Jude = Würger (nicht Bürger)‹. In diesen Fällen tritt zu neutralen Ausdrücken des Bekenntnisses (Jude, Talmud) ein weiteres Lexem, um das neutrale negativ zu konnotieren (Schmutz, Kriminalität). Die neutralen Lexeme haben die Diffamierung überstanden, ›Jude‹ wurde nicht negativ.
Zwei Exemplare des Dudens aus der NS-Zeit weisen ein interessantes

Detail auf: Die elfte Ausgabe von 1934 verzeichnet keine Pejorative zu ›Jude‹. Die Eintragung beginnt mit ›J. U. D. Juris utriusque doctor‹ und kommt dann zu den Lemmata ›Juda‹, ›Judas‹, ›Jüdchen‹, ›Jüdin‹ und ›Jüdlein‹. Dagegen bezeichnet die zwölfte Ausgabe von 1941 ›Jud‹, ›Jüd‹: „Schimpfwort für Jude" und rückt nun extra ›J. U. Dr.‹ unter ›Judo‹… Die Nazis haben also den Benutzer des Dudens für so dämlich gehalten, dass sie meinten, er könne Schimpfwort und Abkürzung verwechseln. Es ist dieselbe falsche Denke wie heute. Aber: Es gibt sonst keine Pejorative zu ›Jude‹ und keine negativen Assoziationen im Duden der NS-Zeit. Zurück zu unseren heutigen Pejorativen: Verdichtungen wie ›Asslack‹ entstehen, um den Neuigkeitswert oder den Schweregrad der Beleidigung zu erhöhen. Die Sprachkorrekten müssen also die Absicht zur Beleidigung (aus ihrer Sicht immer menschenfeindliche, rassistische, sexistische usw. Beleidigung) tilgen. Da es aber viele Ursachen für Beleidigungen geben kann, müssten die Sprachkorrekten alle möglichen *Ursachen* bekämpfen, etwa solche, die aus Konflikten herrühren. Das können sie nicht. Deshalb machen sie die Person dafür verantwortlich und das Problem wird dermaßen individualisiert (nicht situiert), dass jemand zu einem Sexist, Rassist, Antisemit usw. abgestempelt wird, auch wenn seine Beleidigung okkasionell war. Übrigens sind solche Wörter wie ›Sexist‹, ›Rassist‹, ›Antisemit‹ ebenfalls stigmatisierende Beleidigungen. Auch sie genügen den Merkmalen von Beleidigungen, etwa Silbenkürze, ihnen geht allerdings die Bildhaftigkeit von ›Arschloch‹, ›Fettsack‹, ›Matratze‹, ›Bettpisser‹ oder ›Dummkopf‹ ab. – Was falsch ist an der Behauptung, dass x-istische Beleidigungen nicht verwendet werden sollen, ist, dass ein Verbot immer umgangen wird. Das schlägt sich auch auf die Sprache nieder. Man soll nicht ›Kanaken‹ sagen, aber die Jugendsprache kennt ›Känäx‹. Auch die Korrekten benutzen bei der Stigmatisierung ihrer Gegner Vokabular und Zuschreibungen, die sie eigentlich überall bekämpfen wollen: Kevin Kühnert sagte 2023, die AfD solle der „Paria unter den Parteien" bleiben. Für die Gegner des politisch Korrekten werden die gröbsten Beschimpfungen ausgepackt. Das Gute lässt sich nun mal nicht mit dem Guten allein verteidigen, man muss die eigene Bösartigkeit mobilisieren und Mittel, die den hehren Idealen eigentlich nicht gerecht werden…

Beleidigungen II

Wir unterscheiden in negative Sach- und Personenbewertungen. Die negative Sachbewertung kann durchaus auf einen Schematismus zurückgehen, so auf die Partizipierung: ›das Gejammere‹, ›das Gerede‹, ›das Gemaule‹, ›das Geheule‹ usw. Noch ›das Gewäsch‹ fügt sich dem. Diese Bildungsform betrifft starke und schwache Verben gleichermaßen und kennt nur sachliche Grenzen (vgl. ›Dein Geklimper stört mich‹ vs. ›Dein Genehme stört mich‹). Für negative Bewertungen von Personen, insbesondere Beleidigungen, gibt es kein Schema, es gibt aber eine Fülle von Verfertigungsweisen, und dort, wo man ein Schema vermutet, ist etwas anderes am Werk. Zunächst eine (nicht abschließende) Liste, wie man Beleidigungen bilden kann:

Beleidigung	Bildung
Arschloch, Idiot	negatives, starres Lexem
Wichser, Schwanzlutscher, Frauenversteher	Handlungspartizipien
Chica, Alman, Macho	Fremdwort
Tunte (aus Tante), Memme (aus Mama)	Ableitung / Paranomasie
das Melnyk, das Merkel	falscher Artikel
Kartoffel, Lauch, Kraut, Karen, Heini	Sachwort oder Name zur Adressierung
dumme Frau, blöder Kerl	Attribuierung
dumme Gans, dummer Esel, Glucke, Platzhirsch	Tierwort
Potzilei, Scholzomat, Baerbockus, Saudi Barbarien	Wort- / Namensverfremdung
NPC, HuSo, Mother*	Verklausulierung durch Abkürzung
die Sozen, die Männers, die Heinis	despektierlicher Plural
Köterrasse, Kartoffeln	Kollektivstigmatisierung

Die angeblichen negativen Endungen wie ›-ler‹, ›-lei‹ und ›-ant‹, die auch Scharloth aufs Tapet bringt, sind keine Suffixe, die allein die Negativierung zum Zweck oder zur Folge haben. Zunächst sieht es so aus, aber nur, weil Scharloth es so darzustellen vermag: „Die Endung -ler ist ein Beispiel für ein besonders produktives Wortbildungsanhängsels [sic!], das Personenbezeichnungen häufig [?] eine abwertende Bedeutung anheftet. Es begegnet uns beispielsweise in herabwürdigenden Ausdrücken wie *Altparteiler*, *Migrationsvordergründler*, *Staatsdenunziationspressler* und sorgt dafür, dass die bezeichneten Personen als Vertreter einer geringgeschätzten Klasse [?] erscheinen. Mindestens ebenso produktiv sind aber auch die Endungen -lant und -ling in Personenbezeichnungen. Erstere wird von Neurechten gerne bei Wortkreationen benutzt, die das ohnehin mit negativen Bedeutungskomponenten belastete Wort *Asylant* durch noch stärker belastete Ausdrücke ersetzen sollen. Die am häufigsten gebrauchten -lant-Wörter sind *Flüchtilant* […], *Flutilant, Fickilant* […], *Merkelant* und *Assilant*. […] Neben abwertenden Bezeichnungen für Geflüchtete und Asylbewerber wird die Endung -lant auch gerne in Bezeichnungen für Journalisten verwendet. Diese sind dann entweder *Schmierulanten* […], *Lügenpressesabbelant, Lügilant, Fabulant* oder *Manipulant*." (Scharloth 2021, 74f.) Nun ist es aber doch so, dass auffällt, dass alle diese Wörter schon mittels des Lexems abwerten und das Suffix nur dazu kommt. ›Lügen‹, ›Flut‹, ›Assi‹ sind doch an sich schon negativ. Und ›Merkel‹ ist zwar nicht negativ an sich, wird aber für negativ gehalten. Also liegt die Abwertung im Lexem. Scharloth kommt später selbst darauf: „Personenbezeichnungen mit der Endsilbe -ling werden auf ähnliche Personengruppen angewendet wie jene auf -lant. Das Wortanhängsel -ling hat in der Zusammenwirkung mit einem oft auch negativen Wortstamm [!] häufig die Bedeutung von klein, wertlos oder auch massenhaft. Geflüchtete werden als *Eindringlinge, Flutlinge, Primitivlinge* oder sogar als *Schädlinge* bezeichnet. Sie werden zudem als kriminelle *Messerlinge, Mordlinge* oder *Terrorlinge* tituliert oder mit sexualisierten Ausdrücken wie *Geilling, Zudringling, Gabschling* oder *Fickling*. Journalisten bedenken Neurechte mit Schimpfwörtern wie *Systemschreiberling, Schmierling* und *Lügenpressling*." (Ebd. 75f.) Scharloth gibt noch viele weitere Beispiele, die seine These belegen sollen. Er behauptet also zunächst, dass die Suffixe abwertend seien, dann, dass sie im Zusammenspiel mit dem Wortstamm „häufig" abwerten; er selbst stellt fest, dass das Lexem Träger der negativen Denotation ist. Man könnte sagen, die Suffixe tragen zur Konnotation bei. Leider tut das Scharloth nicht. Der stärkeren linguistischen These, dass die Suffixe allein abwerten können, eine These, die viel interessanter und ambitionierter wäre, weicht er auch aus. Sie wäre übrigens falsch. Man müsste erklären, wie „Gutling" (ebd. 76, 169) allein durch das Suffix negativ wird, da ›gut‹ ja ein positives Lexem ist. Eine Klärung meidet Scharloth aber.

Tatsächlich kann kein Suffix allein einen Ausdruck negativ machen – auch nicht solche mit ›gut‹: „Mit ihm werden abwertende Bezeichnungen durch Anhängen einer Endsilbe gebildet, etwa *Gutling, Gutist, Gutie, Gutifant* oder *Gutone*, die allesamt synonym für Gutmensch verwendet werden." (Ebd. 169) Also, eigentlich hat kein Suffix die Macht, ein Wort schlecht zu machen, und bei den Beispielen mit ›gut‹ fällt doch auf, dass es sich um *globale Ausdrücke* handelt, die eine negative Bedeutung haben, indem man schon aus dem Kontext weiß, das ›gut‹ ironisch verwendet wird. Außerdem muss das Adjektiv ja mit einer Endung zu einem Personenausdruck gewuppt werden. Daher die bekannten Personenendungen ›-ling‹, ›-ist‹ und ›-ie‹ (wie ›Girlie‹) und ›-tone‹ (wie bei ›Teutone‹) oder ›-fant‹ (wie bei ›Antifant‹, nach ›Elefant‹ und ›Infant‹). Also, die Sache mit den Suffixen stimmt nicht. Sie haben von sich aus keine negativierende Kraft, allenfalls sorgen sie für eine Konnotation, aber das sagt Scharloth so nicht. Und eine Konnotation hängt auch nur, was Scharloth immerhin bei ›-ling‹ durchblicken lässt, an der klassenbildnerischen Funktion der Suffixe. Sie sind deshalb produktiv, weil sie an Lexeme anschließen können; damit zerren sie diese Lexeme in ein Bedeutungsspektrum, und geben den schon negativen Lexemen eine negative Konnotation. Aber nicht immer (siehe: ›Nützling‹) oder eben nur eine Sachinformation: Zugehörigkeit dieses Wortes zur allgemeinen Bedeutungsklasse (wie Anhängerschaft: ›Merkelianer‹, ›Trumpist‹, ›Habermasianer‹). Aber ist das Lexem *sui generis* positiv, so dürfen wir nicht sagen, das Suffix mache den Ausdruck negativ; es ist vielmehr die Pragmatik, die auf die Absicht zurückreicht. Nur weil Absicht dahinter steckt, kann ein Sachwort wie ›Kartoffel‹ negative Bezeichnung für einen Teil der Bevölkerung in Deutschland werden... Es ist also nichts dran an der Rede von denotierenden, abwertenden Suffixen, und Scharloth hätte die Zusammenhänge deutlicher machen müssen. Auch kann das angebliche abwertende Suffix völlig im globalen Lexem untergehen, etwa bei „*Multi-Kulti-Heil-den-Flüchtlingen-[...]*". (Ebd. 166). Was die Verkleinerung bzw. Verniedlichung mittels ›-ling‹ betrifft, so verkennt Scharloth, dass das negative Lexem dadurch auch entschärft wird. Ein ›Systemling‹ ist viel weniger systemerhaltend als ein ›Systemanhänger‹. Die Rechten dürften einen ›Merkelianer‹ für schlimmer halten als einen ›Merkeling‹. Ja, es mag sein, dass sie auf einen ›Merkeling‹ herabsehen und das mit der Endung auch ausdrücken. Aber einen Gegner, auf den man herabsieht, weil er schwach ist, ist einer, den man nicht ganz ernst nimmt. Was ›Schädling‹ betrifft, so sei auch nochmal auf Rainer Stinners Bezeichnung

„Sozialschädlinge" für Ungeimpfte verwiesen. ›Schädling‹ ist auch ein gutes Beispiel dafür, dass Suffix und Lexem so fest miteinander verschmolzen sind, dass wir den Ausdruck als globalen Ausdruck ansehen müssen und gar nicht darüber grübeln, ob ›-ling‹ jetzt für Kleinheit steht[12] oder für Masse.[13] In ›Schützling‹, ›Nützling‹ und ›Nestling‹ ist ›-ling‹ ganz sicher nicht pejorativ, auch die Information ›massenhaft‹ fehlt hier. Sie ist also bei den Beispielen des rechten Vokabulars intendiert. – Um zu erforschen, ob Suffixe von sich aus ein Wort pejorisieren können, lassen sich noch mehr Überlegungen anstellen, denen Scharloth ausweicht. Die folgenden Überlegungen sollen aber nur tentativ sein, denn das Thema ist weitläufiger, als man denkt. Man könnte die These aufstellen: Abwertend sind ›-ler‹, ›-lei‹ oder ›-ant‹ nur, wenn es neutrale Alternativen gibt. Die Endungen heben beispielsweise das negative Wort vom neutralen Wort oder Ausdruck ab, das sonst im Umlauf ist.

Beispiele für ›-ler‹:

Lexem	Pejorative Alternative
Abstinenter (alt und ungebräuchlich)	Abstinenzler
Kriegs- und Krisengewinner	Kriegs- und Krisengewinnler
Mitglied einer Altpartei	Altparteiler (Scharloth)
Ergründer	Ergründler
Vordergrund	Migrationsvordergründler (Scharloth)
Presse	Staatsdenunziationspressler (Scharloth)

Beispiele für ›-ei‹ und ›-lei‹ bei Sachausdrücken, wenn sie nicht, wie bei ›Polizei‹, ›Kantorei‹, ›Zauberei‹, ›Molkerei‹, ›Meierei‹ usw., normale Endungen sind (von Scharloth nicht eigens behandelt):

---

12 Es gibt große und kleine Schädlinge: Mäuse und Biber. Und ›der Keimling‹, ›der Sprössling‹ und ›der Abkömmling‹ sind keine Ausdrücke, die die Bedeutung massenhaft oder klein in sich tragen, denn der Abkömmling von etwas kann eine erwachsene Person ohne Geschwister sein...

13 Es gibt Massenschädlinge wie Insekten oder Einzelschädlinge wie den Wolf. ›Endling‹ ist die Bezeichnung für den letzten Vertreter einer aussterbenden Tierart. Er ist also das *Gegenteil* von massenhaft. Außerdem muss er nicht klein sein, wie die Exemplare Einsamer Georg (90 kg schwere Schildkröte) oder der Beutelwolf Benjamin zeigen.

Lexem	Pejorative Alternative
die Zweideutigkeit	die Zweideutelei
die Diskussion	die Diskutiererei
die Jagd	die Jagerei
das Schreien	die Schreierei
das Trinken	die Trinkerei
die Verwöhnung	die Verwöhnerei
das Rechthaben	die Rechthaberei
Polizei	Potzilei (hier auch Umbau im Stamm)

Beispiele für ›-(l)ant‹ bei Personenausdrücken:

Lexem	Pejorative Alternative
Diskutant	–
Querulant	–
Migrant	–
Flüchtling, Flüchtender	Flüchtilant (Scharloth)
Merkel	Merkelant (Scharloth)

Die ersten drei Beispiele zeigen, dass ›-ant‹ an sich nichts Pejoratives vermittelt. ›Assilant‹ und ›Flutilant‹ sind Beispiele dafür, welche Lexeme nicht in die Liste aufgenommen werden können: Ersteres hat ›Assi‹ als nichtneutralen Stamm, letzteres hat ›Flut‹ als Sachwort, das auch etwas Negatives bezeichnet. Unsere Gegenüberstellung zeigt, dass ›-(l)ant‹ nicht so produktiv ist, wie Scharloth meint. ›-(l)ant‹ ist offenkundig auf negative Lexeme angewiesen und hat allein kaum Macht, Lexeme zu pejorisieren. Tatsächlich ist es selbst auch überwiegend neutral, wie viele Wörter

(›Praktikant‹ etc.) zeigen (vgl. auch Hurna 2021, 66). (›Informant‹ ist an sich neutral, negativ durch die Zusammenrückung mit ›Denunziant‹.)

Beispiele für ›-ling‹ bei Personenausdrücken:

Lexem	pejorative Alternative	neutrales Gegenstück
Primitiver	Primitivling (Scharloth)	-
Schädiger	Schädling	-
Lehrer	-	Lehrling
Prüfer	-	Prüfling
Ankommender	Ankömmling	-
Eindringender	Eindringling	-
Emporkommender	Emporkömmling	-

Ich entnehme diese Beispiele Marlene Rummel (2017, 45), die uns darauf aufmerksam macht, welches die Basen der Ling-Ableitung sind (Nomina agentis, Partizipien). Wir sehen, dass ›-ling‹ an schon negative Lexeme anschließen kann, womit es seine Macht zur Pejorisierung verliert. Und wir sehen, dass es als Paarbegriff auftreten kann (›Lehrer‹ – ›Lehrling‹), wobei es neutral bleibt. Und wir sehen, dass es das auch jeweils tut, wenn es von einem Partizip abgeleitet wird. Das bedeutet, dass auch hier das Lexem verantwortlich ist, ob die Ling-Ableitung negativ oder positiv ist. Rummel bleibt in ihrem Fazit skeptisch gegenüber der These, dass ›-ling‹ an sich abwerte und macht andere Kriterien wie Kontextualisierung, Metaphorisierung und Assoziation stark. Diese beziehen sich aber auch auf das ganze Lexem ›Flüchtling‹. Es ist also, wie ich schon in Hurna 2021 sagte, nichts dran an der These, dass die Suffixe pejorisierten. Und man kann sich vervollständigend noch die Frage stellen, ob Worte, die ganz gewiss aus sich heraus negativ sind, durch ein Suffix noch negativer gemacht werden können: ›Ungeziefer‹ => ›Ungezieferling‹. Hier liegt doch sicher eine Abschwächung vor. Aber ich überlasse diese Untersuchung dem interessierten Leser. Wir können noch in eine andere Richtung etwas tiefer gehen: Zunächst eine rein linguistische Beobachtung: Bildungen mit

›-ling‹ können nur an ein- oder maximal zweisilbige Grundwörter anschließen: ›Winzling‹, ›Impfling‹ bzw. ›Sonderling‹ und ›Systemling‹, so dass es keinen ›Wichtigtunling‹ geben kann… (Bei n-silbigen Wörtern handelt es sich um Komposita: ›Emporkömmling‹, ›Systemschreiberling‹, ›Sozialschädling‹.) Dann etwas, was gegen die Annahme spricht, dass Ausdrücke mit dem Suffix ›-ling‹ die Bedeutung von ›klein‹ oder ›massenhaft auftretend‹ haben. Das ist dann nicht der Fall, wenn das ›-ling‹ als Namensbestandteil auftritt (›Kemmerling‹, ›Kießling‹), in Namen für fiktive Kreaturen (besonders Völkerschaften: ›Gelfling‹, ›Podling‹, ›Elbling‹, ›Halbling‹, ›Wetterling‹ usw.) oder als Bezeichnung für letzte Exemplare aussterbender Tierarten: ›Endling‹. Die Abwertung kann nicht auftreten bei ›Impfling‹, jedenfalls nicht bei denen, die dieses Wort seriös oder technisch gebrauchen. Also hat es eo ipso keine abwertende Konnotation. Matthias Heine zitiert Stefanowitsch zu der Frage, ob ›-ling‹ abwertet: „Die Nachsilbe ›-ling‹ ist tatsächlich nicht ganz unproblematisch. Anders als ›-ant‹ hat sie eine starke Tendenz zu negativ behafteten Wörtern. Bei Wörtern, die aus Adjektiven abgeleitet sind, finden sich ausschließlich negative Bedeutungen (wie ›Fremdling‹, ›Schwächling‹, ›Sonderling‹, ›Primitivling‹ und ›Feigling‹). Bei Wörtern, die (wie ›Flüchtling‹) aus Verben abgeleitet sind, finden sich zwar neutrale Beispiele (wie ›Prüfling‹, ›Lehrling‹ oder ›Schützling‹), aber erstens ist eine Mehrzahl auch hier negativ (zum Beispiel ›Häftling‹, ›Sträfling‹, ›Emporkömmling‹, ›Schreiberling‹), und zweitens drücken auch viele der neutralen oder positiven Wörter ein Abhängigkeitsverhältnis aus." Ich werde gleich auf diesen Argument eingehen. Heine zitiert dann leider nicht den wichtigen Nachsatz von Stefanowitch: „Meinem eigenen Sprachempfinden nach ist die Nachsilbe ›-ling‹ in ›Flüchtling‹ insgesamt trotzdem nicht problematisch, aber wer es anders sieht, hat zumindest plausible sprachstrukturelle Argumente." (Stefanowitsch 2015)[14] Heine suggeriert, dass Stefanowitch das ›-ling‹ in ›Flüchtling‹ für problematisch hält, indem er Stefanowitschs Einschränkung weglässt. Wie steht es nun mit Stefanowitschs Argument? Es ist ein Argument, das hilfsweise auf die Menge von Belegen und auf Tendenzen abstellt. Das muss so sein, weil sich zu jedem eingeordneten Ling-Wort ein Gegenbeispiel finden lässt. Das zeigt aber auch insgesamt die Unfestigkeit von ›-ling‹. Von einem ›sprachstrukturellen Argument‹ erwarten wir aber eine

---

14 Entnommen von: https://www.derstandard.at/story/2000022449906/asylanten-fluechtlinge-refugees-und-vertriebene-einesprachkritik

gewisse Systematik. Stefanowitsch sagt, die Silbe sei „nicht ganz unproblematisch", und diese Litotes verrät doch die ganze Unsicherheit in der Bewertung. Um die „starke Tendenz zu negativ behafteten Wörtern" nachzuweisen, hilft es nicht viel, negative Wörter aufzuzählen. Es ist auch nicht wahr, dass wir bei Wörtern, die von Adjektiven abgeleitet sind, „ausschließlich negative Bedeutungen" finden: ›Frischling‹ hat mit Bezug auf ein junges Tier keine negative Konnotation, mit Bezug auf einen Neuling nicht immer, und auch das Wort ›Neuling‹ ist nicht immer negativ. ›Gutling‹ musste durch Rechte negativ gemacht werden, und die Wörter ›Gutist‹ und ›Gutmensch‹ zeigen doch, dass der pragmatische Sinnzusammenhang negativ ist. Also gibt es aus Adjektiven abgeleitete Wörter mit ›-ling‹, die nicht eo ipso negativ sind, wie Stefanowitsch nahelegt. Dann bemüht er die Verben: Bei aus Verben abgeleiteten Ausdrücke fänden sich neutrale, aber in der „Mehrzahl" negative, und wo nicht, da drückten „viele [!] der neutralen oder positiven Wörter ein Abhängigkeitsverhältnis aus". Nun ist es aber so, dass ein Abhängigkeitsverhältnis bei der Frage um ›Flüchtling‹ keine Rolle spielt und um dieses Wort ging es ja. Außerdem, was soll das für eine Konstruktion sein, bei neutralen und positiven Ausdrücken das Merkmal *Abhängigkeit* festzustellen, was doch eine negative Konnotation ist!? Nehmen wir aber den Lehrling, wie er leibt und lebt. Seine Abhängigkeit vom Meister ist doch in nichts negativ, sondern die Beziehung ist gerade so beschaffen, dass das Wissen vom Meister auf den Lehrling übergeht. Das ist formell eine Abhängigkeit, aber keine negative. *Aldi* schreibt: „Lernling statt Lehrling." (siehe dazu unten) Hier wird Lehrling als negativ gedeutet, aber sofort haben wir ein neues Ling-Wort zur Hand: ›Lernling‹, abgleitet von ›lernen›, und sofort ein Gegenbeispiel zu Stefanowitschs These, von Verben abgeleitete Wörter seien negativ oder neutral, aber mit der negativen Konnotation der Abhängigkeit... Man muss also das ›-ling‹ noch ganz anders bewerten, als es Heine, Stefanowitsch oder Aktivisten wie *Pro Asyl* tun. Das ›-ling‹ wird nur dann negativ, wenn es der Konstrukteur des betreffenden Wortes so will, etwa bei Sascha Lobos ›evidenzaversiver Ichling‹...

Abwertung durch Artikel?

Auch der Gebrauch des (oft sächlichen) Artikels bei Namen, den besonders Feministen kritisieren, weil sie ihn bei Frauen angewandt sehen (›das Ricarda Lang‹), ist keine besondere Strategie der Beleidigung oder Abwertung von Frauen. Man kann ihn auch auf Männer beziehen (›das Melnyk‹), und außerdem kann die bloße Namensnennung (mit geschlechtsspezifischen, mit neutralem, ja sogar ohne Artikel) in beleidigender Absicht stattfinden. Pusch schreibt: „der Günterich" (Pusch 2018, 203) über Günter Grass. Man kann auch den bloßen Namen abfällig aussprechen. Überhaupt zeigt doch das Beispiel mit dem Sachwort ›Kartoffel‹ für Deutsche, dass es immer auf die Absicht ankommt und dass der Wortgebrauch die Beleidigung zwar realisiert, denn Beleidigung findet nun mal hauptsächlich verbal statt, sich aber nicht darin erschöpft. Deswegen ist es auch egal, welche Ausdrücke man nimmt. Bei der Namensverfremdung ist die Beleidigung (Beispiele bei Scharloth) vielleicht erfolgreicher, da man sich mit dem Namen identifiziert, aber schon das Nichtnennen des Namens oder der falsche Namensgebrauch durch Vergessen kann verletzen. Weiter: Der Ausdruck ›das Biest‹ ist in Deutschland wohl eher auf Frauen gemünzt. Nach diesem Muster der neutrale und dann befremdende Artikel: ›das Ens‹ (Verballhornung von Lann Hornscheidts Vorschlag des Neopronomens ›ens‹), und hier passt der neutrale Artikel sehr gut. Artikelgebrauch kann beleidigend wirken, aber dann liegt es nicht am Artikel, sondern am Gebrauch; dieser ist gesteuert durch die Intention. Er stößt natürlich auf ein allgemeines Empfinden, dass der Artikel despektierlich sein *kann*, aber auch, dass er eine normale sprachliche Funktion erfüllt, vgl. den Buchtitel *Die Günderrode* von Bettina von Arnim...

Noch einmal für Thusnelda

Personenbezeichnungen, abfällige oder ironische, wird es immer geben; es ist aussichtslos, gegen sie zu kämpfen. Es gibt die Umweltbewegung, also auch: ›Umweltbewegte‹. Es gibt die Frauenbewegung, also auch: ›Frauenbewegte‹. Diese Ausdrücke werden gar nicht mit dem nötigen Ernst gesagt. Es gibt Menschen, die sich ›People of colour‹ nennen? Also die Karikatur: ›People of chocolate‹. Den Mann irgendwie karikieren? Also: ›Mannsbild‹. Das ›Muskelpaket‹ kann auch das ›Ekelpaket‹ sein oder der ›Muskelprotz‹. Die Sprache kennt hier viele stilistisch feine Möglichkeiten. Keine politische Korrektheit wird das ändern. Als „salopp abwertend" bezeichnet der *Duden*: ›Trulla‹, aber er zensiert den Ausdruck nicht. Ganz anders der Umgang mit ›Fräulein‹, über das der *Duden* sagt, man solle es nicht mehr verwenden. ›Thusnelda‹ war eine angesehene Dame, aber ›Tussi‹ wird förmchenhaft auf diejenigen Frauen angewandt, die man bespötteln will. Das sind nur wenige Beispiele für die Wege, die die Sprache gehen kann, um negative Personenbezeichnungen zu erzeugen. – Feministen verachten Vokabular, das aus ihrer Sicht selbst Verachtung ausdrückt. Daher lehnen sie altes und neues Vokabular für Frauen ab, etwa ›Hysterikerin‹, ›Mädel‹, ›alte Jungfer‹ usw., doch finden wir viel von diesem Vokabular im Tagebuch der in Auschwitz umgekommenen Etty Hillesum. Sie nennt sich mehrmals „Mädchen" (Hillesum 2022; 17, 44, 64, 129), „alberne Trine" (36), „Kleine" (41), „Klatschbase, Weibsstück" (46), „Kaffer" (47), „Nichtsnutz" (53), „Idiotin" (55), „Närrin" (64, auch 152), „Gaunerin, Ekel, bequemes Luder" (74). Sie fühlt sich „wie eine alte Jungfer" (110), spricht schlecht über Frauen (57, 112, 118) und möchte „kein hysterischer Backfisch mehr sein" (17, auch 103). Offenbar ist es so, dass sie dieses Vokabular, das Feministen heute problematisch finden, vorfindet und gut nutzen kann, um sich selbst zu bezeichnen, wobei diese Selbstbeschimpfung meistens eine Art der Ermutigung ist. Zu den von Feministen geschassten Ausdrücken zählen abwertende Pauschalisierungen, besonders älteres Vokabular, wie etwa ›Tippse‹. Dieses Wort bringt uns erst einmal auf die Spur, dass viele Frauen als Schreibkraft, Sekretärinnen oder Stenografinnen arbeiteten. Sie waren also in Lohn und Brot, was aus Sicht von Feministen doch gut sein sollte. Dann ist das Wort ein von der Wirklichkeit abgezogenes Stereotyp, und nur deshalb, weil es allgemein wurde, konnte es auch pejorativ werden. Aber es ist doch wichtig, dass es verwendet wird, auch mit der abfälligen Stoßrichtung. Und wie immer steht das Wort beiden Geschlechtern zur Verfügung. Über eine Angestellte im Jüdischen Rat schreibt Etty Hillesum: „Eine ziemlich ordinäre Tippse, die den Chef spielen möchte[.]" (Ebd., 164) Wie gut, dass sie dieses abwertende Wort zur Verfügung hatte. Viele Schimpfwörter werden aus größeren Sinnbezirken (Scheffler: Themenvorrat, Weinrich: Bildfelder) entnommen. Oft werden negative und positive Ausdrücke demselben Sinnbezirk entnommen; so stammen ›Genie‹, ›Superhirn‹ einerseits und ›Hirni‹, ›Idiot‹, ›Dummkopf‹ dem Bereich der kognitiven Fähigkeit. Den Sinnbezirk spiegelt ein Lexemverbund wider, bei dem dann einige Lexem mehr Richtung Prägung, Schlagwort, Sprichwort oder Phrase entwickelt werden als andere. Tiere geben traditionellerweise einen großen Schatz an kulturellen Vorstellungen und Möglichkeiten der Anwendung auf den Menschen her, man denke an die Darstellung der Tiere in Fabeln und auch an unser Sprichwortgut. Viele Schimpfwörter beruhen auf Tierbezeichnungen. Diese sind für Männer- und Frauenpejorative als ungefähr gleich anzusetzen. Die folgende Tabelle zeigt negative Ausdrücke aus dem Sinnbezirk ›Schwein‹. Nicht alle Ausdrücke sind Pejorative. Wir sehen, dass das feminine ›Sau‹ und das neutrale ›Schwein‹ weiter entwickelt sind als maskuline Ausdrücke. Wir sehen auch den Lexemverbund zwischen ›Schwein‹ und ›Sau‹:

der Keiler / der Eber	die Sau	das Ferkel	das Schwein
Keilerei (= Prügelei)	Sauerei	Ferkelei	Schweinerei
Eberhard			
	Saustall		Schweinestall
	säuisch		schweinisch
	versaut		
	sau- als verstärkendes Präfix: saumäßig, sauwohl, saustark, saugeil usw.		
	du (dumme) Sau!	du Ferkel!	du (dummes) Schwein!
	Judensau		
	Dreckssau, Sauhund		Dreckschwein, Schweinehund
	eierlegende Wollmilchsau		
	Rampensau, Umweltsau usw.		
	neue Sau durchs Dorf treiben (und weitere Redewendungen ohne Entsprechung zu Schwein)		armes Schwein sein (und andere Redewendungen ohne Entsprechung zu Sau)
			Glücksschwein
	Männer sind Schweine (korrespondierende Liedzeile)		Männer sind Schweine (Titel der *Ärzte*)

Sprachpragmatisch lassen sich alle obigen Pejorative auf Männer und Frauen gleichermaßen anwenden. Eine schon ältere Untersuchung zu Schimpfwörtern bietet Gabriele Scheffler. Sie listet spezifisch weibliche und spezifisch männliche Schimpfwörter auf (auch neutrale, also Unisexschimpfwörter) und betrachtet diese quantitativ und qualitativ. Es gibt eine Reihe von Pejorativen, die nur für Frauen oder nur für Männer gelten. Für das für Feministen wichtige Thema des unangemessenen Sexualverhaltens (für Konservative abweichend, für Feministen befreiend) sagt Scheffler, dass dieses für Frauen das zweitgrößte Wortfeld ist (nach normabweichendem Aussehen und gefolgt von Lexemen, die Dummheit thematisieren) (vgl. Scheffler 200, 144). Bei Männern ist das größte Wortfeld mit Pejorativen das, das Dummheit thematisiert, das zweite, das unangemessenes Sexualverhalten thematisiert (inkludiert sind Ausdrücke zur Homosexualität, lexematisch umfassender als bei Frauen, vgl. ebd. 151, und übermäßiger Männlichkeit, ebd. 177). Die Untersuchung von Scheffler ist noch viel differenzierter und gibt sowohl Feministen wie auch Maskulinisten viele Möglichkeiten in die Hand, das eigene Geschlecht als Opfer sprachlicher Abwertung zu sehen. Uns genügt die Einsicht, dass beiden Geschlechtern überhaupt Sprache zur Verfügung steht, andere abzuwerten oder Abwertungen zu kontern. Da es sich um einen Prozess handelt, in dem immer wieder neue Pejorative für Frauen und Männer entstehen, sich auch die Maßstäbe ändern, auf welchen Aspekt beim jeweiligen Geschlecht abgestellt wird (Sexualverhalten, Häuslichkeit, Kognition, Aussehen usw.), ist es von vorneherein ausgeschlossen, dass die politisch korrekte Sprache die geschlechtsspezifischen Pejorative zensieren oder tabuisieren oder sie sogar untersagen kann. Die politisch korrekte Sprache wird hier weder mit Zensur noch mit neuen Gutwörtern oder mit Stigmatisierung von Pejorativen etwas erreichen können.

X-ismen und Beleidigungen

Man meint, dass die x-istischen Beleidigungen die schlimmsten seien, weil sie Menschen ›abwerten‹, ›beschämen‹, ›entmündigen‹, ›devalidieren‹ usw. Tatsächlich sind sie schlimmer als ›Arschloch‹, ›Idiot‹ etc., die situativ und habituell verwendet werden können. Das heißt, man beleidigt jemanden aufgrund seiner Handlungen, mehr aber noch wegen seiner ganzen Person (›Neger‹, ›Zigeuner‹ usw.). Die bevorzugte Angriffsweise ist, das negativ zu thematisieren, wofür man nichts kann, also Herkunft, Hautfarbe,

Geschlecht usw. Für die politisch Korrekten ist all das klar: Wer einen anderen rassistisch, antisemitisch, sexistisch, ableistisch usw. beleidigt, bedient sich der schlimmsten Beleidigung. Wir müssen aber noch mehr beachten, und wir können dann die Meinung der politisch Korrekten in Frage stellen. Zunächst einmal beziehen die üblichen, nicht x-istischen Beleidigungen den Sinn ihrer Ausdrücke aus den Bereichen des Sexuellen, Skatologischen, Kompetentistischen (Fähigkeiten, Vermögen) und die x-istischen Beleidigungen tun es auch. Diese Bereiche interessieren uns hier jedoch nicht besonders, da sie Sach- und Sinnfelder und keine sprachlichen Felder sind. Wir untersuchen, ob die Annahme richtig ist, dass die x-istischen Beleidigungen die schlimmsten sind (so dass es gerechtfertigt ist, jemanden, der ›Schlampe‹ sagt, als ›Sexisten‹ zu bezeichnen). Wir müssen dazu eine Skala berücksichtigen, die implizit zugrunde gelegt wird. Dass es kulturell eine solche Skala gibt, steht außer Frage, denn wir beurteilen schon die Beleidigung ›Muttersöhnchen‹ schlimmer als ›Weichei‹, obwohl keine von ihnen eine x-istische Beleidigung ist. Was sind die stärksten, auf einer Negativskala im oberen Bereich befindlichen Beleidigungen (wo, nach der Rede der Korrekten, Entwertung oder Entmündigung stattfinden)? Zunächst wird die Unterscheidung zwischen *situativ* und *habituell* nichts zur Frage beitragen, denn alle x-istischen Beleidigungen zielen auf Habituelles. Gleichermaßen unerheblich ist, worauf die Korrekten sonst Wert legen, dass die negativen Zuschreibungen nur solche des Täters seien, also auf einer Verkennung der Wirklichkeit hinauslaufen (Rassen gibt es nicht, ergo ist eine rassistische Beleidigung ein Konstrukt). Es ist deshalb unerheblich, weil auch alle anderen Beleidigungen nur von der Sichtweise des Beleidigers ausgehen, der aber dennoch immer den Anspruch hat, dass seine Beleidigung etwas an den behaupteten Sachverhalten trifft. Letztlich ließe sich, ganz entgegen dem Anliegen der Korrekten, der kognitive Irrtum des Täters zu seinen Gunsten verwenden. Es kommt also auf etwas anderes an. Oft finden wir gegen andere gerichtete Ausdrücke, die aus dem Bereich der sozialen Isolierung stammen: Jemand sei ›abstoßend‹, ein ›Schandfleck‹, ›Abschaum‹ oder ›eklig‹. Diese und viele weitere Ausdrücke der sozialen Isolierung sind das eigentliche Übel. Sie stehen in der Beleidigungshierarchie ganz oben und sind daher das eigentliche Problem. Sie können mit x-Ismen zusammengehen – Kolonialismus und Antisemitismus bieten historische Beispiele, dass Menschen sprachlich gedemütigt und isoliert wurden. Aber immer, wenn wir Stigmatisierungen der Form *sozialer Isolierung* finden, ist ein Höchstmaß erreicht, nicht, wenn bloße Beleidigungen ein x-Ismus sein sollen. (Stellen wir uns die Abwertungen pyramidal vor, dann finden wir unten Bildausdrücke (da sie meist plastisch sind und aus dem Sprecherkollektiv stammen), dann die abstrakteren x-Ismen, aber an der Spitze komplexere Abwertungen, die die soziale Isolierung zum Ziel haben, und die wir sprachlich nicht mehr so einfach beschreiben können.) Die Stigmatisierung zum Zweck der sozialen Isolierung bedarf nicht mehr, wie Rassismus, Sexismus usw., die Bezugnahme auf Äußerlichkeiten, sondern sie trifft den Menschen als ganzen, unabhängig von dem, was er ist, was er tut.

Die Ausdrücke ›Asylant‹, ›Asylbewerber‹, ›Migrant‹, ›Zuwanderer‹, ›Einwanderer‹, ›Flüchtling‹, ›Geflüchtete‹, ›Flüchtende‹, ›Neubürger‹

Die obige Reihe soll nicht heißen, dass es eine historische Reihe ist, obschon der Ausdruck ›Asylant‹ sicherlich der ältere ist. Auf die wirkliche Reihenfolge kommt es nicht an, denn wir müssen annehmen, dass die Ausdrücke aus verschiedenen Verwendungsweisen stammen. Sie stehen in einer Konkurrenz des Gebrauchs, sind verschieden motiviert, wollen besser sein als andere, sind zum Teil schon das Ergebnis von sprachpolitischer Verbesserung, wie beim Ausdruck ›Neubürger‹ anzunehmen ist. Die Verwender meinen mit jedem Ausdruck, dass er etwas an der Sache trifft, die der Ausdruck benennt. Dabei wollen besonders Korrekte eine sprachliche Präzision, die oft gar nicht erreicht werden kann. Vormals technische Ausdrücke wie ›Asylant‹ werden deshalb geschasst, weil sie zur Abwertung benutzt wurden, aber neue Ausdrücke wie ›Neubürger‹ oder ›Geflüchtete‹ (vgl. Heine 2022, 80) werden zur Aufwertung oder Neutralisierung benutzt. (Beide Ausdrücke suggerieren das Ende der Flucht.) Ein eher technischer Ausdruck wie ›Migrant‹ kann beliebig verbaut werden, wie in ›Migrationshintergrund‹, denn er ist blass. Das statische ›Migrationshintergrund‹ wurde zu ›Migrationsgeschichte‹ dynamisiert (wie ›musikalischer Rahmen‹ zu ›musikalische Begleitung‹). Das Wort ›Flüchtlinge‹ kann zu ›Kriegsflüchtlinge‹, ›Klimaflüchtlinge‹, ›Wirtschaftsflüchtlinge‹ erweitert werden. ›Flüchtling‹ ist Thema, ›Krieg‹ usw. ist Fokus, er gibt die Fluchtursachen an. Bei einem Wortfeld, das Ausdrücke unterhält, die eine Bewegung von A nach B beinhalten, verwundert es nicht, dass einige Ausdrücke semantisch mehr in A, andere mehr in B angesiedelt sind: ›Flüchtling‹ thematisiert eher die ›Fluchtursachen‹ im Herkunftsland, also A,

›Asylant‹ eher die Vorgänge im Zielland, also B. ›Geflüchtete‹ thematisiert aufgrund der Abgeschlossenheit des Vorgangs B, ›Flüchtling‹ und ›Flüchtende‹ den ganzen Vorgang. Die vermeintliche Pejorisierung mit ›-ling‹ behandle ich an anderer Stelle.

Pejorative eo ipso oder assoziativ?

Bei negativen Ausdrücken wie ›Mohr‹ wird die Frage aufgeworfen, wieso sie negativ sind, wenn sie es vorher nicht waren, ob ›Neger‹ oder ›Nigger‹ schlimmer ist oder ob Ausdrücke wie „Hete" (für Heterosexuelle) wirklich „resigniert-liebevoll[e]" Worte sind, wie Stefanowitsch (2018, 41) behauptet. Es gibt offenbar Ausdrücke, die negativ sind und nicht positiv sein können, es gibt neutrale Ausdrücke, die, wenn man sie gegen den Strich bürstet, negativ werden (also im metaphorischen oder ironischen Gebrauch), und es gibt Wörter, die mal so, mal so verwendet werden. Pejorative eo ipso behalten ihre Negativität und können nicht positiv gebraucht werden, andere Wörter sind neutral oder positiv und können auch negativ gebraucht werden. Mein Eindruck ist, dass die meisten Pejorative, die von den politisch Korrekten angegriffen werden, solche Wörter sind, die auch neutral oder positiv eingesetzt werden können, die aber negativ sein sollen, weil sie von bestimmten Gruppen für negativ gehalten werden... Das macht die Diskussion um diese Wörter so schwer. Die folgende, unvollständige Liste bietet meine Bewertung bzgl. einiger der hier im Buch behandelten Ausdrücke. Der Leser wird vielleicht anderer Meinung sein, doch vielleicht kann ich ihn bezüglich dieses oder jenes Wort zum Nachdenken bringen. Die Negativität eines Ausdrucks kann selbstverständlich noch graduiert werden. Um die Funktion des negativen oder positiven Gebrauchs zu zeigen, nehme ich auch Sachwörter auf, die keine Personenbegriffe sind.

Ausdrücke	eo ipso negativ, positiv, neutral	assoziativ negativ
Arschloch, Idiot usw.	immer negativ	-
Sexist	immer negativ	-
Jude	als Eigenbezeichnung neutral,	aber im Kontext negativ konnotierbar; widersteht aber einer dauerhaften Pejorisierung

Ausdrücke	eo ipso negativ, positiv, neutral	assoziativ negativ
Lauch, Kartoffel usw.	Sachwörter, aber	bespöttelnd im Kontext
Neger, Nigger, Nigga usw.	als Eigenbezeichnung neutral oder aufwertend (Rap etc.), aber	stark negativ konnotierbar
Mohr	neutrales Wort, teils aufwertende Bezeichnung im Kontext von Medizin usw.,	nur aktionistisch negativ empfunden
Zigeuner	eigentlich neutrales Wort,	nie aufwertende Bezeichnung, wechselnder negativer und neutraler Gebrauch, heute aktionistisch negativ empfunden
Umweltsau, Schwurbler, Covidiot usw.	als negativ geprägt	-
Querdenker	vormals positiv (?), aber	negativ assoziiert
Nutte, Bitch usw.	immer negativ, aber	in der Verbalerotik funktional positiv
Prostituierte, Professionelle	Umgehungs- bzw. Aufwertungswörter für sexuelle Dienstleistung, erst neutral-positiv,	dann negativ
Schwuler, Schwuchtel usw.	immer negativ	-
Geliebte, Geliebter, Liebste, Liebster usw.	immer positiv, aber	ironisch verwendbar
Haus, Gebäude usw.	immer neutral	-
Hütte	neutral oder	als Negativbewertung für Haus (Metapher)
Schrottimmobilie	immer negativ	-
Asylant	vormals neutral, aber	im Laufe der Zeit pejorativ
Flüchtling	trotz negativer Debatten offenbar neutral	-
Trumpist, Merkelianer usw.	im dt. Sprachraum immer negativ	-

Ausdrücke	eo ipso negativ, positiv, neutral	assoziativ negativ
Tätervolk	immer negativ	-

Im Kontakt mit Pejorativen solle man zunächst darüber nachdenken, ob das betreffende Wort gebildet wurde, um von Anfang an negativ zu sein, oder ob es sich um ein Wort handelt, das zu einem Pejorativum abgesunken ist (wie ›Weib‹), oder ob es ein gerade noch umkämpftes Wort ist, das die einen für neutral, die anderen für negativ halten (wie ›Mohr‹, ›Flüchtling‹ usw.). Es bringt nichts, frisch stigmatisierte Wörter für echte Pejorative zu halten.

Ausdrücke zensieren oder kultivieren?

Heutzutage braucht man sprachliche Gewandtheit, sowohl beim guten als auch beim schlechten Reden. Es ist gut, ein breites sprachliches Register zu haben. Man sollte als Sprachkönner und nicht nur als Sprachkenner eine möglichst breite Palette positiver und negativer Wörter zur Verfügung haben, also einerseits Komplimente machen können und auf der anderen Seite sollte man bei Bedarf ebenso Beleidigungen zur Hand haben. Man sollte durchaus ›Neger‹ abspeichern, am besten neben ›knabenmorgenschön‹ und dann aber auch wissen, wann man das eine oder das andere einsetzt. Das Sprecherkollektiv geht einem hier ohnehin zur Hand. So ist ›Arschloch‹ lexematisch-semantisch im Gebrauch fest, man kann den Ausdruck nicht anders verwenden, ›Neger‹ ist dagegen nicht fest, wenn auch im Gebrauch eingeschränkt, und ›Kartoffel‹ legt den Gebrauch ebenfalls nicht fest; er ist als Sachausdruck und als Beleidigung verwendbar. Wo aber ein abweichender Gebrauch, da auch ein abweichendes Motiv und auf dieses kommt es an. Deswegen wird ein Sprecher es sich angelegen sein lassen, zwar über Beleidigungen zu verfügen, aber nicht die Absicht zu hegen, zu beleidigen. Und zwar nicht, weil es verboten wäre, sondern weil er seinen Charakter kultiviert. Bei ›Jude‹ gibt es keine einheitliche negative Verwendung, und die wenigsten nutzen es abwertend. Wenn der Gebrauch negativ ist, dann ist er motiviert, siehe oben, und dasselbe trifft auf ›Alman‹ zu. Der Ausdruck ist dann eine gerichtete Größe gegen andere. Motiviert war auch Sarah-Lee Heinrichs ›eklige weiße Mehrheitsgesellschaft‹, wo nur ›eklig‹ offen wertend ist, der ganze Ausdruck aber wertend wird durch die Absicht der Benutzerin. – Komplimente können flach oder gekonnt sein, dementsprechend können auch Beleidigungen flach oder gekonnt sein. Üblicherweise beschreibt man sie als vulgär, grob, roh, primitiv, verletzend usw., dabei blendet man ihre künstlerische Seite aus. Ich wäre sehr dafür, eine Schmähkultur zu etablieren, statt Beleidigungen zu verbieten oder zu ahnden; die Schmähkultur müsste übrigens keine Bauernkultur sein, sie könnte Unterbau der Streitkultur sein. Wenn es es eine hohe Kunst ist, Komplimente zu machen, dann darf es auch im negativen Bereich des Beleidigens eine hohe Kunst geben. – Mit der Einschränkung der stilistischen Breite, die wir dadurch gewinnen, dass wir für dieselbe Sache verschiedene Ausdrücke haben, geht auch die Vielfalt verloren. Die Korrekten wollen Ausdrücke wie ›Neger‹, ›Nigger‹, ›Rasse‹, ›Mulatte‹, ›Zigeuner‹ usw. zensieren, weil sie meinen, sie seien negativ. Tatsächlich stimmt das nicht; der frühere Sprachgebrauch in Deutschland seit den 50ern bis in die frühen 90er ist vielfältiger als die Korrekten meinen und eigentlich negieren sie diese Vielfalt. Zunächst zu den Übersetzungen: ›Race‹ wurde standardmäßig als ›Rasse‹ übersetzt: „Rasse" (Snow 1967, 10), [„identical in race", Snow 1959, 1). Ein solches kritisches Wort wie „Rassenvorurteile" (ebd. 51) [„racial feeling", Snow 1959, 24] ist zwingend auf das Grundwort ›Rasse‹ angewiesen. Allenfalls wäre zu bemängeln, warum die Übersetzer „the white Commonwealth" (Snow 1959, 22) mit „die weißrassigen Teile des Commonwealth" (ebd. 45) übersetzen. Weil ›Race‹ auch bei den Korrekten heute als problemlos gilt, ist auch die Übersetzung eigentlich problemlos. Sie kann nicht mit ›Ethnie‹ gemacht werden. Kommen wir zu heute problematischen Ausdrücken im genuin deutschen Gebrauch: Porzig schreibt „Negersprachen des Sudans" (Porzig 1962, 229). Offenbar eine normale Bezeichnung, wenn man die verschiedenen Sprachen des Sudans zusammenfasst. Klemperer schreibt „amerikanischer Neger" (2010, 260). Koeppen zeigt in seinem Roman *Tauben im Gras* den negativen Gebrauch von ›Neger‹. Warum wohl? Weil es auch den negativen Gebrauch parallel gibt. Bei den Klassikern findet sich häufig politisch unkorrekter Ausdruck: Schiller spricht von einer „gelben Mulattenschwärze" (Schiller 2017, 19) Mit der neuen Sprachpolitik geht das Verständnis verloren, dass heute unliebsame Wörter einmal einen normalen Gebrauch hatten, *neben* dem negativen Gebrauch. Das, was einmal vielfältig verwendet werden konnte, etwa die Worte ›Neger‹ oder ›Zigeuner‹, und zwar in guter und in böser Absicht, wird jetzt als nur negativ aufgeladen und daher eintönig.

Alliterationen

Wie ich in Hurna 2023a zeigen konnte, nimmt die Alliteration innerhalb der politisch korrekten Sprache einen recht großen Raum ein. Die Alliteration ist im Alltag beliebt; wir finden sie in der Werbung: ›click & collect‹ und besonders in Zeitungstiteln: ›Horrorhaus von Höxter‹, ›Hitze oder Herkunft?‹ (Berliner Zeitung nach Ausschreitungen von Migranten in Freibädern), ›Deutschland im Desaster‹. Sie wird gerne angewendet im Politsprech: ›Ringen im demokratischen Raum‹ (Habeck, Sommertour 2023) und bei allgemeinen Schlagwörtern der Kultur: ›oben ohne‹, ›Wechselwähler‹, ›Bauboom‹. Wir finden sie in verschiedenen Medienformaten: ›schlaue Schwärme‹ (Tierdoku) und im legeren Reden: ›kannste knicken‹, ›danke dafür‹, ›feuchtfröhlich‹, ›ich weiß, woher der Wind weht‹, ›der Laden läuft‹ etc. Es gibt alliterative Ungeheuer wie ›Public Private Partnership‹ dort, wo man eine zweifelhafte Sache in große Wörter packt. Die Alliteration ist in der Belletristik, insbesondere in der Lyrik, als Stilmittel beliebt. Sie macht einen Ausdruck nicht nur auffällig, sondern sie kleidet einen Gedanken so ein, dass er sich im Sprachgebrauch etabliert. Jeder kennt alte (›Kind und Kegel‹, ›Kitsch und Kunst‹) und neue Alliterationen (›Klimakrise‹, ›Babyboomer‹). Eine Alliteration wie ›leben und leben lassen‹ ist typisch, das ›und‹ ist unbetont und daher keine Störung. Die Betonung liegt auf denselben Buchstaben. Wir verstehen unter Alliteration Ausdrücke mit gleichem Buchstabenbeginn: ›starkes Stück!‹, aber auch Ausdrücke mit gleichem Silbenbeginn: ›Geländegewinn‹, ›Gesinnungsgenosse‹, ›Frauenförderung‹.[15] Hier Beispiele für Ausdrücke, die aus Sicht der korrekten Aktivisten Positives bezeichnen (ergänzend zu meiner Liste in Hurna 2023a): ›Zeitzeuge‹, ›Vertrauensverhältnis‹, ›Hohes Haus‹ (Par-

---

15 Das ist offenbar linguistisch gerechtfertigt. Schon Luise Pusch führt in ihrem Beispiel für feministische Alliterationen neben „Freche Frauen" und „Amazing Amazons" auch „Weiblichkeitswahn" (Pusch 2019, 207) an. Dasselbe Verständnis von Alliteration im Kinderbuch Abenteuerameise trifft Zirkusziege. Technisch gesehen ist die Alliteration ein Reim am Anfang, was der alte Name Stabreim bzw. die linguistische Fassung: Anlautreim auch einfangen. Sowohl Anlautreim als auch Endreim sind nicht durch die Silben begrenzt, sie können beide in die Silben hineinwandern: ›wunderbar / klar‹ versus ›Saft / Kraft‹. Für den Endreim ist es typischer, über die Silbe hinauszugehen: ›Stäbe gäbe‹. Die Alliteration muss mindestens den Anlaut, häufiger die erste Silbe betreffen, sie kann aber auch über die erste Silbe erweitert werden: ›gekleckert, nicht geklotzt‹. Bei ihr ist das aber im Unterschied zum Endreim seltener. In der ganzen Tradition der Stabreimdichtung sind Stabreime im Wort unüblich. Man kann auch diskutieren, ob es Alliterationen überkreuz gibt, etwa in ›auf leisen Sohlen‹.

lament), ›Grundwerte / Grundpfeiler der Gesellschaft‹, ›Recht auf Ruhe‹ (bei Stalking, nicht aber bei Gendersprache), ›Ruhe-Raum‹, ›Demokratie lebt vom Diskurs‹ (Marc Friedrich u.a), ›Kulturkirche‹ (mit ›Profilpfarrer‹), ›Mängelmelder‹, ›politische Partnerschaft‹, ›Women are always wonderful‹, ›Teil des Teams‹, ›Maß und Mitte‹, ›westliche Werte‹, ›Sicherheit und Sauberkeit‹, ›Sicherheit und Stabilität‹, ›Sicherheit und Sorgfalt‹, ›Safe Shorts‹, ›Safe Spaces‹, ›starker Staat‹, ›schlanker Staat‹, ›Standortstärke‹ (grüner Wohnungsbau), ›Häuser und Herzen öffnen‹, ›grün macht glücklich‹, ›Respektrente‹, ›good governance‹, ›mähfreier Mai‹ (natürlich aus dem Englischen: ›no mow mai‹), ›kritisch-konstruktiv‹, ›konstruktive Kritik‹, ›kompetent und kritisch‹ (Frauen), ›Wohlstand des Weniger‹ (Katrin Göring-Eckardt zu den Energieengpässen 2023 bzw. zur grünen Transformation), ›Vielfalt verbindet‹ (Verkehrsbetriebe), ›Generationengerechtigkeit‹, ›Besinnungsbrief‹, ›Betroffenenbeteiligung‹, ›people over profit‹, ›planet over profit‹, ›Fakes und Fakten‹, ›pussy power‹, ›Milchmomente‹ (Werbung für Milchersatz), ›Kein Angriff ohne Antwort‹ (Antifa), ›antifaschistische Aktion‹, ›Antifa heißt Angriff‹ und ›Alerta, Alerta, Antifascista!‹ bilden ein stilistisches Feld, ›vollstes Vertrauen‹, ›Volksverpetzer‹ (Faktencheckseite von Thomas Laschyk), ›ready for riot‹, ›vergeben, vergessen, verzeihen‹ (Mediation, Coaching), ›ausgewogene und abwechslungsreiche Ernährung‹, ›Wärmewende‹ (grüne Energiepolitik), ›das Frausein feiern‹ (aus der feministischen Esoterik), ›bunte Backwelt‹, ›Kunden-Knigge‹, ›Fan von Vielfalt‹, ›abends entspannt & morgens erfrischt‹ (Beauty-Produkte), ›Team Tempo‹, ›Trans ist Trend‹, ›Periode mit Potenzial‹, ›kein Fußbreit dem Faschismus‹, ›Liebe für die Lausitz‹ (Demo gegen Kohleabbau), ›Offenes Ohr‹ (Nightline), ›Diversity Day‹, ›Schlachthöfe schließen‹ (Ariwa), ›volle Verantwortung‹, ›grünes Geld‹ (Ökobank), ›mutige Menschen‹ (meist Plural), ›Brücken bauen‹ und dadurch: ›Brückenbauer‹ (statt ›Brückenbrecher‹) (Roger Köppel), „Werkstatt des Wandels" (Steinmeier, in einer Ankündigung), ›Mitarbeiterin des Monats‹, ›stark sein‹ (Kampagne der Johanniter zur Resilienz), ›Menschsein im Morgen‹ (dm-Zukunftskampagne) usw. Man beachte, wie die Alliteration plakativ aufgebaut werden kann: ›No Farmer / No Food / No Future‹ (deutscher Landwirtschaftsprotest) Diese Reihe mit den Buchstaben ›N‹ und ›F‹ stellen einen einfachen gedanklichen Zusammenhang her. Natürlich musste auf das Englische umgeschaltet werden. Die Alliteration als Strukturmittel in einem Text: „Der analoge Alltag scheint immer mehr in virtuelle Welten abzutauchen. Doch fürchte dich nicht: [W]ir bringen Licht in den dunklen, dichten Datendschungel." (Nexus Experiments) Alliterationen, die im Korrektsprech Negatives bezeichnen: ›Hass und Hetze‹, ›größte Gefahr‹ (Rechtsextremismus), ›zivile Ziele‹, ›rechte Rattenfänger‹, ›Gesinnungsgenosse‹ (meist negativ auf den politische Gegner bezogen), ›von der Protestpartei zur Programmpartei‹ (über die AfD), ›Tod und Trauer‹ (Ukrainekrieg), ›Heilige und Hure‹, ›Cat Calling‹, ›Dimensionen von Diskriminierung‹, ›rechtsfreier Raum‹, ›sozialer Sprengstoff‹, ›Scham und Schuld‹, ›Rechtsruck‹, ›Mietmäuler‹ (in Bezug auf AKW-Befürworter), ›Fratze des Faschismus‹, ›klamme Kommunen‹, ›entwerten, entwürdigen, entrechten‹, ›Demokratiedefizit‹, ›Wir sind es leid zu leiden‹, „Gemeinschaft der Hetzer und Hater" (Scharloth ebd., 14), ›besorgter Bürger‹, ›männermordende Megäre‹ usw. Die Rechten kennen ›linkslastig‹ und Konservative fordern: ›Leistung muss sich wieder lohnen‹… – So, wie wir im Alltag gerne Alliterationen bilden (›Beatrice ist eine Bombe im Bett.‹, ›Schlappschwanz‹, ›polymorph pervers‹ (W. Allen), ›Heißhunger‹, ›Korinthenkacker‹ oder als Dubletten: ›Ich krieg die Krise / Krätze‹, ›Zeichen / Zahn der Zeit‹ sowie als Phrasenteile (›Beine breit‹), so natürlich auch im sondersprachlichen Bereich der Politik und des politisch korrekten Sprechens: Beispielsweise ist ›Planet Putin‹ (FAZ online vom 17.9.2022) eine alliterative Weiterentwicklung von ›System Putin‹, das selbst aus der Begriffsschwemme nach dem Modell ›System + Person‹ stammt: ›System Merkel‹, ›System Söder‹, ›System Weinstein‹, ›System Wedel‹, ›System R. Kelly‹, ›Machtsystem Homolka‹ und seit 2023 auch: ›System Lindemann‹ usw. Eine Alliteration hilft, eine okkasionelle Bildung zur Formel erstarren zu lassen: ›volles Vertrauen {in die Justiz usw.}‹, die Steigerung variiert dann: ›vollstes Vertrauen {in die Justiz usw.}‹, mehr kann hier nicht geändert werden, wenn die Alliteration bleiben soll. Und sie spielt eine große Rolle in den Medien und in der Politik: Alliterativ und zum Schlagwort avanciert ist ›von Halle bis Hanau‹; gemeint sind der antisemitische Anschlag in Halle (Saale) 2019 und der migrantenfeindliche Anschlag in Hanau 2020 mit vielen Opfern. Im Sommer 2022 sprach man alliterativ von einem ›Schlesinger-Skandal‹ analog zu einer ›Affäre Schlesinger‹. Man spricht vom (rechten, linken, extremistischen usw.) ›Gedankengut‹, von ›Protestpotentialen‹ auf der Straße, von den ›westlichen Werten‹, während der Corona-Zeit von den ›Superspreadern‹, innerhalb der rechten und linken Medienkritik von ›Meinungsmache‹ und es gibt sogar alliterative Reihen: ›Volksverarsche‹, ›Volksverdummung‹, ›Volksverräter‹ (bei Rechten), oder auch: ›Faktenfinder‹, ›Faktenfuchs‹ (als Eigenbezeichnungen von Recherchegruppen, aber allgemein: ›Faktencheck‹). Die politischen Gegner unterstellen sich gegenseitig, jeweils unter ›falschen Flaggen‹ (›false flags‹) zu segeln. Die Verwender politischen Vokabulars haben einen Sinn für das Stilmittel der Alliteration. So bildete Amira M. Ali in ihrer Kritik an der Bundesregierung unter Scholz bzgl. der Energieversorgung 2022/23: ›gekleckert, nicht geklotzt‹, und Melina Borčak reagierte auf Kritik ihrer Haltung zum Srebrenica-Massaker mit: ›falsche Fakten‹… (Der Ausdruck ›falsche Fakten‹ ist populär, er tritt in der Comedy von Moritz Neumeier auf und auch in zahlreichen Usenet-Zusammenhängen.) Rechte Alliterationen: „Demographie schlägt Demokratie" (Feroz Khan) Politisches Vokabular mit Alliteration ist ›Messermänner‹, ›Kotau in Katar‹ (über Habeck), ›sozialer Sprengstoff‹, ›politischer Poker‹, ›Wut-Winter‹ (der Spiegel im Sommer 2022 über mögliche Proteste im Herbst wegen Gasknappheit), ›Heißer Herbst‹ (hier nicht RAF, sondern ebenfalls Probleme des Gasmangels sowie Protestmotto der Linken), ›blocken und boostern‹ (Söder), ›achtsame Ausländerbehörde‹ (Forderung Einbürgerungsinitiative). Auch erwähnt werden muss hier Schröders Alliteration ›Aufstand der Anständigen‹ (4.10.2000), die von Katharina Schulze (Grüne) nochmal erweitert wurde zu ›Aufstand der Anständigen und Aufrechten‹ (Video-Clip vom Sommer 2018). Auch das ist, wie Scharloths ›Hetze, Hass und Häme‹, ein Beleg dafür, dass die Alliteration das Angebot macht, einen Ausdruck zu bilden, und dass er gerne, aber auch wegen einer gewissen Einfallslosigkeit, angenommen wird. Dann haben wir noch gestanzte Begriffe wie ›Wirtschaftsweise‹ und ›milderes Mittel‹ (Justizsprech). Weitere okkasionelle Alliteration zum Transport des Inhalts: „Zwei Betroffene sprechen im Interview über ihren Schmerz, Täter auf Turnieren und offene Ohren für weitere Opfer." (FAZ online vom 30.12.2022) Hier müssen wir in Rechnung stellen, dass die Alliteration in Schlagzeilen ohnehin beliebt ist. Doch warum ist sie beliebt? Doch wohl, weil es ihr gelingt, Inhalte bündig herzurichten. Erinnert sei auch an: „Hass macht hässlich." (Johannes Kahrs, gegen die AfD gerichtet) Diese Alliteration ist allerdings etymologisch und daher leicht zu bilden. Bei der Beliebtheit von Alliterationen ist es kein Wunder, dass die Gutsprecher sie so zahlreich verwenden. Sie haben auch ein Bewusstsein von diesem Stilmittel: ›b hoch drei: begrüßen, begegnen, Beziehung.‹ (Kirchenesoterik) – Alliterationen stechen ihre begrifflichen Konkurrenten aus: ›Fahrerflucht‹ statt ›Unfallflucht‹, ›Kundenkontakt‹ statt ›Kundenberührung‹. Manchmal ist es so, dass die Alternative noch zugelassen wird, wie bei ›Schlesinger-

Skandal‹, das im Umlauf war zur Dublette ›Affäre Schlesinger‹. Manchmal aber unterdrückt die Alliteration, wenn sie stilistisch stärker ist, begriffliche Alternativen. Bei der Bildung einer Alliteration herrscht aber Inhaltsvorrang: Erst kommt der Inhalt, dann die Einkleidung in ein Schlagwort, dieses kann alliterativ sein, muss es aber nicht. Die Alliteration wirkt auch als stilles Bildungsmuster. Wir sehen das an folgendem Bildfeld: ›xy geht mir auf die Nerven / die Nüsse.‹ Die Nomen weisen beide denselben Buchstaben auf; die Alliteration ist hier also potentiell bzw. paradigmatisch zu verstehen. Inhaltsvorrang besteht dennoch, denn das Bild kann auch so ausgedrückt werden: ›xy geht mir auf den Sack / die Eier / den Keks‹. Oder: ›das ist ja ein dickes Ding‹ / ›das ist ja ein starkes Stück‹. Hier wird sogar derselbe Inhalt in zwei verschiedenen Alliterationen ausgedrückt. Dasselbe hier: ›Schmerz / Schreck lass nach‹. Wie die Alliteration als Paradigma bildnerisch wirkt, sahen wir 2021, als es hieß: ›Omikron-Welle‹, ›Omikron-Wand‹, ›Omikron-Wucht‹, ja sogar ›Omikron-Welt‹ (FAZ-Titel vom 25.12.2021). (Die ersten beiden Bildungen bleiben im maritimen Bildfeld, dann fragmentiert das Bild, behält aber Katastrophisches bei.) Diese W-Bildungen können in der Häufigkeit kein Zufall mehr sein, auch wenn es zeitgleich alternative Bildungen gab. Begriffsbildnerisch wirkt die Alliteration, wie ich in Hurna 2023a gezeigt habe, bei den ›Pentagon papers‹ (1971), ›Panama papers‹ (2016) und ›Pandora papers‹ (2021). Die Formel ›p{x} + papers‹ liefert uns die Alliteration. Auch die Variante von ›Rest in Peace‹, nämlich ›Rest in Power‹ in LGPTQ+-Zusammenhängen, gehört hierher. ›Rest in Power‹ entfernt sich vom Muster ›Rest in p{x}‹ nicht sehr weit. Möglicherweise wirkt die Alliteration als stilles Bildungsmuster auch über die Zeit: Man sprach zunächst kritisch von ›Magermodels‹, im Zuge der Körperkorrektheit dann auch von ›molligen Models‹. – Die Alliteration ist beliebt bei Abwertungen. Bekannt sind: ›Mutti Merkel‹, ›Gazprom Gert‹ (auch zu ›Gas-Gert‹ verkürzt). Innerhalb der Kritik am Bundesgesundheitsminister Lauterbach kam ›Chaos-Karl‹ ([ˈkaːɔs] und [kaʁl]) auf. Im März 2023: ›Habecks Heiz-Hammer‹. Auch finden wir bei rechtsgerichteten Youtubern: ›Lügen-Lewentz‹, ›Langstrecken-Luisa‹ oder ›Pommes-Panzer‹ (für Ricarda Lang). Wie leicht, ja fast zwanghaft ein unliebsamer Name mit anderen Bezeichnungen zu einer Alliteration verbunden wird, zeigen Beispiele aus der Presse: ›Putin: Pate und Patriarch‹. In Verbindung mit den Namen kann sie auch für das Marketing benutzt werden: 2020 gründete Jürgen Todenhöfer das ›Team Todenhöfer‹. Hier könnte die Alliteration motivierend gewesen sein, weil Bildungen wie ›Gruppe Todenhöfer‹ usw. blasser sind. (Die Bildung steht auch in der Reihe ›Team x‹: ›Team Deutschland‹, ›Team Spirit‹, ›Team Schmidt‹ (Lehrer Schmidt), ›dream team‹ usw. – Hinter dem Stilmittel der Alliteration steckt die Absicht, möglichst auffällig zu sprechen und zu wirken. Was in einer alliterativen Phrase wie ›Hass und Hetze‹, ›Heimchen am Herd‹, ›Heilige und Hure‹ fest verankert ist, das bleibt in den Wechselfällen der politischen Rede bestehen. In der obigen Reihe ›Kippa, Kreuz und Kopftuch‹ (einer Broschüre entnommen) ist aber ›Kreuz‹ zwanghaft hineinmontiert, weil es keine christliche Kopfbedeckung mit ›K‹ gab… Ein Beispiel aus der Firmenwerbung: Als das Lieferkettengesetz beschlossen wurde, musste Audi darauf mit einer Strategie der Lieferkettennachhaltigkeit reagieren. In einem Video heißt es nun: ›changes in the chain‹. – Alliterationen sind so produktiv, dass sie uns täglich in großer Zahl begegnen, besonders in der Titelgebung oder wenn komplexe Sachverhalte vereinfacht werden. Man nehme das ›Banken-Beben‹ oder den ›Bau-Boom‹. Nicht nur die Bildverdichtung ist auffällig und innerhalb dieser die Dramatisierung, auch die Auseinanderschreibung (vergleichbar mit solchen Simplifizierungsformen wie ›FahrKarte‹, ›ClimatePartner‹) und somit das Herausstellen der Alliteration. Mit all dem wird ein komplexer Sachverhalt, der aber nicht erscheint, zu einem Bild; der Ausdruck selbst, durch den das Bild erscheint, wird durch die Alliteration abgesichert. Werbung und politische Rede sind die ergiebigsten Quellen für okkasionelle Bildungen: „Zeit der Zögerlichkeit ist vorbei" (Ricarda Lang, Parteitag der Grünen 2022), ›Renten statt Raketen‹ (Protestplakat), „Innenminister müssen handeln, nicht heucheln." (Alice Weidel), ›Vertrauen verdienen‹, „Wert und Würde der Arbeit" (Hubertus Heil), ›prima Preise‹, „den Bedrohten und Bedrückten" (Steinmeiers Weihnachtsbotschaft 2022) usw. Alliterationen mit Vorsilben wie ›ge-‹, ›ver-‹, ›ent-‹ usw. sind natürlich einfach zu kreieren. Insofern ist Amira M. Alis ›gekleckert, nicht geklotzt‹ stilistisch anspruchsvoller als Formeln wie ›geimpft, getestet oder genesen‹. Im Sinnfeld starker Verbundenheit finden wir mit ›Bruder‹ und ›Schwester‹ das gewohnt ungleiche Wortpaar, aber Alliterationen in der Erweiterung: ›Blutsbrüder‹ einerseits und ›Schwurschwestern‹ andererseits… – Bestimme Buchstaben werden bei der Alliteration mehr genutzt. Die Vokale und bestimmte Konsonanten sind häufiger als andere Konsonanten, etwa X oder Y, die auch sonst wenig frequent sind. Alliterationen kommen nicht einfach so vor, sondern immer mit einem Willen zum Stil. Das ist deutlich bei den Alliterationen, die wir, wenn wir sie näher analysieren, immer auch als Schlagwort kennen (›Anti-Aging‹, ›sex sells‹, ›Rentenreform‹). Die Alliteration kann als Muster auch über die Anfangsbuchstaben hinausgreifen: ›klatschen und klimpern‹, und verschiedene Laute umfassen: ›La Belle et la Bête‹. Eine Alliteration näherungsweise ist ›Dreamteam‹. Die Plosive ›d‹ und ›t‹ sind sich hinreichend ähnlich. Das auch bei ›Kriegsgräuel‹ und ›Problembär‹ sowie ›Völkerfrühling‹ und bei der Formel ›Flucht und Vertreibung‹. Vielleicht auch aus dem Geist der Alliteration motiviert: ›unabhängig – überparteilich‹ (BILD-Zeitung), denn auch ›ü‹ und ›u‹ sind sich hinreichend ähnlich (beide gerundet und geschlossen). Klangliche Alliteration auch bei: ›Vitamin well‹, ›Wunsch und Vision‹ (›v‹ und ›w‹ sind [v], das ›w‹ von ›well‹ dürfte, obschon [w], von Deutschen kaum original englisch gelautet werden). Ein so erweiterter Begriff der Alliteration würde es ermöglichen, noch weitere politisch korrekte Bildungen stilistisch zu untersuchen. – Die Alliteration ›schöner shoppen‹ schließt klanglich an die etablierten Alliterationen ›schöner scheitern‹ und ›schöner Schein‹ an. Einige Alliterationen sind aber nur Teile einer umfassenderen Reihe, etwa ›jemanden auf die falsche Fährte führen‹, der ›böse Blick‹, Freuds ›das Ich ist nicht Herr im eigenen Haus‹, das justizielle ›besondere Schwere der Schuld‹ und natürlich ›Wein, Weib und Gesang‹, ›Schirm, Charme und Melone‹. Besonders die Reihen mit drei Wörtern sind eben nicht durchgängig Alliterationen: ›unabhängig. solidarisch. stark‹ (VdK-Logo), ›Friede, Freude, Eierkuchen‹ oder ›Freiheit, Frieden und Energiesicherheit‹ (EU-Slogan) Die Alliteration ist bei solchen Reihen oft nicht durchzuhalten, so dass wir, wenn wir auf eine stoßen, von einer bewussten Bildung ausgehen können. Und wir sehen daran schon, dass der Inhalt Vorrang hat, so dass bei ›Kippa, Kreuz und Kopftuch‹ ein künstliches Bemühen auftritt, weil es statt einer Kopfbedeckung mit ›K‹ einen Gegenstand liefert. Daran müssen wir denken, wenn wir auf Sätze wie ›lieber blubbern statt belasten‹ (SodaO für Umweltschonung) oder ›lecker aufs Land‹ stoßen. Alliteration nach einem Schema: ›Bürgerbeteiligung‹, ›Betroffenenbeteiligung‹, ›Bürgerbegehren‹ (statt ›Volkswille‹). Ist es nun so, dass Alliterationen von den Korrekten häufig als Stilmittel eingesetzt werden? Meine Beispiele hier und in Hurna 2023a legen das nahe. Wenn ›Hass und Hetze‹ als fester Ausdruck zirkuliert (und das tut er, was seine Erweiterung zeigt: „Hetze, Hass und Häme" (Scharloth ebd., 240)), wenn von Feministen ›Heimchen am Herd‹ inhaltlich abgelehnt, aber als Schablone immer wieder verwendet wird, und wenn schließlich ›Cat Calling‹, ›Feinde der Freiheit‹ oder

›Demokratiedefizit‹ immer wieder auftreten, dann zeigt das die Beliebtheit der Alliteration, und wohl auch, dass man sich ihrer Vorzüge bewusst ist. Dennoch könnte man bezweifeln, dass sie besonders beliebt sind, denn diese Alliterationen zirkulieren nur, sie haben keinen Urheber, und es gibt auch viele andere Ausdrücke, die keine Alliterationen sind. Aber wir können, neben den bisherigen Belegen, auch ein konkretes Beispiel mit einem Urheber ins Auge fassen. Nehmen wir Mithu Sanyals Enthüllungsbuch *Vulva*. Von 27 Titeln (Kapitelüberschriften und Untertitel) weisen nur acht keine besonderen stilistische Eigenheiten auf (Vorgangsbezeichnungen, Eigennamen), acht besitzen einen Reim (wie ›Nackt und Akt‹), vierzehn weisen Alliterationen auf (den Anfangsbuchstaben: ›Penis und andere Pinsel‹, oder gleiche Morpheme: ›Text und Textil‹), zudem gibt es drei Überschriften, die Reim und Alliteration aufweisen (etwa: ›Schutz und Schmutz‹). Keine stilistischen Besonderheiten und Reime finden sich also jeweils zu 29%, Titel mit Reim und Alliteration zu 11%, doch reine Alliterationen finden sich zu 51%. Daran wird deutlich, dass die Alliteration beliebt ist. Man wird einwenden, es seien hier eben nur Titel, die gewissermaßen als Blickfang funktionieren. Aber Sanyal erliegt der Verführungskraft des Stilmittels Alliteration auch im Text mehrfach. Hier eine Stelle, in der sie ins Englische wechseln muss, um die Alliteration zu erhalten: „Und im Zweiten Weltkrieg zierten Pin-ups sogar die Nasen der amerikanischen Kampfflugzeuge – als ginge es bei Kriegen um cunt und country und nicht um Profit und Machtstreben." (Sanyal 2009, 97) Es wäre möglich gewesen, ›Vagina‹ und ›Land‹ zu sagen oder meinetwegen vagina und land. Sanyals „cunt" umgeht auch ihre eigene Unterscheidung zwischen Vulva und Vagina... Cunt wird unbedingt gebraucht, um mit country zu harmonieren... – Die Alliteration etabliert mit ihren zwei oder drei gleichen Anlauten oder Mittellauten (vgl. ›lebenslanges Lernen‹) einen festen Rahmen. Manchmal kommt noch der Vokalwechsel als feste Größe hinzu (vgl. ›klipp klapp‹ und ›klipp und klar‹), der die Formel unvertauschbar macht, vgl. Spitzer über Zwillingsformeln (Spitzer 1961, 85). Spitzer zitiert auch Thurau (ebd. 95) zur festen Fügung der Alliteration. Thurau sagt, das deutsche ›singen und sagen‹ sei der „auch durch seine Alliteration für den Kampf im Sprachleben besser ausgestattete Ausdruck" (Thurau 1912, 22) als ›chanter et dire‹. Der Gedanke der Festigkeit durch Formelhaftigkeit, realisiert durch Stilmittel, hier also der Alliteration, ferner auch durch Vokalwechsel nach festen Prinzipien, ist also sehr alt, dennoch ist er noch immer nützlich. Wenn wir die vielen Alliterationen der

Gutsprecher untersuchen, dann können wir sehen, dass einige Formeln aus der jüngeren Vergangenheit stammen und sich gut gehalten haben, und dass sicher viele wegen ihrer Formelhaftigkeit überleben werden. Die starren (visuellen und klanglichen) Konstruktionen lassen sich als Schlagworte gebrauchen und bleiben daher besonders fest im Gedächtnis. Die dämliche Frage: ›Kind oder Karriere?‹ muss unbedingt eine Alliteration sein, warum nicht ›Nachwuchs oder Beruf?‹? Die Antwort ist leicht: ›Kind oder Karriere‹ ist Schlagwort. Innerhalb des SWAT-Bewertungssystem von Unternehmen finden wir als zwei grundsätzliche Kategorien: ›harmful‹ und ›helpful‹. Auf der Flipchart oder auf einer Webseite ist es didaktisch günstig, einen Gegensatz durch Alliteration doch irgendwie zu verbinden. – Meine Auffassung ist, dass Alliterationen dort vorkommen, wo sie eine Alternative sind zu anderen Ausdrücken, wo sie Griffigkeit entwickeln und den Inhalt gut verschlagworten. Andere Aspekte sind möglich: Versinnlichung durch Gleichklang, visuelle Einprägsamkeit und Erinnerungsstütze. So ist ›gut und günstig‹ eine dominante Alternative zum möglichen ›gut und billig‹. Daher ist auch ›Horrorhaus von Höxter‹ besser als alle anderen Möglichkeiten, um Tatort und emotionale Rahmung zu verbinden. Der Leser kann anhand dieser Aspekte die Alliteration von ›Artists against antisemitism‹ (kombinat79) selbst untersuchen. Deutsche Künstler weichen extra auf das Englische aus, um die Alliteration zu erzielen. ›anrufen und abholen‹ und ›click & collect‹ liefern eine leichte Orientierung über Abläufe. Sie bieten Kürze, Bündigkeit und formelhafte Abgeschlossenheit zu einer Informationseinheit. Sucht man nach politisch korrekten Statements oder Aktivistensprüchen auf Plakaten, findet man aus diesem Grund oft Alliterationen: ›Solidarität macht stark‹… Die Alliteration gehört zum Formelgut unserer Sprache und so ist sie auch bei den Korrekten beliebt. Sie wird angewendet, wenn es gelingt, durch sie Begriffe für den „Kampf im Sprachleben" fit zu machen. Ebenso, um zu verschlagworten (›Banalität des Bösen‹), zu verbildlichen (›Schweigespirale‹) oder einen Sinnbereich in bestimmter Aufmachung (›sanft und sicher‹) zu markieren. Entlehnte Alliterationen werden dankbar aufgenommen (›wild west‹: ›Wilder Westen‹), aber nicht zwingend, denn ›bloody beginner‹ wird im Deutschen zu: ›blutiger Anfänger‹, nicht ›blutiger Beginner‹. Gerade für das aktionistische Gutsprech kann man sagen, dass englischsprachige Alliterationen beliebt sind.

Sprachleben, Sprachkampf: Evolutionäre Bedingungen

Thurau spricht vom „Kampf im Sprachleben", die Korrekten sagen, dass es Veränderungen in der Sprache schon immer gab und daher Eingriffe gerechtfertigt seien, und die Linguisten wissen um einige Prozesse der sprachlichen Evolution. Es kann deshalb nicht schaden, hier ein Stück unverhüllt spekulativer Philologie zu bieten, um zu verstehen, warum sich die Korrekten so viel Mühe machen, Schwemmausdrücke zu bilden, und mit stilistischen Merkmalen versuchen, Ausdrücke, und damit ihre Ideen, dauerhaft zu etablieren. ›Sprachleben‹ und ›Sprachkampf‹ klingen dabei irgendwie altertümlich (jedoch nennt Lobin sein Buch: *Sprachkampf*) und dass Ausdrücke einem evolutionären Selektionsdruck unterliegen, dürfte einigen ›biologistisch‹ anmuten. Das Sprechen über Sprache selbst wird von den Korrekten ja oft kontrovers aufgefasst. Sie beharren darauf, dass es ›Indoeuropäische Sprachen‹ heißen soll statt ›Indogermanische Sprachen‹, aber selbstverständlich haben sie Unrecht. Oder: Wir benutzen heute standardmäßig ›Wortfamilie‹. Das alte ›Wortsippe‹ hat für so manchen negative Anklänge wegen ›Sippe‹, aber nicht nur der Nationalsozialist Porzig verwendet das Wort, sondern auch der Antifaschist Klemperer. Es geht hier also um Kriterien der Selektion, die verständlich machen, warum Gutsprecher und Korrekte laufend Alliterationen und andere auffällige Ausdrücke und Schlagworte fabrizieren oder warum sie uns mit Klima-x-Ausdrücken oder Grün-x-Ausdrücken bombadieren. Zunächst wäre zu diskutieren, ob es um Bezeichnungswandel oder um Sachwandel geht. Offenkundig stirbt ein Wort aus, wenn es nicht mehr verwendet wird, wenn es die Sache, die es bezeichnet, nicht mehr gibt. Das ist aber seltener der Fall, denn wir sehen häufiger, dass der Ausdruck einer bleibenden Sache wechselt. Die Linguistik kennt zahlreiche Gründe dafür. Wandel tritt überdies ein, wenn sich Wortsippen umgestalten. So manches Wort verliert die Anbindung an seine Wortfamilie. Für das vorliegende Buch sind diese Phänomene aber zu weitläufig; ich möchte mich daher an einigen Merkmalen von Worten selbst orientieren und zwar an solchen, die die stilistische Verkleidung betreffen. Diese kann freilich tief in den Bau des Ausdrucks (Wort oder Phrase) hineinreichen. Sie betreffen also das Wortdesign bzw. das Phrasendesign. (Die das Überleben förderlichen Strukturen, die über das Design des Ausdrucks hinausgehen, wird der Leser leicht identifizieren.) Für das evolutionäre Überleben eines Ausdrucks spielen verschiedene, ja sogar gegenläufige Gründe eine Rolle.

Wäre es nicht so, könnte man nicht von einem evolutionären Prozess sprechen. Freilich ist das Sprachleben der Worte nur ein Schatten der wirklichen, tatsächlich statt habenden Sprechpraxis der Menschen, aber das Ausdrucksdesign kann auch auf diese Praxis zurückwirken. Wir können uns also wirklich auf Designmerkmale beziehen. Die Silbenkürze ist so ein Merkmal. Sie spielt eine Rolle bei Partikeln und Morphemen, bei Lexemen aber ebenfalls, auch wenn die Sprache lange Lexeme kennt mit einer übermäßig hohen Silbenzahl, die auch lange Zeit bestehen. Dennoch liegt, angesichts verschiedener Kürzungsphänomene, das Gewicht klar auf Silbenkürze. Für das Überleben von Morphemen spielt neben der Silbenkürze die Unbetontheit eine Rolle (während diese bei Lexemen eher das Aussterben begünstigt). Auch die semantische Blässe spielt eine Rolle, vgl. etwa den Vorgang der Funktionalisierung (Lexem ›Weg‹ => Präposition ›wegen‹). Kürze, Blässe und Unbetontheit lassen sich für Morpheme als Glattheit (oder Griffigkeit) zusammenfassen. Morpheme, besonders funktionale wie Konjunktionen, Präpositionen etc., sind unabhängig von Soziolekten und Fachsprachen, während bestimmte Lexeme manchmal nur in diesen konserviert und am Leben gehalten werden. Besonders Funktionalisierung sichert das Überleben, denn auf Präpositionen, Präfixen, Suffixen und Modalpartikel (auch wenn diese fakultativ sind, sind sie doch gefällig) kann eine Sprache nicht verzichten. Für Lexeme spielen relative Länge, die Dynamik, der Klang, der interne Bildreichtum, der Informationswert, die Eingebundenheit in eine möglichst große Wortfamilie (mit vielen Ableitungsmöglichkeiten in andere Wortarten) eine Rolle. Auch eine hohe Anzahl von Anschlussstellen für Prä- und Suffixe, also Spezifizierungen, können das Überleben gewährleisten. Manche Lexeme überleben nur in Formeln und Sprichwortgut, in Fachsprachen, Varietäten und Soziolekten. Das spielt auch eine Rolle bei der Unterdrückung von Lexemen durch die Korrekten, denn ›Fräulein‹ (eingebunden in die Familie um ›Frau‹ und in die Funktionalisierung mit ›-lein‹), aber auch ›Neger‹, ›Zigeuner‹ usw. werden uns sicher erhalten bleiben. ›Inuit‹ und ›Inuk‹ sind gegenüber ›Eskimo(s)‹ sogar angreifbarer als ›Eskimo‹, weil ›Eskimo‹ mit ›Eskimokajak‹ und ›Eskimosalto‹ eingebundener ist als ›Inuit‹. Schon der Umstand, dass politisch Korrekte auf die Richtigkeit von ›Inuk‹ (Singular) und ›Inuit‹ (Plural) bestehen, dem gegenüber das Deutsche mit *gleitender Pluralbildung* ›Eskimo‹ => ›Eskimos‹ steht, begünstigt den Erhalt von ›Eskimo‹. Phraseme beinhalten nicht nur Ausdrücke, die in einer Formel fitter sind, sondern sie sind selbst gut ans Sprachleben angepasst. Phraseme werden gesichert durch Konvention, durch ihre Binnenlogik, durch ihre Beliebtheit als kulturelle Einheit. Die Korrekten, die ›Nein heißt nein‹ oder ›Wer schlägt, der geht‹ erfinden, wissen, dass ein griffiger Ausdruck förderlich für eine Sache ist. Das müsste geprüft werden anhand von wirklich ausgestorbenen Wörtern wie ›Antlitz‹, die Sippe um ›Eidam‹, ›Muhme‹ und ›Oheim‹, ›Albiz‹ (Schwan) ›sintemal‹ oder ›dero‹. Umgekehrt können wir, vor allem für Lexeme, einige Merkmale mit Bestimmtheit auf ihre Angepasstheit beziehen (wobei die Satzfitness noch gesondert zu betrachten wäre): Man bildete das dynamische ›Blitzkrieg‹ im Unterschied zum ›Schnellkrieg‹, obwohl ›Blitzkrieg‹ nur ein ›schneller Vorstoß‹ meint, aber so schnell wie ein Blitz eben. Das ist nun ganz unrealistisch und dick aufgetragen. Die interne Bildlichkeit, ja man kann sogar sagen: Dramaturgie dieses Ausdrucks festigte ihn. ›Blitz‹ ist bildstark und mit der Übertreibung gehört ›Blitzkrieg‹ zu den typisch militärischen Begriffen. Heute sagen wir ›Kurzurlaub‹ und nicht ›Schnellurlaub‹. Der Urlaub kann quantitativ kurz sein, er muss aber qualitativ extensiv sein, daher verbietet sich ›Schnellurlaub‹. ›Quicki‹ dagegen als Ausdruck für schnellen Sex lassen wir uns gefallen. Der Ausdruck ist nur halb verhüllend, ›Quicki‹ quietscht sogar ein bisschen und die i-Verniedlichung tut ihr Übriges. Diese drei Ausdrücke sind für das Sprachleben aufgrund verschiedener Strategien gut angepasst: Bildreichtum, Kürze, Informationalität und Klang sind einige Aspekte ihres Designs. Tentativ wird man behaupten können, dass ›Bimbo‹ ein nicht totzukriegendes Wort ist, weil es eine innere Gefälligkeit aufweist, wie andere Klangwörter (›Bimbam‹). Das von Feministen monierte ›Zicke‹ gehört zur großen Klasse der Tier-Pejorative (›Sau‹, ›Schnepfe‹, ›Esel‹, ›Hornochse‹ usw.) und ist beliebt, aber es hat auch den Klanghintergrund von ›Zicke Zacke‹, ›Zacke‹ etc. ›Neger‹ hängt an der starken Wortfamilie: ›Negro‹, ›Nigger‹ usw., aber auch an der noch stärkeren Sinnfamilie: ›Mohr‹, ›Schwarzer‹, ›Farbiger‹, ›PoC‹, zu der die Korrekten nun ›N-Wort‹ hinzugefügt haben… Welche Überlebenschance hat ›ens‹, das von Lann Hornscheidt in die Welt gesetzte Neopronomen? Es soll Binnelaut von ›M*ens*ch‹ sein, aber die Sprache kennt es auch als Auslaut: ›erstens‹, ›zweitens‹, ›drittens‹ usw. Aber auch ohne diese Festigung in den Morphemen sagen die Kritiker schon: ›das Ens‹. Also haben wir ab ovo den typischen Vorgang, dass manche das Wort positiv, andere das Wort negativ gebrauchen. Also wird es sich wohl auseinander entwickeln, wenn es in sondersprachlichen Kontexten erhalten bleibt. – Folgende

Ausdrücke entstammen dem Lexemverband ›Putzfrau‹ und sind nach der Silbenanzahl sortiert:

Putze	familiärer Stil
Putzfrau	Normalstil
Putzhilfe	Anzeigenstil
Raumpflegerin	korrekter Stil
Reinigungskraft	formeller Stil

Zu sagen, dass kurzsilbige Wörter im Sprachleben besser ausgestattet sind, wäre zu einfach. Alle Ausdrücke haben auch ihr jeweiliges Gebiet, in dem sie gepflegt werden; nur ›Putzfrau‹ scheint mir übergreifend verwendet zu werden. Gerade dieses wird von den Korrekten abgelehnt und durch ›Raumpflegerin‹ ersetzt, aber auch die Bildungen des formellen Stils und des Anzeigenstils können korrekterweise verwendet werden. Abwertende Konnotationen haben nur die ersten beiden; gerade diese scheinen mir aber aus vox populi zu stammen. Ich glaube, dass der Leser nachempfinden kann, dass außer den ersten beiden Bildungen alle anderen von den Korrekten bevorzugt werden, dass aber die erste beiden Ausdrücke viel einfacher, ja eingängiger sind.

Einige Irrtümer über Frauen (sachlich und sprachlich)

Am besten fasst man Frauen und Männer als *ein* Lebewesen auf, das getrennt existiert. Sprachlich kann man von ›Gegenstücken‹ sprechen, nicht von ›Gegensätzen‹, wie es Feministen (vgl. ›Differenzfeminismus‹) tun. Frauen und Männer unterscheiden sich in Wenigem, auch wenn dieses Wenige wichtig werden kann. (Obschon Alice Schwarzer von einem „kleinen Unterschied" mit „großen Folgen" spricht, will sie doch, dass das „biologische Geschlecht" nur ein „Faktor ist von vielen" (Schwarzer 2004, 15)) Man muss das, was beiden Geschlechtern gleich ist, ins Auge fassen, also körperliche und psychologische Gemeinsamkeiten (Fitness oder soziale Appetenz). Die Körper von Frauen mögen kleiner und zierlicher sein, sie sind ebenso robust wie die von Männern. Frauen können ebenso belastet werden, im Normalfall wie auch im Falle einer Schwangerschaft. Im Sozialverhalten können Frauen genauso aggressiv oder vulgär sein wie Männer; dass sie es weniger sind heißt nicht, dass sie es nicht können. Frauen haben Interesse an Sex und Lust am Sex, sie können ebenso den aktiven Part übernehmen wie sich hingeben. Dass Frauen körperlich dazu gemacht sind, schwanger zu werden und sich um Kinder zu sorgen, heißt für die einzelne Frau nicht, dass sie es muss oder dazu verdammt sei. Es ist falsch zu glauben, im Können liege auch ein Müssen. Man sagt, der Mann werbe um die Frau und die Frau wähle. Andere sagen, der Mann wähle, indem er sich nehme, was er wolle. Wieder andere sagen, die emanzipierte Frau wähle ebenso wie die unterdrückte Frau, ja sogar noch strenger. Man behauptet dann auch: Frauen wählen heute nicht nur den Partner innerhalb einer bestimmten gesellschaftlichen Lebensweise, sondern sie wählen heute diese Lebensweise, und damit all die bekannten emanzipatorischen Formen – zur Frustration der Männer. Das alles ist falsch. Gleichgültig in welcher Lebensform, ob emanzipiert, liberal und frei oder nicht, wählen sich die Geschlechter immer gegenseitig (vgl. mit überzeugenden Argumenten: Junker / Paul 2010, 75), und dem biologischen Design der Menschen ist es auch gleichgültig, unter welchen politischen Bedingungen die Wahl stattfindet, ob sie auf Geschlechtsstereotypen beruht oder auf freiheitlichen, emanzipatorischen Vorstellungen. Man sagt, die Frau sei ›Sexobjekt‹. Man muss nur den Begriff ändern, um einen anderen Blick zu gewinnen: die Frau ist auch ›Sexsubjekt‹. – Die Korrekten benutzen gerne den Ausdruck ›Partner‹ (statt ›Gatte‹, ›Liebhaber‹, ›Geliebte‹, ›Liebchen‹ usw.) und auch die damit verbundenen Ausdrücke wie ›Partnerschaft‹, ›Lebensabschnittspartner‹ (Nähe zur Kollegialität), ›Partnerschaftlichkeit‹ und umgehen damit den Ausdruck ›Paar‹ und die Vorstellung, Mann und Frau bilden ein Paar. ›Paar‹ ist romantisch, ›Partner‹ ist bürokratischer und geht auch für homosexuelle Verbindungen, ebenso für das, was Beziehungstherapeuten heute ›Polyküle‹ nennen. – Frauen beklagen sich, der Sex sei ›mechanisch‹. Doch offenkundig kann Sex nur organisch sein; Reiben und Stoßen, in vielen feministischen Romanen als mechanisch und gefühllos deklariert, sind der natürlichste und organischste Vorgang und für den (meist kurzen) Vollzug typisch. Dass genau das eine Quelle von Lust für die Frau ist, wird kaum thematisiert. Dass Sex die Frau unglücklich macht bzw. unbefriedigt lässt, kann man nicht gerade behaupten. Beliebt ist die Mär, dass Frauen (bei Entjungferung, Vergewaltigung, aber auch bei normalem Sex) neben sich stehen und sich von außen beobachten (filmisch bearbeitet von François Ozon in *Jung & Schön*). Sie werden also *entfremdet*. Alle Wörter, die man zu diesem Thema findet, sind stets dieselben: ›Entfremdung‹, ›Depersonalisation‹, ›Traumatisierung‹, ›Kreisen der Gedanken‹, ›Verunsicherung‹ usw. Nun ist es nicht ungewöhnlich, dass zu einem bestimmten Sachfeld auch ein bestimmtes Vokabular gehört. Aber ein begrenztes Vokabular führt zu einer begrenzten Erfassung der Sache. Das gilt übrigens für alle politischen Themen der politisch Korrekten. – Die Rede von der ›Verunsicherung‹, die man in Debatten um Sex, um den Umgang mit Frauen, um mangelnde Straßenbeleuchtung und öffentlicher Raum hört, unterstellt, dass Frauen labil und schwach sind. Sie ist ebenfalls sexistisch. Findet man, Frauen seien stark, unabhängig und aktiv (worin sie sich vom Mann nicht unterscheiden), dann hat die Rede von ›Verunsicherung‹ keine Grundlage. Je labiler Frauen erzogen werden, umso stärker können externe Lösungen für ihre Sicherheits- und Gefühlsprobleme angeboten werden. Die Frau ist dann angewiesen auf Wen-Do-Kurse, abendliche Straßenbeleuchtung, Rapex, Pfefferspray, Safe Shorts, starke Beschützer, Polizei (der gute Teil der bösen Männer), Frauenhäuser, einen großen Justizapparat usw. Zur Verunsicherung dürfte die allgemeine Rede von einer flächendeckenden ›rape culture‹ beitragen. Sie ist dann auch Schablone für die Wahrnehmung der Frau. So wird der Mann, der in einer unbeleuchteten Unterführung in dieselbe Richtung geht wie die Frau, zum Verfolger oder zum bedrohlichen Täter. Diese Art von Täterschaft wird dann von Feministen angegriffen, die betonen, dass die meiste Gefahr für Frauen doch von Tätern in persönlichen Beziehungen ausgeht. Letztlich verstärken sich beide Annahmen: Man kann durch eine künstliche Kontroverse die jeweiligen möglichen Tatorte und Täter im Bewusstsein halten. Man will auch hier nichts abschließend erforschen und man meidet die Wahrheit, falls es eine gibt. – Frauen waren in den letzten Jahren die bevorzugte Gruppe für begünstigende Strafrechtsverschärfungen. Diese sind auch durch Veränderungen in der Begrifflichkeit zustande gekommen. ›Vergewaltigung‹ wurde durch den vagen Begriff ›sexueller Übergriff‹ ersetzt. ›Vergewaltigung‹ war aber ein treffendes Vorgangsnomen, es war zwar auch Abstraktion von Gewalt, aber immerhin denotativ. ›Sexueller Übergriff‹ ist dagegen konnotativ; das Sexuelle wurde zum Beiwort abgeschwächt – eine nicht ganz überlegte Folge der Verallgemeinerung der Tathandlung. ›Vergewaltigung‹ wird in den Paragraphen 177 und 178 StGB als Wort nur noch mitgeschleppt. – Problematisiert wird die ganze Attraktivität von Männern und das Werbeverhalten. Wir haben keine erotische Kultur, jedenfalls keine öffentliche erotische Kultur. Man hat auch gar nicht mehr den Zusammenhang von Erotik und Nichterorik auf dem Schirm: Kommt die Erotik ins normale Leben, ist sie Würze, kommen Teile des normalen Lebens in eine erotische Situation, wirken diese Teile als Treiber (das können, müssen aber nicht Fetische sein). Indem man die Erotik aus dem öffentlichen Leben verbannt und privatisiert, entledigt man sich auch einer öffentlichen Trainingsstätte für Werbeverhalten und Kultivierung. Von einem kultivierten Mann geht viel weniger Gefahr aus als von einem unkultivierten Mann. Natürlich gibt es Rudimente des Erotischen – wir finden ja überall die halbnackte, laszive Frau oder den halbnackten Mann, wenn etwas verkauft werden soll. Es gibt aber keine Wertschätzung für das Erotische an sich. Das Erotische, das Körperliche auf Samtfüßchen, wird mit dem Pornografischen zusammengeworfen, was beide nicht verdienen. Die politische Korrektheit wirkt auf das Erotische wie eine Gouvernante. Doch ich habe nicht den Eindruck, dass Frauen sich wohler und freier fühlen, weil es keine erotische Kultur mehr gibt. Die moderne Frau will keine „stimmgewaltige Vulva" (Sanyal) und sie will unbehelligt bleiben vom Schreifeminismus und von der Politisierung ihres Geschlechts. Eine kultivierte Frau hat auch keinen Vorteil, wenn Männer ihre Attraktivität verlieren, denn eine solche Frau sucht die Erotik, will sie, begrüßt sie. – Der Feminismus hat den Anspruch an Frauen erhöht. Immerhin sollen sich Frauen ihrer Unterdrückung bewusst werden, für ihre Rechte kämpfen (noch stärker: ihre Rechte erkämpfen) und alles, was sie tun oder sind, an den Männern ausrichten (gleiche Bezahlung, Arbeit, Freiheiten). Der Mann ist zum *impliziten Zentrum* für die Frau geworden, wieder ist er der Maßstab für die Frau, obwohl der Feminismus das Gegenteil bezweckte. Es wird beklagt, dass Mädchen kein Interesse für Männerberufe zeigen; ein Mädchen will von sich aus keine Ingenieurin werden, also muss es Ingenieurin werden. Es wird auch alles dazu getan, damit sein Sehnen und Trachten in diese Richtung geht. Eine Frau will bei ihrem gewalttätigen Ehemann bleiben. Sie darf es nicht. Sie muss ihn verlassen, man bewirft sie mit Objektivitätsbrocken, damit sie erkennt, dass sie sich selbst schadet. Doch die Partnerwahl generell ist liberal und man muss alle subjektiven Entscheidungen akzeptieren. Entscheidet sich eine Frau für den größten Schwachmaten, so ist es ihre freie Entscheidung, alles applaudiert und es gibt keine objektiven Gründe gegen die Liebschaft, denn wer wollte sich schon anmaßen, jemanden einen Idioten zu nennen? – Gehen wir über in den kulturellen Bereich: Frauen sollen ›offen und ehrlich‹, ›schonungslos‹ und ›radikal‹ über ihr Leben schreiben. Vorbild sind hier die vielen Frauen, die über ihr Frausein schrieben oder über Männer oder in bedrückenden Zeiten über autoritäre Regime, über das

Leid der Kriege, über Selbstständigkeit, über Kinderlosigkeit oder Kinder (aber nicht über ›Mutterfreuden‹), über neue Freiheiten usw. Auch hier geht es um Subjektivität, die Perspektive einer Frau auf die Welt, doch unter der Hand wird plötzlich diese einmalige Subjektivität zum Muster, und nicht mehr Virgina, Benoîte, Simone oder Marguerite schreiben, sondern die FRAU schreibt. Es geht gar nicht mehr darum, was Emily Brontë als Individuum, als Angehörige einer Zeit, Klasse, Rasse, eines Milieus oder Landes usw. schrieb, sondern nur, was sie als FRAU schrieb. Als bildende Künstlerin soll eine Frau sich ausdrücken, aber zugleich wird sie in ihrer Kunst eingesperrt – man bewundert an Niki de Saint Phalles Kunstwerken nur ihre Farben und Formen, an Frida Kahlo nur ihre Selbstporträts, ebenso ihre Farben. Überhaupt kommt man aber vom Werk weg. Die größte Gefahr für eine Frau ist heute das Biopic. Die vielen Filme über Künstlerinnen, Tänzerinnen, Königinnen, Schauspielerinnen, Politikerinnen, Forscherinnen, Autorinnen usw. entfernen uns vom jeweiligen Werk, indem die Person das Werk überstrahlt. Übrigens: Meistens ist die Werkleistung nicht individuell, nicht ingeniös. Vor allem Bücher sind eingebunden in zeitgenössische Debatten; man findet bei Simone de Beauvoir viel Neues, aber auch viel Zeitgenössisches, insofern verbietet sich eine Heraushebung Beauvoirs als individuelle Autorin. Das große Problem, gerade bei diesem exzellenten Geist, ist, dass die Verfechter, Fans und Follower, Multiplikatoren, Nachschreiber und Nachbeter (wie Julia Korbik) niemals die gedankliche Höhe dessen erreichen, was Beauvoir schrieb. Und natürlich meiden die Fans auch die Abgründe, in die Beauvoirs Geist stürzte (als sie Lynchjustiz an den Kollaborateuren forderte). George Sand ist bei den Feministen gut gelitten? Aber wie ist es mit ihrer Passage über mallorquinische Juden, die man antisemitisch deuten kann? Immerhin: „Der Jude ist unerbittlich, aber geduldig. […] [D]enn er verfolgt sein Ziel mit teuflischem Genie." (Sand 2022, 186) Er nimmt die malloquinischen Grundbesitzer aus und treibt sie in die Armut… Aber was nun, wenn George Sand eine authentische Beobachterin ist, für die sie alle halten, wenn es um Kunst und Kultur geht? Man sieht, man kann nicht beides haben, die glaubwürdige, ja authentische Zeitzeugin und die von Vorurteilen freie Beobachterin. Frauen sollen Geist haben und Geist sein, je geistiger, um so besser. Je mehr Geist und weniger Körper, umso mehr Macht des Geistes und weniger Erotik des Körpers, die ja ohnehin nur an fragwürdige Dinge bindet. Aber der Geist ohne andere Qualitäten, ja ohne Körperlichkeit, ist ein Unding. Die Feministen wissen das auch.

Die moderne Frau ist geistig, ja intellektuell, sie ist auch sinnlich, aber nur dann, wenn sie es sein will. Eigentlich ist der Wille das Vorherrschende. Man sagt: Eine Frau erreicht alles, wenn sie nur *will*. Die Frau soll sagen, dass sie entscheidet – Lebensführung, Partnerschaft, Arbeit, als ob es keine gesellschaftlichen Zwänge gäbe. Wenn sie ihre Entscheidung trifft, ist die Entscheidung ohnehin falsch; denn die Frau ist noch nicht genügend aufgeklärt. Wenn sie sich für Kinder entscheidet oder für eine sozial erfüllende Arbeit, dann ist sie aus Sicht der Korrekten doch wieder nur ›präfeministisch‹. – Kommen wir zum Abschluss zu einigen Irrtümern über die Biologie der Frau. Feministen hadern mit den Naturwissenschaften; naturwissenschaftliche Tatsachen werden als ›biologistisch‹ und ›reduktionistisch‹ qualifiziert. Wieder sind es bewertende Wörter, die bei den Argumenten der Korrekten eine große Rolle spielen. Tatsächlich wird immer die Frage aufgeworfen, was eine Frau sei. Darüber beklagte sich schon Beauvoir und die Klage ist berechtigt. Was eine Frau (und entsprechend ein Mann) ist, lässt sich nicht ohne Bezugssystem angeben. Für die Kritiker der politisch Korrekten definiert sich eine Frau über ihre Chromosomen. Aber dann vergessen sie, die Biologie als Bezugssystem anzugeben. Die Korrekten und die Feministen sagen, die Frau sei durch soziale Rollen definiert. Ändern wir die Rollen, ändern wir das, was eine Frau ist. Tatsächlich hat uns der Feminismus die Augen geöffnet für die vielen unterdrückenden sozialen Rollen, in die man Frauen zwang. Aber leider verweigert derselbe Feminismus die Anerkennung, dass es sozial unterdrückende Rollen auch für den Mann gab und gibt. Wie auch immer, das Bezugssystem sozialer Rollen ist offenbar die Gesellschaft mit ihren Ansprüchen, nicht nur an die zwei Geschlechter, sondern auch an Kinder, Alte, an Individuen je nach sozialer Schichtung und Entwicklungsphase. Deshalb kommt den unterdrückenden Frauenrollen kein extravaganter Status zu. Eine Frau ist also multiperspektivisch durch eine Vielzahl an Bezugssystemen gegeben; Biologie und Gesellschaft spielen eine Rolle sowie viele andere Aspekte des Lebens. Man kann sie ändern, doch es ist die Frage, ob das etwas bringt. Jedenfalls: Was eine Frau ist, lässt sich angeben, dennoch muss jedes Individuum entscheiden, welches Gewicht die eigene Geschlechtlichkeit hat. Die folgenden Irrtümer über die Biologie, die ich Desmond Morris entnehme, sind nur die Spitze des Eisberges von klassischen und neueren Irrtümern über die Biologie der Frauen (in Bezug auf das Thema Unterdrückung). Ich nenne sie, weil sie bei Morris so herrlich durcheinandergewürfelt erscheinen. Viele Irrtümer über Frauen sind sprachlich bedingt. Oder genauer: Sachirrtümer und sprachliche Irrtümer gehen Hand in Hand. Einige Irrtümer bei Morris gehen darauf zurück, dass er oberflächliche, morphologische Ähnlichkeit und dann auch noch sprachliche Ähnlichkeiten sieht, so wenn er behauptet, dass die Lippen der Frau die Schamlippen nachahmen, was obendrein noch dadurch bewiesen werde, weil beide denselben Begriff, nämlich „Labia" (Morris 2006, 89) hätten. Dass auch Männer Lippen haben, aber keine Schamlippen, wird gar nicht berücksichtigt. Die Schulter der Frau soll laut Morris aufgrund ihrer paarigen Kugeligkeit sexuell anziehend sein, weil es eine Nachahmung der Brüste, aber auch der Knie sei (ebd., 117). Die Brüste der Frau wiederum sollen „zwei imitiert[e] Gesäßbacken (ebd., 151) sein, die also dieselben „Signale" aussenden. Was für eine Topologie! Man sieht hier das Denken in Analogien am Werk. Es ist unwissenschaftlich, wenn sich Biologie auf solche oberflächlichen Analogien einlässt. Worte werden auch über exakte Mathematik gestellt. So schreibt Morris über Signale, die weibliche Lippen mittels Grundeinstellungen hervorbringen können: „Die wechselnden Stimmungen bringen die Lippen in vier Grundstellungen: offen oder geschlossen, vorstehend oder eingezogen, nach oben oder nach unten gerichtet, angespannt oder locker. [Also sind es doch acht Grundpositionen...] Unterschiedlich miteinander kombiniert, sorgen diese vier [acht] Bewegungen für eine enorme Bandbreite oraler Ausdrucksformen." (Ebd. 98f.) Es sind aber nur 22 Kombinationen, wenn wir sogar mit acht Kombinationen arbeiten (wobei wir die, die sich aus binärer Opposition ergeben, abziehen). Bei 22 Kombinationen würde ich nicht von ›enorm‹ sprechen. Oder: Die Lotusfüße des alten China deutet Morris so, dass die Frauen damit „buchstäblich außerstande [waren], ihren Ehemännern davonzulaufen" (ebd., 252). Und wenn sie sich mit einer Riksche wegfahren ließen? Wir sehen hier bloße Wortassoziationen am Werk (›davonlaufen‹), um irgendwelche Behauptungen über wirkliche Motive der Tradition aufzustellen. Im Übrigen ist noch jede so bizarre Bodymodifikation in liberalen Gesellschaften okay, während sie in traditionellen Gesellschaften, die schwerlich mit heutigen Lebensweisen vergleichbar sind, natürlich unbedingt ein Instrument der Unterdrückung waren... – Ein Sachfehler liegt vor, wenn Morris schreibt: „Er [der Venushügel] befindet sich direkt über den Schamlippen, und seine Aufgabe besteht darin, während heftiger Geschlechtsakte das Schambein gegen die Stöße des männlichen Körpers abzufedern." (Ebd., 208) Hier wird implizit nur an die Missionarsstellung gedacht, wo das Schambein des Mannes auf das der Frau trifft, doch bei anderen Stellungen wird gar kein Druck auf diese Region ausgeübt. Da die Missionarsstellung nicht die natürlichste Art und Weise der Kopulation ist, können wir nicht annehmen, dass sich der Venushügel als eine Art Schutz herausgebildet hat. – Ich möchte noch auf den Vorwurf eingehen, die Frau werde (im Alltag, in der Geschichte usw.) unsichtbar gemacht oder falle dem Vergessen anheim. Ein Beispiel für Unsichtbarmachung der Frau wäre die in Geschichtsbüchern behandelte Ermordung von Franz Ferdinand von Österreich, wo Sophie Chotek, Herzogin von Hohenberg, in der Regel nicht oder nur beiläufig erwähnt wird. In der zeitgenössischen Publizistik wurden jedoch beide erwähnt. Man kann beklagen, dass Sophie heute in Geschichtsbüchern übergangen wird, aber Clara Schumann wird auch übergangen und Hatschepsut wird zugunsten von Kleopatra übergangen. Gewöhnlich jedoch wird Sophie Scholl gegenüber anderen Mitgliedern der Weißen Rose *hervorgehoben*. Es handelt sich in den meisten Fällen nicht um ein Beschweigen oder Unsichtbarmachen, wenn es um Frauen geht, sondern um einen Fokus, und der kann je nach Interessenlage wechseln. Der Vorwurf, dass Frauen unsichtbar gemacht werden, kann nur dort eine Rolle spielen, wo sie potentiell namentlich bekannt sind, und das sind sie durch eine Leistung oder Stellung innerhalb der Gesellschaft. Wo Frauen namentlich nicht bekannt sein können, also wirklich anonym bleiben, teilen sie dieses Schicksal mit den unbekannten Männern.

Einige Irrtümer über Männer (sachlich und sprachlich)

Feministen geht die Erstnennung des Mannes auf den Keks. Beispiele in der Grammatik: ›er, sie, es‹, im alltägliche Reden: ›Vater, Mutter, Kind‹, bei Stellenanzeigen: ›m, w, d‹. Der Ehemann wird in Formularen noch heute vor der Ehefrau genannt. Wir können das Ungemach der Feministen noch vergrößern: Es gibt eine *dominante Erstnennung* des Mannes in Titeln von Märchen und Fabeln (mit nur wenigen Ausnahmen), wenn es um Männer und Frauen, oft um Liebespaare geht. Hier Titel aus den *Metarmorphosen* von Ovid: ›Deukalion und Pyrrha‹, ›Narcissus und Echo‹, ›Pyramus und Thisbe‹, ›Athamas und Ino‹, ›Cadmus und Harmonia‹, ›Perseus und Andromeda‹, ›Pluto und Proserpina‹, ›Tereus, Procne und Philomela‹, ›Boreas und Orithyia‹, ›Iason und Medea‹, ›Cephalus und Procris‹, ›Nisus und Scylla‹, ›Theseus und Ariadne‹, ›Philemon und Baucis‹, ›Erysichthon und Mestra‹, ›Orpheus und Eurydice‹, ›Cerastae und Propoetides‹, ›Venus und Adonis‹ (Ausnahme!), ›Hippomenes und Atalanta‹, ›Laomedon und Hesione‹, ›Peleus und Thetis‹, ›Daedalion und Chione‹, ›Ceyx und Alcyone‹, ›Acis und Galatea‹, ›Scylla und Glaucus‹ (Ausnahme!), ›Glaucus und Circe‹, ›Macareus und Circe‹, ›Picus und Canens‹, ›Pomona und Vertumnus‹ (Ausnahme!), ›Iphis und Anaxarete‹. In den *Fabeln* von La Fontaine: ›Daphnis et Alcimadure‹, ›Le Mari, la Femme, et le Voleur‹. In Grimms *Kinder- und Hausmärchen*: ›Brüderchen und Schwesterchen›, ›Hänsel und Gretel‹, ›Von dem Fischer und seiner Frau‹, ›Der Frieder und das Katherlieschen‹, ›Jorinde und Joringel‹ (Ausnahme), ›Der Teufel und seine Großmutter‹, ›Die schöne Katrinelje und Pif Paf Poltrie‹ (Ausnahme). In Boccaccios *Decamerone* gibt es häufiger Ausnahmen. Die Geschichten, in denen im Titel der Mann zuerst erwähnt wird, betragen 19, diejenigen, in denen die Frau zuerst genannt wird, immerhin acht. Im *Tuti-Nameh* gibt es acht Titel, in denen der Mann vor der Frau erwähnt wird, vier in denen es umgekehrt ist. Bei Shakespeare finden wir: ›Troilus und Cressida‹, ›Romeo und Julia‹, ›Antonius und Cleopatra‹, ›Venus und Adonis‹ (wie oben). Einige Mann-Zuerst-Positionen gibt es in der Titelei vietnamesischer Volksmärchen: ›Chu Đong-Tu und die Prinzessin Tiên Dung‹, ›Nguyen Ky und die Sängerin‹, ›Trang Tu und der Tod seiner Frau‹. Die Sammlung von Märchen aus *Tausend und einer Nacht* enthalten in der Mann-Zuerst-Position: ›Geschichte des Prinzen Seif Almuluk und der Tochter des Geisterkönigs‹, ›Geschichte Ghanems und der Geliebten des Beherrschers der Gläubigen‹, ›Geschichte der Tochter des Veziers und des Prinzen Uns Alwudjud‹ (Ausnahme), ›Geschichte des Hasan aus Baßrah und der Prinzessinnen von den Inseln Wak-Wak‹, ›Geschichte Niamahs und Nuams‹, ›Geschichte Ibn Manßurs und der Frau Bedur‹, ›Geschichte des Prinzen Bedr von Persien und der Prinzessin Giauhare von Samandal‹, ›Geschichte des Prinzen Ahmed und der Fee Pari Banu‹, ›Geschichte des Schlangenbeschwörers und seiner Frau und Kinder‹, ›Geschichte des Gärtners mit seiner Frau‹, ›Geschichte der unglücklichen Frau mit dem Bettler‹ (Ausnahme), ›Mutawakkel und Mahbubah‹, ›Nuschirwan und das vorsichtige Mädchen‹, ›Der Schmied und das tugendhafte Mädchen‹, ›Fatima und der Traumdieb‹ (Ausnahme). Wir sehen nur wenige Ausnahmen. Im ersten Buch des altindischen Epos *Mahabharata* gibt es überwiegend die Mann-Erststellung: Im Titel der Geschichte ›Nala und Damayanti‹ wird der Mann zuerst genannt, dann seine Frau. Weitere Titel: ›Die Geschichte von Ruru und Pramadvana‹, ›Jaratkura wünscht sich eine Ehefrau‹, ›Dusmanta begegnet Shakuntala‹, ›Die Vermählung von

Dusmanta und Shakuntala‹, ›Yayati und Devajani heiraten‹, ›Yayati und Sarmishta heiraten heimlich‹, ›Yayati wird von Sukra verflucht‹, ›Die Heirat von Shantanu und Ganga‹, ›Gespräch zwischen Bhishma und Satyavati zur Thronfolge‹, ›Vermählung des Dhritarashtra mit Gandhari‹, ›Pandu heiratet Madri‹, ›Pandu bittet Kunti um Nachkommen‹, ›Bhima bekommt mit Hidimba den Sohn Ghatotkacha‹, ›Arjuna trifft das Ziel und gewinnt Draupadi‹, ›Arjunas Exil im Wald‹, ›seine Heirat mit Ulupi‹, ›Arjuna heiratet Chitrangada‹, ›Arjuna trifft Subhadra beim Festival Vrishnandhaka‹. Frauen werden zuerst genannt in ›Der Ursprung von Girika und ihre Hochzeit mit dem König‹, ›Satyavati ruft Vyasa herbei‹, ›Hidimba verliebt sich in Bhima‹, ›Gespräch zwischen Kunti und Yudhishthira‹, ›Die Geschichte von Tapati‹, ›ihre Begegnung mit Samvarana‹, ›Tapati und Samvarana heiraten‹. Geht man noch Listen berühmter (fiktiver) Paare durch, ist die Formel ebenfalls fest: ›Adam und Eva‹, ›Jussuf und Suleika‹, ›Aladdin und Jasmin‹, ›Tristan und Isolde‹, ›Philemon und Baucis‹ (wie oben), ›Herodes und Herodias‹, ›Diarmuid und Grainne‹. Ausnahmen sind: ›Maria und Joseph‹, ›Die Schöne und das Biest‹, ›Hero und Leander‹. Auch im Ausruf ›Jesusmaria!‹ ist der Mann zuerst genannt. Die Mann-Erst-Stellung in Einzeltiteln: ›Paul und Virginie‹ (von Jacques Henri Bernardin de Saint-Pierre) oder in Kapitelüberschriften der *Bibel*. Aus dem *Alten Testament*: ›Gottessöhne und Menschentöchter‹, ›Lot und seine Töchter‹, ›Abraham und Sara‹, ›Isaak und Rebekka in Gerar‹, ›Esaus Frauen‹, ›Jakob dient um Lea und Rahel‹, ›Juda und Tamar‹ (seine Schwägerin), ›Boas heiratet Rut‹, ›David und Abigajil‹, ›Saul bei der Totenbeschwörerin‹, ›Ahasveros verstößt seine Gemahlin‹, ›Ahasveros sucht eine neue Gemahlin‹. Ausnahmen sind in der Minderzahl: ›Rebekka wird Isaaks Frau‹, ›die Richterin Debora und Barak‹, ›Rut liest Ähren auf dem Feld des Boas‹. Aus den *Apokryphen*: ›Holofernes lässt Judit zum Festmahl holen‹, ›Vermählung des Tobias mit Sara‹. Hier ist die Frau-Erststellung häufiger: ›Judit geht zu Holofernes‹, ›Judit redet zu Holofernes‹, ›Judit tötet Holofernes‹, ›Ester geht zum König‹, ›Geschichte von Susanna und Daniel‹. Aus dem *Neuen Testament*: ›Simeon und Hanna‹, ›Hananias und Saphira‹. Formelhaft in den Evangelien ist mit Frau-Erststellung: ›Auferweckung der Tochter des Jaïrus‹, doch in älteren Adaptionen findet sich die Umstellung zum Genitiv: ›Jairi Töchterlein‹. In Listen von Paaren aus Politik und Kulturleben wird überwiegend der Mann zuerst genannt, aber nicht immer: ›Bonnie und Clyde‹ versus ›Angelina Jolie und Brad Pitt‹ (aber: ›Brangelina‹!). Das Problem populärer Listen ist aber, dass sie beliebig erstellt werden können, daher kann ein Paar mal so, mal so angeordnet werden. Paare aus den oben erwähnten Titeleien haben dagegen eine weit zurückreichende Überlieferungsgeschichte. Betrachten wir noch die Titelei aus Disney-Produktionen, so sehen wir, dass die Dominanz der Mann-Erst-Position nicht ausgeprägt ist: ›Schneewittchen und die sieben Zwerge‹ (Ausnahme), ›Susi und Strolch‹ (Ausnahme), ›Die Hexe und der Zauberer‹ (Ausnahme), ›Bernard und Bianca‹, ›Die Schöne und das Biest‹ (Ausnahme), ›Lilo und Stitch‹ (Ausnahme), ›Peter Pan und Wendy‹, ›Tarzan und Jane‹. Bei historischen Pärchen findet man je nach Liste verschiedene Konstellationen, überwiegend aber Mann-Zuerst-Stellung: ›Echnaton und Nofretete‹, ›Abaelard und Heloise‹, ›Elvis und Priscilla‹, aber ›Queen Elizabeth und Prinz Philip‹. Fazit: Haben wir die Konkurrenz von Mann und Frau, so haben wir die *überwiegende* Reihenfolge von Mann zuerst und dann Frau. Es ist also eine Formel. Doch wenn wir die Formelhaftigkeit betrachten, ist die Erstnennung des Mannes durch eine angebliche kulturelle Vormachtstellung nicht zu rechtfertigen. Es ist eine rein sprachliche Angelegenheit. Doch wie lässt sie sich begründen? Feministen würden behaupten, dass der Mann im Zentrum stehe, oder aktiver sei in der Geschichte, die erzählt wird, während die Frau passiv sei (Aktant-Heros vs. Adjunktin). Das letztere ist nicht immer der Fall, man denke an die aktive Rolle von Gretel oder Salome. Wir müssen zunächst sagen, dass es sich um eine sprachliche *Konvention* handelt, nicht um die Umsetzung eines Konzepts. Wäre es ein Konzept (Vormachtstellung des Mannes etc.), dann müssten wir viel regelmäßigere Ereignisse haben. Es gibt aber Ausnahmen, zwar wenige, aber auf sie kommt es an. Sie sagen uns, dass die Regelmäßigkeit stark ausgeprägt ist (wie es sich für eine echte Konvention auch gehört), aber eben nicht hundert Prozent. Für eine bloße Konvention spricht die Empirie, und gegen die Annahme, das Muster resultiere aus einer Vormachtsstellung des Mannes, spricht der große Theorienaufwand, den Feministen betreiben müssen, um die Erstnennung des Mannes zu deuten... Es könnte noch angemerkt werden dass die Erststellung von der aktiven Rolle abhängt; oft weist das Verb darauf hin (›Jaratkura wünscht sich eine Ehefrau‹). Aber das hat wenig Erklärungskraft, da es viele Nominalsätze gibt oder das Passiv-Subjekt zuerst stehen kann. Innerhalb einer zweiteiligen Formel muss tatsächlich entschieden werden, was zuerst genannt werden soll, ohne dass es aktiv, bestimmend oder fokussiert sein muss. Fokussiert wird bei ›Barbie und Ken‹, weil Barbie im fiktiven Universum wirklich im Mittelpunkt steht, auch bei ›Alma und Oskar‹ (Film von 2022). Die Formelhaftigkeit der Mann-Erststellung hat keine inhaltliche Motivation, aber auch keine soziale, sie ist an und für sich das Ergebnis einer Konvention, das heißt, nur durch sich erklärbar.[16] Man könnte nun meinen, dass die Erstellung des Mannes in neuen Büchern geändert wird, aber weit gefehlt: ›Kami & Mika – Die phantastische Reise nach Wolkenhain. Phantasiereich, divers und inklusiv (2023)… – Männer gelten als aggressiv, als kriegslüstern. Viele Feministen glauben, dass es ohne den Mann keine Kriege gäbe. In der Tat: Männer führen Kriege, aber oft

---

16 Übrigens: Das Aufbrechen von Formeln ist oft von stilistischem Wert, weil es ungewohnt ist. Hier Beispiele aus der Titelgebung mit Namen: Flasch: ›Eva und Adam‹, Oz Perkins: ›Gretel und Hänsel‹. Es gilt aber auch für andere Phraseologismen: Figal: ›Zu Heidegger, Antworten und Fragen‹. Die Festigkeit der phraseologischen mit ›und‹ verknüpften Zwillingsformeln ergibt sich aus der Konvention: ›Zeter und Mordio‹, ›Kind und Kegel‹ (hier zusätzlich gefestigt durch die gefällige Alliteration). Aber manchmal gibt es eine festigende Binnenstruktur: Die Phrase drückt eine zeitliche, logische oder kausale Richtung aus: ›Blitz und Donner‹, ›copy und paste‹, ›suchen und finden‹, ›Frage und Antwort‹. Phraseologismen, die eine solche Richtung angeben, sind eigentlich noch weniger vertauschbar als solche, die nur konventionell in einer festen Abfolge erscheinen. Daher ist Figals Titel spannender; er gibt an, dass Fragen am Ende übrig bleiben… Der Leser kann sich einmal selbst an die Binnenstruktur von Zwillingsformeln wie ›hin und her‹, ›divide et impera‹, ›heiß und fettig‹, ›Dick und Doof‹ oder ›Hoch- und Tiefbau‹ wagen. Sie haben unterschiedliche Binnenstrukturen. Palm (1997, 46) behandelt Zwillingsformeln stilistisch und strukturell, stellt aber nicht die Frage der Vertauschbarkeit, weil diese Formeln als Phraseologismen eine Festigkeit eo ipso haben. Zwillingsformeln sortiert nach äußeren stilistischen Merkmalen: ›Kind und Kegel‹ (Alliteration), ›Rat und Tat‹ (Reim), ›in Lohn und Brot‹ (keine Alliteration, kein Reim, aber gleicher Vokal und Silbenanzahl), vgl. auch Palm 46 zur Einschätzung der Poetizität. Die von Palm behandelten Phraseoschablonen (ebd. 68ff.) ließen sich auch schon auf die Zwillingsformeln und ihre Binnenstruktur anwenden. Phraseoschablonen liefern unabhängig oder teilabhängig von der lexikalische Füllung einen *informativen Mehrwert*, zum Beispiel Identität oder Emphase (vgl. ›Nein heißt nein‹, ›Persil bleibt Persil‹). Bei ›Blitz und Donner‹ ist teilabhängig von den Lexemen die Reihenfolge des Auftretens von Blitz und Donner gegeben. Die Reihenfolge ist zwar nicht prinzipiell unvertauschbar, aber durch Kausalität fest. Schillers ›Donner und Doria‹ besetzt das ältere ›Donner und Blitz‹, ist also durch Einzelprägung fiel fester als ›Blitz und Donner‹, wenn es ›Donner und Blitz‹ parallel gab. Das politisch korrekte ›Hass und Hetze‹ hat gleich zwei starke Bindungsmermale, die Vertauschung unwahrscheinlich machen: Zweisilbigkeit von ›Hetze‹, so dass die Stellung nach dem Gesetz der wachsenden Glieder erfolgt, und Trochäus, so dass ›Hetze und Hass‹ zwei unbetonte Silben in der Mitte hätte… Aus rhythmischen Gründen sind daher auch ›Rotfront und Reaktion‹ im Horst-Wessel-Lied unvertauschbar. Die Alliteration ist kein Bindemittel, schafft aber stilistische Salienz. Auch ›schützens- und schätzenswert‹ verkürzt das erste Wort, um dem Gesetz der wachsenden Glieder zu genügen, ist aber unfester, da der Daktylus bei Vertauschung erhalten bleibt. Ebenso ›fordern und fördern‹. In beiden Fällen findet man Varianten.

wegen Frauen. Was der Sieger gewinnt, kommt den Frauen zugute; was der Verlierer verliert, darunter haben die Frauen oft mehr zu leiden als die Männer. Zwar führen Männer Kriege, sie sind es aber auch, die an der Front leiden. Und sie wollen oft keinen Krieg. Sie waren es, die als Bergarbeiter im Oktober 1915 in Oberschlesien in den Streik getreten sind. Es waren Männer, die sich an den Streiks in Deutschland beteiligt haben, die sich von März bis Juni 1917 mit den Russen verbrüdert haben, die in der französische Armee von April bis Juni 1917 gemeutert haben, die 1918 an Massenstreiks in Österreich-Ungarn teilgenommen haben oder die ab Januar desselben Jahres in Deutschland in den Streik getreten sind. Schließlich ging die Revolution gegen Kaiserreich und Krieg im Oktober und November 1918 in Wilhelmshaven und Kiel von Männern aus… Männer sind aktiver, aggressiver und konkurrenzaffiner als Frauen, doch Frauen ordnen sich unter und fügen sich leichter in bestehende Hierarchien ein, auch in totalitäre Hierarchien. Sie können unter Umständen ebenso aggressiv und rüde sein wie Männer. – Sprachlich ist es von besonderer Stumpfheit, so etwas wie ›Männlichkeit‹ vom Manne zu abstrahieren und als eigenständige Größe neben ihn zu stellen. Jeder Mann ist männlich. Jeder Mann muss männlich sein, um überhaupt etwas zu sein, denn das Geschlechtliche umgreift das Individuelle. Jeder Mensch ist durch und durch geschlechtlich – und das Geschlecht ist insoweit personalisiert, wie der Betreffende eine Persönlichkeit entwickelt. Es ist wahr, dass Frauen Männer suchen, nicht jedoch unbedingt Männlichkeit, eher die Persönlichkeit eines Mannes und seine Charakterstärke. Denn diese ist unmittelbar funktional in Bezug auf Probleme, die gelöst werden müssen. Die ›toxische Männlichkeit‹ oder der ›toxische Mann‹ sowie das ›Patriarchat‹ sind akademische Kopfgeburten von Leuten, die sich nicht in der Welt umtun. Denn kommt man in der Welt etwas herum, dann findet man kein abstraktes Patriarchat, sondern Vielfalt, wie sie das Leben mit sich bringt: Wir finden die versklavte Frau und den Haustyrannen, der sie knechtet; wir finden die Männer, die eine Frau vergewaltigen; wir finden aber auch die ihren behinderten Sohn missbrauchende Frau oder die Lügnerin vor Gericht. – Das Abstraktum Männlichkeit tauchte 2016 in einer Rede Björn Höckes auf. Ausdruck und Ton standen in auffallenden Widerspruch zueinander. Höcke entwickelte so etwas wie eine Gleichung ›Männlichkeit‹ (wieder entdecken) => ›mannhaft werden‹ => ›wehrhaft werden‹. Es ist klar, dass man man abstrakte Begriffe beliebig miteinander verbinden kann, wobei hier eine besondere Verführung durch die Worteigenschaften mitwirkt, hier das Suffix ›-haft‹. Sachlich hängen Wehrhaftigkeit und Männlichkeit nicht zusammen.

Politisch korrekte Ausdrücke und Sprachkritik

Die politisch korrekten Sprachkünstler kreieren sich oft ihre eigene Misere, indem sie bestimmte Begriffe eigenmächtig verändern (während sinnvolle Veränderungen nur durch das Sprecherkollektiv geschehen): Ich nehme nochmal den obigen Ausdruck ›Vietnamkrieg‹ als Beispiel. Der Stefan-Loose-Reiseführer von 2019 (6. Auflage) spricht durchgängig vom ›Amerikanischen Krieg‹ (die Vietnamesen sprechen mal vom ›Amerikanischen Krieg‹, mal vom ›Vietnamesischen Krieg‹). Man muss aber sagen, dass der etablierte Ausdruck ›Vietnamkrieg‹ besser ist; er impliziert keine Schuldzuweisung an die Vietnamesen und ist auch sonst nicht irreführend. Wenn man den Krieg als ›Amerikanischen Krieg‹ bezeichnen will (um die Schuldigen zu benennen und die Langform ›amerikanischer Angriffskrieg auf vietnamesischem Gebiet‹ usw. zu vermeiden), dann müsste man die Irakkriege, den Afghanistankrieg und viele andere US-Interventionen (etwa in Griechenland) auch ›amerikanische Kriege‹ nennen und das wäre sicher irreführend. Wenn die Vietnamesen einen berechtigten Sprachgebrauch haben, indem sie den Krieg mit den USA als ›Amerikanischen Krieg‹ bezeichnen, so müssen wir das nicht tun. Wir haben durch ›Vietnamkrieg‹ keine neokoloniale Perspektive, sondern wir haben einen gut orientierenden Sprachgebrauch. (Die Konvention ist nämlich, dass die Kriege nach den Orten benannt werden, wo sie geführt werden. Die Angriffspartei XY kann Kriege an verschiedenen Orten führen, und ihre Kriege werden nach diesen Orten benannt, nicht oder selten nach der Kriegspartei. Deshalb Vietnamkrieg, Irakkriege, Ukrainekrieg, Weltkriege...) Jeder, der ›Vietnamkrieg‹ sagt und etwas Bescheid weiß, weiß ja, dass die USA, indem sie den Franzosen beisprangen, den Krieg begonnen haben. Wörter können nicht alles aufnehmen, was es zu sagen gäbe, vor allem sollten sie nicht mit Moral überfrachtet werden. – Ein ähnliches Problem ergibt sich hier: Das politisch korrekte Sprechen tendiert zum Fremdwortgebrauch oder zu Fremdwortbestandteilen, die seriöser, wissenschaftlicher und somit autoritativer wirken. Auch die Herkunft des politisch korrekten Denkens und Sprechens aus den Universitäten tut sich hier kund. Nehmen wir nur ein Beispiel: Man ächtet die Diskriminierung von kleinwüchsigen Menschen. Wenn es eine solche geben sollte, ist an ihrer Unterbindung sicher nichts auszusetzen. Doch die politisch Korrekten meinen, dass die Diskriminierung von Kleinwüchsigen schon mit der Benennung beginnt; man ächtet Ausdrücke wie ›Liliputaner‹ oder ›Zwerg‹. Es sind aber ganz poetische, bildstarke Ausdrücke. Die Herkunft des Ausdrucks ›Liliputaner‹ aus Swifts Roman Gullivers Reisen zeigt, wie kulturelle Einheiten auf unsere Sprache wirken (Romane als Bildspender). ›-aner‹ ist hier einfach die Endung analog zu ›Indianer‹, die weit verbreitet ist, ›Liliput‹ ist nur eine fiktive Ortsangabe. Die Endung ist bildnerisch für ›Marsianer‹ und auch für wissenschaftliche oder politische Anhängerschaft: ›Popperianer‹, ›Merkelianer‹ usw. So weit, so gut. Dennoch werden ›Liliput‹ und ›Zwerg‹ als diskriminierend bekämpft. Auch der wissenschaftliche Ausdruck ›Minderwuchs‹ wurde als diskriminierend geächtet, weil man erkannte, dass ›minder› heikel ist wegen ›minderwertig‹ (positiv aber immer noch: ›Minderheit‹). ›Minderwuchs‹ ist zwar als früherer wissenschaftlicher Begriff ausgewiesen, aber auch aus der Wissenschaft rangiert man Begriffe aus, die unter Verdacht geraten. Als Alternativen existieren: ›Kleinwuchs‹, ›Kleinwüchsigkeit‹ und ›Mikrosomie‹, die alle drei als wissenschaftliche Bezeichnungen gelten, wobei ›Mikrosemie‹ das wirkliche Fremdwort ist, während ›Kleinwüchsigkeit‹ nur die weitere Abstraktion des Nomens ›Kleinwuchs‹ ist. Wir sehen aber schon, dass sich eine Schwemme der Begriffe andeutet, wenn man drei Abstrakta statt einen der bildhaften Begriffe nimmt. Außerdem sind diese Begriffe natürlich blass, nicht bildhaft. Ein weiteres Problem ist, dass man zwar aus ›Kleinwuchs‹ ›Kleinwüchsiger‹ bilden kann, aber ›Mikrosomiker‹, ›Mikrosomer‹ hören sich doch recht zweifelhaft an (vgl. ›Leptosomer‹). ›Zwerg‹ (dessen sprachliche Herkunft unklar ist) und ›Liliputaner‹ sind so bildhaft, dass sie umgekehrt nicht zur Abstraktion verwendet werden können: ›Zwergismus‹, ›Zwergigkeit‹, ›Liliputanerismus‹ usw. funktionieren nicht. Zwar mag es ›Zwergentum‹ geben (Gesamtheit der Zwerge und ihrer Bräuche), aber ›-tum‹ ist wirklich ein sehr altes Suffix. Obwohl ich hier nur drei Ausdrücke der seriösen und daher auch politisch korrekten Sprache vorweisen kann, kann man doch eine potentielle Inflation dieser Ausdrücke erkennen, besonders die Fremdwortvariante (die die Bildung eines Personenbegriffs versagt, was günstig ist, um Personen nicht abwertend zu benennen) und zwei deutsche Formen, die (abgesehen vom Nominalstil) blass sind und sich ähneln (die in einem Abstraktionsverhältnis zueinander stehen und damit fast nur Dubletten sind). Dieses Beispiel über kleinwüchsige Menschen ist also eines für die Tendenz des politisch korrekten

Sprechens zum Fremdwortgebrauch, man kann dasselbe beim ›Mongoloiden‹ bzw. ›Trisomiker‹ sehen. Man meidet hier Personenbezeichnungen ganz und sagt nur, Peter leide an ›Trisomie‹. (Übrigens: ›Liliputaner‹ ist Parallelform zu ›Zwerg‹. Möglicherweise hat sich ›Brobdingnager‹ für große Menschen und parallel zu ›Riesen‹ nicht durchgesetzt, weil dieses Wort viel komplizierter ist als ›Liliputaner‹, das mit Verdopplung von ›Li‹ einfacher ist.) Matthias Heine zitiert in seinem Buch *Kaputte Wörter?* einen kleinwüchsigen Aktivisten, der den Ausdruck ›Liliputaner‹ ablehnt: „Sprache bestimmt auch, wie wir über Menschen denken. (…) Menschen mit Kleinwuchs sind echt, wir sind keine Fabelwesen. Wir kommen nicht aus Liliput." (Heine 2022, 147) Der Aktivist hat nicht verstanden, dass niemand so denkt. Der Gebrauch der Bezeichnung ›Liliputaner‹ unterstellt keinem Mikrosomiker, er sei ein Fabelwesen und käme aus Liliput… Im Gengenteil, es könnte als Ehrung angesehen werden, nach einem literarischen Werk benannt zu sein.) – Der Gebrauch eines Fremdworts führt zum Genitiv: ›Entrée des Bahnhofs‹ vs. ›Eingang zum Bahnhof‹ statt ›Eingang des Bahnhofs‹. Ja, man kann das deutsche Wort mit dem Genitiv verwenden, aber man kann es eben auch präpositional tun, was besser, weil sinnlicher ist. Da die politisch korrekte Sprache aber einen erhöhten Fremdwortgebrauch hat, hat sie auch einen erhöhten Genitivgebrauch, was ihre Texte unsinnlicher, sperriger, administrativer macht. Ein Beispiel finden wir hier, ausgerechnet bei einer Vertreterin der leichten Sprache: „Die Leichte Sprache ist eine Varietät einer bestehenden Sprache." (Lüthen 2019, 38) Statt einfach zu sagen: ›Die leichte Sprache ist eine Variante von der bestehenden Sprache.‹ ›Variante‹ ist etabliertes Fremdwort, falls man auf ein Fremdwort viel Wert legt, und ist problemlos mit Dativ zu haben. Schöner wäre gewesen: ›Die leichte Sprache ist eine Spielart von unserer Sprache.‹ – Der Gebrauch positiver Ausdrücke (Lüthen: „positiv und aktiv formulieren", vgl. ebd. 20) hat die Zensur missliebiger Ausdrücke vielleicht nicht zur Bedingung, beide stützen sich aber. Aus dem einfachen Mittel der Zensur bzw. der Ersetzung ergeben sich viele Konsequenzen, die die politisch Korrekten nicht überschauen. Ein Beispiel oben war ›Volk‹. Natürlich kann das Grundwort, das auch die Mehrheit der Deutschen als neutral ansieht, nicht negativ sein, aber es kann in negative Bildungen aufgenommen werden – was aber keinen Effekt hat auf das Grundwort. In Hurna 2023a gebe ich viele Bespiele dafür, wie politisch korrekte Sprecher bestimmte Worte stigmatisieren (manchmal auch Wortbildungsstrukturen), die aber Grundwörter oder Bestandteile anderer Wörter sind, die sie nicht zensieren können, die positiv sind und die sogar selbst zu ihrem politisch korrekten Vokabular gehören. ›Funktionär‹ ist schlecht, aber ›Funktionsoberärztin‹ ist gut. ›pro‹ ist gut, ›Profit‹ ist schlecht. ›Vollmundiger Geschmack‹ ist gut, ›vollmundige Versprechen‹ sind zweifelhaft. ›Klassenrat‹ und ›Bundesrat‹ sind gut, ›Räterepublik‹ ist schlecht. (Die geplanten ›Bürgerräte‹, Vorschlag von Bärbel Bas, fügen sich ein in die Reihe der ›Bürger‹-Worte, die fast ausnahmslos Hochwertworte bilden.) Oder: ›du bist besonders‹ ist gut, der ›Sonderling‹ und das ›Absondern‹ sind schlecht. ›Bürgerwehren‹ sind böse, ›Nachtmediatoren‹ sind gut. ›Ureinwohner‹ ist schlecht, aber ›Schutz der Ureinwohner‹ ist gut. Natürlich ist ›Indigener‹ für die Korrekten immer besser als ›Ureinwohner‹, denn es ist blasse, akademische, fremdwörtische Variante, die verschleiert, dass ›Indigener‹ ›Ureinwohner‹ ist… ›primitiv‹ ist schlecht, aber ›primigen‹ ist gut. ›Kohle abbauen‹ ist schlecht, ›Vorurteile abbauen‹ ist gut. ›Rückenwind‹ für Geflüchtete ist gut, ›Gegenwind‹ gegen Windkraft ist schlecht. ›national‹ ist schlecht, aber ›Vereinte Nationen‹ ist gut. ›neue Impulse‹, ›Impulskontrolle‹, ›Impulsgeber sein‹ sind gut, aber ›impulsiv sein‹ ist schlecht. ›Off-Shore-Windparks‹ sind gut, ›Off-Shore-Konten‹ sind es nicht. Das ›deutsche Vaterland‹ ist schlecht, aber ein ›Europa der Vaterländer‹ ist gut. Der ›Patriarch‹ ist schlecht, aber der schützende, sorgende ›Vater‹ ist gut. ›Heimat‹ ist gut, ›Heimatschutz‹ ist schlecht, ›Umweltschutz‹ wieder gut. ›Zentralrat‹ ist gut, ›Zentralkomitee‹ ist schlecht; ›ökonomischer Zentralismus‹ ist schlecht, aber ›Einkaufszentren‹ in ›Stadtzentren‹ sind gut… ›Scharfe Waffen‹ sind schlecht, ›schärfere Waffengesetze‹ sind gut. ›Sein blaues Wunder erleben‹ ist schlecht, aber ›sein grünes (Wirtschafts)wunder erleben‹ ist gut. ›Treue‹ ist eine altbackene Tugend, also schlecht, aber ›Treuepunkte‹ sind gut. Zu sagen, diese Frau ist ›attraktiv‹, ist unerhört, aber zu sagen, dieses Haus stehe in ›attraktiver Lage‹ ist okay. ›Dienstbarkeit‹ ist schlecht und entwürdigend, aber ›Service‹ ist gut. Eine ›Dominion‹ in Indien ist so was von gestern, aber eine ›Domain‹ im Internet haben ist so was von heute. Ähnliches gibt es für geistige Konzepte: ›Wendepunkt‹ ist gut, ›Kipppunkt‹ ist schlecht. ›Netzwerke‹ sind gut, ›Seilschaften‹ sind schlecht. Die von den Grünen gepflegten ›Mentorinnenprogramme‹ sind nichts anderes als Netzwerke, die, wenn sie Vorteile schaffen, Seilschaften sind… ›Auf Linie sein‹ und ›ganz auf Linie sein‹ sind schlecht, aber ›auf ganzer Linie sein‹ (Verkehrswerbung) oder ›Erfolg auf ganzer Linie haben‹ sind gut. Usw. Weil der Ausdruck ›Zigeuner‹ negativ ist, haben Sinti- und Romaverbände Probleme mit dem Ausdruck ›Antiziganismus‹, weil in diesem Ausdruck ›Zigeuner‹ steckt... In diese Sackgasse kam man nur durch alberne Ansichten über Wörter. – Kann es nun eine sinnvolle Sprachkritik geben, zumal wir oben sagten, dass man auf Etymologien nicht abstellen kann? Ja, eine Sprachkritik kann ansetzen, wenn jemand behauptet, dass sein Wort der Sache, die es bezeichnet, gerecht wird, und wir feststellen, dass es das nicht tut. Das ist bei Ausdrücken, die eine Fremdwortbasis haben und in ihrer Ursprungsform nicht verstanden werden, so dass die Basis fast beliebig ist (wie bei ›Transphobie‹), nicht so deutlich. Hier sollte man nicht auf das unklare Basiswort abstellen, sondern auf andere Aspekte des gegenwärtigen Sprachgebrauchs. Aber manche Wörter werden von ihren Vertretern verwendet in der Meinung, sie seien sachgerecht. Beispiele sind ›passivaggressiv‹ und ›passive Bewaffnung‹, mit denen Verhalten beschrieben wird bzw. mit denen bestimmte Ausstattungen bei Demonstrationen verboten werden sollen. Es handelt sich hier doch um propagandistische Wörter, da sich ›passiv‹ und ›aggressiv‹ nahezu widersprechen und jemand, der, sagen wir, mit einem Stachelhelm bekleidet ist, entweder aktiv bewaffnet ist oder diesen Helm als Schutz trägt: Dann hat er keine Waffe, sondern einen Schutz. Da wir aber zwischen Angriffs- und Schutzwaffe unterscheiden, also den Begriff Waffe allgemein verwenden, ist diese Begriffskritik noch nicht effektiv. Wir müssen sagen: Da Waffen für Angriff und Verteidigung verwendet werden, hebt das den Ausdruck ›passiv‹ als überflüssig auf. Zur Kriminalisierung von Ausstattungen bei Demonstrationen (Stöcke der Transparente als eigentliche Schlagwaffen, Stachelhelme, Metallwesten etc.) muss man gar nicht auf die Passivität abstellen. Und wer vor sich hinrummelt oder Handlungen verweigert, ohne anzugreifen, muss nicht als ›passiv-aggressiv‹ bezeichnet werden, sondern er kann einfach als aggressiv bezeichnet werden, weil aggressiv auch sonst nicht mit Angriff und Aktivität gleichgesetzt ist. Hier sagen wir also, dass die Begriffe falsch sind, andererseits haben wir oben Angriffe auf Ausdrücke wie ›erweiterter Suizid‹, ›Familiendrama‹ oder ›Beziehungstat‹ zurückgewiesen. Wir finden aktivistische Ausdrücke wie ›Häusliche Gewalt‹ falsch, aber solche, die die politisch Korrekten angreifen, richtig. Was sind denn plausible Kriterien für unsere Sprachkritik? Das wichtigste Kriterium ist, dass Ausdrücke aus der Mitte der Sprechergemeinschaft entstehen und nicht am akademischen Reißbrett. Das zweite ist, dass sie unideologisch sind. Das bedeutet nicht, dass die Ausdrücke nicht politisch oder parteiisch sein dürften. Sie sind es oft. Doch ideologische Ausdrücke do-

151

minieren und lassen keine anderen Ausdrücke zu, daher auch keine weite Sicht auf die Wirklichkeit. Ausdrücke aus dem Schoß der Sprachgemeinschaft sind nicht immer sachrichtig und müssen es auch nicht sein; sie sind oft unscharf, dafür aber oft mit einer Poetik gesegnet. In ihnen schlägt sich der Common sense nieder sowie eine kommunikative Praktikabilität, da nur die Ausdrücke langfristig überleben, die für das Sprecherkollektiv nützlich oder gefällig sind.

Typisches aus der Welt der Bürokraten

Ich bekam einen Brief, ein kleiner Bürokrat schreibt: „Die aktuellen finanziellen Entwicklungen aufgrund der vielfältigen Krisenlagen sind allgemein bekannt." Dieser Behördensatz bietet mehrere interessante Aspekte. Zunächst einmal nimmt der Schreiber das Hochwertwort ›vielfältig‹ (vgl. ›vielfältige Lebensweisen‹, ›bunte Vielfalt‹, ›radikale Vielfalt‹, ›Meinungsvielfalt‹, ›Produktvielfalt‹, ›Genussvielfalt‹, ›Baumartenvielfalt als Risikostreuung‹, ›Stabilität durch Vielfalt‹ usw.) und zeigt damit die Beliebigkeit dieses eher propagandistischen Wortes. Besser wäre gewesen: ›die vielen Krisenlagen‹. Denn über die *Qualität* dieser „Krisenlagen" wird nichts gesagt. Statt „Krisenlagen" wäre sowieso ›Krisen‹ eleganter, weil schlanker. Dem Schreiber ist die *bürokratische Langform* ins Blut übergegangen. Er denkt nicht über Sprache nach und schreibt daher ein hässliches Amtsdeutsch. Das „allgemein bekannt" soll welche Funktion haben? Soll es eine Rechtfertigung sein? Preissteigerungen kann man nicht mit allgemeiner Bekanntheit rechtfertigen und ich denke nicht, dass der Schreiber das hier versucht – nur was soll „allgemein bekannt" dann sonst machen? Die Hauptaussage des Satzes ist, dass die Preissteigerungen durch allg. Entwicklungen ausgelöst sind, da ist das „allgemein bekannt" nur ein flatterndes Satzende – der Schreiber wusste nicht, wie er den Hauptinhalt anders verpacken sollte. Daher dieses Abstellen auf allg. Bekanntheit, also auf Triviales. Dann aber die Hauptaussage: „Die aktuellen finanziellen Entwicklungen aufgrund der vielfältigen Krisenlagen..." vom (rein rhetorischen) *Rahmensatz* gelöst, müssen wir diesem entwundenen Satz ein Prädikat geben, das das *versteckte Prädikat* ersetzt: ›Die aktuellen finanziellen Entwicklungen *gibt es* aufgrund der vielfältigen Krisenlagen.‹ Und jetzt sehen wir, welchen Fehler der Schreiber macht; er meint, Allgemeines könne eine Begründung (für anderes Allgemeines oder Konkretes) sein. Und das ist falsch. Allgemeines kann grundsätzlich keine Begründung sein. Ein Beispiel: Nämlicher Bürokrat hat Alkohol genossen und schlägt seine Frau. Seine Frau sagt, er sei immer voller Aggression, deshalb schlage er. Natürlich macht seine Frau einen Denkfehler: Der Schlag hat diesen oder jenen Grund, und ist ein konkreter *Teil* der Aggressivität des Bürokraten. *Aber diese ist nicht die Ursache des Schlages.* Allgemeines verursacht nichts Konkretes (hier den Schlag) oder anderes Allgemeines. Allgemeines ist immer Summe von Konkretem, und begründet oder verursachen kann nur etwas anderes Konkretes. (Deswegen muss man auch bei abstrakten Ausdrücken, die eine Verursachung unterstellen, vorsichtig sein, ich denke an ›Patriarchat‹, ›sexistische Strukturen‹ usw.) – Gegen gewichtige Langformeln oder leere Bürokratensätze kann man nichts machen, man kann nur staunen. In der Bürokratie ist Sprache ein Mittel, um nichts zu sagen. Geht es um Entscheidungen, denen eine Begründung mitgegeben wird, so sind die Worte, derer sich die Begründung bedient, meist leer, sie sagen nichts aus. Angereichert mit Paragrafen und Verweisen auf andere Urteile erschlagen sie den Leser, und das ist auch ihr einziger Zweck. Die Ausdrücke treten meist autoritativ auf, sind gewichtig, aber unverständlich in ihren langen Windungen und oft fremdwörtischen Verkleidungen. Das Dogma der Leichten Sprache wird hier, wo es nötig wäre, nicht angewandt; man nervt uns also auf der einen Seite mit dem Dogma der Leichten Sprache und den Forderungen der sprachlichen Inklusivität, auf der anderen Seite haben wir *Exklusion* durch die Sprache der Herrschenden. Dabei sind die Beamten meist nicht Herr ihrer eigenen Worte, denn neben dem fließbandmäßigen Abwickeln der Korrespondenz (Formschreiben) finden die Beamten, auch dort, wo sie uns etwas sagen wollen, keine eigenen, frischen, klaren, verständlichen und vor allem wahren Worte. Die Sprache der Korrekten wiederum ist oft bürokratisch, ihre Sprache übernimmt die autoritative Verkleidung. Wenn umgekehrt die Sprache der Bürokratie sich korrekter Ausdrücke bedient, dann nur, um korrekt (empathisch, eingehend usw.) zu scheinen, ohne aber die Forderungen, die die Sprachkorrekten erheben (etwa Inklusivität), zu erfüllen. – Die politisch korrekte Sprache schafft (wie die bürokratische Sprache) immer neue Begriffe und somit phantastische Wirkwesen: ›rohe Bürgerlichkeit‹, ›Extremismus der Mitte‹, ›Patriarchat‹. (Der ›rohen Bürgerlichkeit‹ liegt die Unterstellung zugrunde, dass eine ›Verrohung der Sitten‹ etc. stattfindet…) Wenn man selbst dafür noch einen gebildeten Namen möchte, schlage ich vor, es politisch korrekte *Poiesis* zu nennen. Wie auch sonstiges bürokratisches, akademisches Sprechen oder verkrampft seriöses

Sprechen bläht die korrekte Sprache ihre Gutwörter auf. Einige Beispiele sind:

ausreichendes Wort (oft Simplex)	Blähausdruck (oft Komposita)	Probleme des Blähausdrucks
Wert	Wertigkeit, Werthaftigkeit	wichtigtuerische Abstraktion
Konsens	Grundkonsens	falsche Steigerung in der Vorsilbe
Thema, Problem	Thematik, Problematik	falsche Seriosität
Schmerz	Schmerzsymptom, Schmerzsymptomatik	falsche Verallgemeinerung und dann wenig aussagekräftige Endungen
Trauma	Traumatisierung	wichtigtuerische Abstraktion, Vorgangsabstraktum
Gespräch	Diskurs, Diskursivität	Fremdwortersetzung und wenig aussagekräftige Endung
Wert (von x)	Eigenwert (von x)	überflüssiger Fokus in der Vorsilbe
Vertrauen schaffen	Vertrauensbasis schaffen	falsche Abstraktion
Frage	Fragestellung	falsche Abstraktion
es bleiben Fragen	es bleiben viele Fragezeichen	falsches Bild
das Argument überzeugt nicht	das Argument bricht zusammen	überdramatisches Bild
Krisen	Krisenlagen	falsche Abstraktion
Argumente	Argumentationslinien	unnötige Verräumlichung
Gewalt erleben / erfahren	Gewalterfahrungen erlebt	falsche Zuordnung
Kompetenzen wie Lesen, Schreiben, Rechnen	zentrale Grundkompetenzen wie Lesen, Schreiben, Rechnen	falsche Vergrundsätzlichung (gerade bei der bloßen Beispielaufzählung, durch ›wie‹ eingeleitet, wird das Grundsätzliche fast aufgehoben)

ausreichendes Wort (oft Simplex)	Blähausdruck (oft Komposita)	Probleme des Blähausdrucks
die Stimmung in der Gesellschaft kennen	das Stimmungsbild in der Gesellschaft kennen	falsche Sache, die man kennen muss

Bürokraten und auch Sprachkorrekten gelingt es selten, einfach, damit in gewisser Weise auch eleganter zu sprechen. Es ist der Irrglaube, der sie motiviert, dass ein langes Wort, in dem viel steckt, auch mehr sagt. Aber sie wissen auch, dass sie mit Ausdrücken eine Mauer zwischen sich und dem Hörer errichten können. Da sie dem Gegenüber nichts geben, sondern ihm etwas aufdrücken möchten, reichern sie ihre Worte mit Ideologie an, beschweren es, erschweren aber zugleich die Aufnahme des ganzen Gedankens durch die widerborstige Form des Ausdrucks. Es muss beim Hörer der Eindruck entstehen, dass tief gedacht wurde, dass es ein verborgenes Wissen gibt, an dem man keinen Anteil hat, und dann fühlt man sich schlecht. Man ist dann hergerichtet für all die Heilmittel, die einem die Korrekten bieten. – Was uns die Korrekten bescheren ist bürokratische Sprache, um nicht zu sagen: Diktion. Der Volksmund sagt: ›Das ist machbar, Herr Nachbar‹, die Bürokraten sagen: ›Machbarkeitsstudie‹, was die Politiker gerne aufnehmen. Die Kulissenschieber unter den Aktivisten sprechen von ›Diskursverschiebung‹, natürlich wieder im ›öffentlichen Raum‹. Aktivistische (feministische, linke, umweltbewusste usw.) Kunstwerke werden beworben mit den Gutwörtern ›kollaborativ‹ oder ›partizipativ‹, die fremdwörtisch sind und daher Eindruck machen. Technische, sachliche, bürokratische Sprache hindert aber nicht das Einschießen von Emotionen: ›Anliegen ernst nehmen‹. Gut sehen kann man das Ineinander von Gefühlen und bürokratischer Autorität in der Schule: Dort spricht man immer pädagogisch einfühlsam und weich, am Ende kommen aber doch die ›Leistungskontrolle‹ und die Noten. Zunächst soll das Kind mit seinen ›eigenen Fähigkeiten und Fertigkeit‹ am Unterricht teilnehmen, dann aber wird es doch mit dem Leistungsdurchschnitt verglichen. Es soll ›individuell gefördert‹ werden, aber dann entwickelt es individuelle Interessen und hängt im Unterricht hinterher…

Den Bogen unterspannen

Es gibt sachliche (und daher auch sprachliche) absolute Grenzen. Man kann nur 24/7 arbeiten, nicht 35/9; wenn es 26 Uhr 62 ist, dann ist es 3 Uhr 2; etwas ist 0815, nicht AK-47; der Mond ist rund, nicht lunaroid. Die letzten beiden Beispiele sind nur sprachliche Konventionen, die anderen sind der Sache nach begrenzt (wenn auch ihrerseits durch Festlegung). Oft wird in Ausdrücken eine begrenzte Struktur eingefangen, deshalb der Fehler, den Baerbock machte, als sie fragte, was die Folgen für ein Land seien, das „Hunderttausende Kilometer von Deutschland" entfernt liege. Offenkundig eine Hyperbel aus Unkenntnis. Auch Sprachkonventionen und damit verbundene Sprachbilder sind fest: Es gibt nur ›5 vor 12‹, daher der Fehler, als man während der Covid-Epidemie sagte, es sei ›5 nach 12‹ oder den die Klimaaktivisten begehen, wenn sie von ›10 nach 12‹ sprechen. Und deshalb ein anderer Fehler von Baerbock, als sie sagte, mit Putin werde verhandelt, wenn er sich „um 360 Grad drehe". Gesinnungswechsel geschieht nur bei 180 Grad. Man sollte eine Sache nicht überspannen, weder als sprachliche Konvention noch im Ausdruck (wie es ja oft in der Werbung gemacht wird). Jemand kann ›Banker‹ genannt werden, aber Heinz Tröpfel, der bei der Volksbank arbeitet, ist deshalb noch lange kein ›Volksbanker‹… Etwas ist ›überkandidelt‹ oder es ist es nicht. Es kann nicht ›unterkandidelt‹ oder ›kandidelt‹ sein. Umgekehrt: Eine Frau kann ›Herr der Lage‹ sein und muss nicht ›Herrin der Lage‹ sein. Die sprachliche Konvention gibt etwas vor, während alle vernünftigen Sprachteilnehmer wissen, dass diese Konvention eng ist und die Realität auch *anders* sein kann. Es genügt daher zu sagen: ›Anna ist Herr der Lage.‹ Natürlich wollen die Korrekten, dass sich bestimmte Vorstellungen verfestigen. Daher ihr Anliegen, soziale und ökologische Werte (Achtsamkeit, Humanität, Fairness, Umweltschutz usw.) in fixierte Vorstellungen zu überführen. So setzt man neben rote und schwarze Zahlen noch die ›grünen Zahlen‹, die derjenige schreiben kann, der in Umwelttechnologien investiert. Oder man kann eigentlich keine ›positiven Schulden‹ haben, aber im Bundeshaushalt geht es… Man muss sich an die sprachlichen Gepflogenheiten halten, auch wenn man neues Terrain betritt, wie es die Sprachkorrekten tun. Zwar gibt es Abweichungen vom obigen Prinzip, aber es handelt sich dabei ebenfalls um anerkannte Formen, die zu ändern langweilig wäre: ›drei Personen, vier Meinungen‹, ›Für wann wünscht du dir das Auto? Für gestern.‹ Die semantische Festigkeit betrifft auch größere

Strukturen; wir haben schon gesehen, dass es eine Konvention ist, Kriege nach dem Austragungsgebiet zu bezeichnen, nicht danach, wer diese Kriege beginnt. Oder: Wir wissen, was ein ›guter Verlierer‹ ist, aber wir wissen nicht, was ein ›schlechter Gewinner‹ ist. Wenn man nun aber letzteres prägt und mit Bedeutung versieht, dann muss der Gedanke, der sprachlich eingekleidet wird, nachvollziehbar sein. Er kann kühn sein, darf aber nicht widersinnig sein. Kühn in dem Sinne ist der Ausdruck ›graue Energie‹ für angeblich nicht kalkulierte Umweltkosten beim Bau. Aber nur deshalb ist das neue Bild akzeptabel, weil dahinter der breit akzeptierte Gedanke steckt, dass sich Umweltschäden nicht unbedingt in Kosten ökonomischer Art widerspiegeln müssen. Grau an sich wird kulturell assoziiert mit Zwielichtigkeit, Grauzone, Graue Eminenz usw.

Journalistische Sprachkritik und Sprachkorrektheit

Nach *Eingewanderte Wörter* und *Verbrannte Wörter* publizierte Matthias Heine *Kaputte Wörter?*, natürlich im Dudenverlag. Heine macht etymologische Exkurse, problematisiert Wörter und gibt dann, wie zuvor in *Verbrannte Wörter*, Gebrauchsempfehlungen. Wieder wird deutlich, dass vor allem diejenigen Wörter problematisiert werden, von denen er zugeben muss, dass ihre Etymologie unklar ist – was ihn aber nicht hindert, von allen möglichen Lexika alle gängigen Etymologien erst einmal abzuschreiben. Er problematisiert sogar Wörter wie „Milch", „Punkt" oder „Curry", bei denen er dann die Gebrauchsempfehlung gibt, sie dürften verwendet werden. „Afrika" problematisiert er aufgrund seiner römischen Kolonialgeschichte („europäische Eindringlinge", Heine 2022, 20), ohne zu begreifen, dass das einzelne Wort wichtig sein kann für positive Ausdrücke (›Panafrikanismus‹, ›pro Afrika‹, ›die Lebenswirklichkeit unterdrückter PoCs in Afrika‹ usw.). Natürlich sind bei Heine die üblichen Wörter wie „Mohr", „Zigeuner", „Hottentotte", „Liliputaner" u.v.m. vertreten, die alle mit einer Gebrauchsanweisung oder mit einem Verbot versehen werden. Manchmal ist die ganze Problematisierung von Heine problematisch. So moniert er den Gebrauch von „Lappe" als Fremdbezeichnung gegenüber der besseren Eigenbezeichnung „Sa(a)me" (weil „lapp": Flicken, „loppi" – Ecke) und bemüht sogar Homophonie zu dt. „Lappen". Dabei merkt er nicht, dass man „Lappländer" sagt und es einen Unterschied gibt zwischen: ›Airis ist ein Lappe‹ und ›Airis ist ein Lappen‹... Fast bestürzend ist, dass Heine nur journalistische Metadebatten (vor allem Netzdebatten von politisch korrekten Influencern) als Quellen anführt; bei moderater Zählung von über 500 Quellen nur fünf belletristische Quellen! Dabei wäre ihm besonders die schöne Literatur für seine Sache hilfreich gewesen. Zum Beispiel zu ›Lappe‹ heißt es in Schillers *Die Räuber*: „Warum gerade mir die Lappländernase? Gerade mir dieses Mohrenmaul? Diese Hottentottenaugen? (1. Akt, 1. Szene) Dort also echter Wortgebrauch statt Spekulation.

Akademische Sprachkritik und Sprachkorrektheit

Ebenso im Dudenverlag erschien Hennig Lobins Buch *Sprachkampf* (2020), das mir mehr eine persönliche Abrechnung mit dem Deutschen Sprachverein (VDS) als eine Abbildung von Sprachkämpfen zu sein scheint. Zunächst einmal bürdet sich Lobin das Paradigma auf, alles als einen Sprachkampf, als Kampf um die deutsche Sprache zu sehen, und daher stets irgendwelche Schlachten und Kombattanten und Frontlinien identifizieren zu müssen: Um diese verkrampfte Metapher aufrechterhalten zu können, muss er überall die entsprechende Begrifflichkeit in Kapitelüberschriften und im Text verwenden: „Schlachtfeld", „Schaukämpfe" (beide 159), „Waffenstillstand" (141), „Sprachschlachten" (134), „Kampfverbände" (133 und öfter). Lobin führt diese Metapher ein, rechtfertigt sie auch und zeichnet doch zugleich genau diese Kriegsmetapher im Nationalsozialismus nach (138)! Er sagt, der Nationalsozialismus habe einen „Vernichtungskrieg" (138) gegen andere Sprachen geführt. Warum hält er an der Metapher fest, wenn er die Metaphorik nicht mag? Lobin stellt sich die Frage, wer eigentlich die Gegner seien, die sich gegenüberstehen, und er behauptet, es wären der VDS und die AfD auf der einen Seite, auf der anderen Seite gäbe es aber keine (klaren) Opponenten (157). Der VDS und die AfD verfügten über Institutionen und Mittel, um ihre sprachnationalen und sprachidentitären Vorstellungen in die breite Öffentlichkeit und in die Parlamente zu bringen. Dem entgegen stünde nur eine „Vielzahl von Einzelinitiativen" (160) derjenigen, die für sprachliche Gerechtigkeit und Vielfalt seien (etwa für das Gendern). Die Linke sei zwar in Parlamenten vertreten, verfüge aber über keine „annähernd vergleichbare Kongruenz von Sprachpolitik und allgemeinpolitischer Programmatik" (159), um, wie die AfD, mit sprachpolitischen Anliegen auch allgemeinpolitische (rechts-konservative) Ideen in die parlamentarischen Auseinandersetzungen zu bringen… Dabei übersieht Lobin genau das, was er verschiedentlich an anderen Stellen beschreibt, nämlich die vielen Aktionsformen linker Sprachpolitik und die Herkunft der Genderidee und die Idee sprachlicher Gerechtigkeit aus den Universitäten, die mit entsprechender Macht ihre Auffassungen verbreiten. Lobin erkennt sich selbst nicht als Multiplikator, wenn er in Zeitungsartikeln für die gendergerechte Sprache eintritt und er behauptet, der konservative Gegner würde nur summarisch von Politikern und Journalisten und Aktivisten sprechen, die den Genderunfug (aus Sicht der Konservativen) betreiben. Dabei vergisst Lobin, dass diese neuen Sprachformen von unzähligen Medien, Institutionen, Verbänden, Vereinen, Behörden, Einzelpersonen usw. freiwillig aufgegriffen werden und diese weit mehr vernetzt sind als es der VDS mit seinen Arbeitsgruppen sein könnte. Ja, Lobin fordert sogar, dass sich die germanistische Linguistik für eine Differenzierung der Debatte einsetzt (160f.) (sich also klarer für gleichgerechte, inklusive und höfliche Sprache einsetzt), und er befürwortet sogar, dass der Genderstern und inklusive Formen per Verwaltung durchzusetzen sind, wenn diese es wollen (143), so dass dann auch der normale Bürger von gegenderten Texten gegen seinen Willen betroffen wäre... Lobin stellt nicht nur einen angeblichen Sprachkampf dar (wieso nicht einfach: Auseinandersetzung um Sprache?), sondern versucht, die Vernetzung von VDS und AfD mit personellen und institutionellen Überschneidungen und Verbindungen aufzuweisen; Seite 101 listet einfach Fälle von Kontaktschuld auf. Um identitäre Sprachpolitik zu belegen, geht Lobin natürlich weit zum Purismus des 19. Jahrhunderts zurück, ohne zwischen den strengen und liberale Puristen zu differenzieren.[17] Die Webseite *Achse des Guten* hält er für einen „neurechten Blog" (59), obwohl dort Konservative, Liberale und Juden schreiben. Lobin ist dafür, dass, wenn Frauen in einer bestimmten Weise angesprochen werden wollen, man das tun solle (141). Er fragt nicht, welche Frauen was

---

17 G. Wustmann und E. Engel, sicher wütende, alte, weiße Männer, verurteilten den Sprachpurismus früherer Zeit. Adelung, Campe und Gottsched gelten als nationale, aber nicht als nationalistische Puristen. H. von Stephan gilt als gemäßigter und liberalster von allen Puristen. Man kann Puristen auch ›Sprachpfleger‹ nennen, um den krassen Eindruck zu mildern, sie seien an nationaler Identitätspolitik interessiert. Man kann H. von Stephan und Wustmann auch kritisieren in ihrer Meinung zum Verhältnis zu Frankreich oder zum deutsch-französischen Krieg, aber es sind nun einmal andere Zeiten gewesen. Lobin behandelt auch den ADSV und dass er den Nationalsozialismus begrüßte. Der Verein wurde 1940 aber auch Opfer von Hitlers Politik... Lobin selbst geht einem rechten Wort, eben ›identitär‹, auf dem Leim. Rechte verwenden es und er greift es gedankenlos auf.

warum und wie genau wollen. (Wenn ›Fräulein‹ diffamiert wird, was ist mit den Frauen, die nichts gegen diese Anrede haben?) Und er fragt auch nicht, wie es dazu kam, dass nun auch Transidentitäre vielfältige Anredeformen wollen. Und das Beispiel, dass eine ältere Frau nicht ›Omi / Oma‹ genannt werden will – sollte das dazu führen, diese Anrede, die vielleicht andere Frauen wollen, abzuschaffen? Oder kann es sinnvoll sein, bei jedem Kontakt nach den Anredewünschen (›xier‹, ›them‹, ›ens‹, ›Sinto‹, ›Rom‹ usw.) zu fragen? Viel Richtiges sagt Lobin zur Dynamik und zu Entwicklungen von Sprachen (etwa 153), leider unterscheidet er nicht zwischen der Egalität, die das Deutsche schon qua Sprache besitzt und der egalitären Haltung, die wir ihm gegenüber haben sollten. Die Sprache ist schon ein Medium, das viele Personen und Identitäten sichtbar macht: Berufsrollen, Tätigkeiten und Selbstverständnisse der Menschen. Doch man kann nicht übermäßige Ansprüche an eine Sprache stellen. Typisches korrektes Vokabular und Akademismen in Lobins Buch sind: „aktiv" (162), „bürgerwissenschaftlich" (ebd., das Wort meliorisiert ›laienwissenschaftlich‹), „Menschen in ihrer ganzen Vielfalt" (ebd.), „krude Themen" (161) und „Verschwörungstheorien" (158) der Konservativen und Rechten, dann natürlich: „Diskurs" (156), „Vermeidung von Beleidigung und Herabwürdigung" (155), „Berücksichtigung geschlechtlicher Diversität" (142), „Respekt und Höflichkeit" (141), „Diskurspraktiken" (107, 135), „Inzivilität" (106, 135 und öfter), „Verortung" (128), „tief" in den „Strukturen des heutigen Deutsch enthalten" (47, Struktursprech und Tiefenesoterik!), „Sensibilität für das diffamierende Potenzial" (39) usw. Zusammen mit anderen Eigentümlichkeiten akademischen Stils wirkt der Text recht tröge. Da er inhaltlich kaum mehr bietet als eine Positionierung, fragt man sich, was so ein Text soll. Der Sprachkampf ließe sich mit anderen Quellen auch anders darstellen. Viele gehässige und diffamierende Verlautbarungen der Korrekten gegenüber ihren Gegnern, die es vor 2020 gab, lässt Lobin einfach weg. Rainer Stinners Impfverweigerer = „gefährlicher Sozialschädling" (vom 6.8.2021) liegt nach Fertigstellung von Lobins Buch, Hengameh Yaghoobifarahs taz-Artikel *All cops are berufsunfähig* stammt vom Juni 2020, also während Lobin schrieb, aber Ferda Atamans Kritik an Seehofer und ihr unsportliches Suggerieren, Seehofer bediene eine Blut- und Boden-Mentalität fand 2018 statt. (In Wirklichkeit ging es bei dem Angriff darum, ihre Ideologie zu platzieren, dass nämlich Heimat „hybrid und erwerbbar" (so der Tagesspiegel online vom Juni 2022) sei…) Noch weiter zurück liegt die Bezeichnung ›Köterrasse‹ für Deutsche durch Malik Karabulut; sie stammt aus dem Jahr 2017 und hatte keine strafrechtlichen Folgen. Doch für Lobin scheint es überhaupt keine „kruden" Aussagen von Korrekten zu geben. Neben wenigen Büchern sind es vor allem Internetquellen zu kurzlebigen Internetdebatten, die Lobin zitiert. Auf Seite 138 wird Nazivokabular geboten und mit Zitatzeichen suggeriert, dass es authentische Aussagen sind, doch weiß man nicht, ob diese Aussagen aus dem kurz vorher (Seite 137) anzitierten Buch von A. Stukenbrock stammen... Ich glaube nicht, dass es sich bei allen Wörtern auf der Seite um Zitate handelt. Woher stammen die Aussagen? Lobin legt im Nachwort Wert darauf zu betonen, er habe das Buch nicht als Vertreter des Leibniz-Institutes für Deutsche Sprache und nicht mit dessen Mitteln geschrieben, sondern als Privatmann in freien Stunden. Es seien also keine Steuergelder dafür verwendet worden. Aber später sagt er, Frau Annette Trabold vom „IDS" (also Leibniz-Institut für Deutsche Sprache) habe das Manuskript gelesen und Hinweise gegeben. Auch in ihrer Freizeit? Und wäre die personelle Hilfe nicht doch Inanspruchnahme von Ressourcen des IDS?

Deutsch, kerndeutsch, biodeutsch?

Die Adjektive ›kerndeutsch‹ (M. Heine) und ›biodeutsch‹ (Özdemir) sollen so etwas wie autochthon bedeuten. ›kerndeutsch‹ ist weder positiv noch negativ, sondern neusachlich, doch es umgeht das einfache ›deutsch‹, das nach und nach negativ wird. ›biodeutsch‹ hat sich nach dem scherzhaften Gebrauch auch zu einem Wort entwickelt, das auf die Verwurzelung in Deutschland anspielt. Beide Adjektive haben ihr Fremdwort-Pendant ›autochthon‹. ›kerndeutsch‹ ist äußerlich gebildet wie ›kernpädophil‹, also mit dem semantischen Bestandteil der Innerlichkeit, Eigentlichkeit und Festigkeit (bei ›kernpädophil‹: verfestigte Pädophilie). Der Ausdruck „Urdeutsche", der in einem Tweet der ZEIT Ende Mai 2023 verwendet wurde, wurde kommentarlos von der Zeitung gelöscht. Auch ›urdeutsch› wird, wie alle obigen Begriffe, in der Debatte um deutsche Identität und Zuwanderung verwendet. Ausdrücke wie ›afrodeutsch‹, ›vietdeutsch‹ usw. haben das ›deutsch‹ als unproblematischen Bestandteil. Es ist daher seltsam, dass ›deutsch› allein auf Ablehnung stößt, zumal Deutschland als Einwanderungsland beliebt ist. Die Korrekten geraten in einen Widerspruch, wenn sie auf Deutschland als Einwanderungsland abstellen, aber nicht die schlichte Bezeichnung ›deutsch‹ besetzen.

Unsichtbar, aber fickbar? Barbare Adjektive

Die politische korrekte Sprache beackert sehr gerne die hässlichsten Wörter, die das Deutsche zu bieten hat, Adjektive auf ›-bar‹: ›verhandelbar‹, ›verstehbar‹, ›machbar‹, ›denkbar‹, ›verzeihbar‹, ›dankbar‹, ›sichtbar‹, ›erneuerbar‹, ›umdenkbar‹, ›änderbar‹ usw. Aus den meisten dieser Adjektive lassen sich gültige Nomen bilden, die dann gewichtige Theorienwörter sind: ›Sichtbarkeit von Frauen‹, ›Dankbarkeit gegenüber Helfern‹, ›Machbarkeit von Krisen‹ etc. Es gilt als sexistisch, wenn man sagt, jemand sei ›(un)fickbar‹, aber bürokratisch heißt es, ein Kind sei ›unbeschulbar‹, was doch gewiss auch abwertend ist… Der Gedanke hinter all diesen bar-Adjektiven ist, möglichst technisch und dadurch *seriös* zu klingen: ›leistbarer Neubau‹, ›bezahlbarer Wohnraum‹. Anderseits bietet ›-bar‹ (ähnlich wie die Reihe ›-istisch‹, ›-ismus‹, ›-ist‹) durch die Nominalisierung ›-barkeit‹ eine myzelartige Struktur durch die Sinnfelder der politisch korrekten Sprache. Man kann aber auch ein Risiko eingehen. Immer heißt es: ›wehrhafte Demokratie‹. In der Demokratieforschung und Verfassungslehre: ›wehrhafte und streitbare Demokratie‹. Nun, ›streitbar‹ ist immerhin nicht so passiv wie ›wehrhaft‹. Es ist daher etwas heikel: Demokratie soll begrifflich kein Aggressor sein (obwohl sie es sachlich ist, da man gegen innere Feinde vorgeht). Übrigens kann die Vokabel ›wehrhafte und streitbare Demokratie‹ auch Lendenschurz autoritärer Regierungen sein.

Adjektive auf ›-frei‹, ›-los‹ und ›-arm‹

In Hurna 2023a habe ich dargestellt, dass typische Gutsprechadjektive auf ›-frei‹ beliebter sind als solche auf ›-arm‹ oder ›-los‹. Zunächst eine Übersicht von Bildungen, die der Leser sicherlich kennt:

-frei	-los	-arm
werbefrei		
notenfrei		
kochsalzfrei		
erkenntnisfrei		
rodungsfrei		
mähfrei (mähfreier Mai)		
renditefrei		

-frei	-los	-arm
autofrei (autofreie Sonntage)		
männerfrei (Schlagzeile: „männerfreie Tage auf Jahrmärkten")	herrenlos (statt männerlos)	
wertfrei	wertlos	
	anlasslos (wie in anlasslose Kontrolle)	
glutenfrei		
laktosefrei		
	geschichtslos	
sinnfrei	sinnlos	
barrierefrei		barrierearm
fossilfrei		
latexfrei		
hormonfrei		
cruelty-free		
lösungsmittelfrei		
	hoffnungslos	„hoffnungsarme Welt" (Anselm Grün)
nazifrei		
angstfrei		
fckw-frei		
phthalatfrei		
silikonfrei		
mikroplastikfrei		
emissionsfrei, co₂-frei (auch: co₂-sparsam)		
sorgenfrei	sorgenlos / sorglos	
stressfrei		
kostenfrei	kostenlos	
rechtsfrei (etwa:		

-frei	-los	-arm
rechtsfreier Raum)		
nuklearfrei (etwa: nuklearwaffenfreie Welt)		
konfliktfrei (etwa: konfliktfreie Windräder)	konfliktlos	
schadstofffrei		schadstoffarm
kinderfrei	kinderlos	
fettfrei		fettarm
schuppenfrei (Haar)		
palmölfrei		
unkrautfrei		
	kernlos	kernarm
		natriumarm
ideologiefrei		
diskriminierungsfrei		
		faserarm (Mango etc.)
chlorfrei		chlorarm
fleischfrei (vegetarisch, vegan)		
plagiatsfrei		
blasenfrei (bei Schutzfolie)		
gebührenfrei	gebührenlos	
	lückenlos	

Bildungen mit ›-frei‹ sind diejenigen jüngeren Datums und solche, die im Gutsprech beliebter sind. Insofern sie eine Entsprechung mit ›-los‹ oder ›-arm‹ haben, sind sie auch stärker (und ›-los‹ ist stärker als ›-arm‹). Es ist besser, dass etwas frei von X ist, als dass X nur wenig vorhanden ist. Es fällt aber auch auf, dass viele -frei-Adjektive gar keine Entsprechung haben. Normalsprachlich sind Bildungen auf ›-los‹: ›hirnlos‹, ›sinnlos‹, ›lieblos‹, ›lustlos‹, ›arbeitslos‹, ›beschäftigungslos‹, ›zahnlos‹, ›kostenlos‹, ›staatenlos‹, ›farblos‹, ›geschmacklos‹, ›emotionslos‹, ›gewissenlos‹ usw. ›ehrenlos‹ ist Ausländerdeutsch, ›kontaktlos‹ Techniksprech, ›klassenlos‹

ist historisch (›klassenlose Gesellschaft‹). Die gängigen Adjektive auf ›-frei‹ entstammen überwiegend der Werbung: ›koffeinfrei‹, ›rostfrei‹, ›laktosefrei‹ usw., und deshalb finden wir auch viele Werbewörter in der obigen Liste. Technische Ausdrücke wie ›transportfrei‹ (= transportfertig) der Nationalsozialisten zeigen auch negativen Gebrauch. Die Schwemme an positiven -frei-Adjektiven setzte erst spät ein. Interessant ist der politische Gebrauch: ›emissionsfrei‹, ›konfliktfrei‹, ›männerfrei‹, ›rechtsfrei‹, ›kinderfrei‹ usw. Und man kann sich fragen, warum ›-frei‹ ein besseres Morphem ist als ›-los‹, denn beide haben die Semantik, dass keine Emission, kein Konflikt, keine Männer etc. da sind. Es ist typisch für ein Gutwort oder für ein Gutmorphem, dass es semantisch nicht gerechtfertigter ist als seine Alternative, hier das gängige und ältere ›-los‹, sondern dass es stärker ist, weil es aus Sicht der Gutsprecher besser ist… Und es kennzeichnet den ideologischen Gebrauch von Sprache, dass Sachgründe keine Rolle spielen, sondern der Usus auf einer Meinung beruht. Weiter: Einige Gutsprech-Adjektive bilden Ausdrücke auf ›-haft‹, ›-voll‹ oder ›-sam‹ aus, die auch verbreitet sind:

-frei	-los	-arm	-haft	-voll	-sam
wertfrei	wertlos		werthaft	wertvoll	
sinnfrei	sinnlos		sinnhaft	sinnvoll	
	Hoffnungslos	„hoffnungsarme Welt" (Anselm Grün)		Hoffnungsvoll	
angstfrei				angstvoll	
gewaltfrei	gewaltlos		gewalthaft	gewaltvoll	gewaltsam
sorgenfrei	sorgenlos			sorgenvoll	sorgsam
konfliktfrei (wird es irgendwann kriegsfrei geben?)	konfliktlos		konflikthaft		

Bei ›sorgsam‹ ändert sich die Bedeutung, es ist auch älter. Man kann aus dieser Tabelle keine Schlüsse zuungunsten des Gutsprechs ziehen, doch man wird feststellen, dass im Alltag die Adjektive auf ›-voll‹ beliebt sind.

Kleine Umstellungen im Wortgebrauch zeigen die Einstellung der korrekten Sprecher: Statt ›absichtlich‹ schreibt Scharloth: „… durch Beleidigung und Hassrede absichtsvoll…" (Ebd. 240) Wörter mit ›-voll‹ klingen weihevoller. – Die Endungen ›-frei‹, ›-los‹ und ›-arm‹ und der ganze Kontext von ›ohne xy‹ spielt sich ab in einem Bereich, in dem man zwischen guten und in schlechten Stoffen unterscheidet. Das greifen die korrekten Aktivisten, die für eine bestimmte Ernährung, für einen bestimmten Lebensstil und für die Umwelt sind, dankbar auf. Gegenwärtig wundert sich der eine oder andere, warum ein Stoff wie THC von einem geächteten Stoff zu einem erlaubten Stoff werden konnte. Ohne Zweifel ist es die Wissenschaft, die entdecken kann, dass ein vormals als nicht schädlich oder gesund bewerteter Stoff nunmehr als schädlich betrachtet werden muss, aber manchmal ist es eine bloß politische, keine wissenschaftliche Sache. Zunächst einmal eine lockere Betrachtung, ohne Anspruch auf Vollständigkeit. Einige abgelehnte Stoffe haben gute Partner, andere kommen in Stoffklassen vor, bei denen man zwischen guten und schlechten Stoffen unterscheidet. Man findet ›Ballaststoffe‹ gut, ›leere Kalorien‹ schlecht; ›Vitamine‹ sind gut, ›Glutamate‹ sind schlecht; ›Aloe Vera‹ ist gut, ›Gluten‹ ist schlecht; ›Stevia‹ ist gut, ›weißer Zucker‹ ist schlecht, ›Alkohol‹ ist schlecht, ›Tee‹ ist gut, ›Kaffee‹ ist immer strittig; ›Aspartam‹ ist immer schlecht; ›Schüsslersalze‹ sind gut, aber ›Salz‹ ist schlecht, doch ›Totes Meer Salz‹ ist wieder gut; ›ungesättigte Fettsäuren‹ werden geradezu gefeiert, aber ›gesättigte Fettsäuren‹ werden abgelehnt. ›Folsäure‹ und ›Jod‹ und ›Fluorit‹ sind gut, letztere werden oft Produkten hinzugegeben, doch plötzlich wird ›Fluorit‹ wegen der Bildung von Fluorosen heikel. ›Paraffine‹ sind gut, aber ›Palmöl‹ ist schlecht; ›Phthalate‹ und ›Weichmacher‹ werden abgelehnt, ebenso ›Tenside‹ und ›Octocrylene‹. Abgelehnt wird die ›Seife‹, als Stoff und als Form, aufgewertet als Form wird das ›Gel‹. ›Schwarzmehl‹ ist gut und gesund, ›Weißmehl‹ nicht. ›rotes Fleisch‹ und ›fettes Fleisch‹ sind schlecht, aber ›weißes Fleisch‹ und ›mageres Fleisch‹ sind gut; ›Acrylamid‹ ist schlecht, aber ›Hyaluronsäure‹ und ›Baobab-Extrakt‹ sind gut. ›Heilerde‹ ist gut, daher der Name, auch ›Collagene‹ sind gut. ›Mineralwolle‹ und ›Glasfaser‹ sind gut, aber ›Asbest‹ nicht. Auch die ›Füllstoffe‹ sind schlecht, insofern es nicht positiv bewertete Kosmetika sind… Es lässt sich jedoch keine sprachliche Systematik erkennen, so dass man die Bewertung sicher den Experten überlassen kann. Herausstellen können wir, dass ›dunkel‹, ›mager‹, ›vita‹ und ›heil‹ jedoch Worte sind, die eine Sache rein sprachlich positivieren.

Rasse oder Ethnie?

Die Korrekten verwendet gerne den Ausdruck ›Ethnie‹ (vgl. ›ethnische Vielfalt‹) und lehnen den Begriff der ›Rasse‹ ab. Sie begründen das mit Kolonialgeschichte und Nationalsozialismus. Sie werden nicht müde, darauf hinzuweisen, dass es menschliche Rassen nicht gibt. So bewirbt Mark Benecke die Jenaer Erklärung (von 2019) gegen den Rassebegriff und auf der entsprechenden Webseite heißt es: „Es gibt biologisch gesehen keine Menschenrassen. Der Begriff ist inhaltlich – sachlich und fachlich – sinnleer. Die Unterschiede zwischen dem Aussehen von Menschen sind stufenlos. Wir sind alle einfach Menschen."[18] Der Leser weiß schon, wie er das Menscheln mit dem Ausdruck „alle einfach Menschen" und das Wortspiel mit „sachlich und fachlich" einzuschätzen hat... Anderseits bemühen viele Korrekte den Soziologismus ›Ethnie‹, weil er keine biologische, sondern eine kulturelle Semantik hat. Das ist richtig, deswegen wird er ja auch bevorzugt. Doch beide Begriffe sind oft austauschbar. Und in einem strengen Sinne referiert ›Ethnie‹ neben kulturellen Merkmalen (Sprache, Herkunft) ebenso auf physiologische Merkmale (Hautfarbe, Wuchs etc.), sonst wäre es nicht möglich, zwischen verschiedenen Gruppen gleicher Sprache und Kultur, aber verschiedenen Aussehens zu unterscheiden. Der Rassebegriff, so, wie er bekämpft wird, ist etwa auf der Stufe stehen geblieben, wie es der *morphologische Artenbegriff* in der Biologie war: Als Individuen, die zu einer Art gehörten, zählten solche, die eine gleiche Morphologie aufwiesen. Dieser Artenbegriff wurde durch den biologischen Artenbegriff ersetzt, der besagt, dass diejenigen Individuen zu einer Art gehören, die sich gemeinsam fortpflanzen können. Nun wäre es aber das Aus für einen biologischen Rassenbegriff bzgl. des Menschen, wenn man so verführe, denn alle Menschen sind untereinander fertil. Das ist auch der Grund, warum ihn Korrekte eben in diesem Sinne verwenden können: Sie sprechen dann von einer ›großen Menschheitsfamilie‹ oder eben auch von ›Menschenrasse‹ (›human race‹). So entschärft ist der Rassenbegriff unproblematisch. Er ist für die Korrekten nur dann problematisch, wenn er sagt, dass Individuen zu einer Rasse gehören, wenn sie typische, gemeinsame Merkmale aufweisen... Hier kann natürlich auch ›Ethnie‹ genommen werden, um dieselbe Sache begrifflich besser zu sagen. Die Korrekten problematisieren den morphologischen Rassebegriff aber auch

---

18 Der Text ist zu finden auf: https://home.benecke.com/publications/abschaffung-des-begriffes-der-rasse

schon, wenn man aus der Feststellung morphologischer Merkmale keine Bewertungen ableitet. Doch ist der wesentliche Rassismus einer, der die äußerlichen (unübersehbaren) Unterschiede zwischen den Menschen (Menschengruppen, Ethnien usw.) politisiert und wertend nimmt. Die Korrekten vergessen diese Feinheiten; es ist einfacher, jemanden des Rassismus zu bezichtigen, wenn man alles über einen Kamm schert. Wichtig für unseren Zusammenhang ist nur, dass es wieder ein Begriffspaar mit konkurrierenden Ausdrücken gibt, das negative ›Rasse‹ und das positive ›Ethnie‹ (vgl. auch ›Indianer‹ und ›Indigener‹, ›Eskimo‹ und ›Inuit‹ usw.), ohne dass man an der Wirklichkeit, den morphologischen Unterschieden zwischen den Menschen, etwas ändert...

Kraftsprech

Konträr zur harmonischen, freundlichen Sprache steht das Kraftsprech der politisch Korrekten: Man sagt, Deutschland habe den Zweiten Weltkrieg ›entfesselt‹, statt schlicht: ›begonnen‹, oder technisch: ›ausgelöst‹. Kraftsprech, Bildsprache und Moralisierung gehen oft Hand in Hand: ›Autokratien / Rechte / Viren / KI usw. auf dem Vormarsch‹ ist Kraftsprech, weil es einen militärischen Begriff nimmt, der aber unklar lässt, wie weit dieser Vormarsch ist. Zunächst einfache, allgemeine Beispiele für kräftiges Sprechen: ›Niederschlagung der Girondins‹, ›Untergang des Empires‹, ›Fall der Mauer‹, ›Sturz Napoleons‹, ›Zerfall der Sitten‹ usw. Ich nehme diesen Sinnbereich des Vertikalen, weil er gut verdeutlicht, dass bildhaftes Sprechen und kraftmeierisches Sprechen oft zusammen gehen. Das soll auch so sein, denn es soll ja Eindruck hinterlassen. Problematisch wird es, wenn es ideologischer Gebrauch wird. Wenn wir beispielsweise sagen, dass eine Gruppe Holzfäller ›ranklotzt‹, so ist das passend, wenn die Regierung ›ranklotzt‹, dann wird es Kraftsprech, es ist aufgesetzt. Aus der Naturesoterik und dem Tourismussprech kommen: ›ewiges Eis‹, ›endlose Weite‹, ›endloser Horizont‹. Plattes Werbekraftsprech: ›Frische-Kick‹, ›Megapreissturz‹, ›Powerbrot‹, ›Kraftkorn‹ oder: ›Rausverkauf‹, eine Verstärkung von ›Ausverkauf‹ (vgl. ›alles muss raus‹). Großformatige Soziologismen, die immer diagnostizieren wollen: ›Event-Gesellschaft‹, ›Gesellschaft des Spektakels‹, ›Generation X, Y, Z‹, ›Boomer‹, ›Flak-Demokraten‹ usw. Typische politische Kraftwörter sind: ›Welle der Empörung‹, ›rote Linie überschreiten‹, ›Reformstau‹, ›Reformschub‹, ›die Regierung kann Krisenmanagment‹, ›Masterplan‹, ›xy mit aller Härte des Gesetzes bestrafen‹,

›konzertierte Aktion {gegen Rechts, Jugendgewalt, Clans usw.}‹, ›das Ringen um Gerechtigkeit‹, ›Grundfesten der Demokratie‹, „Multi-Krisenlage" (ZEIT), ›Kostenexplosion‹, ›Aktionsplan‹ (im Unterschied zu ›Fünfjahresplan‹ usw. Betonung der Qualität und Intensität) usw. Aus der Umweltideologie kommt: ›heftiger Starkregen‹. ›Regen‹ allein genügt nicht, also ›Starkregen‹, das genügt nicht, also ›heftiger Starkregen‹. Ein typisches, aktuelles Kraftwort ist ›robust‹. So fordert man ein ›robustes Vorgehen‹ gegen Russland oder ›robuste Sanktionen‹, anstatt sinnlicher: ›Maßnahmen, die weh tun.‹ Man spricht von ›robuster Abwertung‹ (W. Heitmeyer) oder von einem ›Verkennen der Dynamik von xy‹. Aktivistisch tritt auf: ›wir fordern‹, nie sagt man: ›wir verlangen‹, denn das ist psychologischer. Aber ›wir fordern‹ ist ganz offenkundig Kraftsprech, da es volativ auftritt. Von den Medien aufgegriffen wurde das Kraftsprech von Olaf Scholz: ›Wumms‹, ›Doppelwumms‹, es war neu und auffällig. Schon kräftiges Sprechen wie ›Recht auf xy‹ wird noch stärker: ›Anrecht auf xy‹. Beliebt und verbreitet ist ›massiv‹: ›massiv erschüttert‹, ›massive Zuwanderung‹, ›massives rechtes Aufkommen‹, oder man erinnere sich an die oben zitierte Mail an mich: „Ja, die Gefahren, die Sie nennen, bestehen tatsächlich, teilweise sehr <u>massiv</u>." Usw. Zum Bekräftigen gehört auch, dass man die Skala der Probleme, die man thematisiert, vergrößert: ›Klimaerwärmung‹ ist gleich ›Weltuntergang‹ bzw. ›Extinction‹. Und man vergrößert sprachlich ein Problem, indem man Analogien überdehnt: Sprach man in den 80er Jahren nur davon, dass ein ›See kippt‹, kann man heute problemlos sagen: ›das Ökosystem kippt‹. (Daraus das durch Dreifachkonsonanten saliente ›Kipppunkte‹.) Hinter diesen Übertreibungen wirkt sicher das Anliegen, die Welt zu retten, und wenn man eine Mission hat, dann muss man sprachlich dick auftragen. Ein Kraftwort ist auch: ›aktiv‹, denn wir finden es in Ausdrücken wie ›aktiv werden‹, sich ›aktiv um xy bemühen‹, ›aktiv seine Zukunft gestalten‹, ›mitmachen und aktiv bleiben‹, ›proaktiv‹, ›selbstaktiv‹ (Spülmittel), ›Menstruationszyklus aktiv leben‹, ›Demokratie aktiv leben‹, ›Demokratie aktiv mitgestalten‹, ›xy aktiv vorbeugen‹ usw. Ohne das Wort aktiv zu benutzen gehören auch hinzu: ›beteiligen‹, ›sich einbringen‹, ›Initiative ergreifen‹ usw. Dem ›aktiv‹ ist das viel bessere ›tatkräftig‹ vorzuziehen, doch die Korrekten machen nur wenig davon Gebrauch (und die Werbung kann es nicht, denn ein ›tatkräftiges Spülmittel‹ liegt außerhalb des Werbesprechs). ›Tatkräftige Unterstützung‹ ist dagegen bereits Formel. Politisch angesprochen werden nach der Corona-Krise die ›Akteure der Innenstadt‹ als Gesamtheit derer, die durch ihr eigenes Engagement und mit finanziellen Hilfen die Innenstädte vor Verödung bewahren. Eine Frau ist nicht nur Journalistin, sie ist auch ›Aktivistin‹ und setzt sich ›für xy ein‹. Man muss immer ›aktiv werden‹, immer ›aktiv sein‹, immer ›engagiert‹ etwas machen, ›für‹ etwas tätig werden usw. Das ist eine Folge der Politisierung und des In-Aktion-setzen aller Lebensbereiche. Die Alten sollen ›aktiv‹ sein, man soll ›im Ehrenamt / in der Pflege / in der Betreuung / in der Familie aktiv‹ sein; und ›Aktivistin sein‹ ist zwar noch nicht zum Beruf, wohl aber für viele zum Lebensinhalt geworden. Mit ›Aktionen‹ überzieht man die Welt, um seine politischen Ziele durchzusetzen. Es ist ein Horror aller Aktivisten, reaktionsträge, ja überhaupt träge und faul, gar unpolitisch zu sein. Aktivistisch, und daher in gewisser Weise immer auch kraftmeierisch, ist auch: ›yes, we can‹, ›wir schaffen das‹, ›wir schaffen was‹ (Ehrenamt, Freiwilligenengagement), ›wir schaffen was weg‹ (Abfallwirtschaft) usw. Allgemeines Kraftsprech finden wir in der politischen Publizistik: ›scharf kritisieren‹, ›aufs Engste‹, ›äußerst angespannt‹, ›massiv‹, ›zutiefst‹, ›im Bann der Kälte‹ (Narzissmus), ›stummer Schrei‹, ›laut totschweigen‹, ›geballte Finanzkraft‹, ›mit Hochdruck an xy arbeiten‹, ›Brandbrief‹ usw. Autoritäre Vokabeln sind: ›höchstrichterlich‹, ›kraft Gesetzes‹, ›Angriff auf die Grundpfeiler unserer Gesellschaft‹, ›Angriff auf unsere Werte‹, ›Wir distanzieren uns mit Nachdruck‹, ›zutiefst verstört‹ usw. Die Phrase ›wehrhafte und streitbare Demokratie‹ ist ebenso Kraftsprech und ihr ehemaliger Glanz ist schon ausgewaschen. In der allgemeinen Erziehung zum Umweltschutz gibt es ebenso Kraftsprech: ›Pfand gehört daneben‹. Das ist offen normativ. Kraftsprech in Imperativen: ›Renten rauf!‹ (Alliteration), ›Lützerath bleibt!‹, ›Demokratie jetzt!‹ Sprachlicher und typografischer Ausdruck des Autoritativen: ›!ntegration!‹ – Bildliches Sprechen ist fast immer besser als abstraktes Sprechen, übrigens auch in naturwissenschaftlichen Fächern (um das, was abstrakt ist, sinnlich erfassbar zu machen). Aber bildhaftes Sprechen kann übergehen ins Kraftsprech. Wir lassen uns noch gefallen: ›Inflationsspirale‹, ›Interventionsspirale‹ oder ›Schweigespirale‹, wenn damit abstraktere Vorgänge fasslich gemacht werden. Aber verkrampft ist ›xy hat verheerende Folgen für yx‹. Beliebt ist das statische ›mit beiden Beinen auf dem Grundgesetz stehen‹, doch was soll das für ein Bild sein? Es ist natürlich die Bekundung einer demokratischen Haltung, aber das Bild wirkt unfreiwillig komisch. Oder: ›Brandmauer gegen Rechts‹. Ein gutes Bild zur Abgrenzung, aber zugleich hysterisch-alarmistisch. Und leider: Diese Brandmauer wird natürlich im ›politischen Diskursraum‹ aufgezogen… ›Sanierungsbugwelle‹

ist ein gutes Bild und bleibt es, wenn es nicht zu oft verwendet wird. Unerträglich jedoch, weil zur Formel geworden, ist: ›volle Härte des Rechtsstaates‹… Gute Bilder: ›Jemand ertrinkt im Alkohol.‹ Oder: ›Häusermeer‹, ›Fahnenmeer‹, ›Zeit totschlagen‹, ›eine Regel brechen‹. Sie sind in der Sprachgemeinschaft entstanden. Kraftsprech stammt jedoch aus einer politisierten, moralisierenden Gruppe. Warum stört das Kraftsprech? Darum: Überzeichnung ist ein Stilmittel, aber moralische Verkleisterung ist keines. Wenn jemand in Deutschland ein englischsprachiges Schild ans Fenster stellt auf dem steht: ›SOCIAL RESPECT‹, so ist das einfach lächerlich. Das war es auch, als die ARD im Sommerinterview 2023 mit Olaf Scholz das Wort ›Respekt‹ einblendete. Oft treten im Aktionismus starke Phrasen auf, die gegen den politischen oder kulturellen Gegner gerichtet sind: ›Compost the rich‹ (Klima- und Umweltaktivismus). Schrien die Aktivisten ›hang / burn / shoot the rich‹, dann wäre es heikler… Mit ›compost‹ bleibt es witzig und im Umweltzusammenhang, scheint also legitimiert. ›compost‹ steht aber in der Reihe von ›burn‹, ›smash‹ (rasism, capitalism usw.). Alles, was auf der Straße geschrien wird, tritt in Form einer Forderung und daher stark markiert auf (vgl. ›reclaim the streets‹). Je stärker die Markierung, um so höher das Risiko, einen gegenteiligen Effekt hervorzurufen, den der Ermüdung. – Ein weiteres Phänomen sind kraftsprecherische Reihen: ›Zeitenumbruch‹, ›Zeitenbruch‹ (!), ›Epochenbruch‹, die ganz sicher stärker sind als bloß ›Zeitenwende‹ und bildstärker als ›Transformation‹. Das Kraftsprech kann auch dort auftreten, wo man sonst esoterisch und dadurch etwas sanfter spricht. Typisches Anselm-Grün-Sprech: ›Begegnungen wagen‹. Als ob jemandem zu begegnen ein Wagnis ist! Typisches Samuel-Koch-Sprech: „Stehaufkraft", oder: „[W]eil ich erfahren habe, dass Ratschläge auch Schläge sein können, verstehe ich mich nicht als Ratgeber." Ein Ratgeber schlägt doch nicht… Das Kraftsprech kennt auch seine Reihen: ›Klimagipfel‹, ›Bildungsgipfel‹, ›Wirtschaftsgipfel‹, ›G20-Gipfel‹, ›Asylgipfel‹ usw. Aber wir wissen: ›Über allen Gipfeln ist Ruh.‹ Die Gipfel sind groß und teuer, die Ergebnisse oft mager. Kraftsprech ist auch, dem politischen Gegner eine ›(verbale) Entgleisung‹ vorzuwerfen. Es kommt auch von der Stange, etwa bei Holocaustvergleichen. – Ein Sachverhalt kann begrifflich verschieden eingekleidet werden. Normaler Ausdruck: ›Teuerung‹, ›Preissteigerung‹ oder bildhafter Ausdruck: ›Preislawine‹, ›Lohn-Preis-Spirale‹. Die blasseren Ausdrücke können silbisch erweitert und dadurch sperrig werden, die Bildausdrücke, die grundsätzlich besser sind, können zum Kraftwort überspannt werden.

Politiker sprechen gerne bildhaft, die Bürokratie spricht sperrig, blass, benutzt Langformen und abstrakte Begriffe. Hier Bilder, die ins Megalomanische gehen: ›Coronawelle‹, ›aggressive Zinswelle‹, ›die Inflation frisst…‹ usw. Typisches Kraftsprech ist: ›Der Umsatz bricht ein‹ oder: ›der Tourismus wird wegbrechen‹, bildstark und originell dagegen ist: „[I]ch lebe am äußersten Rand des Erdballs." (Haag 2022, 57) Wir Germanisten nennen Bilder wie das letztere *kühn*, und wir sollten alle kraftmeierischem Bilder aus Politik und Gutsprech *gewöhnlich* nennen. Natürlich sind es Bilder, und sie sind besser als Abstrakta, aber die Bilder haben sich verbraucht oder werden ohne Überlegung zu oft verwendet. Zum Kraftsprech gehört auch: ›Entlastungspaket‹. Es hat einen Widerspruch in sich, denn der normale Sprecher wird mit ›Paket‹ etwas Schweres assoziieren. Große, medial verbreitete Vokabeln sind oft Kraftsprech: ›Rückführungsoffensive‹, ›Bildungsoffensive‹, ›Charmeoffensive‹, ›Radwegoffensive‹. Sie sind umso kraftmeierischer, je weniger ihr Thema umgesetzt wird. Probleme können vergrößert werden, indem man sie als ›Pandemie‹ (oder ›Epidemie‹) darstellt: Pandemie von Vergewaltigungen, Pandemie der Viren, Pandemie der Erschießungen unbewaffneter Black Americans oder die „Sitzpandemie" (*TK Gesundheit*), „Schattenpandemie" (Gewalt gegen Frauen) oder die ›Opioid epidemic‹ in den USA. Durch ein Bild kann ebenfalls eine Sache größer erscheinen: ›Welle der Empörung / Begeisterung / Solidarität / Sympathie‹, ›breite Welle von Hilfsangeboten‹ usw. Kraftsprech haben wir bei dem aktionistischen Stilmittel, das Suffix ›-ismus‹ als ›muss‹ zu verstärken: ›MarxisMuss‹, ›SozialisMuss‹, ›AnarchisMuss‹, ›FeminisMuss‹ usw. Ausgesagt werden soll, dass das genannte politische System umgesetzt werden muss, dass es ein ›Muss‹ sei… Überall aber, wo ein normativer Anspruch erhoben wird, empfinden wir einen Druck, und dieser wird unangenehm, wenn er sprachlich so nachdrücklich auftritt.

Globaler Ausdruck oder Einzelwort?

Oben sagte ich, man muss die Ausdrücke, also auch mehrteilige Ausdrücke, als ein Ganzes sehen. Die politisch Korrekten geraten nur dann in einen Widerspruch, wenn sie beispielsweise ›Volk‹ ächten, aber ›Volksbildung‹ gelten lassen, und wenn sie dabei ›Volk‹ als negativen Bestandteil von ›Volksbildung‹ sehen. Da sie aber zugeben müssen, dass sie zwar ›Volk‹ ablehnen, selbstverständlich auch ›Volksverräter‹, ›Völkischer Beobachter‹, ›Volksempfinden‹ usw., aber ›Volksgarten‹, ›Volkspark‹, ›Volksbildung‹, ›Völkerfrühling‹ gelten lassen, müssen sie auch zugeben, dass es heikel ist, ›Volk‹ (sei es in seiner Bedeutung als *ethnos*, sei es in seiner missverstandenen Bedeutung als *demos*) abzuwerten. Wir selbst müssen den Widerspruch überwinden, wenn wir sagen, dass ›Volk‹ einerseits Teil eines Kompositums ist, andererseits aber der Ausdruck als ganzer für sich steht. Tatsächlich ist ›Volk‹ von der Kontroverse um ›Volksverräter‹, ›Ein Volk, ein Führer‹ usw. abgetrennt. Nehmen wir das Beispiel eines adjektivischen Funktionswortes. Mit ›offen‹ bilden die politisch Korrekten positive Ausdrücke wie ›offene Grenzen‹, ›offene Lernorte‹, ›offen und ehrlich‹, ›offenes Angebot‹, ›offener Treff‹, ›offene Kreativangebote‹, ›offenes Kommen und Gehen‹, ›offene Besetzung‹ (Besetzung von Hörsälen), ›Aktion der Offenlegung‹ (nach Korruption), ›ergebnisoffen‹, ›offene Hausapotheke‹ (Medikamentenflohmarkt), ›offener Stuhlkreis‹, ›offene Arme‹, ›open stage‹, ›open content‹, ›open source‹, ›technologieoffen‹, ›verkaufsoffener Sonntag‹, ›offene Bauweise‹, ›offene Häuser‹ (keine Laufhäuser), ›offenes WLan‹ usw. (Die rein technisch motivierten Offenheitsadjektive mausern sich zu positiven Attributen.) Oder: Die Bundesregierung will für eine „neue, offene Datenkultur" in Deutschland sorgen (laut Bundesdigitalminister Volker Wissing im Winter 2022). Hier haben wir das neutrale, technische Wort ›Daten‹ mit den Hochwertworten ›Kultur‹ und ›offen‹, die das Technikwort rahmen und somit positiv einführen. Aber wir kennen ›offen‹ auch in negativen Zusammensetzungen: ›offene Wunden‹, ›offener Konflikt‹, ›offene Feindseligkeit‹ usw. Im ersten Fall ist ›offen‹ für sich schlecht (eine geschlossene Wunde ist gut), in den beiden anderen Fällen wird es gefärbt durch das Nomen. Es liegt also nichts am Begriff ›offen‹, dennoch werden viele Simplicia von den politisch Korrekten aufgeladen und dann als Hochwertwort eingesetzt: ›Lernort‹ ist einfach zu neutral, erst durch ›offen‹ wird er positiv. Der Sprachfimmel mit ›offen‹ geht so weit, dass er auch in heiklen Zusammenhängen als Signal des Gutsprechens vorkommt: „Kurz nach dem großangelegten chinesischen Militärmanöver nahe Taiwan passiert die USS Milius das Gebiet. Die Durchfahrt demonstriere den Einsatz für ›eine freie und offene Asien-Pazifik-Region‹, erklärte die US-Navy." (FAZ online vom 17.4.2023) Zwei Hochwertworte hintereinander, und schon ist die militärische Drohpräsenz legitimiert… Wir sollten uns also auf die Suche machen nach Teilen, die in Komposita eine Semantisierungsrolle spielen. Und wir müssen unterscheiden: Bei den Komposita können wir die Elemente dahingehend untersuchen, ob sie deskriptive (beschreibende), evaluative (wertsetzende) oder präskriptive (normsetzende) Bestandteile haben. Dabei gehen wir davon aus, dass die positiven Wörter, die *eo ipso* positiv, evaluativ oder normativ sind, die anderen Bestandteile färben, und dass diejenigen Wörter, die nur deskriptiv sind, eher gefärbt werden. In ›Güteklasse A‹ ist ›Güte‹ positiv *sui generis*, ›Klasse‹ ist neutral (deskriptiv) und ›A‹ assoziativ positiv (wegen eines zugrunde liegenden Rangsystems). ›Klasse‹ wird positiv gefärbt. In ›psychische Ressourcen‹ ist ›psychisch‹ deskriptiv, ›Ressourcen‹ assoziativ positiv (das zu Fördernde, auch Konstitutive). In ›Frieden jetzt!‹ ist ›Friede‹ aus sich heraus positiv, ›jetzt‹ fungiert als Imperativ. Ebenso in ›Stärken stärken‹, wo das Nomen assoziativ gut ist (weil man Stärken auch negativ einsetzen kann), das Verb aber ist normativ (man soll etwas tun). In ›right livelihood‹ treten mit dem ersten Bestandteil etwas Normatives und mit dem zweiten etwas Beschreibendes zusammen. In allen Fällen werden die globalen Ausdrücke positiv. Der interessierte Leser kann weitere Ausdrücke durchgehen und sehen, wo normative, deskriptive und positive Ausdrücke zusammengehen, wie dadurch globale Ausdrücke positiv werden, ob es Ausdrücke gibt, die global normativ werden (wie ich bei ›right livelihood‹ annehme) und ob es erwartungsgemäß so ist, dass kein globaler Ausdruck rein deskriptiv wird. Es sieht also so aus, als ob einzelne Ausdrücke in globalen Ausdrücken semantisch eine Rolle spielen, wobei deskriptive Ausdrücke übertrumpft werden. Der Ausdruck ›Volk‹ ist also unschuldig und das Kompositum entscheidend und damit das, was wir globalen Ausdruck nennen. Doch haben die politisch Korrekten einerseits, die Rechten andererseits das neutrale Wort ›Volk‹ jeweils in ihrem Sinne semantisiert, und so muss das Wort, wenn es für die Rechten positiv ist, für die Linken negativ sein. Dennoch gibt es weiterhin den Gebrauch der breiten Mehrheit, die am Wort ›Volk‹ nichts Anstößiges findet, die sich auch von Linken und Rechten nicht beeindrucken lässt (vgl. etwa die Unterscheidung ›Volk‹ und ›Bevölkerung‹, die Kleine-Hartlage moniert, die aber eine Rolle spielt bei Ausdrücken wie ›Bevölkerungsaustausch‹ und ›Umvolkung‹, nämlich formal als Lang- und Kurzausdruck, dann semantisch als sachlicher und eben (aber perspektivisch abhängig) heikler Ausdruck). So kommt es dahin, dass auch die politisch Korrekten es hinnehmen müssen, dass es Worte wie ›Volkshochschule‹, ›Volksgarten‹ oder ›Volkskreis‹ (bei Kafka) weiterhin gibt. Anna Haag spricht ganz natürlich und ohne Naziideologie vom „deutschen Volkskörper" (Haag 2022, 139), und von ›Volksgenossen‹ und vom ›deutschen

Volk‹ mal mit, mal ohne distanzierende, ironische Anführungszeichen (vgl. 56, 83, 129). Das heißt, das auch der Ausdruck ›Zigeuner‹ in ›Zigeunersoße‹ eine andere Rolle spielt als allein. Das Problem ist, dass man hier argumentiert, dass im Kompositum das Negative drinsteckt, was auch in ›Zigeuner‹ stecke. Wir müssen zugeben, dass Lexeme, also Inhaltswörter, Vorstellungen erzeugen.[19] Wir können sagen: Präsentationen. Diese sind unabhängig von dem, was es so in der Welt gibt, können undeutlich oder klar sein (vgl. ›Gebäude‹ vs. ›Haus‹ vs. ›Villa‹). Sprachkorrekte, insbesondere feministische Linguisten, beharren auf Repräsentationen, weil sie meinen, Sprache bilde immer Wirklichkeit ab.[20] Das ist ein Fehler. Sagt jemand: ›Einhorn‹, so stelle ich mir ein Pferd mit einem Horn vor, meistens weiß. An dem Wort hängt noch der Waschzettel: ›Ein Tier, das es nicht gibt.‹ Je eingehender man sich mit dem betreffenden Wort beschäftigt hat, umso mehr wird man es mit einem Inhalt füllen. Hat man ›der Lehrer‹, ›die Lehrer‹ gelernt, und zwar die *Gebrauchsweisen*, wird man sich beim Plural kein Geschlecht vorstellen. In ›seinerzeit‹, das von einem Lexem schon stark zu einem reinen Morphem tendiert, denkt niemand ein Maskulinum mit. ›...seinerzeit hat sie Männer gefressen...‹ ist ganz natürlich zu sagen. Dieselben Überlegungen sollten auf Personenbezeichnungen angewandt werden. Wenn ›Zigeuner‹ negativ sein sollte, dann ist es ›Zigeunersoße‹ noch lange nicht, weil es ein globaler Ausdruck ist und für die meisten Sprecher das ›Zigeuner‹ im Kompositum blass wird. Globaler Ausdruck heißt Lexem, also Inhaltswort, und das heißt: eine bestimmte Vorstellung auslösen, auch Konnotationen vermitteln, vielleicht auch Gefühle, aber sowohl Gefühle als auch Vorstellungen können sehr vage sein.

---

19   Ein gutes Argument gegen die Erzeugung von Vorstellungen bietet Burke 1989, 209f., 214. Sein Argument: In der Rede, selbst in einer bildhaften Beschreibung, haben wir gar nicht die Zeit, uns alles vorzustellen. Wir können noch hinzufügen: Außerdem reagieren wir ja auch auf abstrakte Wörter und auf funktionale Wörter, wie etwa Präpositionen. Aber: Dass Lexeme dennoch eine bildhafte Seite haben, sehen wir dann, wenn wir verschiedene Lexeme nebeneinander legen (›Burg‹ vs. ›Schloss‹; ›Villa‹ vs. ›Bungalow‹) und uns eben die Zeit lassen, ihre visuellen Informationen zu erfassen. Das dürfte dann auch der Fall sein bei ›Lehrerin‹, ›Frau‹, ›Fräulein‹, alles Sprachzeichen, die doch nur eine ungefähre Vorstellung des Genannten heraufbeschwören. Eine Frau muss daher nicht präzise benannt werden. Um Verständigung zu ermöglichen, ist nicht nur ›Frau‹ als Wort konventionalisiert, sondern auch die Vorstellung von ihr, aber eben nicht trennscharf, da jeder dieselben und auch andere Erfahrungen mit Frauen hat.

20   Schon Humboldt verneint eine Repräsentation der Wörter: „Denn die Sprache stellt niemals die Gegenstände, sondern immer die durch den Geist in der Spracherzeugung selbsttätig von ihnen gebildeten Begriffe dar[.]" (Humboldt 2001, 86f., vgl. auch 9)

Das Lexem wird dann durch seine *Gebrauchsweisen* semantisch bestimmt. ›Barbar‹ hat eine wechselnde semantische Geschichte, je nach dem, von wem das Wort wie benutzt wurde. (Die Geschichte von ›Barbar‹ stellt bündig Arno Borst dar, vgl. Borst 1990, 20ff., allerdings mit etymologischen Unstimmigkeiten.) ›Montagnards‹ oder ›Degar‹ kann abfällig sein, aber auch neutral als ›Bergvölker‹ oder als politisches Parteienwort positiv. ›Jude‹ hat allen Versuchen zur Pejorisierung widerstanden. Es ist stolze Eigenbezeichnung. ›Eskimo‹ wird nur negativ, wenn man Eigenbezeichnungen im Kontrast dazu stark macht. ›Nigger‹ wird von dieser Gruppe negativ, von jeder Gruppe positiv verwendet. Als ›Warmduscher‹ dürfen politisch Korrekte den ängstlichen politischen Gegner bezeichnen, aber ›warmer Bruder‹ ist homophob. Wir sehen: Hier spielt das ›warm‹ eine unterschiedliche Rolle, einmal als negativ gemeintes Sachwort, einmal als negativ gemeinte Metapher. Beide Ausdrücke sind global. Man muss sie als solche verstehen, denn sie sind geprägt. Im Vergleich können wir festhalten, dass einzelne Bestandteile andere semantisieren, aber steht das Wort als globales fest, ist es also gebrauchsfertig innerhalb eines bestimmten Usus, dann ist es ein Wort mit globaler Bedeutung. Legt man ›Zigeuner‹, ›Zigeunerkommissar‹, ›Zigeunererlass‹ und ›Zigeunersoße‹ nebeneinander, sind sie nicht alle gleichermaßen durch ›Zigeuner‹ desavouiert. – Es gibt noch mehr Argumente, Lexeme als globale Ausdrücke zu verstehen. Wort und Sache können getrennte Wege gehen. Ein Beispiel ist: ›Ballaststoffe‹. Viele Ernährungswissenschaftler weisen unablässig darauf hin, dass ›Ballast‹ hier nicht negativ verstanden werden darf. ›Ballaststoffe‹ (Zellulose und Lignin) erfüllten eine wichtige Funktion im Darm. Aber die Frage ist, ob ein Sprecher, der die Bedeutung des Wortes gelernt hat, auf die Idee kommt, ›Ballast‹ als negativen Teil abzutrennen. Schon Ballast auf einem Schiff hat eine nützliche Funktion. Als globaler Ausdruck geht ›Ballast‹ seinen eigenen Weg im Vergleich zur Sache. Die Bezeichnung mag nicht korrekt sein innerhalb einer Sprachreflexion, aber sie ist, wie sie ist, und wir verstehen die Sache dann auch. Oder: ›Sorgenbeauftragter‹ (am Pornoset, an Schulen etc.). Dieses Wort beinhaltet ›Sorge‹ als negatives Wort, ›Beauftragter‹ als bürokratisches Wort (vgl. ›Drogenbeauftragter‹, ›Sonderbeauftragter der EU‹ etc.). Insgesamt ist es ein positives Wort, weil der Zweck eines Sorgenbeauftragten ist, Sorgen zu lindern. Im Vergleich mit der Sache ist das Wort, besonders sein negativer Bestandteil, unabhängig. – Was ein globaler Ausdruck ist, lässt sich am besten anhand von Komposita zeigen: ›Ameisenbär‹ ist so ein Ausdruck; man muss lernen, dass es weder ein Bär noch eine Ameise ist, sondern ein Säugetier, das Ameisen isst. Man darf ›Schulstunde‹ nicht als 60 Minuten auffassen, sondern als 45 Minuten. Sofern das aber an der Silbe ›Schul-‹ liegt, muss man lernen, dass diese Silbe mit einer Zeitsituation, die an der Schule gilt, zu tun hat, nicht mit dem bloßen Gebäude. Das ist schon ein komplizierter Zusammenhang. ›Magma‹ und ›Lava‹ sind sachlich dasselbe, aber beide tragen die Konnotation mit sich, die den Ort unter oder über der Erde bestimmt. Das muss man lernen. Das heißt, man lernt die (mehr oder weniger exakte) Bedeutung mit dem ganzen Wort. Prä- und Suffixe können das Wort in seiner Bedeutung ändern, aber meistens erzeugen sie, wie die Vorsilben, ein ganz *neues* Wort. Man lernt die Worte nicht anhand ihrer Bestandteile, sondern rein denotativ in Bezug auf die Sachen. (So lernen Kinder die Bedeutungen von Wörtern je Wort und machen erst später selbstständige Ableitungen.) – Was spricht noch dafür, Lexeme als globale Ausdrücke zu verstehen, bei denen die Bestandteile zwar Semantisierer sind, aber nicht die Rolle spielen, die die Sprachkorrekten ihnen zubilligen? Bei Phrasemen ist es ziemlich offenkundig, dass die Bedeutung eines Ausdrucks global ist und sich nicht durch die Bestandteile erschließt. Man muss die Bedeutung von ›Ich stehe auf dem Schlauch‹ mit dem Satz lernen. Aber auch unterhalb der Phraseme gehen schon einige globale Ausdrücke über einzelne Wörter hinaus: ›spazieren‹ und ›gehen‹ sind für sich globale Ausdrücke, also mit einem spezifischen Wortinhalt, aber ›spazieren gehen‹ ist auch ein globaler Ausdruck. Dann auch Nomen-Verb-Verbindungen, wobei diese noch stark durch den Gebrauch festgelegt sind. Letztlich wissen das alles auch die politisch Korrekten: Für die politische Propaganda ist es nützlich, möglichst viele globale Ausdrücke mit entsprechendem ideologischen Gehalt in Umlauf zu bringen. Und mehr noch: Aus der Werbung weiß man, wie man Alltagswörter mit entsprechenden Botschaften semantisiert. Man bringt gängige Ausdrücke mit einer bestimmten Sache zusammen. So auch die politisch Korrekten mit ihrem ›Klima‹, ›öko‹ oder ›pro‹. Werden neue Ausdrücke mit diesen Bestandteilen gebildet, werden sie als positive Ausdrücke sofort verbreitet. Die Bestandteile haben dann noch eine bestimmte Funktion als Themen- und Fokuswörter, wie ich gleich zeigen werde. Was die Frage der Globalität betrifft, so können wir sagen, dass Bestandteile eines Ausdrucks eine untergeordnete Rolle spielen im Vergleich zu dem, wie man den ganzen Ausdruck versteht. So wenn Sprachkorrekte behaupten, das ›-ant‹ von ›Asylant‹ sei pejorativ, denn an ›Flüchtilant‹ angehängt würde es den

Flüchtling abwerten. Hier überschätzt man das Suffix. ›Asylant‹ war ein bürokratischer, neutraler Ausdruck in der Reihe anderer Personenausdrücke mit ›-ant‹ und wurde als *ganzer* pejorisiert. – Weiter: Den politisch Korrekten ist bei ihrer Begriffskritik immer daran gelegen, den Ausdrücken einen Warnhinweis mitzugeben. Sie sagen, dieses oder jenes Wort habe eine ›Kolonialgeschichte‹, sei ›vorurteilsbehaftet‹, ›rassistisch‹, werde ›devalidierend‹ verwendet usw. Es ist ihnen wichtig, diese Informationen mitzugeben, damit die Wörter im Usus durch die breite Bevölkerung eine negative Konnotation erhalten. Damit behandelt man sie übrigens als globale Ausdrücke. Der Teilnehmer einer Sprachgemeinschaft ist es gewohnt, Ausdrücke ganz schnell aufzufassen, entweder mit einer bestimmten Vorstellung, wie sie Lexeme erzeugen, oder mit einem Verständnis der Gebrauchsregel, wie sie Morpheme bieten. Er fasst ›gehen‹, ›spazieren‹ als globale Ausdrücke auf, kümmert sich nicht um die Verbwurzel. Aber er fasst auch ›spazieren gehen‹ als globalen Ausdruck auf. Bei ›Brombeere‹ interessiert ihn das für ihn etymologisch dunkle ›Brom-‹ nicht. Seine Vorstellung der Beere ist unmittelbar, wenn er sie einmal kennengelernt hat. Ein Wort wie ›Kaffeebohne‹ ruft eine adäquate Vorstellung auf, auch wenn es sich botanisch um eine Kirsche handelt. Auch das beweist, dass die Ausdrücke global verstanden werden. Was die komplexen Ausdrücke betrifft, so versteht er mühelos ›erweiterter Suizid‹ als Selbst- und Fremdtötung und damit auch das Unrecht. Er hat auch ein Gespür für sprachliche Irreleitung, wenn er etwas mehr über den Gebrauch eines Wortes nachdenkt. So blieb manchen die Bedeutung von ›Sonderbehandlung‹ unklar, den meisten jedoch nicht. Ein gewisser Aufwand muss betrieben werden bei kurzen Gesetzestiteln, vor allem, wenn mehr und anderes drinsteckt, als der Gesetzestitel sagt. Ein Wort wie ›Zigeunersoße‹ wird ganz global als Sortenbezeichnung aufgefasst, niemand denkt dabei negativ an ›Zigeuner‹. Dennoch können wir Sprachkritik betreiben, denn wir haben bessere theoretische Voraussetzungen als die Sprachkorrekten, die ein „Moraldeutsch" forcieren, „das die Sprache mit dem Anspruch der Gerechtigkeit konfrontiert" und die eine „Sprachreinigung" vollziehen wollen, weil sie Sprache „moralisch einwandfrei" (Kaehlbrandt 2016, 116f.) haben möchten. Ihre theoretischen Annahmen sind eigentlich nur, dass eine gerechte, faire, inklusive, diskriminierungsfreie und gute Sprache auch zur Gerechtigkeit, Fairness, Inklusivität, Diskriminierungsfreiheit und zum Guten in der Welt führt. Viele Kritiker der überzogenen politisch korrekten Sprache zeigen jeweils, dass die politisch Korrekten, besonders die Sprachkritiker, von einem direkten Zusammenhang von Sprache und Wirklichkeit ausgehen. Wir teilen diese Annahme der Korrekten nicht und können gerade deshalb bessere Sprachkritik betreiben. Wir gehen mit Leisi und Porzig sogar von einer Eigenlogik der Sprache in Semantik und Gebrauch aus. Und so können wir beispielsweise den Ausdruck ›globaler Süden‹ als schlicht falsch bewerten. Und wir können das begründen: ›Global‹ meint die ganze Erde und steht daher im *Gegensatz* zu ihrer Nord- und Südhälfte (›global‹ = ›weltweit‹, auch i.S.v. ›ganz‹). Der von den Sprachkorrekten geächtete Ausdruck ›3. Welt‹ ist dagegen angemessen, wenn man ausdrücken will, dass es Entwicklungsgrade und -unterschiede zwischen den Ländern, gemessen am Entwicklungsgrad Europas, gibt. Man muss das nicht wollen, aber wenn man es will, sollte man es *so* sagen. Dem Ausdruck ›3. Welt‹ liegt eine *abstrakte* Hierarchie von Ökonomien zugrunde. Der Ausdruck ›globaler Süden‹ sieht von all dem ab und nimmt nur Bezug auf die Geografie; da er aber nur in gutsprecherischer Manier genommen wird, ist mit dem Ausdruck assoziiert, dass diese Länder politisch und ökonomisch korrekt behandelt werden sollen. Das liegt mittlerweile in der globalen Bedeutung von ›globaler Süden‹. (Dass Australien ökonomisch entwickelt und überwiegend ethnisch weiß ist, ist ein Problem für beide Ausdrücke.) Also, es gibt Sprachkritik, man kann in angemessene und unangemessene, ja sogar in richtige und falsche Ausdrücke unterscheiden, aber nicht von der Etymologie her, wie es viele korrekte Sprachkritiker glauben, schon gar nicht von einer immer auf eine ideale Sache abzielenden politischen Sprachkritik. Sondern man muss die sprachinterne Logik der Sprache geltend machen, um zu sagen, dass ein Ausdruck adäquat oder sogar richtig ist. Zuletzt: Dass die Globalität eines Ausdrucks Vorrang hat gegenüber seinen Bestandteilen sehen wir am besten bei Ausdrücken, die genau das Gegenteil aussagen als der positive Teil vermuten ließe: ›Schutz‹ ist gut, ebenso ›Schutzbrief‹, ›Schutzraum‹, ›safe space‹ usw. Aber ›Protektorat‹, ›Schutzmacht‹, ›Schutztruppe‹, ›Schutzhaft‹, ›Schutzstaffel‹, ›Schutzgeld‹ sind schlecht, ja teilweise euphemistisch und auch erkennbar euphemistisch. Kinder und ausländische Deutschlerner müssen ›Protektorat (Böhmen und Mähren)‹ oder ›Schutzgeld zahlen‹ als Ausdrücke lernen, die eben Negatives bedeuten. Auch linguistische Formenmerkmale sprechen für Globalität. Ich nehme nur die Lautung als Beispiel: In ›Küche‹ ['kʏçə] und ›Kuchen‹ ['kuːxn̩] wird ›ch‹ jeweils anders gelautet. Das Graphem ›ch‹ sagt also an sich nichts. Kinder und ausländische Deutschlerner lernen also die Lautung der Worte für sich und setzen nichts zusammen.

Fokus- und Themenwörter

Von der positiven Semantik der Bestandteile von Komposita sind die Fokus- und Themenwörter zu unterscheiden. Die Linguistik kennt die Unterscheidung zwischen Grundwort und Bestimmungswort innerhalb der Komposita, die das Kompositum in eine bestimmte Sinnrichtung motivieren. Die Unterscheidung zwischen Fokus- und Themenwörter kommt besonders bei politischen Ausdrücken zum Tragen. Nehmen wir die Adjektive: ›klimagerecht‹, ›klimaneutral‹, ›klimafreundlich‹, ›klimapositiv‹ und die Nomen: ›Klimagipfel‹, ›Klimaschutz‹, ›Klimastreik‹, ›Klimapass‹, ›Klimakiller‹, ›Klimakatastrophe‹, ›Klimakollaps‹, ›Klimakrise‹, ›Klimakampf‹, ›Klimaflüchtlinge‹, ›Klimakompensation‹, ›Klimakummer‹, ›Klimacamp‹ usw. ›Klima‹ ist offenbar Themenwort, es geht um das *Thema* Erderwärmung (aber man nennt es ›Klima‹, da es kürzer ist und inhaltlich umfassender, denn das Grundwort war ›Klimaerwärmung‹, man hat es einfach gekürzt). Daran angeschlossen werden andere Aspekte; sie legen einen *Fokus* auf ein anderes, unter- oder nebengeordnetes Gebiet. Diese können selbst Thema werden: ›Klimaschutz‹ => ›Schutzräume {für Frauen}‹. Hier gibt es noch wenig semantischen Zusammenhang, da die Gebiete sachlich weit auseinander liegen. Aber die politisch Korrekten können dennoch eine Verbindung durch Thematisierung und Fokussierung herstellen: ›Klimakrise‹ => ›Krisenzeiten‹ => ›multiple Krisen‹ usw. Selbstverständlich liegt es *nicht zuerst* an den Ausdrücken, wie ein Zusammenhang hergestellt wird, aber wenn wir unehrliche Wörter haben wie ›Klima‹ (statt ›Klimaerwärmung‹) oder ›Maskulinität‹, ›toxische Männlichkeit‹, ›toxische Beziehung‹ usw., dann lassen sich viele neue Sachverhalte gedanklich umso leichter herstellen, wie man die Ausdrücke als Sachen nimmt. Dennoch ist das Verbinden nicht beliebig, auch mit den Hochwertausdrücken ist es das nicht. Wir haben im folgenden Beispiel zwei Hochwertwörter, die aber nur in unterschiedlichen Verbindungen funktionieren: ›erlesene Zutaten‹, ›lebendige Demokratie‹, aber nicht: ›erlesene Demokratie‹ usw. Auf der anderen Seite können wir sehen, wie gerade die abstraktesten Gutwörter ganz munter mit anderen zusammengehen: ›lebendige Kita‹, ›lebendige Demokratie‹, ›lebendiger Zusammenhalt‹, ›lebendiger Teint‹, ›lebendige Sprache‹, ›lebendige Kirche‹, ›lebendige Wüste‹, ›lebendiger Tod‹ usw. (Am Werk ist hier die Metapher, die das einzige gedankliche Mittel ist, wirklich weit auseinanderliegende Sinnbereiche zu verbinden.) Die Unterscheidung zwischen Themen- und Fokuswörtern als Gestaltungsmittel der politischen Sprache (vor allem innerhalb von Schwemmausdrücken) macht die gedankliche Bildung dieser Ausdrücke und die ideologische Vernetzung deutlich. Mit dem Ausdruck ›Klimakrise‹ wird man auf die Krise, die durch Erderwärmung hervorgerufen wird, gedanklich getrimmt, mit dem Ausdruck ›Krisenzeiten‹ auf ein noch allgemeineres (und daher unprüfbares) Szenario. Das Phänomen der Schwemmausdrücke selbst ins Auge gefasst, muss man sagen, dass sich diese vielen Ausdrücke ähnlich wie Individuen großer Populationen verhalten, die einen evolutionären Prozess durchlaufen. Wir können erwarten, dass in fünf, zehn, fünfzig Jahren nur wenige dieser Ausdrücke in der Gemeinsprache überlebt haben. Schwemmausdrücke sind zahlreich, weil sie einer Selektion unterliegen, aber der Mechanismus des Schwemmens liegt nicht selbst in den Ausdrücken und kann daher nicht ausgelesen werden. Der Mechanismus, den wir ja von unpolitischen Komposita kennen, ist hier selbst das gedankliche Verbinden unterschiedlicher Erscheinungen im Zuge der Politisierung. – Der Fokus kann auch anders funktionieren: ›Asbest- und Schadstoffsanierung‹ Hier wird der Fokus auf Asbest gelegt, der nur einer von vielen Schadstoffen im Bau ist. Warum? Weil Asbest medial seit vielen Jahren im Unterschied zu PAK und PCB hervorgehoben wird. Eine vergleichbare Welle gab es zuvor nur für Blei. Auf unser Thema angewandt: Wenn man Frauenrechte und Frauenschicksale in den Fokus rücken will, dann bildet man ›Frauenrechte‹, ›Frauenhäuser‹, ›Femizide‹ und ›Frauenfreiräume‹ und blendet alles andere aus, worüber man nicht sprechen will. Es könnte ja Dinge geben, die den eigenen Glaubensvorstellungen widersprechen, und es könnte Begriffe geben, die viel klarer andere Aspekte von Frauenwirklichkeiten beleuchten. – Schwemmausdrücke zeigen besonders gut Themen- und Fokusbestandteile: Nehmen wir noch einmal die Reihe ›gender pay gap‹, ›gender data gap‹, ›gender digital gap‹, ›gender orgasm gap‹, ›gender leisure gap‹ usw. Das Schema ist ›gender x gap‹. Hierbei ist ›gender gap‹ das Thema: Es geht um Lücken, zwischen den Geschlechtern, um einen Unterschied, also um eine Ungerechtigkeit. Das x führt das Thema fokal auf ein Unterthema zurück, das x ist also der Fokus. Es verbindet das politische Thema mit einem neuen Feld. Und so frisst sich das Thema langsam durch alle Bereiche. Überall lauert dann Frauendiskriminierung. Überall können Ungerechtigkeiten diagnostiziert werden. Wenn jemand einmal in seinem Leben auf das Problem ›gender pay gap‹ stößt und sich einarbeitet, dann ist er vielleicht geneigt, das Ganze für echt zu halten. Aber wenn er dann das Schema sieht, was garantiert ihm, dass sein eigenes Thema nicht auch aus einem Schematismus hervorgegangen ist?

Sprachregeln und Variabilität

Die Sprache zwingt ihre eigenen Gesetzmäßigkeiten den Gutsprechern auf. Aber diese bedienen sich innerhalb der Grenzen, die ihnen die Sprache setzt, auch der Mittel, die ihnen die Sprache zugleich bietet. Wir sahen das an den Schwemmausdrücken. Manches können wir aber auch verstehen, wenn wir die allgemeinen Regeln der Sprache beachten (dazu, wie hier vor allem, die stilistischen Regeln). Bestimmte Ausdrücke können nur in bestimmten pragmatischen Grenzen verwendet werden. Es heißt: ›Karte entwerten‹, aber im politischen Korrektsprech: ›Mensch abwerten‹ bzw. ›devalidieren‹. Der politisch Korrekte kann also nicht ›Mensch entwerten‹ bilden, jedenfalls nicht einfach so. Oder: ›Rassismus ist vielschichtig‹, aber unsere ›bunte Gesellschaft‹ ist ›vielfältig‹. Es zu vertauschen ist möglich, würde aber innerhalb der Prämissen des korrekten Denkens kontraintuitiv sein. Ein Beispiel, wo sich Stilistik und allgemeine Sprachregeln überschneiden: ›Bioladen Grün‹ ist zu schwach, also nennt man ihn: ›Bioladen Verde‹. ›Verde‹ ist Meliorisierung von ›grün‹ im Sinne des Gutsprechs, aber es muss auch nach romanischer Tradition dem Nomen nachgestellt werden. (Zu den nachgestellten Wörtchen gehört neben ›verde‹ auch ›konkret‹ oder ›jetzt‹. Wir finden sie in Bildungen wie: ›Pflege konkret‹, ›Demokratie konkret‹, ›Inklusion konkret‹, oder in: ›G9 jetzt!‹, ›Frieden jetzt‹, ›Verhandlungen jetzt‹, ›Apokalypse now‹. Auch Verben können nachgestellt werden: ›Demokratie leben‹, ›Farbe bekennen‹. Manchmal regiert aber auch Einfallslosigkeit: ›Theater pro‹. Beliebt sind ›akut‹ und ›forte‹ bei Medikamenten. Wird es irgendwann eine ›Demokratie forte‹ geben?) Zu beliebten Adjektiven gehören dann auch: ›echt‹, ›ultimativ‹, ›fresh‹, ›nativ‹ usw., und ja, auch ›deutsch‹ kann positives Attribut sein, etwa in ›echt deutsche Erdbeeren‹. – Die Freiheiten, die jeder Sprecher hat und die auch die korrekte Sprache nutzt, liegen in der Bildung von Ausdrücken, Ausdrucksvarianten, neuen Semantisierungen und Metapherngebrauch, allerdings nur soweit, wie die Kommunikationsgemeinschaft diese auch versteht. Die Sprechergemeinschaft muss dem korrekten Gebrauch auf der anderen Seite auch entgegen kommen, ihn akzeptieren. Andernfalls ist man isoliert. Nun, die Sprachkorrekten verstehen wir; ihre Sprache verbreitet sich mehr und mehr. Das Sprecherkollektiv ist bereit, viele Neubildungen zu gebrauchen und viele Verrenkungen mitzumachen. Allerdings war der durchschnittliche Sprecher noch nie besonders sprachsensibel. Er kann dem Korrekt- und Gutsprech wenig entgegensetzen. Die Sprachkorrekten sind daran interessiert, ihre politische Ideen möglichst zu verbreiten, und daher in Ausdrücken ihre Ideen von Umweltschutz, Gerechtigkeit, Frieden, sozialen Werten usw. einzuspeisen. Sie bedienen sich daher Schwemmausdrücken, an denen wir viele Varietäten feststellen können, die im Sprachwandel nach und nach selektiert werden. Über diese Schwemmausdrücke findet die Übertragung entsprechender Ideen der politisch Korrekten statt. Wenn sich der Inhalt von ›Gerechtigkeit‹ beispielsweise in vielen Varietäten manifestiert und sich diese in verschiedene Sachbereiche übertragen und mit verschiedenen Themen verbinden lassen (vgl. Fokus- und Themenwörter), so ist sichergestellt, dass möglichst viele Gebiete bleibend begrifflich besetzt werden. Daher: ›Gendergerechtigkeit‹, ›Klimagerechtigkeit‹, ›soziale Gerechtigkeit‹, ›Gerechtigkeit für xy‹, ›gerechtere Politik‹ usw. Hier wird das, was eine Gesellschaft wirklich möchte, nämlich eine gerechte Ordnung, begrifflich zum Mittel, diesen Anspruch, gegen den man nichts haben kann, überall einzuführen. Hier nutzen die Korrekten allgemeine Regeln und Zulässigkeiten der Wortbildung. Wo es schwieriger wird, greift dann das Wortspiel. Das Wortspiel ist ja ein Mittel, Varietäten auszubilden. Bei Formen wie ›Pilot*innen‹ müssen jedoch externe Legitimatoren her, daher auch immer die Erklärung mit der ganzen Theorie, die hinter diesen Bildungen steckt. Sie sind nicht nur erklärend, sondern auch autoritativ. Eine starre Bildung wie ›Pilot*innen‹ kann sich etablieren, wenn man sie gewaltsam in die Sprache hineindrückt. Das funktioniert aber nur für diese Konstruktion, die innerhalb der Genderlogik normalförmig ist, es gelingt nicht bei ›Lesb*innen‹, jedenfalls nicht dauerhaft.

Sie hat ›Mädelsabend‹ gesagt. Missliebige Wörter

Die politisch Korrekten und besonders die Sprachkritiker haben viele Wörter, die sie für missliebig halten, und es werden immer mehr. Neben ›Neger‹, ›Mohr‹, ›Farbiger‹, ›Schwarzer‹, ›Mulatte‹, ›Mischling‹, ›Mestize‹, ›Ureinwohner‹ usw. geraten auch solche Wörter unter Zensur, die etabliert und die auch wichtig für einen nicht-restringierten sprachlichen Ausdruck sind. Sie gelten als negativ, obwohl sie es per se nicht sind: ›Gastarbeiter‹, ›Kindfrau‹, ›Busenwunder‹ (salient wegen der Vokalreihe, wie ›dunkelste Stunde‹), ›Vamp‹, ›Femme fatale‹, ›Kretin‹. usw. Als Ausdrücke von den Korrekten gehasst: ›Sexbombe‹, ›freches Früchtchen‹, ›Fräulein‹ usw. Man kann sie aber positiv verwenden: ›Caroline wollte kein Busenwunder mehr sein.‹, ›Die Gastarbeiter haben Deutschland groß rausgebracht.‹, ›Dolores Haze entschlüpfte der Rolle als Kindfrau.‹, ›Madonna: Mehr als ein Vamp.‹ Usw. Die politisch korrekte Sprache will Ausdrücke verbieten, etwa ›Quotenneger‹, ›Quotenschwarzer‹, ›Migrantenticket‹, ›Quotenfrau‹, ›Zickenkrieg‹, damit auch die Funktion zerstören, die diese Ausdrücke haben oder haben könnten (etwa in positiven Bildungen: ›Maria, längst keine Quotenfrau mehr, definierte den Feminismus neu.‹).[21] Das Zensieren von negativen Wörtern und damit das Beschneiden des Vokabulars einerseits und das Herausstellen und Verbreiten von positiven Wörtern andererseits ist dabei eine denkbar naive Haltung, denn ein negatives Wort kann in einem positiven und ein positives Wort kann in einem negativen Zusammenhang erscheinen. Bei NS-Vokabular ist das Zensieren oder Meiden weitgehend begründet, wenn auch Matthias Heine immer wieder in Widersprüche gerät, wenn er den Gebrauch von NS-Ausdrücken bewertet. Zunächst gibt es NS-Vokabular, das wir nicht mehr verwenden, weil es die Sache für uns nicht mehr gibt. Es ist historisch geworden, kann aber fallweise wiederbelebt werden. Heine diskutiert beispielsweise ›Gleichschaltung‹ als Ausdruck, der heute noch verwendet wird. Entweder ist der Gebrauch ungekonnt oder gedankenlos, dann ist er moralisch kaum zu verurteilen, oder er wird, etwa von Rechten, mit Absicht in seiner ganzen Bedeutungsschwere verwendet, dann ist aber die Kritik am Wort oberflächlich und allein die Auseinandersetzung mit dem politischen Gegner bringt etwas. Hannah Arendt war sich nicht einmal sicher, ob Gleichschaltung angesichts der ständigen Machtverschiebungen zwischen den NS-Institutionen prägend für die Etablierung der Herr-

---

21 Sagt man zu einer jungen Frau, sie sei ein ›hässliches Entlein‹, so kommt diese Beleidigung wie ein Bumerang zurück, denn im Märchen wird das Entlein zu einem schönen Schwan. Im Ausdruck, der die starke Assoziation zum Märchen bewahrt, liegt also ein implizites Lob. Bevor man solche Ausdrücke wie ›Mauerblümchen‹, ›Schnepfe‹, ›Dorfmatratze‹ usw. bannt, sollte man sich deren Binnenlogik und Stilistik ansehen und überlegen, ob sie nicht auch für Frauen geeignet sind, die sie gegen Konkurrentinnen und Beleidigerinnen anwenden können. Man muss ja nicht damit beginnen, andere zu beleidigen, aber man muss einen Vorrat haben, um sich verbal wehren zu können.

schaft der Nationalsozialisten war. Zu ›Mädel‹ sagt Heine, man dürfe es verwenden, weil es ein „schöne[s] Wort" sei und die Verbindung zum BDM heutzutage „kaum noch in den Köpfen der Menschen vorhanden ist" (Heine 2019; 137, 139). Dasselbe Argument, die fehlende gedankliche Verbindung zu NS-Ausdrücken bzw. dem „NS-Jargon" (ebd. 146), würde Heine aber bei ›Nervenkrieg‹ nicht gelten lassen, von dem er sagt, man „sollte aber seinen historischen Hintergrund kennen und bedenken" (ebd., 147). Warum dann nicht bei ›Mädel‹? Seine fürsorglichen Tipps zum Gebrauch oder Nichtgebrauch von Wörtern der nationalsozialistischen Rede ist ein völliges Durcheinander. Linke nutzen selbst NS-Vokabular, wenn sie heute von ›rechten Rollkommandos‹ reden. Sie tun das, um das auszudrücken, was sie sagen wollen. – Geächtetes Vokabular ist heutzutage auch, was einmal etabliertes Vokabular war, etwa ›Sonderschule‹, ›Sonderpädagogik‹ und ›Restschule‹. ›Sonderschule‹ ist wirklich ausrangiert, doch ›Sonderpädagogik‹ nicht, man kann es noch unter diesem Titel studieren. Auch die ›Restschule‹ ist aus falschen Gründen geächtet. Wenn man als Lehrer Alarm schlagen will, sagt man: ›Man hat die Hauptschule zur *Restschule* gemacht.‹ Damit schafft man sich Gehör. Der Ausdruck ›Restschule‹ oder ›Problemschule‹ richtet sich nicht gegen die Kinder auf solchen Schulen, sondern gegen diejenigen, die es soweit haben kommen lassen. (Übrigens: Abwertung mit negativen Vorsilben im aktionistischen linken Sprechen: ›Altmeiler‹, ›Restmeiler‹, um AKWs abzuwerten.) – Also nochmal: ›Neger‹, ›Fräulein‹, ›Hysterikerin‹ – wenn wir uns diese und ähnliche Hieb- und Stichwörter ansehen, dann müssen wir bedenken, dass sie unserer kulturellen Welt angehören. Feministen weisen ›Furie‹, ›Megäre‹, ›Hetäre‹ als Frauenbezeichnungen usw. zurück, aber nicht ›Kali‹, weil wir kaum eine Frau mit ihr vergleichen. Zum kulturellen Umfeld, das uns näher ist, gehört auch, dass uns sinnfällige Ausdrücke für die moderne Frau einfallen (›moderne Madonna‹, ›Busenwunder‹, ›Naschkatze‹, ›Helikoptermutter‹) und dass älteres, gebanntes Vokabular (›Hysterikerin‹) durch anderes, aber *aspektgleiches* Vokabular ersetzt wird (›Nervenbündel‹, ›Hystrionikerin‹). Ausdrücke werden zurückgedrängt, andere in den Vordergrund geschoben. Dabei rettet sich oft, weil die Konzeptualisierung andauert, die alte Semantik in den neuen Ausdruck hinüber. Auch positive Ausdrücke können einer Kritik ausgesetzt werden: ›die Emphatische‹ meint immer noch Frauen als Gefühlsmenschen… Die Aufteilung in gute und schlechte Wörter, in jene, die zu fördern und jene, die zu bannen sind, ist also unter vielen Gesichtspunkten eine kraftlose, überhaupt eine schlechte Sache. Die Feministen gehen damit das Risiko ein, dass einmal eine Kulturgeschichte der unterdrückten Wörter geschrieben wird, in der sie schlecht wegkommen. Außerdem sind die politisch Korrekten auf viele solche Wörter selbst angewiesen. Man nehme nur die Werbung: ›Vegane Snacks für alle Naschkatzen.‹ – Zu den geschassten Wörtern gehört auch ›Clankriminalität‹. Die Korrekten behaupten, diese Bezeichnung sei eine pauschale Zuweisung von Kriminalität an arabische Großfamilien. Der Ausdruck wecke negative Assoziationen und übertrage sie auf eine Gruppe. An diesem Vorwurf der Korrekten ist nun aber nichts dran. Der Ausdruck ist ein kriminologischer Begriff und beschreibt das Phänomen einer bestimmten Art von Kriminalität, die aus familiären Netzwerken hervorgeht, ohne dass gesagt wird, wie weit diese reichen. Das muss ein Begriff auch nicht leisten, er kann allgemein bleiben. Unschärfe ist vielen Begriffen eigentümlich, vor allem solchen, die ein Bindeglied sind zwischen medialen Diskussionen und Fachbereichen wie Kriminalitätsbekämpfung. Es ist übrigens auch im Sinne der Korrekten, den Begriff ›Clan‹ statt ›Familie‹ zu nehmen, wenn ›Familie‹ weiterhin ein Hochwert sein soll. So sagen wir, dass Mitglieder des Goman-Clans kriminell sind, und das wertet die Familie keineswegs pauschal ab. Soll weiterhin unterstellt werden, dass mit dem Ausdruck ›Clankriminalität‹ arabische Familien oder Romafamilien abgewertet würden, dann muss man die Korrekten wieder daran erinnern, dass auch negative Begriffe durch Kontextualisierung entschärft werden können: ›Die Sintezza Ceija spricht ein Machtwort und löst machistische Clanstrukturen auf.‹

Sprech- und Gedankenformeln

Sprech- und Gedankenformeln fokussieren unsere Aufmerksamkeit: ›Die Titanic sank mit Mann und Maus‹. Hier protestieren Feministen, es werden so die ertrunkenen Frauen übergangen. Aber die alliterative Formel von ›Mann und Maus‹ verdrängt auch ›Die Titanic sank mit Kind und Kegel‹, da es sich bei ›Mann und Maus‹ und ›sinken‹ um eine Nomen-Verb-Verbindung handelt, die schon syntaktisch formelhaft ist. Nun ist es so, dass Sprachformeln zwar Gedankenformeln sind, indem sie unsere Aufmerksamkeit auf einen Aspekt der Wirklichkeit lenken und etwas zeigen, anderes nicht zeigen, aber wir sind nicht Sklaven solcher Formeln, sondern können mit etwas kognitiven Aufwand schon auch über das Präsentierte hinaussehen. Korrekte greifen ebenfalls solche Formeln an, wenn sie monieren, dass ›erweiterter Suizid‹, ›Ehrenmord‹ oder ›Vergewaltigung‹ etwas Falsches sagen (es müsse ›Mord‹, ›Mord aus Eifersucht‹ und ›sexueller Übergriff‹ heißen, letzteres, weil es nicht auf physische Gewalt ankomme). Kritik an Sprache, besonders an Lexemen, geht davon aus, dass die Ausdrücke der Wirklichkeit nicht genügen, dass sie präziser sein sollen; oft überfrachtet man dadurch Ausdrücke oder führt ein Sprachreglement ein, das auf uns fremd wirkt. – Dazu ein Beispiel: Feministen verstehen ›Frauenwahlrecht‹ und ›Frauenfußball‹ als späte Bildungen, weil Fußball und Wahlrecht Männerdomänen gewesen seien. Aber: ›Frauenhaus‹, ›Frauenparkplatz‹, ›Frauen-Nacht-Taxi‹? Alles frühere Männerdomänen? Nein. Das heißt, was in die Ausdrücke ›Frauenwahlrecht‹ und ›Frauenfußball‹ hineingedacht wird, ist nicht unbedingt richtig. Schon bei ›Frauenwahlrecht‹ ist es falsch, weil zur Zeit seiner Einführung auch Männer bis dahin durch das Zensuswahlrecht benachteiligt waren. Es ist zwar nicht ausgeschlossen, dass eine feministische Kritik an Bildungen wie ›Frauenwahlrecht‹ und ›Frauenfußball‹ nicht etwas treffen kann, aber eine oberflächliche Wortkritik wird entweder nur gewünschte Resultate erbringen oder gar keine. – Im Gutsprech des politischen Jargons ist die Formel ›x durch y‹ beliebt und nicht durch ›Kraft durch Freude‹ (Nationalsozialismus) desavouiert. Wir finden: ›Nachhaltigkeit durch Mitbestimmung‹ (Hans-Böckler-Stiftung), ›Wohlstand durch Arbeitsteilung‹ (BDI), ›Demokratie durch Partizipation‹ (Hans-Seidel-Stiftung), ›Demokratie durch Wohlstand‹ (FDP), ›Chancengleichheit durch Bildung‹ (Faltblatt Bildungsministerium BaWü) Usw. Wir sehen auch hier, dass das Formelsprech essentiell für das Gutsprech ist. Alle diese Vokabeln sind Hochwertworte, bis zu einem gewissen Rang auch ›Freude‹ und ›Kraft‹. – In den engen Grenzen einer Formel kann variiert werden und zwar dann, wenn der Gedanke ungefähr gleich bleibt, also: ›zu 100% recyclebares Plastik‹ oder ›aus 100% recyceltem Plastik‹. Da wir es immer mit globalen Ausdrücken zu tun haben, können ›übe Rücksicht‹, ›habe / zeige Rückgrat‹, ›gib / biete Rückhalt‹ (vgl. auch ›Rückenwind‹: Integration) als ein Schema angesehen werden, auch wenn die einzelnen Bildungen verschiedenen Quellen entstammen. Hier wirbt man mit ›Ausblick ins Weite‹, dort mit dem ›Einblick ins Innere‹. Einzeln gelesen wirkt das vielleicht glaubwürdig, nebeneinander gestellt wirkt es schematisch und beliebig. Werbebotschaften wirken immer singulär, sind aber doch oft von der Stange. Ebenso verhält es sich mit der Verfertigung von Gutwörtern.

Demokratie Plus genießen und differenzierte Angebote aufwerten. Verfertigung von Gutwörtern I

Die positiven Ausdrücke werden wie am Fließband gebildet, einmal, weil das politische Sprechen nach immer neuen positiven Ausdrücken verlangt, dann auch, weil es so einfach ist, sie zu liefern. Denn Sprachen bieten ihrer Struktur nach die Möglichkeit, fast nach Belieben Ausdrücke zu produzieren (es gibt Grenzen, etwa Hemmungen neuer Wörter durch etablierte Wörter, sowie lautliche und semantische Restriktionen). Reihenbildungen kennen wir aus der Werbung, ein positives Grundwort wird x-mal wiederholt: ›Nutri‹, ›Nutriboost‹, ›Nutri Plus‹, ›Nutri-Score‹ usw. Dazu gehören auch ›detailverliebt‹ und ›detailverspielt‹. Oder eine Form ist dominant, die uns dann die Begriffe liefert, wie: ›rituals‹, ›naturals‹, ›essentials‹… Daher kein Wunder, dass es zu Schwemmbildungen wie ›Frauenfeindlichkeit‹, ›Frauenförderung‹, ›frauenfreundlich‹, ›frauenfeindlich‹, ›frauenverachtend‹, ›frauendiskriminierend‹ usw. kommt. Scharloth liefert Beispiele für Schwemmausdrücke dessen, was er den „invektiven Wortschatz der neuen Rechten" (ebd., 9) nennt: „Im Rausch der NS-Vergleiche werden den Neurechten *Muslime* zu *Korannazis*, *Feministinnen* zu *Feminazis*, *Flüchtlingshelfer* zu *Nazi-Gutmenschen* und *Schüler*, die für eine aktive Anti-Klimawandelpolitik demonstrieren, zu *Klima-Nazis*." (Ebd. 8) Wichtig für unseren Zusammenhang ist, dass es mindestens ein positives Wort gibt, dass entweder mit anderen positiven Wörtern zusammengeht oder mit einem neutralen, technischen oder bürokratischen Ausdruck: Das Positive kann sich noch weiter verdichten, etwa in Präfixen und sogar in Zeichen: Positiv sind ›Plus‹ bzw. das Zeichen +, etwa in ›Demokratie Plus‹, ›Freundschaft Plus‹, ›LTGBQIA+‹. Alltagsrede und politisches Sprechen teilen sich hier die semantischen Bausteine. Positives Vokabular aus dem Sinnfeld des Kreises: ›Runder Tisch‹, ›Stuhlkreis‹, ›Expertenkreis‹, ›Gesprächskreis‹, ›Lernzirkel‹, ›Weißer Ring‹ (dagegen: ›Eckpunktepapier‹), ›Rundumsorglospaket‹, oder der Bildung: ›Bildungsarbeit‹, ›Bildungsstätte‹, ›Haus der Bildung‹, ›Bildungschancen‹, oder des Ausgleichs: ›gender balance‹ (›inner balance‹, ›work-life-balance‹). Oder Gesellschaften bzw. Sendeformate sollen ›Vielfaltsmerkmale‹ erfüllen. 2022 brachte Hubertus Heil die ›Chancenkarte‹ für ausländische Fachkräfte ins Spiel, im Herbst desselben Jahres wurde das ›Chancenaufenthaltsgesetz‹ beschlossen und im Dezember das ›Hinweisgeberschutzgesetz‹ eingebracht. Ein ›Demokratiefördergesetz‹ wurde ebenfalls im Winter 2022 beschlossen. ›Demokratie‹, ›Förderung‹, ›gender balance‹, ›Vielfaltsmerkmale‹ und Ausdrücke wie ›Chancen‹ und ›Schutz‹ sind schon typische Vertreter des Gutsprechs. Wir haben entweder zwei schon positive Wörter, die zusammengenommen werden, oder ein neutrales (funktionales, bürokratisches) Wort (›Karte‹) und das positive oder mit korrekter Ideologie aufgeladene Grundwort (›Chancen‹). Ähnlich funktioniert ›Wertecharta‹. (Der Effekt von ›Demokratie Plus‹ oder ›Demokratie 2.0‹ ist es, die *Demokratie* als alt erscheinen zu lassen.) – Gutwörter werden oft subtil neutralen gegenübergestellt. Eine Initiative fordert „Elterngehalt statt Erziehungsgeld" (offiziell: ›Elterngeld‹). ›Gehalt‹ ist semantisch höher gestellt als ›Geld‹, das auch in negativen Zusammenhängen vorkommen kann, ›Gehalt‹ jedoch nie (vgl. auch nicht-pekuniärer Gebrauch: ›Sinngehalt‹, ›gehaltvoll‹). ›Gehalt‹ ist das, was Beamte und Angestellte erhalten, während Arbeiter ›Lohn‹ erhalten. ›Lohn‹ ist semantisch schlechter konnotiert als ›Gehalt‹, man denke an ›Lohnarbeit‹, ›Lohn für seine Missetaten‹, ›der Welten Lohn‹ usw. Auch ›Eltern‹ ist besser als ›Erziehung‹, Eltern leisten zwar Erziehung, aber Erzieher ersetzen nicht die Eltern. Der Hintergrund ist, dass Elternerziehung als besser bewertet wird als Erziehererziehung. In ›Elterngehalt‹ findet also eine zweifache, rein semantische Aufwertung statt. Es ist das Kennzeichen zwar nicht aller, aber doch vieler Gutwörter, dass sie lediglich semantisch positiv sind, obwohl es die Sache, auf die sie referieren, nicht unbedingt ist. Wie Leisi in *Der Wortinhalt* zeigt, haben Ausdrücke oft *eigene Gebrauchsregeln* in ihrer Semantik, die nicht am Sachzusammenhang orientiert und nicht durch diesen motiviert sind. – In Hurna 2023a habe ich die sprachlichen Bildungen als Oberflächenphänomene bestimmter esoterischer Denkweisen beschrieben. Ich möchte hier nur ein Beispiel geben, die Raumesoterik, also das gefühlsmäßige und moralisierte Bezugnehmen auf den abstrakten, nichtssagenden Ausdruck ›Raum‹, wobei uns der betreffende Ausdruck Tiefsinniges sagen soll: ›Entfaltungsräume‹ (an Hochschulen etc.), ›Begegnungsräume‹, ›Debattenräume‹, ›Denkräume‹, ›raumgreifende Installation‹ (feministisches Kunstwerk), ›Freiräume‹, ›Schutzräume {für Frauen}‹, ›diskriminierungsfreie Räume‹, ›barrierefreie Räume‹, ›offene Räume‹, ›öffentlicher Raum {als Raum für alle}‹, ›der eigenen Stimme Raum geben‹, ›der eigenen Trauer Raum geben‹ oder im Kontext: „Ich beobachte, wie sich ein Text zufrieden gibt mit einem bestimmten Normseiten-Umfang, sich aber innerhalb dieses Rahmens bis an den Rand dehnt und seine Ebenen nutzt, um aus einem R̲ahmen einen R̲aum zu machen. Und das ist Glück." (Lüthen ebd., 11). Aus der Kirchenesoterik: ›Raum für Gott. Raum für Menschen.‹

Nehmen wir noch hinzu: ›Frauen sollen Raum einnehmen‹, ›Demokratieraum‹ oder: „Bundestag ... Herzkammer der Demokratie" (Scharloth 2021, 6). Dieses Gerede offenbart seinen Schematismus, wenn wir auch noch eine andere Behauptung finden: „Die Kommunen sind die Herzkammer der Demokratie" (Landrat Tino Schomann bei *Viertel nach Acht* im Frühjahr 2023) Man sollte sich schon entscheiden, wo die Herzkammer der Demokratie liegt. Bei Schomann wirkt das Bild besonders schief, da es 10.773 Gemeinden gibt, demnach also über zehntausend Herzkammern... Oder wir sehen, was den ›Schutzraum‹ nötig macht: ›öffentliche Räume‹ seien heute ›Angsträume‹. Die Raumesoterik früher: „Rächt euch nicht selbst, meine Lieben, sondern gebt Raum dem Zorn Gottes" (Römerbrief 12,19) Heute gibt man seinen Gefühlen Raum oder seinen Bedürfnissen oder seiner Stimme. Ein typischer Soziologismus: ›Transformation urbaner Räume‹ (Vortragsankündigung). Es geht einfach nicht ohne ›urban‹, ›städtisch‹ ist zu schwach. Ausgeschlossen aus den vielen Raumwörtern ist aber: ›Lebensraum‹... Diesen Schwemmausdrücken liegt eine Idee zugrunde, nämlich die des Raumes als etwas, was *politisch* ist oder sein sollte. Die begriffliche Aufwertung hat viele Erscheinungsformen. Sprachkritiker nennen oft nur Verschleierungswörter wie ›Sonderbehandlung‹ für Tötung. Aber die begriffliche Verbrämung ist umfassender. Sie ist so umfassend, dass selbst meine Beispiele dürftig erscheinen. Es reicht für ein Pflegeprodukt heute nicht mehr, ›sanft‹ zu sein, es muss ›natursanft‹ sein. Es wird also ein positiver Begriff (aus dem Komplex Natur) mit einem anderen gepaart. Oder man untersuche: ›vollwertig‹, ›vollfruchtig‹, ›entbittert‹, ›provisionsfrei‹ usw. So verschieden diese Werbewörter auch sind, sie haben eines gemeinsam: Ein komplexer Zusammenhang wird zusammengezogen und einem negativen Zusammenhang, der ungenannt bleibt, entgegengesetzt. Positive soziale Haltungen werden ausgedrückt mit: ›zugänglich‹, ›aufgeschlossen‹, ›zugewandt‹, ›offen‹ usw. Wenn man das nicht ist, wenn man sich zurückzieht, ist man ein Sonderling. Die negative Sache schwingt als ungenannter Kontrast mit. Semantische Aufwertungen durch positive Sachbezüge finden wir in Bezeichnungen wie ›Klingenstadt Solingen‹, ›Freistaat Bayern‹, ›Hansestadt Hamburg‹, ›Lutherstadt xy‹, ›Goethestadt xy‹ usw. Das ist ein Spezialfall, bei dem man mit kulturellen Größen arbeitet, die zwar begrifflich neutral sind, aber doch Ansehen genießen. Schon ist die betreffende Stadt aufgewertet. Oft sind die Prägungen nicht singulär, sondern nach einem Schema: Der Leser kennt selbst hunderte Wörter mit ›-frei‹ (›CO_2frei‹, ›provisionsfrei‹, ›barrierefrei‹, ›bleifrei‹, ›fckw-frei‹, ›glutenfrei‹, ›rodungsfrei‹, ›nebenwirkungsfrei‹ usw.), unzählige mit ›-gerecht‹ (›kindgerecht‹, ›altersgerecht‹, „begabungsgerechten Bildungsweg" (Kaehlbrandt 2016, 157), sogar „kiefergerecht" (Lödige 2000, 151). Oder mit ›-basiert‹: ›faktenbasiert‹, „wissenschaftsbasierter Zeit" (Kaehlbrandt 2016, 108), ›tatsachenbasiert‹, ›konsensbasiert‹, ›communitybasierte Antirassismusarbeit‹ usw. Alle diese Adjektive verdichten komplexe Sachverhalte. Nun ja, welches Wort tut das nicht? Aber ein neutrales Wort wie ›basiert‹ wird zum Gutwort, und Wörter, die *eo ipso* gut sind, werden zu seriösen Sachwörtern (›gerecht‹ hier nicht wie Gerechtigkeit, sondern wie ›passt‹, und ›frei‹ ist: ›ohne das genannte Schlechte‹). Wir sehen an diesen Beispielen die Montage von seriösen Sachwörtern oder halben Gutwörtern (die Prominenz von Goethe oder der Hanse etc.) oder von positiven Wörtern zu einem noch besseren. (Übrigens ist ›basiert‹ ganz langweilig; ›basiert‹ ist statisch, vgl. ›interessenbasiert‹ versus ›interessengeleitet‹, und es wäre besser für die Gutsprecher, wenn sie intrinsisch dynamisches Vokabular verwenden würden.) – Beliebtes Verfertigungsmorphem für Gutwörter ist ›fair‹ (= ›ver-‹). Es kann als Hochwertwort nur an positive Verben und Partizipien als Adjektive anschließen, allenfalls an neutrale: ›fairstehen‹, ›fairlieben‹, ›fairantworten‹, ›fairantwortungsvoll‹ usw., während es mit negativen Wörter eine Karikatur dieses Schematismus wäre: ›fairgewaltigen‹, ›fairhöhnen‹, ›fairhetzen‹, ›fairstören‹, ›fairuntreuen‹ usw. – Manche Ausdrücke sind so erheblich positiv konnotiert, dass sie allein für sich stehend positiv gelesen werden: ›Es erfüllt mich‹ ist so uninformativ geschrieben positiv. ›Es erfüllt mich mit Glück / Stolz usw.‹ ist positiv, erst ›Es erfüllt mich mit Furcht / Schrecken / Scham‹ ist negativ. Beim negativen Gebrauch wirkt ›erfüllen‹ dann auch eher geschwollen. – Manche hergebrachten, sinnvollen Wörter werden nach neuen korrekten Prämissen ausgedeutet und durch angeblich bessere, auch semantisch angeblich klarere Wörter ersetzt. Eine Broschüre des Aldi-Konzerns verlautet: „Lernling statt Lehrling. [...] Wir [sprechen] innerhalb unserer Arbeitsgemeinschaft [...] nicht von Lehrlingen, die belehrt werden, sondern von Lernlingen, die aktiv ihr eigenes Lernen und Arbeiten mitgestalten." Wir sehen von den Gutwörtern ›aktiv‹ und ›mitgestalten‹ einmal ab. Der Verfasser der Broschüre deutet ›Lehrling‹ im Sinne von ›belehrt werden‹, was sicherlich falsch ist, weil ›Lehrling‹ auch durch ›gelehrt werden‹ gedeutet werden kann. Wir haben ja auch das Wort ›Gelehrter‹, anstatt nur ›Belehrter‹. Der Lehrling geht in die Lehre, nicht in die Lerne. Aber wir sehen, wie man Ausdrücke, um deren eigentliche Bedeutung sich sonst niemand schert, ganz pseudowissenschaftlich deutet, um einen Grund zu finden, sie zu ersetzen. So geht es auch mit ›Zigeuner‹, ›Mischling‹, ›Mestize‹, ›Mohr‹ usw., Wörter, die man nicht versteht, denen man eine tiefere negative Bedeutung andichtet. Oder es sind eben allgemeinsprachliche Wörter, die in die Kritik geraten, wie ›Vagina‹, und die dann unbedingt umgedeutet werden müssen (›Vulva‹). Pusch will *hommes* aus einem französischen Text unbedingt als ›Männer‹ statt als ›Menschen‹ interpretieren, obschon sie zugibt, dass es im französischen Text ›Menschen‹ heißen soll (vgl. Pusch 2019, 238). Die starre Bedeutung, die sie dem *hommes* und dem *man* beilegt, ist falsch, denn sie übersieht als Sprachwissenschaftlerin Kontextsemantisierung. Wenn *homme* und *man* ›Mann‹ und ›Mensch‹ heißen können, kommt es doch auf den Kontext an. – Manchmal wird kein alternativer Begriff aufgeboten, sondern man streitet sich um die Bedeutung eines Wortes. Deutlich wurde das beispielsweise, als der Biologe Ulrich Kutschera darauf beharrte, dass ›Sex‹ Genverschmelzung meine und nicht lediglich Erotik ohne Fortpflanzung. Natürlich gibt es hier keinen wirklichen Konflikt. Der Ausdruck kann *allgemeinsprachlich* so, *fachsprachlich* so verwendet werden. Gutsprecher und Korrekte unterscheiden sich von diesem moderaten Vorgehen darin, dass sie ausschließlich ihren Ausdruck der Sprachgemeinschaft aufzwingen wollen. Sie sind nicht liberal. – Wir finden in Gutsprechtexten Schwemmwörter, die einzeln vielleicht für sich wirken, die aber in der Masse zeigen, dass sie nach einem Schema gebildet sind und daher das Einzelwort entwerten. Aus der Psychologie und dem Coaching: ›Selbstwahrnehmung‹, ›Selbstbewusstsein‹, ›Selbstakzeptanz‹, ›Selbstfindung‹, ›Selbsterfahrung‹, ›Selbstvertrauen‹, ›Selbstverwirklichung‹, ›Selbstliebe‹ usw. Typische Verbkookkurrenzen sind: ›finden‹, ›entdecken‹, ›stärken‹, ›aufbauen‹, ›anstreben‹ usw. Ein Aspirant für eine Therapie wird vielleicht meinen, dass das Angebot, seine Selbstwahrnehmung zu stärken, ein individuelles Angebot ist. Aber es kommt von der Stange, wie die Begriffskette zeigt. Neben Einzelwörtern gibt es auch größere Einheiten, Phrasen und Gutsprechketten: „…durch die konstruktive Spannung aufgrund unterschiedlicher Sichtweisen entstehen neue Einsichten" (Christoph Werner, dm-Broschüre) Nicht unüblich ist es, ein Wort- oder Sinnspiel einzubauen (hier: Sichtweisen, Einsichten). Aber auch der Ausblick auf das Gutsprech führt uns zu neuen Einsichten: Oft gibt es begriffliche Rahmen, in denen das Gutwort dann nur noch eingesetzt werden muss: ›von xy können alle profitieren‹. Einzusetzen ist: ›Demokratie‹, ›grüne Stadt‹, ›freundlicher

Umgang‹, ›Mitmenschlichkeit‹, ›gesunde Kinder‹, ›entspannte Atmosphäre‹ u.v.m. Der ›freundliche Umgang‹ gehört übrigens in die Reihe: ›produktiver Umgang‹, ›konstruktiver Umgang‹, ›verstehender Umgang‹… Hochwertwörter wie ›Stärke‹ oder ›stärken‹ bilden beliebte Ketten: ›starke Sache‹, ›starker Partner‹, ›starkes Ich‹, ›Selbstbewusstsein stärken‹, ›Stärken stärken‹ usw. Das Gutsprech braucht dabei eine Vielzahl an Ausdrücken, um die Hochwertwörter zu koordinieren: ›stärken / bekräftigen‹: ›Man muss Kinder bekräftigen (statt das tautologische: ›stärken‹), ihre eigenen Stärken zu erkennen‹. Begriffliche Rahmung führt zu Reihen, wenn man diese ausnutzt: Moniert werden: ›Rape culture‹, ›Diätkultur‹, ›Schönheitskult‹, „Herrenkultur", „Machokultur" (beide Pusch) usw. Propagiert werden: ›grüne Energie‹, ›grüne Leitmärkte‹, ›grüne Transformation‹, ›grüne Brücke über den Atlantik‹, ›100% green choice‹, ›Grünstrom‹. Obwohl diese Begriffe im Einzelnen diagnostische Präzision beanspruchen (so will ja Luise Pusch mit ihren Diagnosewörtern über maskuline Kulturen etwas Richtiges sagen), erweist sich bei näherem Hinsehen der einzelne Begriff in der Reihe als austauschbar. Das Grüne als Hochwertzeichen geht auch ins Konzeptuelle über, wenn man sagt, dass Unternehmen nicht nur schwarze und rote, sondern auch ›grüne Zahlen‹ schreiben können… Überall taucht ›grün‹ als Zeichen für Natur, Ökologie, politische Korrektheit auf: ›grüne Seele‹ (schwedisches Design, Kleidermarke), ›Green Academy‹ (Sprachferiencamp), ›grünes Konto‹ (Banken), ›grünes Eck‹, ›grüne Agenda‹ usw. Dann auch gegen das politisch grüne Denken gerichtet: ›grüner Terror‹, ›Greenflation‹ usw. – Die Häufung von Gutwörtern kann zu festen Reihen führen: ›Lob, Kritik, Anregungen‹. Kritik meint hier selbstredend nur ›konstruktive Kritik‹. Die Freunde von Reihen können sehr schnell sehen, wie diese sich bilden (es kommt nicht auf den Anfang der Reihe, auf das Original an): Man kennt noch ›blühende Landschaften‹, und nachdem ›blühen‹ wie ›grün‹ und ›wachsen‹ zum Hochwertadjektiv geadelt wurden, ergibt sich auch: ›blühender Arbeitsmarkt‹. Da wir das starke ›in finsteren Zeiten‹ (NS-Zeit) kennen, kommen auch die Ausdrücke ›in unruhigen Zeiten‹, ›in nervösen Zeiten‹ in den Titeln großer Tageszeitungen vor. Sie sollen diagnostisch sein.

Zeichen setzen und mit dem Herzen dabei sein. Verfertigung von Gutwörtern II

Die Korrekten wollen ›Zeichen setzen‹. Aber Zeichen muss man lesen können, um sie zu verstehen. Die Korrekten setzen also eine Gemeinschaft voraus, um vorauszusetzen, dass man sie versteht. Es ist aber eine verklärte Gemeinschaft. Es ist die der politischen Mitte, die Guten, die Demokratischen. Man ist selbst ›Teil einer Community mit tollen Menschen‹ (also selbst toll), man kann seine ›gemeinsame Begeisterung teilen‹, ›in die Zukunft investieren‹, ›Basisarbeit machen‹, ›Grundlagen schaffen‹, ›fundamental sein‹ (aber kein Fundamentalist!). Als ein Teil von etwas kann man ›das Ganze schaffen‹; ›sich in xy und für xy engagieren‹ schafft Vertrauen, Toleranz, bringt aber auch Freude. Man will ›Teil einer Bewegung sein‹, ›Themen bewegen‹, ›Menschen bewegen‹, man trifft ›verschiedene Menschen mit verschiedenen Hintergründen‹. Das nur ein Ausschnitt aus einem Phrasen-Sermon christlicher Umwelt- und Sozialaktivisten. All diese Sätze werden in weihevollem, bedeutungsschwerem Ton vorgebracht mit der richtigen Gefühlseinstimmung. Oder mit Enthusiasmus: Man feiert ›Muttertag‹, den ›Frauentag‹, den ›Europatag‹, immer natürlich mit viel Aplomb, man feiert sich selbst. Der Einzelne geht in einer Gemeinschaft, in einem Wir, in seiner Community auf, wird Rad im Getriebe oder nützlicher Idiot. Man will ›Zeichen setzen‹, man will ›bekennen‹, man will ›über unbewussten oder internalisierten Rassismus, Sexismus usw. reflektieren‹. Das erinnert an die Selbstkritik des kommunistischen Chinas. Man will korrekt sein, um die Gefühle der anderen zu schonen oder um ihr Selbstverständnis (vulgo: Image) nicht zu verletzen. Man will xy ›voll unterstützen‹, der permanente engagierte Aktionismus muss sich natürlich selbst immer wieder motivieren, ja aufpeitschen. – Nehmen wir Vokabular aus der Umweltesoterik, der wissenschaftlichen und bürokratische Ökologie (Stadtplanung etc.): ›Renaturierung‹, ›von Revitalisierung profitieren‹, ›Aufwertung von Naherholungsflächen‹, ›ökologischer Mehrwert‹, ›Naturerfahrungsräume‹ = ›Freiraum‹. Wir sehen eine Sache deutlich: Die ökologischen (und ökonomisch kostenintensiven) Veränderungen sollen uns verkauft werden, und zwar auch im Gewand sozialer Werte (Aufwertung auch des sozialen Raums). – Der Leser wird zweifellos schon festgestellt haben, dass es sich mit den Gutwörter so verhält, dass man sie ad nauseam kombinieren kann. Am einfachsten ist das zu sehen bei Nomen-Verb-Verbindungen. Auch sie sind nicht beliebig, aber jedermann wird empfinden, welche Nomen mit welchen Verben kompatibel sind. Das folgende Tableau gibt eine kleine Übersicht, es ist beliebig erweiterbar und ist auch geeignet für ein Bullshit-Bingo des Gutsprechs:

	genießen	aufwerten	verteidigen	schützen	fördern	neu denken	für x einstehen	erkämpfen
Demokratie			x	x	x		x	
Sonne	x							
Verantwortung					x	x		
Menschen				x			x	
Zukunft			x			x		
Werte			x	x		x	x	x
Gemeinschaft			x	x		x	x	
Freundschaft	x			x		x		
Familie		x	x	x	x	x		
Digitalisierung					x	x		
Schule		x			x			
Frieden				x	x		x	x

Man sieht leicht, wie die Abstrakta durch die Verben thematisch positiv eingebettet sind. Das Konkretum ›Sonne‹ lässt sich nicht so behandeln wie die Abstrakta. Dasselbe ließe sich mit negativen Verben machen, etwa:

	verdrängen	bedrängen	beschämen	abwerten / devalidieren	anfeinden
Frauen		x	x	x	
Minderheiten	x			x	x
PoC					x
Schwule / Lesben / Trans		x			x
Kommunalpolitiker		x			x
Randgruppen	x				

Obwohl man nicht ohne sie auskommt, sind doch -ieren-Verben sehr hässliche Wörter. Die Korrekten verwenden sie pausenlos: ›respektieren‹, ›tolerieren‹, ›akzeptieren‹, ›solidarisieren‹, ›devalidieren‹, ›legalisieren‹, ›debattieren‹, ›inspirieren‹, ›motivieren‹, ›sensibilisieren‹, ›partizipieren‹ usw. Sie sind auch Bausteine für Doppel- und Dreifachformen. Oft ersetzen sie deutsche Verben (›abwerten‹ => ›devalidieren‹). Sie lassen sich allerdings nicht in eine bestimmte Verstärkungsrichtung ausbeuten, weil sie nicht so häufig präfixfähig sind: ›Kinder stärken‹ => ›Kinder bestärken‹ (›stärken‹ ist nicht emphatisch genug, und es ist unbrauchbar, wenn man die Kinder in xy stark machen will). Nebenbei: ›stark‹ ist Hochwertadjektiv: ›starkes Signal‹, ›starker Katastrophenschutz‹, ›starke Gemeinschaft‹, ›für ein starkes Miteinander‹ usw. Wir finden: ›stay sustainable – stay responsible‹ (politisch korrekte Botschaft von *Champion*), ›erst geben – dann nehmen‹ (PSD-Bank, statt deutlicher: ›erst investieren, dann profitieren‹...), ›take a sit – we deliver it‹ (beruhigend), ›jetzt Zinsen sichern‹ (typisch hastiges Bankensprech). Gutsprech in einem authentischen Satz: ›Wir haben Menschen, die dich unterstützen können… Sie heißen Awarness-Team, tragen pinke Westen und sind beim Ruhe-Raum.‹ Man beachte die Alliteration, die Leseerleichterung durch Bindestrich, die Signal- und

Symbolfarbe, den Anglizismus. Aus der Pädagogik stammend: ›Schülerschule‹. Das Wort schiebt Lernen und Lehren zusammen; die Schüler können auch ihre eigenen Lehrer sein, das einfache Kompositium ist eine Alliteration.

Bestmögliche Ideale optimal nutzen. Verfertigung von Gutwörtern III

Zunächst darf ich die Belege von Gutwörtern noch einmal erweitern: ›Effizienzklassen‹, ›Erfolgsgarantie‹, ›ökologischer Vorbildcharakter‹ (Neubau Haid), ›sanfter Dreiklang‹, ›nachhaltiger Recycling-Dreiklang‹, ›attraktives Gehalt‹, ›alle Menschen einbeziehen‹, ›Beteiligungsprozess‹, ›Aufarbeitung der Vergangenheit / des Verbrechens / des Unglücks etc.‹, ›Solidaritätsrahmen‹ (kein Nudelgericht!), ›Preisstabilität‹, ›die Teamenden‹ (politisch korrektes Partizip), ›modernes Einwanderungsrecht‹, ›aktiv werden‹, ›gezielt anfragen‹, ›attraktiv‹ (›attraktive Preise‹, ›attraktive Innenstädte‹), ›stressbefreit‹, ›Verantwortungsbewusstsein‹, ›soziale Kompetenz vermehren und vertiefen‹, ›wichtiger Baustein‹, ›kundenorientiert‹, ›Augenmaß‹, ›Vorbild‹, ›mehr Sonntag‹ (Kirchenesoterik), ›tragfähige Konfliktkultur‹, ›Willkommenskultur‹, ›Willkommensbündnis‹, ›Teilhabe(paket)‹, ›Vielstimmigkeit aushalten‹, ›der Weg ist das Ziel‹, ›Leichtigkeit‹ (Frauenesoterik) ›Waldwandler‹ (esoterisches Umweltbuch für Kinder), ›gut für xy‹ (nämlich Umwelt und Geldbörse), ›danke, dass du bei uns eingekauft hast / dich für xy entschieden hast / Firefox liebst / ruhig feierst usw.‹, ›aktives Zuhören‹ (*Nightline*), ›sozialverträglich‹[22], ›pures xy‹, ›passendes Angebot‹, ›Klimalösungen, die Erträge generieren‹, ›naturfreundlich‹ und ›benutzerfreundlich‹, ›erntefrisch‹, ›werde vom passiven Konsumenten zum aktiven Ernteteiler‹, ›Landwirtschaft direkt erleben‹, ›biodynamische, kleinbäuerliche Vielfaltsgärtnerei‹, ›Gestalter meines Lebens‹ usw. Viele Gutwörter können durch einen normativen Bestandteil strenger gemacht werden: ›Sorgfalt‹ ist gut, ›Sorgfaltspflicht‹ ist besser. Die aktivistischen Formeln wie ›einstehen für‹, ›Verantwortung tragen und übernehmen‹ sind nicht normativ, aber so emphatisch, dass man sich dem Aktionismus gerne anschließt. – Das Gutsprechvokabular kann natürlich spezifisch sein je nach Kontext. Aus einem Automagazin: ›Kundennutzen‹, ›innovative Lösung‹, ›neue Mobilität‹, ›nachhaltiges Reisen‹, ›nachhaltige

---

22 Negativ erst in Bildungen wie „sozialverträgliches Frühableben", Unwort des Jahres 1998.

Zukunft‹… Um auf dem Sprung zu sein, hat das Automagazin ein Beiheft für Fahrräder, denn das Auto ist verpönt, und die Automobilität wird nur überleben, wenn sie sich erneuert, etwa in Form von eAutos. – In der Aufklärungsesoterik wird zu *weichen* Wörtern gegriffen. Man sagt, die Geschlechtsorgane der Frau seien nicht nur ›in ihrem Körper‹, sie seien dort auch ›geschützt‹… Das ist nun aber nicht der Grund, warum sie da sind, sondern das wässrige Milieu, denn das Leben stammt aus dem Meer und ist auf das Medium Wasser für den Stoffwechsel angewiesen. Auch das Gehirn, so sagt man oft, sei durch den Schädel geschützt, dabei ist aber der Schädel auch eine Falle für das Gehirn. Bei einem Schlag von links prallt das Gehirn innen auf die rechte Seite. Genau so gut sind die inneren Geschlechtsorgane der Frau ungeschützt, etwa bei einer Entzündung oder bei einer Geburtskomplikation. In der Aufklärungsesoterik muss es aber unbedingt heißen, sie seien ›geschützt‹… In den vielen Aufklärungsbroschüren, die ich durchgesehen habe, wird in Bezug auf die Sexualität des Jungen immer auf ›Zärtlichkeit‹, ›Einfühlungsvermögen‹, ›Geduld‹, ›Rücksicht‹ usw. hingewiesen. Es sind typisch weibliche Attribuierungen; was einen Jungen sexuell ausmacht, wird verschleiert. – Überall wird gesagt, man wolle ›flache Hierarchien‹, man spricht von ›Bürgernähe‹ und ›mehr Demokratisierung‹, außerdem unterrichtet man in der Schule die Vorteile der ›Säkularisierung und Mediatisierung‹, also die Mittelbarmachung durch Napoleon. Aber nie wird daraus gefolgert, unser parlamentarische Demokratie zu demokratisieren und unmittelbarer zu machen… – Ein Zahnarzt wertet sein Metier auf: ›Zahnar(z)t‹. Er versteht seine Profession als Kunst nun ist es aber keine Kunst, sondern Handwerk; der Künstler hat Freiheiten, die der Handwerker nicht hat. Derjenige, der Schokolade verkaufen will, nennt seinen Laden entweder ›Schokoladenladen‹ oder ›Chocolateria‹, aber sicher nicht auf eine gewöhnliche Weise. Auf einem Plakat sah ich:

Preis
Leistung

Also besteht ein Sinn für die Salienz der Doppelung (hier das ›ei‹), indem man beide ›ei‹ untereinander setzte. – Eine gewisse Bürgerwortesoterik wird durch folgende Ausdrücke gebildet: ›Bürgerbehörde‹, ›Bürgerbeteiligung‹, ›Bürgerdialog‹, ›Bürgernähe‹, ›Bürgergesellschaft‹, ›Bürgerbegehren‹, ›Bürgerrechte‹, ›bürgerliche Mitte‹, ›Bürgerrat‹, ›Bürgerforum‹, ›Bürgerstaat‹ (unterfüttert durch die ›Zivilgesellschaft‹), ›mündiger Bürger‹, ›bürgerliche Koalition‹ usw. Negativ: ›besorgter Bürger‹ und der ›Bürgerschreck‹ sowie die ›Bürgerwehren‹. ›Bürger‹ ist ein schillerndes Wort, man kann Anständigkeit, Gesetzestreue, aber auch Behäbigkeit und Verschlafenheit damit assoziieren. Oder: ›Verkehrswende‹ ist, wie alle Wendewörter, sofern es nicht die Apokalypse ist, ein positives Wort (Teil der grünen Transformation). Doch wir sehen auch hier: Worte begleiten Taten, die aus anderen Gründen geschehen. Eine ›Verkehrswende‹ gibt es aus kapitalistischen Motiven, nicht wegen der Umwelt. Andere Beispiele: Begrifflich gute Darstellung im Bauwesen: Reißt man ein Haus nieder, ist es ›Wertschöpfung‹, denn es kommt etwas Neues, Modernes... Nach dem Muster x statt y: ›lösungsorientiert denken statt proplemorientiert‹. Diese Gegenüberstellung ist in sich falsch: ›sachorientiert‹ reicht aus, denn man kann ein Problem ins Auge fassen und die Lösung finden und muss nicht unbedingt die Lösung ins Auge fassen...

Reduplikation

Scharloth bemängelt lautliche Nachbildungen, die eine „Attestierung von Geistesschwächen" sein sollen („Plem-Plem-Regierung", „Uga-Uga-Regierung", ebd. 23). ›Uga-Uga‹ wird mit Primitivismus assoziiert, aber nicht zwingend mit Afrika, sondern auch mit Neandertalern. Es kann auch Kampfgeschrei sein. An dieser Stelle kann es überhaupt interessant sein, Reduplikationen mit heikler Konnotation zu untersuchen. Das Deutsche kennt (wie andere Sprachen auch) drei Hauptformen von Dopplungen: a) Die reine Silbendublikation: ›Mama‹, ›gaga‹, ›bling bling‹ usw. b) Vokalwechsel bei gleichem Konsonantenkorsett: ›Zickzack‹, ›Ticktack‹ usw. c) Neben dem Vokalwechsel Änderung der Konsonanten, aber gleiche Silbenzahl: ›Minmax‹ usw. Es gibt zudem Mischformen und Grenzphänomene, die hier unbeachtlich sind. Die Reduplikationen, die den politisch Korrekten heikel anmuten, sind beispielsweise ›Chakalaka‹ (südafrikanisches Gericht), ›Shaka laka‹ (Song, Kaffeebezeichnung und „Shaka laka boom boom": Melnyk am 9. 10. 2022 über die Explosion an der Krimbrücke) oder ›Bunga Bunga‹ (popularisiert von Berlusconi) sowie ›Gaga‹, mit dem man Genderlinguistik kritisiert (B. Kelle: ›Gendergaga‹). Doch gibt es auch ›Takatuka-Land‹ (Südseeinsel bei A. Lindgren) oder ›Tartari-Barbari‹ aus einer Kindergeschichte, die von den Korrekten nicht moniert werden. Jedes dieser Worte hat Lexemstatus, ist bedeutungstragend. Bedeutungstragend ist es aber nur als ganzes Wort, weil die verdoppelte Silbe nur das wiederholt, was in der ersten steckt (vgl. ›Klingklang‹). Oft aber steckt in der ersten Silbe kein besonderer Inhalt (was steckt in ›chaka‹ oder ›bunga‹?). Man muss also das Lexem als ganzen Ausdruck ansehen. Bei ›Gaga‹ und ›Uga-Uga‹ spielt die Einfachheit der Dopplung dem Inhalt des Primitiven in die Hand, offenkundig auch bei ›Takatuka-Land‹ (für den Wortgebrauch ist die Ableitung aus dem Ortsnamen ›Larantuka‹ unbeachtlich, sie ist übrigens auch nicht sicher). Weil Dopplungen beliebt sind (›Brazilian Bum Bum Creme‹, ›Laberrhababer‹, ›Rambazamba‹ usw.), ist es nicht verwunderlich, dass sie auch politisch zum Einsatz kommen. Es ist schlüssig, einer einfachen Lautfolge einen Inhalt über Einfaches zu geben. Diese Praxis ist sehr alt – einer der ältesten Reduplikationsausdrücke ist doch ›Barbar‹. Auch hier ist seine Begriffswandlung unbeachtlich, denn wir nennen heute jemanden einen ›Barbar‹, der roh und unkultiviert ist. ›Barbar‹ drückt, wenn man Wortkörper und Wortinhalt betrachtet, sehr elegant aus, was man damit bezeichnen will. (So auch Durcheinander: ›Kuddelmuddel‹, Takte: ›Tiktok‹, Laute: ›Kuckuck‹ usw.) Ähnlich wie die Bildung ›Barbar‹ auf stammelnde oder unverständliche Ausdrucksweise zurückgeht, so auch ›Hottentotte‹ auf für Europäer (Niederländer) unverstandene afrikanische Sprache (ähnlich ›Mambo Jambo‹). Doch es geht auch anders: Wir sagen über einen unverständlichen (Sach)Text, es sei ›Fachchinesisch‹. ›Hottentotte‹ und ›Barbar‹ sind Xenonyme, aber das sollte nicht verwundern, da in einer Sprache A ein Ausdruck gefunden wird für Unverständliches in einer Sprache B. Es ist leicht, den Ausdruck ›Hottentotte‹ als kolonialistisch zu qualifizieren, denn das war nunmal die Zeit, in der er entstand. Aber ihm liegt dasselbe Motiv wie bei ›Barbar‹ zugrunde, und dieser Ausdruck wird von den Korrekten natürlich nicht kritisiert, sondern benutzt. Was der politische Gegner tut, ist für die Korrekten oft barbarisch. In ihrem Fall reflektieren sie nicht über Wörter. Letztlich: Wir brauchen solche einfachen Reduplikationswörter, weil sie unsere Sprache klanglich machen und genau das ausdrücken, was sie im Wortkörper anzeigen. Wir können eine breite Palette sehen: ›Er redet Unsinn / Mambo Jambo / Kokolores / Larifari / Humbug / Quatsch‹ usw. Wollten wir jetzt ›Mambo Jambo‹ ausschließen, nur weil es einen (uns nur vage bewussten) Bezug zum afrikanischen Popanz hat? Was das stilistische Wortdesign betrifft, so sind Doppelungen etwas, das ein Wort für das Auge und den Geist attraktiver machen: Das ›Dum-Dum-Geschoss‹ (populär für ›Teilmantelgeschoss‹) oder ›Schabrackenschakal‹ (Vokalhäufung und gleiche Anlautsilben). ›Chakalaka‹ gewinnt sein exotisches Flair ebenfalls aus der Dopplung. Eine Bekannte, EU-Ausländerin und eingebürgerte Deutsche, schreibt mir über die Massenzuwanderung nach Deutschland: ›Wir sind Araba-Halahmala-Land.‹ Hier also die lautliche Nachbildung einer ihr unbekannten Sprache, ein recht plastischer Ausdruck, an dem die Korrekten sicher nur die negative Richtung, den Fremdenhass, bemängeln würden. Diese Wörter haben durch ihr Laut-Design wenigstens ein Merkmal, das sie beständig machen kann. Selbstverständlich sind auch die vielen anderen Wörter der Sprache, und hier eben auch der korrekten Sprache, darauf hin zu untersuchen, welche Merkmale, welches silbische und lautliche Design sie attraktiv machen für eine dauerhafte Verwendung. Ich will nur tentativ darauf hinweisen, dass es Scharloth schwer haben dürfte, solche Ausdrücke wie ›Gendergaga‹ oder ›Uga-Uga-Regierung‹ zu unterbinden. Moralisch bewerten lassen sie sich, aber auch ein Fahnenwort wie ›offene Gesellschaft‹, ›Demokratie‹ und ›Miteinander‹ lassen sich moralisch bewerten, nämlich genau dann, wenn Praxis der Wirklichkeit und Sprachgebrauch auseinander klaffen und diese Worte zu Propagandaworten werden.

Die x-ist-y-Formel und die x-ist-mehr-als-x-Formel

Man findet im Gutsprech die x-ist-y-Formel, in der zwei Sachverhalte gleich gesetzt werden, wobei auch Tautologien und Kontradiktionen vorkommen können. Die Formel tritt auf wie ein assertorischer Satz, obwohl sie versteckt normativ ist. Durch die Formel können leicht neue Sachverhalte behauptet werden. Oft hat sie weiteren rhetorischen Schmuck. Beispiele: ›Ehrenamt ist Ehrensache›, ›Abstand ist der neuer Anstand‹ (Corona-Soziologismus), ›citizenship via naturalization is our right‹, ›Grenzöffnung ist Nächstenliebe‹. Begleitend haben wir die x-ist-mehr-als-(nur-)x-Formel, die besagt, dass eine Sache mehr als das ist, für was man sie gewöhnlich hält. So ist Kohlrabi ›mehr als nur ein Wintergemüse‹ (nämlich Vitaminquelle). Bezogen auf soziale Rollen hören wir: ›Du bist mehr als eine Freundin (nämlich auch Schwester).‹, ›Du bist mehr als eine Schwester (nämlich auch Freundin).‹, ›Du bist mehr als eine Mutter.‹, ›Du bist mehr als ein Performer.‹ Und bezogen auf innere Werte: ›In dir steckt mehr, als du denkst.‹, ›Du bist mehr als die Summe deiner Teile.‹, ›Du bist / kannst mehr als du denkst.‹, ›Ganztagsschule ist mehr als Betreuung‹, ›du bist so viel mehr als deine Noten‹ (aus einem Zeugnis) usw. Bezogen auf Preise: ›Mehr als günstig.‹ Rassismus ist ›mehr als eine negative Erfahrung‹. Eine Bank wirbt: ›Mehr als nur ein Konto‹, und meint damit, dass es zum Konto noch einen Rundumservice gibt. Für die Banken sind Sparkonten ›mehr als Geld‹, sie sind Verwirklichung von Zukunftsträumen. ›Friede ist mehr als die Abwesenheit von Krieg‹: Man begnügt sich nicht mit dem Fehlen von Krieg, sondern will das positive Wort ›Frieden‹ noch mit weiteren positiven Inhalten füllen. Die x-ist-mehr-als-x-Formel ist auch ein Bewertungsmuster. Die Gutsprecher untermauern ihre guten Programme mit dieser typischen Struktur, das etwas oder jemand mehr ist, als man meint. Man hört: ›Du bist mehr als deine Schwächen / Fehler / Krankheiten‹ oder ›Du bist mehr als dein Geschlecht / deine Herkunft / deine Hautfarbe / deine Familie‹ usw. Dieses Muster ist beliebt im Coaching, im politischen Aktionismus, in der Pädagogik und überhaupt in der alltäglichen, wohlmeinenden Beurteilung. Brisant wird dieses Muster, wenn daran politische Entscheidungen hängen: „Deutschland ist mehr als Preußen" (Claudia Roth zur Umbenennung der *Stiftung Preußischer Kulturbesitz*). Nach dieser Denkweise würde es Sinn ergeben, Deutschland in Europa aufgehen zu lassen, da Deutschland mehr als Deutschland ist. ›Europa‹ ist für die Korrekten ohnehin ein besseres Wort als ›Deutschland‹. Umgekehrt gibt es eine Barriere: Jeder, der behauptet, dass der Nationalsozialismus mehr sei als der Nationalsozialismus, muss mit harscher Kritik rechnen.

Verstärkende Pronomen

Oben hatte ich schon das Beispiel der Durchsage ›Hier spricht Ihre (statt bloß: die) Polizei‹ gegeben. Pronomen, die verwendet werden, um ein Wir zu konstituieren oder um etwas für mich, für dich oder für uns herauszustellen, können wir emphatische, verstärkende Pronomen nennen. Ihre Funktion ist die Identifizierung mit dem, was man nach dem Pronomen benennt. Beispiele sind: ›Mein Zalando‹ (Slogan), ›mein Solardach‹ (Werbung), ›mein Recht auf xy‹ usw. Allgemeines Gutsprech: ›Unsere Werte‹, ›wir verteidigen unsere Werte‹, ›wir setzen uns für Sie ein‹ usw. Mehr muss über diese Art der Pronomen nicht gesagt werden, wir finden sie in mannigfachen Ausgestaltungen in der Werbung, im Gutsprech und in der politischen Rhetorik (›unser Land‹, ›unsere Heimat‹ usw.).

Ikonographie

Nicht nur die sprachlichen Ausdrücke, auch die redenden Logos von politisch korrekt gesinnten Parteien, Gruppen und Unternehmen sind in unserem Zusammenhang interessant. Während die Schrifttype, besonders bei Parteilogos, meist starr ist, gibt es oft dynamische Elemente im Signet. Pfeile, Strahlen, Haken oder Schriftzüge sind nach rechts orientiert (Leserichtung, Symbol des Aufsteigens). Das Zeichen für Recycling rollt immer nach rechts. Bei Umweltlogos fällt auf, dass sie nicht kantig, sondern rund sind, oft floral oder folial und dynamisch. Von einem dynamisierten Logo spricht man, wenn es irgendeine Bewegung, meistens nach rechts, enthält, wenn es nicht kantig und starr ist, sondern, beispielsweise, Wellen aufweist. Oder das ganze Zeichen ist gekippt, wie die Swastika der Nationalsozialisten. Das Zeichen der Deutschen Bank weist Dynamisierung mit dem Querbalken (Aktienkurs) und Starre der Umrandung (Tresor) auf. Die Freiburger Stadtbau hat in ihrem Logo ein statisches Quadrat (Zeichen für Haus) und drei dextrograde Kurven, um Dynamik (Entwicklung) zu suggerieren. Bei allen Logos des Umwelt- und Naturbereichs sowie des Recyclings ist eine Dynamisierung des Logos folgerichtig (wie auch die Präsentation von Naturdingen: Sonne, Fisch, Baum, Blatt, Ähre, Frucht usw.). Von diesen fungieren viele als Grundzeichen, die in Logos am meisten variiert werden. Signets aus dem Bereich der Technik sind eher kantig und abstrakter. Solche aus dem Bereich des Menschen (Herz für Menschlichkeit; Handschlag für Vertrauen, Miteinander, aber auch Garantie, Frischeversprechen) usw. nehmen Körperteile als pars pro toto. Die Farben sind überwiegend grün (Natur, Wachstum), blau (Himmel) oder bunt (Regenbogen) sowie gelb und zwar beim Sonnensymbol (*Die Grünen*) oder bei Ähren (*Alnatura* etc., aber auch: glutenfrei). Der Haken steht für Okay, das X aber für Verbote. Beides kann im Kontext der (Produkt)Wahl gleichermaßen und widerspruchsfrei angewandt werden. Der Haken kann mit floralen Motiven zusammengehen, oft ist es ein Blatt, das zu einem Haken verlängert wird. Beim MSC-Zertifikat ist es der Rücken eines Fisches, beim FSC die linke Seite eines Baumes. Dem V-Label der *Europäischen Vegetarier Vereinigung* gelingt fast sogar die Verschmelzung von drei Zeichenelementen: dem V für Vegetarier, dem Blatt und dem Okay-Haken, wenn die Symmetrie mehr gebrochen wäre. Die V-Partei[3] tut genau das: Ein grünes V ist als Haken stilisiert. Das Siegel *Ohne Gentechnik* weist ein spiegelsymmetrisches Dreiblatt auf, keine Dynamisierung.

Die *Klimaliste* hat als Logo drei abstrahierte Blätter in K-Form, in anderer Variation zwei deutlich organischere Blätter, die aber auch in Pfeile übergehen. Bei den Logos für Unverpacktprodukte hat sich noch keine einheitlichere Bildsprache entwickelt. Es wird sowohl mit Pflanzen- als auch mit Recycling-Motiven gearbeitet oder es werden abstrakte Zeichen verwendet. Untersuchenswert sind die Logos vieler neuer Kleinparteien. Bei den meisten fällt die Rechtsausrichtung eines Logoelements auf, seien es ein Vogel (*Liberale Demokraten, Partei der Humanisten*), ein Segel (*Die Piraten*), ein Pfeil (*AfD*) oder Sonne bzw. Blume (*Bündnis 90/Die Grünen; Südschleswigscher Wählerverband*; nicht bei: *Brandenburger Vereinigte Bürgerbewegungen / Freie Wähler*). Diese Rechtsausrichtung ist auch mit anderen Elementen zu bedienen, bei Buchstaben und Buchstabenelementen (ü und i bei: *Bündnis C, Die Linke*), Kreuz (*Team Todenhöfer*) oder beim Schriftzug selbst (*ödp*). Was Bildsprache und Präsentation angeht sieht man, dass die politisch korrekten Umwelt- und Gemeinschaftsideen forciert werden. Die Logos sind so gestaltet, dass sie nicht nur unseren Blick festhalten, sondern auch die Vorstellung wecken, beim Projekt Umweltschutz oder Gerechtigkeit mitzumachen, sei es bei der Produkt-, sei es bei der Parteienwahl. Alles ist auf das *Naturparadigma* (Umweltschutz) oder auf *soziale Werte* (Fairness, Gerechtigkeit) hingeordnet. – Die Sprache der Logos ist genauso eine Sprache wie alle anderen und lässt sich semiotisch analysieren. Nach unserer gewiss sehr flüchtigen Betrachtung können wir sagen, dass die Logos Ideologieträger sind, die uns auch leiten sollen, etwa beim Kaufimpuls und auch bei festeren Überzeugungen, etwas Gutes für unsere Welt zu tun. Es gibt unter den Fair-Labels und unter denen der Klimaneutralität manche technische Logos, die meisten von ihnen ebenfalls mit Naturbezug, manche aber auch abstrakt, kantig, mit Bezug auf Maschinelles. Wir haben dann eine Gegenüberstellung: Die Natur wird als organisch, wachsend, kurvig, dynamisch usw. präsentiert, die technischen Verfahren als kantig, seriös, unorganisch. Man hat also Style-Stereotype und blendet damit zwei andere Seiten von Natur und Technik aus: Auf der einen Seite die ruhige, behäbige, kantige Seite der Natur, etwa das langsame Wachsen der Kristalle, das langsame Ablagern von Rohstoffen, also die nicht sehr dynamischen, langperiodischen Vorgänge, die die Natur auch kennt; und auf der anderen Seite die dynamischen, flüssigen Vorgänge der menschlichen Technik, das blitzschnelle Ineinander der technischen Verfahren. Indem man uns jedenfalls immer nur eine stereotype Seite der Natur zeigt, vermittelt man uns ein fragiles

Bild von Natur, die geschützt werden muss. – Auf eine spezielle Mode in der Ikonografie möchte ich noch kurz eingehen. Man kann sie mit Kreis-Esoterik umschreiben. Der Kreis ist ein Symbol der Verbundenheit, Kraft und Geschlossenheit. Deshalb: ›Weißer Ring‹, ›runder Tisch‹, ›Stuhlkreis‹, ›Energie durch Trommelkreis‹, ›eine runde Sache‹, ›xy abrunden‹, ›One World‹, ›Menschenkette‹ als alte ikonische und sprachliche Symbole. In jüngerer Zeit wird das Kreis-Symbol reaktiviert, das an alte Kokarden erinnert, ich verweise auf Logos von Unesco-Biosphärenreservate, auf Naturschutzzeichen, auf die Logos der feministischen Partei *Die Frauen* (Logo von Ursula Hirsch) und der *Frauenunion Leipzig*. Der *Freiburger Integrationspreis* spielt ebenso mit Kreisen. Im Design von Kaffeerändern (brush style): Ensō, aber auch Reiki, Shiatsu etc., werden innere Stärke, Kraft und Ruhe visualisiert (vgl. das ältere Motiv des Yin und Yang). Die Symbolik des Kreises wird dann noch mehr bemüht, wenn Widersprüche in der Harmonie aufgehen sollen. Das alles passt gut zur offiziellen Prämisse der Korrekten, dass alles freundlich, friedlich und harmonisch zugehen soll. Zeichen zu ›Resilienz‹ und ›Achtsamkeit‹ bedienen sich ebenfalls organischer Formen und Kreise (Ganzheitlichkeit etc.), die beliebte ›Resonanz‹ (ebenso wie ›Resilienz‹ aus dem technischen Bereich stammend) ist noch nicht sicher ikonisiert. – Noch etwas, was mit Ikonografie zusammenhängt: Feministen monieren stereotype Darstellungen in figürlichen oder symbolischen Darstellungen, etwa in Ampelmännchen, Toiletten-Ikonen usw. Überall, wo viele oder wo differenzierte Informationen herausgenommen werden, tendieren Zeichen, Bilder, Ausdrücke und Vorstellungen zu *Stereotypen*. Dieses Problem kann auch die politisch korrekten Ikone betreffen. Die übergeordneten Gestaltungsnormen von Logos, die Frauenarztpraxen benutzen, scheinen diese zu sein: feminine Rundungen, Weichheit und Harmonie. Daher die vielen verschlungenen floralen Motive oder Körperrundungen, die Kreise und Ovale und die Cremefarben. – Es sei noch ein Aspekt berücksichtigt: Oft hat der Aktivismus das Anliegen, seine Schriftzüge (auf Produkten, Plakaten usw.) dynamisch zu gestalten. Wir kennen Dynamisierung auch aus der Werbung. Buchstaben können grafisch dynamisiert werden, etwa durch Kursivierung oder Schrägstellung, aber auch beispielsweise, wenn das V mit einem Haken oder Pfeil versehen wird. Oben und seitlich offene Buchstaben können etwas besser dynamisiert werden als geschlossene Buchstaben mit Punzen (also Q, O, P, A, D, B), aber diese können durch Stauchung und Streckung (O => 0) dynamisiert werden. Wir sollten noch etwas mehr zur Dynamisierung sagen, auch wenn wir dadurch den Bereich der Sprache verlassen. Dynamisierung heißt in Bezug auf Sprache, Zeichen oder Dinge eine Bewegung vortäuschen. Derjenige, der ein Schaufenster einrichtet, weiß, dass er Gegenstände so platziert, dass sie wie in Bewegung wirken. Er stapelt also Tassen, bis der Stapel sich neigt, oder er arrangiert Gegenstände diagonal, Bücher offen, Kleinteile verstreut usw. Doch die Dynamisierung kennt ihre Grenzen: Eine Gedenktafel, die in einem Fels eingelassen ist, wird man noch kippen dürfen, aber einen Grabstein nicht, das geht gegen seine Gravität. Eine offene Tür ist dynamischer als eine geschlossene. (Ein geschlossener Tresor wirkt ernst, ein offener spöttisch.) Schriftzüge, Zeichen usw., die geschwungen sind und zu fliehen scheinen, sind dynamisch. Oft findet man eine starre Letteratur und eine dynamische auf Schildern. Verkehrszeichen sind oft dynamisch. Ein auf der Spitze stehendes Dreieck ist dynamischer als ein auf der Grundseite stehendes. Der Kreis hat ein Problem, da er stabil scheint und sich doch drehen könnte. Daher die Pfeile, die man anbringt, um zu zeigen, dass er rollt (Recycling usw.). Die Zahl 1999 ist dynamischer, weil sie zu 2000 kippen kann, aber die 2000 ist statisch. Ausdrücke wie ›Bürger*innen‹, ›Bürger_innen‹, ›Bürger:innen‹ usw. wirken statisch, langweilig, bürokratisch. Zuletzt: Eine ikonographische Konvention ist es auch, Früchte angebissen darzustellen. Nicht nur das Apple-Logo, sondern viele andere Früchte werden so präsentiert, was auch ikonischer Sicht wieder eine Dynamisierung darstellt.

Liegt die rote Linie in der Grauzone? Farben im Sprachgebrauch der politisch Korrekten

Die Korrekten beuten den symbolischen Farbenvorrat aus. Verdenken kann man es ihnen nicht, denn Farben spielen in der Symbolrhetorik der Politik schon immer eine Rolle. Farben signalisieren Haltungen, Bekenntnisse, Positionen und Parteiengesinnung. Bei den Korrekten können wir Folgendes sehen: ›white community‹, ›black community‹, ›yellow community‹, ›green community‹ (Umweltschutzgemeinschaft), ›blue community‹ (internationale Wasserschutzgemeinschaften). Das Farbadjektiv ist Signalwort für die politische Gesinnung der jeweiligen Gemeinschaft, es ist Fokus. Die Farbencodierung ist dabei der *phänomenalen* Welt entnommen, es gibt keine nur technisch sichtbaren Farben, die symbolisiert würden (Ultraviolett, Infrarot usw.). Die symbolische Farbnutzung ist sehr alt, auch die politische Symbolisierung durch Farben ist mittlerweile in die

Jahre gekommen. Außerdem sind Mehrfachbelegungen möglich: Rot = Liebe, Sozialismus. Interessant ist die Symbolik des Regenbogens; hier stehen die Farben für Vielfalt, was eine Verallgemeinerung der ursprünglichen Gay-Symbolik ist. Gemäß anderer politischer Parteien, Staaten und Religionen haben sich die Feministen für Violett entschieden. Die politisch Korrekten setzen Gutes auf die ›White list‹, Schlechtes auf die ›Black list‹, doch setzten sie auch die Black list auf die Black list, weil der Name dieser Liste rassistische Konnotationen haben könnte. Die White list ist, wie alles im Bewertungs- und Zertifizierungswahn der Korrekten, ein Mittel, um auch Heiklem die Weihe des Geprüften und Erlaubten zu geben, sonst würde es nicht so sein, dass Lottogesellschaften damit werben, auf einer White list zu sein. Die Farbreihe ›Blackfacing‹, ›Yellowfacing‹, ›Redfacing‹ usw. ist von Hautfarben abstrahiert, wo doch die Bezugnahme auf Hautfarben angeblich rassistisch ist. – Nach dem Muster der Unterscheidung von Hell- und Dunkelfeld unterscheidet man in offizielle und versteckte Kosten. Das hat die Umweltpolitik für sich entdeckt, um mehr Kosten unseres Konsums zu bemessen. So gibt es angeblich ›graue Energie‹, die bei der Herstellung von Gütern anfällt, aber noch nicht in die Kostenberechnung der Endgüter eingeht. Sie hat zu tun mit der Kohlenstoffverbrennung, etwa bei Baustoffen. – Sehr beliebt sind die durch Farben konstituierten Politwörter ›Grauzone‹ und ›rote Linie‹. Wiederholt droht man dem politischen Gegner, er solle nicht die ›rote Linie‹ überschreiten. Die Zusammenarbeit mit dem politischen Gegner auf kommunaler Ebene sei eine ›inakzeptable Grauzone‹. Diese Farbwörter versinnlichen politische Haltungen und machen die politische Rhetorik bildhaft.

Zahlenmystik der Korrekten

Die Zahlenmystik der Korrekten, die auf kulturelle Einheiten Bezug nehmen (vgl. Hurna 2023a), ist leicht zu sehen. Wir kennen sie aus der Werbung, wo uns in Gutsprechmanier Produkte angepriesen werden, aber wir kennen sie auch aus politischen Debatten. Kulturelle Zahleneinheiten sind alle Kulturzahlen im Spektrum von 0 bis 12, danach wird es schwierig, spezifische Symbolik zu finden. (Ausnahmen sind Zehnerpotenzen, die Zahl 2000, die für Modernität steht {›Stuttgart 21‹, ›Agenda 2010‹}, und saliente Zahlenkombinationen wie 666 als okkulte Zahl des Antichristen und die 999 als Engelszahl, die durch einfache Drehung der 666 entsteht). Es geht bei den kulturell nutzbar gemachten Ziffern und Zahlen um solche, die symbolisch belegt werden. Sie werden von den Korrekten ebenfalls benutzt, weil sie in der Kulturgemeinschaft bekannt sind. Die 0 verwenden die Korrekten als ›zero waste‹, ›zero deforestation‹, ›0% Schadstoffe‹ usw. Die 1 kennen wir traditionell als ›Einheit‹, ›Vereinigung‹, ›Einigkeit‹, als ›Erster‹ (›Primus‹) und als ›Bestes‹ (›A1‹, ›1A‹), aber auch aus Formeln wie ›Alles aus einer Hand‹ (Handwerk), ›Alles an einem Ort gebündelt‹ (Digitalisierung) und ›Die prämierte Marke 1‹ oder ›all in 1‹. Die 2 ist wichtig für alle Gegensätze (›Himmel und Hölle‹, ›Gut und Böse‹, ›Mann und Frau‹ usw.) und für ihre Vereinigungen. Die Esoterik bemüht nicht nur ›Yin und Yang‹, sondern im Grunde alle dualen Gegensätze, derer sie sich bemächtigen kann, und die Gutsprecher wollen Ausgleich zwischen zwei hervorgehobenen Aspekten: ›work life balance‹, ›study life balance‹ und ›work life harmony‹. Die 3 kennen wir als ›Dreifaltigkeit‹, aber auch als dreimaliger Salutschuss, als dreimaliges Fahne ins Grab senken, als „du musst es dreimal sagen" (Goethe: *Faust*) (in ägyptischen Orakelsprüchen jedoch ist der Spruch viermal zu sagen). Hinter der oft zu findenden Löschfrist von Daten von ›72 h‹ stecken drei Tage. Dann kennen wir die 3 als ›3 in 1‹ aus der Werbung, als ›3 Sekunden einwirken lassen‹ (›Wirkt nach drei Sekunden‹, auch das ist keine echte Wirkzeit, sondern eine kulturelle Einheit) sowie von den beliebten ›Omega-3-Fettsäuren‹, die andere Fettsäuren aus der Wahrnehmung verdrängen. Dieses kulturelle Zahlenmuster, das drei und eins in ein Verhältnis setzt (›3-in-1‹, ›Dreifaltigkeit‹, ›one size fits all‹ usw.), findet sich auch bei: ›3 labels. 1 mission‹ (FSC-Zertifikationssystem) oder ›3 Learnings‹ (Grünen-Konvent). Oder wir haben: ›3 Tipps für einen entspannten Feierabend‹, nicht etwa 2 oder 6 Tipps. Die 3 ist magische Zahl für das Dauerthema Gewalt gegen Frauen, weil es immer heißt, dass ›jede dritte Frau Opfer von Gewalt, sexualisierter Gewalt‹ etc. wird, dass ›jeder dritte Mann in einer Beziehung es okay findet, dass Gewalt gegen Frauen ausgeübt‹ wird… Oder: ›Jeder dritte Migrant erlebt Diskriminierung auf dem Wohnungsmarkt.‹ Oder: ›Jede dritte Frau leidet Schätzungen zufolge an Endometriose‹ Hier ist beachtlich, dass Dritteln in den meisten Fällen zu krummen Werten führt. Die Zahl 3 ist eher eine kulturelle Referenz als dass sie eine statistisch nützliche Zahl ist. Positiv wird die 3 verwendet etwa bei: ›Dritte Einheit‹ (Laschet)[23] Die 4 ist traditionell die kulturelle

---

[23] Beutelspacher und Heuser, vgl. nächste Fußnote, nennen viele Dreiergruppen, besonders für berühmte Personenkreise: Drei Hexen bei Shakespeare, drei Damen in der *Zauberflöte*, drei Rheintöchter, drei Brüder, drei Schwestern in Märchen oder in Göt-

Einheit für die vier Elemente, die vier Temperamente usw., aber sie wird als kulturelle Einheit etwas schwächer von den modernen Korrekten bedient. Die 5 ist eine altmagische Zahl vieler Kulturen. Wir kennen sie beispielsweise von den ›5 Wunden Christi‹, den ›5 Bücher Mose‹, vom ›Pentagramm‹ und den ›fünf Elementen‹. Auch sie wird wenig verwendet von den Korrekten. Oben hatten wir das Beispiel ›5 Fakten zu 5G‹. Wir finden ›big five‹ als Muster für verschiedene Gliederungen, die es dann schwer machen, einen sechsten Bestandteil einzugliedern oder wegzulassen: ›big five‹ (›small five‹ usw.) in der Safari, in der Psychologie, in der Organisationswissenschaft usw. Die 6 wird selten verwendet, doch finden wir: ›6% pflanzliches Glyzerin‹. Die 7 als klassische Märchenzahl und kulturelle Einheit, wie ›siebter Sinn‹, ›sieben Berge, sieben Zwerge‹, ›sieben Leben‹, ›sieben Brücken‹, ›sieben Jahre‹, ›das verflixte siebte Jahr‹, ›die sieben Weltwunder‹, die ›7 Chakren‹, ›die glorreichen Sieben‹ usw. ist wohl eine der am stärksten kulturell beanspruchten Ziffern. Sie wird auch von den Korrekten benutzt: ›7 Vitamine‹, ›Siebenblüten-Honig‹, ›sieben Zutaten‹, ›sieben Schritte zum Erfolg‹ usw. Die 8 ist bei den politisch Korrekten seltener. Die 9 ist geläufig als ›9 Monate Schwangerschaft‹ (obwohl meist 280 Tage = 40 Wochen = 10 Monate), ›9 (oder 7) Köpfe der Hydra‹, aber bei den Korrekten als ›9 effektive Beziehungstipps‹. Die 10 kennen wir von: ›zehn Gebote‹, ›zehn Gerechte‹, ›zehn Plagen‹, aber auch von: ›Nivea Q10‹. Formeln sind manchmal starr, manchmal dehnbar. Formelhaft sind ›10 miles‹, ›100 miles‹ oder ›1000 miles‹ usw. in amerikanischen Liedtexten. Beispiele sind: ›Sabaton: The Price Of A Mile‹, ›Adrianne Lenker: 10 miles‹, ›Yall feat. Gabriela Richardson: 100 Miles‹, ›The Kid Laroi: 1000 Miles‹, ›Vanessa Carlton: A Thousand Miles‹, ›Sleeping At Last: 10000 Miles‹, ›Haliene: Million Miles‹, ›Martin Jondo: Ten Million Miles‹, ›Monster Magnet: 100 million miles away‹, ›Sidney Charles: A Billion Miles‹ usw. Die Gutsprecher haben ›100% pures Vitamin C natürlichen Ursprungs‹, ›Standard100‹, ›100% Recycling‹, ›100% hinter mir / zu mir

---

terkonstellationen. Protagonist, Antagonist und Tritagonist machen ein Drama. Beutelspacher bezeichnet die 3 als eine „ausgewogene Gruppe" und nennt viele Redewendungen und sprachliche Strukturen, die auf der 3 beruhen (Steigerung oder Auslassungszeichen). Unsere obige Betrachtung von Dreiergruppen wie ›sicher, zuverlässig, umweltfreundlich‹, ›stressfrei, pünktlich und sicher‹, ›Kämpfe verbinden: Gemeinsam für eine faire, gerechte, ökologische Gesellschaft‹ (Zukunftsakademie Freiburg) der: ›lebendiges, gemischtes und architektonisch interessantes Viertel‹ sowie ›kompakt, urban und nachhaltig‹ (*Freiburger Wochenbericht* über neues Quartier in Freiburg, 29. Woche, 2023) zeigen die Beliebtheit dieser Struktur im Gutsprech.

stehen‹, ›100% frische Zutaten‹, ›100% kompostierbar‹, ›100% Genuss‹ (als Negation: ›0% Plastik‹, ›0% Aluminium‹) usw. Die 11 wird kaum beansprucht. Die 12 kennen wir als ›12 Stämme Israels‹, ›12 Apostel‹, ›12 Aufgaben des Herakles‹, modern als ›12 Rules for Life‹ (Jordan Peterson), als ›12-Punkte-Plan‹, als ›Vitamin B12‹ oder als ›12% Vitamin C‹. Viele Informationstexte weisen die Gliederung in drei, sieben oder 12 Punkte auf. Die politische korrekte Sprache hat nun alle diese Ziffern gekapert, um ihre Themen auch im Bereich der kulturellen Zahleneinheiten durchzubringen. Etwas als monistisch, dualistisch, trilogistisch oder als n-fach anzusehen sind ästhetische Anschauungsformen. Wenn man die Formel ›Big five‹ hat, kann man kein sechstes Glied eingliedern, aber auch nichts weglassen, ohne das Epistem ›Big five‹ zu zerstören.… Manche Autoren, die an Zahlen als kulturelle Einheiten anschließen, reflektieren über die Zahl. C.P. Snow problematisiert seine eigene Zweiteilung von Geisteswissenschaften hier und Naturwissenschaften dort und nennt die Zahl Zwei „eine sehr gefährliche Zahl" (Snow 1976; 16, 67). Bernard Gert gibt zu, dass er mit seinen zehn moralischen Regeln an die europäische Tradition anschließt, ganz offensichtlich orientiert er sich an den zehn Geboten. Man kann als Sprachteilnehmer selbst solche Referenzen auf kulturelle Zahleinheiten in Frage stellen. Warum sind es gerade ›drei Sekunden Einwirkzeit‹? Warum gibt es bei Psychologen und Sozialwissenschaftlern ›7 Formen der Gewalt‹? Warum ist ›jede dritte Frau‹ von sexualisierter Gewalt betroffen, doch warum ist auch ›jede dritte Frau‹ von Altersarmut bedroht? Diese Zahlen sind uns vertraut und deshalb eingängig. Und was eingängig ist, glauben wir eher.[24]

---

24 Erst nach Fertigstellung dieses Absatzes bin ich auf die Bücher und Beiträge von Harro Heuser und Albrecht Beutelspacher gestoßen, die beide die kulturell beliebten Zahlen bzw. deren „Bedeutungen" mit „ihren mathematischen Eigenschaften zu korrelieren" beabsichtigen (so jedenfalls Beutelspacher in Schimmelpfennig / Kratz 2019, 8). Heuser und Beutelspacher liefern noch mehr kulturelle Bedeutungen für die obigen Zahlen, vor allem für die 3, 7, 12 und 13. Aber dass diese Zahlen in der Kultur beliebt sind, lässt sich nicht aus deren mathematischen Eigenschaften ableiten, weil ja diese den meisten Menschen unvertraut sind (etwa Primzahlstatus, Zahlen des Sexagesimalsystems, Teilbarkeit usw.). Beide Autoren gehen geschichtlich sehr weit zurück, und wir können sagen, dass, wenn die *gegriffenen Zahlen* (vgl. Heuser ebd., 39) von Mathematikern, Mystikern und Numerologen motiviert sind, sie den späteren Generationen doch als mathematisch unmotiviert und kulturell bloß stärker tradiert erscheinen. Daher die von Heuser sehr gut gefasste Frage: Warum gerade diese Zahl? Die 13 mag als unvollkommen gelten, weil sie der vollkommeneren 12 folgt (vgl. Schimmelpfennig / Kratz 2019, 23) und die 11 mag unvollkommen sein, weil sie der vollkommeneren 10

Farben, Formen und Zahlen lassen sich in Bezug auf den symbolischen Gebrauch der Korrekten im Kontext einiger ihrer wichtigen Themen in etwa so darstellen:

	Farben	Formen	Zahlen / Symbole
Natur	Grün		
Wirtschaft	grüne Zahlen	Kreislauf	+
Einigkeit		Kreis	1, all in one
Gemeinschaft	black, white, blue, green, yellow community	Runder Tisch, Gesprächskreis	
Frauen	violett	Rundungen, Ovale, Kreise	
Trans	Regenbogen		binär

folgt (vgl. Heuser 2003, 32) und die 7 mag eine verflixte Zahl sein, weil sie unvollkommener ist als die 6 (kleinste vollkommene Zahl), aber das wissen die normalen Sprecher nicht. Leider behandelt Beutelspacher den Zusammenhang von Zahl als kulturelle Einheit und ihren mathematischen Eigenschaften wirklich sehr schwach, etwa bei der 60 als Grundlage wichtiger Kulturtechniken (Gradzahlen, Zeitmessung usw.). Als kulturelle Einheit und damit als beliebte Referenzzahl kommt sie ausführlicher bei Heuser vor, aber immer noch zu schwach; und das Gutsprech greift sie, soweit ich sehe, überhaupt nicht auf. Unverbunden zu den mathematischen Eigenschaften bleiben die Hinweise auf die kulturelle Beliebtheit auch in Beutelspacher 2022, wahrscheinlich waren die kulturellen Bedeutungen (verflixte 13 usw.) nur ein Aufhänger. Indem Beutelspacher eine rein kulturell populäre Zahl wie 42 nicht aus deren mathematischen Eigenschaften erklären kann und umgekehrt schwierige Zahlen wie e, Pi, Wurzel aus 2 behandelt und dort gar keine kulturellen Bedeutungen mehr angibt (weil es keine gibt), wird die Unverbundenheit schon deutlich. Nur halb erklärt wird James Bonds Nummer 007. Nicht nur die Sieben als kulturelle Einheit spielt hier eine Rolle, sondern auch die drei Stellen (bzw. dass die dritte Stelle salient mit der 7 besetzt ist). Viele Hinweise Heusers und Beutelspachers auf in Märchen, in Rätseln oder in Zaubern beliebte Zahlen (wie 3, 7 usw.) weisen diese als Gliederungsmittel aus (vgl. Countdown, Abschnittsgliederung usw.). Aber auch die 1 (vgl. ›3 in 1‹) oder die 2 sind schon Gliederungsmittel, und alle diese können sich auf alle möglichen Dimensionen beziehen (Ort, Zeit, Menge usw.). Dabei gewinnt die bloße Gliederungszahl eine Macht über das zu Gliedernde, vgl. besonders bei ›big five‹, ›small five‹, ›ugly five‹ usw. oder den alten und neuen ›Sieben Weltwundern‹. Wir gliedern durch kulturelle Zahlen auch dort, wo es nichts zu gliedern gibt, etwa bei der 3-Sekunden-Regel, die nichts über die Haftung von Bakterien an heruntergefallenen Lebensmitteln aussagt. Die drei Wünsche gliedern das Märchen, denn zweimal wiederholt sich das erste, doch die ›Drei Chinesen mit dem Kontrabass‹ gliedern nichts.

Sicherheit und Sauberkeit

Ein alter CDU-Slogan lautet: ›Sicherheit und Sauberkeit‹. Das Versprechen von Sicherheit (›sichere Schulwege‹, ›Sicherheit für Frauen‹, ›sichere Grundversorgung‹, ›Schutz für yx und vor xy‹ usw.) ist der Themenvorrat, aus dem wir zahlreiche Bildungen mit ›Sicherheit‹ bekommen. Sicherheit ist ein Gut, das als Dienstleistung oder als Versprechen verkauft wird. Die sprachlichen Gestaltungen sind: ›better safe than sorry‹, ›safe und sauber‹ (Fitbox-Hygienekonzept), ›sicher durch die Krise‹, ›safe speech‹, ›safer sex‹, ›safer traffic‹ ›sanft & sicher‹, ›sicher durch den Winter‹ (Autoreifen, Impfung etc.), schließlich die ›Sicherheit von Atomkraftwerken‹, aber auch von ›Binden‹. Sicherheit scheint eine selbstverständliche Sache zu sein. Aber man muss verstehen, dass Sicherheit nur ein sekundärer Wert ist. Er ist, wie alle sekundären Werte, funktional auf primäre Werte bezogen und kein eigener Wert an sich. Wenn man zwischen zwei Welten wählen müsste, nämlich zwischen Welt A, in der man alle wesentlichen Güter wie Freiheit und Glück usw. nur unsicher (nach probabilistischen Bedingungen) erreichen könnte, und Welt B, in der man keines dieser Güter erreicht, wohl aber mit Sicherheit sekundäre Güter, so würden wir uns gewiss für Welt A entscheiden. Sicherheit kann auch zu einem falschen Wert werden, etwa wenn die Institutionen zunehmen, die die Sicherheit gewährleisten sollen, und diese selbst Unsicherheitsfaktoren werden. Sicherheit wird besonders als Prävention amortisiert. Die Sicherheitsideologie muss mit Unsicherheiten Werbung für ihre Produkte machen (Präventionskurse, Sicherheitskonzepte, Datenverschlüsselungen, Kameras, Psychotherapie, Zunahme an Sicherheitspersonal, Überwachung in allen Formen, Impfung…) und muss erst einmal Unsicherheitsgefühle erzeugen. Wichtig in unserem Zusammenhang sind die sprachlichen Verkleidungen, in denen Sicherheit thematisiert und fokussiert wird. Allerorten ist die Rede von einem ›Sicherheitsrisiko‹ oder von ›Faktoren der Verunsicherung‹. Besonders ›Verunsicherung‹ als psychologischer Prozess (bei Einzelnen und Gruppen) ist beliebt geworden. Da man überall Gefahren sieht, versucht man überall, mögliche Gefahrenquellen zu präventieren, was den Blick erst auf Gefahren verengt und das Gefühl von Unsicherheit bestärkt. Die natürliche Unbefangenheit geht verloren und dass Misstrauen nimmt zu.

Respekt und Toleranz

Die Toleranz ist beliebt, wenn sie einen dazu berechtigt, sich auf die eigene Haltung zu versteifen und sich für Argumente der Gegenseite zu immunisieren. Man sagt dann: ›Wir kommen nicht zueinander, und müssen das auch nicht.‹ Wir haben schon gesehen, dass ›Toleranz‹ auf ›Akzeptanz‹ gereimt wird. In der Phrase geht ›Toleranz‹ mit anderen Gutwörtern zusammen: ›Respekt und Toleranz‹ oder es heißt noch größer: ›Weltoffenheit und Toleranz‹. Verballhornt wird ›Toleranz‹ nach dem Muster ›Jux und Tollerei‹ zu ›Tolleranz‹. Es gibt auch den ›Toleranzwütigen‹ nach dem Muster des ›Tollwütigen‹. Das bestätigt, dass die Hochwertwörter und Phrasen oft karikiert werden. Die Leute werden allerorten zur Toleranz angehalten, aber offenbar kann sie nur funktionieren zwischen Leuten, die auf derselben sozialen Stufe stehen. Es gibt keine Toleranz gegenüber den Bedürfnissen der Subalternen... Von den beiden Haltungen ›Respekt‹ und ›Toleranz‹ ist die letztere die mildere. Respekt kann auch durch Drohgebärde oder Angsteinflößen ausgelöst werden, Toleranz dagegen ist wirklich eine von Innen motivierte Haltung. Deswegen ist es etwas widersprüchlich, sie zu fordern und mit viel Propaganda auch zu forcieren. Dennoch heißt es in vielen Texten und Videos, dass Respekt und Toleranz die Grundlage bilden für eine friedliche, harmonische Gesellschaft. Sie bilden meiner Auffassung nach auch die Grundlage für eine Gesellschaft, in der wir in solipsistischen Zellen eingesperrt sind, ohne Konflikt, ohne Bewegung zueinander. Man sagt: den ›Anderen in seiner Andersartigkeit‹, in seinem ›Anderssein annehmen, akzeptieren, wertschätzen, tolerieren‹ usw. Das sind esoterische Sprechweisen, die das Gegenüber erst einmal ganz anders machen, um es dann isoliert hinzustellen.

Esoterik des Dankens

Die Esoterik des Dankens schlägt sich in diesen emotionalen Aussagen nieder: ›danke, dass sie lokal einkaufen‹ (*Saturn*), ›danke sagen‹, ›einfach mal DANKE sagen‹, ›ein herzliches Dankeschön an alle, die mitgeholfen haben / an die vielen Helfer*innen‹, ›bitte, danke, gerne‹ usw. Bei *Saturn* fällt auf, dass der Markt ›lokal‹ im Gegensatz zu Onlinebestellungen sieht, nicht im Sinne des Lokalen, wie es Gemüseläden propagieren. Tatsächlich ist im Handel alles lokal, und alles durch Transporte herangeschafft. Weitere Versprachlichungen: ›Dank kommt von und geht zu Herzen.‹, ›Tausend Dank‹, ›großer Dank‹, ›herzlicher Dank‹, ›Danke für alles‹ usw. Sprachlich finden wir viel Formelhaftes. Bedankt wird sich für ein offenes Ohr, für gemeinschaftlich geleistete Arbeit, bei Helfern. Man ist dankbar seinen Eltern, seinen besten Freunden, seinem Partner, Gott. Ein ›Danke‹ ist auch wie eine bare Münze, eine Entlohnung. Zum Selfcare gehören die ›Dankbarkeitsrituale‹, man führt ein ›Dankbarkeitstagebuch‹, Wissenschaftler erforschen den Zusammenhang zwischen Dankbarkeit und Glücksgefühlen…

Esoterik der Vielfalt (Vielfaltsdoktrin)

Der Wortschatz und die Satzproduktion der Gutsprecher ist restringiert im Sinne von Basil Bernstein, denn ihre Ausdrücke sind vorhersehbar; sie sprechen immer von ›Vielfalt‹, ›Buntheit‹, ›Diversität‹, ›pluraler Gesellschaft‹, fast nie von ›schillerndem Reichtum‹ oder von ›kaleidoskopartiger Unterschiedlichkeit‹. Besser als ›Vielfalt‹ wäre ›Reichtum‹ zu sagen, aber die Korrekten haben ein Problem mit Reichtum, vgl. ›die Reichen werden immer reicher‹. Die Welt ist an und für sich reich und sehr unterschiedlich. Vielfalt ist für die Korrekten ein Wert an sich, also anzustreben, ohne Rücksicht auf die Beschaffenheit der Konstituenten. Dabei ist echte Vielfalt ein Resultat viel komplexerer Vorgänge, auch solcher, die sich einmal rein herausgebildet haben. Ein Beispiel wäre die Zuwanderung aus Kulturen, deren Ethnien grosso modo selbst nicht gemischt sind. Es gib eine natürliche Vielfalt, aber was die Korrekten bedienen ist ein künstliches Komposit. Außerdem will man eine Vielfalt, ohne die Ambivalenzen und Konflikte, die diese nach sich ziehen kann. Die Korrekten stellen sich eine bunte Gesellschaft nach Art eines Flickenteppiches vor, in dem es nicht nur ein Nebeneinander, sondern auch ein Ineinander von Lebensformen gibt, aber bitte reibungslos. Außerdem will man rigide nur das Gute, dann aber natürlich fehlt die Ambivalenz, fehlt der Konflikt, und dadurch fehlen auch andere wichtige Elemente der Vielfalt. Wenn man dagegen das Ambivalente zuließe, hätte man mehr Reichtum. Die Korrekten lassen in ihrer Vielfalt nur zu, was genehm ist. Doch brauchen wir gar nicht eine geplante bunte Gesellschaft, wir haben schon eine komplexe Welt, man muss nur einen Blick dafür haben. Sprachlich finden wir Bildungen, die stutzig machen: Neben ›bunter Vielfalt› gibt es auch die ›radikale Vielfalt›. Hier tritt der Ruf nach Vielfalt also kämpferisch auf.

Esoterik des Einfachen

Zunächst einige Ausdrücke: ›simplify your life‹, ›einfach machen‹, ›einfach klicken‹, ›einfach buchen‹, ›einfach easy‹, ›einfach einfach‹ usw. Die Einfachheit ist wichtig, um Freiheit zu suggerieren. Die Dinge um einen herum sollen einfach zu erledigen, einfach zu handhaben, einfach zu beherrschen sein, keinen Widerstand, keine Hürden, keine Barrieren bilden. Das Leben wird einfacher, wenn gewisse alltägliche Beschwernisse reduziert werden. Wir wissen, dass das Leben sehr kompliziert ist und umso komplizierter wird, je mehr Freiheiten wir haben. Dabei wird unterstellt, dass die Menschen sich nach Einfachheit sehnen, einmal die Korrekten selber, die mit Einfachheit einen moralischen Wert verbinden, aber dagegen auch besonders diejenigen, die gegen Vielfalt sind. Auf der anderen Seite bedient man das Bedürfnis nach Einfachheit und Übersicht. Die Ideologie des Einfachen und diejenige der Vielfalt konkurrieren miteinander und machen verschiedene Angebote, und ergänzen sich soweit, bis sie in Konflikt zueinander geraten. Ergänzen tun sie sich, wenn man Einfachheit im Leben (Fleischverzicht, Reiseverzicht usw.) oder im Miteinander (lieber weniger, dafür tiefe Freundschaften) propagiert; aber in Widerspruch gerät man, wenn man die Vielfalt des Essens verschiedener Kulturen bewirbt, oder viele verschiedene Menschen als kennenlernenswert apostrophiert. Auch Vielfalt bzgl. Lebensweisen, Kulturen, Ernährung, Style und sexueller Orientierung usw. wird als positiv hingestellt, impliziert aber auch Vielfalt bei nicht so guten Dingen wie Waffen (breites Portfolio an Waffensystemen usw.). Die Einfachheit wird propagiert bei modernen Zahlungsmethoden, Datenschutz, Work-Life-Balance etc., also gerade dort, wo es naturgemäß kompliziert wird und uns immer mehr Möglichkeiten zur Verfügung stehen… Sprache bildet hier nicht ab, sondern prescht voran. Sie stellt das eine als einfach und wertvoll vor, das andere aber nicht in gleichem Maße; dann wieder dieses als in seiner Vielheit kostbar, das andere aber nicht ebenso. Es ist ein ziemliches Durcheinander, aber dafür können die Gutsprecher und Korrekten auch nichts: Ihre Welt ist, wie die wirkliche Welt, voller Ungereimtheiten. Ihr Fehler besteht nur darin, das nicht einzusehen oder offen zuzugeben…

Esoterik der Inklusion

Dieses Thema lässt sich kurz halten, denn es ist durchsichtig und auch sachlich sehr einfach. Bevorzugt wird von den korrekten der Ausdruck ›Inklusion‹ gegenüber ›Integration‹. Nach Auffassung der Korrekten findet Integration nur in ein größeres, homogenes Gemeinwesen statt. Viel wünschenswerter ist aber die bunte, maximal heterogene Gesellschaft. Wer in diese hineinkommt wird also ›inkludiert‹. Falsch ist beides, denn es findet eine Durchmischung statt, besonders in einer globalisierten Welt.

Esoterik der xy-Kultur

Wir haben eine angebliche ›Rapekultur‹, eine schlechte ›Streit- und Debattenkultur‹, eine ›Kultur der Unterdrückung‹, ›kulturelle Aneignung‹, man schasst die ›Leitkultur‹, will aber ›kulturelle Werte‹ usw. Rechte sprechen von ›neuer Messerkultur‹. Es ist kein Wunder, dass so ein blasses Wort wie ›Kultur‹ zu einem Wort wurde, mit dem man großräumig alles und nichts meinen kann und das jeder im Mund führen kann, wie es ihm gerade passt. Kultur gilt gemeinhin als eine Leistung, die den Menschen von der Natur abhebt. Die kultürlichen Errungenschaften heben den Menschen über das Tier, wo er sich nicht schon durch Evolution von diesem abhebt, und Kultur geht immer ein Bildungsprozess voraus. Darum ist ›Kultur‹ ein geschätzter Begriff. Um ihn negativ zu verwenden, muss man ihn negativ kontextualisieren. Indem man das Böse, etwa Vergewaltigung, an den Begriff der Kultur anschließt, geht die zivilisatorische Komponente verloren und der Begriff enthält, ähnlich wie ›Alltag‹, ›System‹ und ›Diskurs‹, nur noch seine abstrakte Ausdehnung. So meint ›Rapekultur‹ dann, dass Vergewaltigungen für die Mehrheitsgesellschaft akzeptabel und Vergewaltigungen quasi alltäglich und üblich seien. Das ist ganz und gar nicht der Fall. Von einer Kultur zu sprechen, die ganz oder überwiegend negative Inhalte hat, wirkt doch sehr befremdlich. Man spricht zum Beispiel nie von ›Kriegskultur‹, sondern von ›Kriegskunst‹, und meint damit die technischen und strategischen Entwicklungen. Das Wort ›Streitkultur‹ ist deshalb möglich, weil Streit mit Debatte gleichgesetzt wird, daher: ›Debattenkultur‹. Von ›Versklavungskultur‹, ›Tötungskultur‹ oder ›Hinrichtungskultur‹ spricht niemand. Daher sind Ausdrücke nach dem Muster {Negatives}+Kultur immer gewollt, um einen ambivalenten Begriff zu schaffen, der dann entsprechende Aufmerksamkeit erhält. Etwas Negatives wird dann zu einem gesellschaftlichen Problem hochstilisiert. Schließlich taucht auch wieder die gefällige Alliteration auf, etwa als Kevin McCarthy im September 2023 Joe Biden eine ›Culture of Corruption‹ unterstellte.

Gemeinschaftsesoterik der Korrekten

Es gibt viele Ausdrücke, mit denen die Korrekten eine Gemeinschaft (eben jene der Korrekten) beschwören: ›gemeinsam anpacken‹, ›gemeinsam genießen / erleben / xy schaffen‹, ›Europäische Gemeinschaft‹, ›bürgerliche Mitte‹, ›Aufstand der Anständigen‹, ›wir schaffen das‹, ›gemeinsam viel bewegen‹ (Europcar-Werbung) usw., überhaupt die Proklamation eines Wir, das natürlich ein korrektes, demokratisches, nicht aggressives, sondern befriedetes Wir ist, und das gemeinsamen, rationalen und humanistischen Werten folgt. Es ist ganz leicht, ein solches positives, zudem ganz abstraktes Wir zu verbalisieren, aber eine andere Sache ist es, wirklich alle verschiedenen Interessen ins Boot zu holen und gemäß des eigenes guten Vorsatzes auf einen guten Weg zu bringen, statt demagogisch zu führen.

Die Esoterik der Selbstliebe

Die sozialen Werte der Korrekten sind *weiche* Werte. Es geht immer um: Liebe, Mitgefühl, Verstehen, Verständnis, Toleranz, Respekt, Geduld, Achtsamkeit usw. Niemals geht es um Selbstkultivierung oder gar um Selbstzucht. Mitgefühl, Verständnis usw. sind dabei innerliche Werte; Toleranz und Respekt sind Werte, die durch *passive* Haltung realisiert werden. (Oft dynamisiert durch Ausdrücke wie: ›aktive Toleranz›, ›aktive Wertschätzung‹, ›engagierter Respekt‹ usw.) Auf einen Wert möchte ich besonders eingehen: Die Esoteriker unter den Guten, die ›wahre Selbstliebe‹ propagieren, hängen dem Irrtum an, dass man zuerst sich lieben (annehmen, respektieren, achten usw.) müsse, um andere zu lieben. Sie glauben auch, man müsse erst eine gewisse Reife haben, um anderen helfen oder sie unterrichten zu können. Aber das kann in Wirklichkeit nicht so sein. Zunächst: Was sollte das für ein Zustand der Selbstliebe oder des Selbstbewusstseins sein, der anhält und der stabil genug ist, um dann die Interaktion mit anderen zu ermöglichen? Anders gesagt: Welche Reife sollte das sein, die nicht weiter reift? Und: Müssen sich nicht viele Menschen, auch bei innerer Zerknirschtheit, nicht früh um andere kümmern und ihnen

Ratschläge geben, obwohl sie selbst in vielem ratlos sind? Und kann es nicht doch vorkommen, dass man zwar sich selbst nicht liebt und auch nicht schätzt, aber andere doch? Und stellen Psychologen nicht fest, dass man andere umso mehr liebt, je weniger man sich liebt? (Daher viele Abhängigkeiten zu anderen.) Es ist eine unbelegte Behauptung, dass Selbstachtung zur Achtung der anderen und Selbstliebe zur Fremdliebe führt. Beides sind unabhängige Größen, jedenfalls wurde ihr Zusammenhang bisher nicht bewiesen. Dennoch ist es ein Steckenpferd vieler auch politisch korrekt gesinnter Coaches und Psychologen, ein Steckenpferd, das bereits zu Tode geritten wurde. Mantras der Selbstliebe-Esoterik stellen das ›Ich‹, das ›eigene Ich‹, die ›wahre Selbstliebe‹, die positive Liebe zu sich selbst‹, das ›Selbst als Partner‹ usw. heraus und die Liebe als ›lebenslange, verlässlichste und wertvollste Partnerschaft‹. Sie ignorieren dabei die sich stets verändernde Wirklichkeit, die Tagesform des Individuums, die Wandelbarkeit und Anpassungsfähigkeit des Gemüts. Bin ich mit mir unzufrieden, mag ich die Welt durch eine dunklere Brille sehen, aber das beweist nicht, dass ich andere abwerte oder nicht respektiere. Die Korrekten wollen aber diese Kompensation – da sie fordern, dass man alle anderen respektiert, stimmen sie mit den Selbstoptimierungspsychologen überein, dass jeder sich selbst lieben, schätzen und respektieren, oder, wie es oft heißt: annehmen *soll*, um dann aus einem Individualzustand der Achtsamkeit heraus das Miteinander zu befrieden. Doch so funktioniert es nicht. Tatsächlich kann es nur zwei fundamentale Gründe geben, andere zu lieben, zu respektieren und zu achten. Der erste und wichtigste Grund ist die Freiwilligkeit. Man selbst hat sich zu einer Person kultiviert, die andere schätzt, respektiert, liebt, achtet usw. Es ist eine Tugend, mit anderen so umzugehen, dass man mit ihnen mindestens gut auskommt, oder darüber hinaus eben freundschaftlich, partnerschaftlich usw. gut lebt. Der andere Grund ist funktionaler Natur: Wenn ich andere achte, liebe, respektiere, wertschätze usw., dann fördert das meine sozialen Beziehungen. Auch das benötigt eine Kultivierung, auch echte Tugenden (ihre Echtheit ist durch die Funktionalität nicht tangiert), aber ich mache mir bewusst, welchen sozialen Zweck meine diesbezügliche Haltung zu anderen hat. Es muss auch nicht meinem eigenen Bedürfnis entspringen. Beispielsweise kann ich fähig sein, andere froh oder glücklich zu machen, ohne dass ich selbst froh oder glücklich bin. Das heißt, es ist möglich, gegen das Dogma der Selbstliebe, auf der die Liebe zu anderen ruht, zu verstoßen und es als bloßen Schein zu entlarven. Jeder kann, weil die Freiwilligkeit Grundlage beider Vorgehensweisen ist, selbst entscheiden, welchen Weg er geht. Wenn die persönlichen Tugenden und Kultivierungen nicht möglich sind, können äußere Normen greifen. Das wissen auch die Korrekten, die ja ständig nach externen Normen schreien. Sie hämmern uns ja ein, dass wir gegenüber anderen achtsam sein sollen, aber sie drohen auch mit Sanktionen. Sie sind in Wirklichkeit keine Pädagogen, die uns sagen, wie wir mit Selbstkultivierung (ein Wort, das neben ›Selbstakzeptanz‹, ›Selbsterfahrung‹, ›Selbstliebe‹ usw. nie fällt!) dazu befähigen, andere zu lieben, zu achten und wertzuschätzen. Sie wollen es extern, also durch Sanktionen und Bedrohungen sicherstellen. Und jetzt ergibt sich Folgendes: Äußere Normen müssen oft durch Institutionen durchgesetzt werden, also soziale Normen durch soziale Institutionen wie Familie und Freunde oder durch spezifische Gruppen usw., und rechtliche Normen durch juridische Institutionen. Wie die Moralphilosophie sagt, können externe Normen auch dann moralisches Verhalten steuern, wenn innere Beweggründe oder Tugenden nicht vorhanden sind. Im Sinne der korrekten Moral können sozialer Ausschluss oder Stigmatisierung Menschen bewegen, sich sozial gut und politisch korrekt zu verhalten, auch wenn sie nicht intrinsisch motiviert sind. Das alles ist bekannt und unstrittig. Aber es stellt sich doch ein neues Problem: Von Tugenden spricht man gewöhnlich beim Menschen, aber wir können auch nach den Tugenden von Institutionen fragen. Wie sind sie selbst moralisch beschaffen? Wie fördern sie das Gute, den sozialen Zusammenhalt, den sozialen Umgang? Anders gesagt: Wie fördern Institutionen echte Werte durch Ersatzmittel? Welche echten Werte wirklichen sie selbst? Darauf geben uns die politisch Korrekten keine Antwort.

Heldenesoterik

Es gibt keine Helden mehr für die Korrekten, nur noch ›Alltagshelden‹. Da es überhaupt keine Welt der alten Werte, Tugenden und Herausforderungen gibt (eine Welt, die von Rechten übermäßig beschworen wird), forcieren die Korrekten ein neues Heldentum, das dadurch gekennzeichnet ist, dass man sich im Alltag durchschlägt. So ist die Frau, die eine Patchworkfamilie managt, eine Heldin des Alltags. Krankenpfleger, Polizisten, Kommunalpolitiker usw., alle, die für die Werte der Gemeinschaft und Demokratie einstehen, sind Helden des Alltags. Sie werden auch gefeiert. Ebenso die ›Naturhelden‹, die sich für die ›ökologische Transformation‹ einsetzen.

Das krebskranke Kind ist ein Alltagsheld, man lichtet es ab im Supermannkostüm, eine Reminiszenz an überirdisches Heldentum. Man ist ›Blutspendeheld‹, wenn man Blut spendet. Der Mann darf kein Held mehr sein, jedenfalls nicht mehr im traditionellen Sinne, weil dessen traditionelle Eigenschaften wie Beharrlichkeit, Stärke, Mut, List usw. abgelehnt werden. Die Helden von heute sind weich, und dass sie trotz ihrer Weichheit und Sensibilität den Fährnissen des Alltags widerstehen, macht sie zu Helden. Das ganze Konzept des Helden wird aber still pervertiert, wenn wir plötzlich ›Meldehelden‹ haben: ›Meldeheld*innen‹ melden Hass im Netz oder im Alltag, aber auch die verbotene Verwendung von Plastikbechern. Sprachlich salient ist ›Meldeheld‹ wegen der Vokal- und Konsonantenstruktur. Der ›Meldeheld‹ ist der sprachlich verbrämte Denunziant.

Wert-Esoterik

Ich möchte die Wert-Esoterik trotz vieler obiger Beispiele noch einmal gesondert betrachten. ›Wert‹ ist eo ipso ein positives Wort; es verwundert nicht, dass es von den Korrekten in ihrem Gutsprech gepflegt und mit vielen anderen Wörtern und Sachverhalten (als Thema oder Fokus) verbunden wird. Zunächst einen Ausschnitt aus der Breite der Verwendungsmöglichkeiten: Aus dem Politsprech in nominalen Wendungen: ›werthafte Demokratie‹, ›westliche Werte‹, ›aufgeklärte Wertegemeinschaft‹, ›wertebasierte / wertegeleitete / wertebewegte Außenpolitik‹, ›Leitwerte‹, ›Wertekanon‹, ›Werteordnung‹, ›Wertecharta‹, ›Grundwerte‹, ›Wertefundament‹ usw. Aus der Ökonomie: ›digitale Werte‹, ›Mehrwertportal‹ (Bankenwerbung) ›Wertstoff‹, ›wertvolle Ressourcen‹, ›städtische Aufwertung‹, ›Wiederverwertung‹, ›natürliche Werte‹, ›regenerative Werte‹, ›Wertepartner‹, ›Verwertungsketten‹, ›Wertungschöpfung(sketten)‹, ›Werte bewahren‹ usw. Aus der Psychologie: ›Wertschätzung‹, ›Eigenwert‹, ›Selbstwert(gefühl)‹, ›Wert und Würde‹ (Alliteration in Psychologie, Politik und Wirtschaft), ›Wertigkeit‹, ›Werthaftigkeit‹, ›Werte leben‹ usw. Und schließlich die vielen Adjektive, die Bausteine für Attribute für Hochwertnomen und Phrasen sind: ›schützens- und schätzenswert‹, ›wertebasiert‹, ›wertorientiert‹, ›wertegeleitet‹, ›wertebewegt‹, ›wertfrei‹ (ohne Beurteilung, ohne Diskriminierung), ›werthaft‹, ›wertvoll‹, ›vollwertig‹, ›hochwertig‹, ›gleichwertig‹, ›lebenswert‹, ›wertbeständig‹ usw. Positive und negative Verben: ›validieren‹, ›bewerten‹, ›aufwerten‹ bzw. ›abwerten‹, ›devalidieren‹, ›entwerten‹ usw. Wir können verschiedene Aspekte feststellen: Bei den Adjektiven haben wir dynamische und statische Adjektive. Es wirkt konservativ, seine Politik als ›wertebasiert‹ zu deklarieren, progressiver ist ›werteorientiert‹ oder ›wertegeleitet‹, gefühlsintensiver ist es, wenn man von ›wertebewegter Politik‹ spricht... Die nominalen Bildungen in der Politik beuten das Sinnfeld der Ordnung aus: ›Leitwerte‹, ›Wertekanon‹, ›Werteordnung‹, ›Wertecharta‹, insbesondere den schon zum negativ gewordenen Begriff ›Leitkultur‹. Wichtig für die ganzen Sinnfelder, die das Wörtchen ›wert-‹ bedient, ist, dass Mensch, Natur, Sozialität, Tugenden als wertvoll angesehen werden, dass es Werte gibt, die ›erhaltenswert‹, ›schützenswert‹, ›nachahmenswert‹ usw. sind. Dabei muss alles und jedes natürlich den gleichen Wert haben, denn sonst würde man wieder unerwünschte Unterschiede in die Ontologie der Werte einführen. Mann und Frau sind von gleichem Wert (aber es lassen sich dennoch unterschiedliche Rechte ableiten); Natur, Tiere, Ökosysteme usw. sind von gleichem Wert, sie sind alle gleich erhaltenswert. Fuchsteufelswild werden Korrekte, wenn Werte in Frage gestellt werden oder wenn Unterschiede in der Werthaftigkeit von etwas reklamiert werden. Daher finden Korrekte, dass zwar jeder denselben Wert hat, aber doch entsprechend seines Verdientes behandelt wird... Es ist eine Notlösung, um nicht zuzugeben, dass es in der Tat Unterschiede im Wert gibt. Denn Werte und Würde sind Zuschreibungen; sie sind nicht natürlich, die Natur kennt keine absoluten Werte, Werte gibt es nur dort, wo es ein Wollen gibt, daher kann man nur appellieren, dieses oder jenes zu wollen und es für wertvoll zu halten.

Werde Teil einer besseren Welt: Das Gute

Wenn das Gute begrifflich gefasst wird, dann mit Ausdrücken, die eo ipso die Semantik von ›gut‹ enthalten: ›gut‹, ›besser‹, ›das Beste‹, ›super gut‹, ›bestens‹, ›optimal‹, ›wertvoll‹, ›werthaft‹, ›werteorientiert‹, ›reichhaltig‹, ›prima‹, ›xy bereichert‹, ›xy erfüllt‹ usw. Der Einsatz von *gut* hier anhand eines Kampagnentextes der Friedrich-Ebert-Stiftung: „Gut leben, gut arbeiten, gut handeln". ›Good Society‹, die ›Gute Gesellschaft‹ – Was macht eine solche Gesellschaft aus? Wir verstehen darunter soziale Gerechtigkeit, ökologische Nachhaltigkeit, eine innovative und erfolgreiche Wirtschaft sowie eine Demokratie, an der die Bürgerinnen und Bürger aktiv mitwirken. Wir sind davon überzeugt, dass diese ›Gute Gesellschaft‹ von den

Grundwerten der Freiheit, Gerechtigkeit und Solidarität getragen wird."[25] Hier steckt wirklich alles drin, was das Gutsprech zu bieten hat. Das englisch-deutsche Mischmasch, die dämliche Frage, was eine gute Gesellschaft ausmache, die gestelzten Nomen, die modischen Hochwertwörter, die inklusiven Personalformen, das Wörtchen ›aktiv‹ sowie allgemein der Nominalstil. Ein Text, wie es ihn überall gibt, ohne individuelle Züge und ohne jeden Stilwert, also auch nichts, was unsere Aufmerksamkeit auf sich zöge geschweige denn unser Gedächtnis lange beschäftigte. Inhaltlich setzt sich eine gute Gesellschaft zusammen aus vielen Elementen, die hier summiert werden (wobei die meisten Korrekten glauben, dass alles, was das Gute konstituiert, irgendwie in qualitativer Hinsicht verbunden ist, womit sie Recht haben dürften). Was aber, wenn sich eine gute Gesellschaft so gar nicht schaffen lässt – entweder weil die genannten Bestandteile nicht realisiert werden können oder weil sie realisiert werden können, nicht jedoch gemeinsam oder weil sie stets eine negative Kehrseite haben (etwa die Identifizierung von Nichtdemokraten oder den fast sprichwörtlichen ›Feinden der Freiheit‹)? Lässt sich das Gute nicht oder nicht in geeignetem Maße oder nicht für alle gleichmäßig realisieren, so tritt an die Stelle des *Guten*, das noch als Substanz gedacht werden kann, das formelle Kriterium der *Gerechtigkeit*. Gerechtigkeit, sonst ein funktionelles Ausgleichsprinzip, ist für die Korrekten selbst oft eine Substanz, ein (natürlich: ›integraler‹) Bestandteil der guten Gesellschaft… Das ergibt sich einfach aus der hypothetischen Annahme, dass es in einer Gesellschaft, in der das Gute für alle verwirklicht ist, keine Gerechtigkeit geben muss, die ungleiche Realisierungen des Guten kompensieren muss. Überall, wo die Korrekten daher für Gerechtigkeit, kompensatorische Gerechtigkeit, Gleichheit, Chancengleichheit usw. sind, müssen sie zugeben, dass das Gute nicht verwirklicht ist. Würde man das Gute als Endzustand erreichen können, würde die Gerechtigkeit als auxilarisches Gut nicht mehr nötig sein. – Zurück zum Sprachlichen: Werbung, die Haltung bekennt: ›Wir kämpfen für das Gute.‹ (Uniklinikum Freiburg) oder ›Werde Teil einer besseren Welt‹ (Regionaler Biomarkt). Man will ›das Beste‹ aus seinem Team herausholen, ›das Beste sowohl für das Unternehmen als auch für die Umwelt‹. Die politisch Korrekten streben vordergründig nach einer Vervollkommnung im sozialen Umgang und im Umgang mit der Umwelt, gerne

---

25 Entnommen von: https://www.fes.de/gute-gesellschaft-soziale-demokratie-2017plus/projektinformation

›Mitwelt‹ genannt, aber natürlich sind sie den Mechanismen von Wettbewerb und Ausschluss unterworfen, so dass sie Gruppen identifizieren müssen, die sie nicht in ihr Boot holen können, sondern die sie ausschließen müssen. Es waren während der Corona-Zeit die ›Querdenker‹, die ›Leerdenker‹, schon immer die Rechten und Konservativen, auch diejenigen, die an Traditionen festhielten, es sind neuerdings aber auch die erfahrungsreichen Experten, denen man nicht zuhört. Ausgeschlossen wird man auch, wenn man eine richtige Sache in falschem Wortgebrauch darstellt. Im richtigen Wortgebrauch kann eine Sache natürlich falsch dargestellt werden… – Man soll Gutes tun. Was ist das? Die vielzitierte ›gute Tat‹ gehört in eine unbestimmte Klasse: x ist eine gute Tat, weil sie als gut bewertet wird, aber eine ›gute Tat‹ sagt nicht, um welche konkrete Tat es sich handelt. Allgemein kann man von x oder y sagen, ob es gut ist, aber vom Gutsein kann man nicht auf ein konkretes x oder y schließen. Neben dem Guten, das die Korrekten anstreben, etwa Humanität, Gerechtigkeit, Integration, Inklusion, Barrierefreiheit, Transrechte, Frauenrechte, Equal pay, Achtsamkeit, soziale Verantwortung, Frieden usw. usf., bedienen sie noch sekundäre Werte: ›unbefangen sein‹, ›sich wohlfühlen‹, ›sicher sein‹ und tertiäre Werte, wie allgegenwärtige Bequemlichkeit. Wir wissen schon: Politische Korrektheit hat sich weltweit als Denkrahmen etabliert. Es sprießen nicht nur die politisch korrekten Filme, Reportagen, Bücher, Anredeformen, Verhaltenstipps usw. wie Pilze aus dem Boden, sondern mit dem Denkrahmen sind auch Gefühlsimperative, Sprachregeln und Denknormen mitgegeben. Überall wird Moral eingepreist, was das Leben erschwert, da nun über alles in Kategorien wie Achtsamkeit, Beachtung, ausreichende Achtung usw. nachgedacht werden muss. Seine Haltung zu zeigen, die politisch korrekte Weltanschauung anderen zu vermitteln, führt oft zu einem Bewertungsfuror und Zertifikatswahn. Die Bewertung betrifft das eigene Handeln und Denken, die ganze Gefühlswelt, und die Zertifizierung betrifft all diejenigen, die durch ihre Professionen, sei es als Politiker, als Psychologischer Psychotherapeut, als Pädagoge, Influencer, Umweltexperte, Coach, Aktivist usw. ein äußeres Zeichen der Kompetenz anheften müssen. Nun aber, um im Bild zu bleiben: Woran ist der Denkrahmen aufgehängt? Doch wohl am Guten. Das Gute, selbstredend in seiner Unbestimmtheit, kann mal der Weltfrieden sein, die Völkerverständigung, das harmonische Leben von Mensch und Natur, die Schonung der Erde als einzigartiges Ökosystem, der Frieden zwischen den Geschlechtern u.v.m., ja im Guten konvertiert das alles in einen Punkt. Dieser Punkt ist unbestimmt, er gleicht, wenn man genauer hinsieht, mehr einer Melange dieser vielen erwünschten Zustände. Aber wir kennen dieses Denken schon, es ist eschatologisch-utopisches Denken. Es heißt dann nach dem oben schon betrachteten Muster der Doppelform: ›Eine andere Welt ist nötig und möglich.‹ Ja, möglich muss sie sein, denn ohne diese Annahme würde man nicht aktiv werden. Nötig muss sie auch sein, denn wäre sie nicht nötig, hätte man keine Rechtfertigung für all die Kämpfe, die die Weltverbesserer und Korrekten ausfechten. Propagandistisches Gutsprech ist „dieses bessere Land, dieses neue Land" (Katrin Göring-Eckardt am 20.11.2015 auf dem Parteitag der Grünen). Es ist Gutsprech, weil es nicht ohne die Gutwörter ›besser‹ und ›neu‹ auskommt. Es ist propagandistisches Sprechen, weil es die emphatische Forderung nach Veränderung (durch summarische Einwanderung) enthält, und zwar ganz ohne Angaben, wie man konkrete Probleme der Einwanderung dann auch löst. Das eigentlich Ideologische aber ist, dass das Gute abgehoben von der Realität ist. Und noch eine Sache ist interessant, nämlich wann für die Korrekten das Gute beginnt: Indifferenz gilt bei den Korrekten nicht als ausreichend, weil sie Interessenlosigkeit, kalte Schulter usw. assoziiert. Deshalb fängt bei ihnen das Gute erst an, wenn es um wirklich positive und ungetrübt positive Dinge geht. Eine liberale Gesellschaft weiß aber das Indifferente zu schätzen.

Fehlgeleitete Debatten um Gender in der Sprache

Die psychologischen Tests, deren Ergebnisse uns sagen sollen, dass Jungen sich nicht vorstellen können, als Hebamme, Putzfrau, Primaballerina, Tippse oder Geisha zu arbeiten, weil es dafür keine männlichen Berufsbezeichnungen gibt, oder umgekehrt, dass Mädchen sich den Beruf, der ihnen in einer „männlichen Pluralform" (Vervecken / Hannover 2015, o. S.) vorgelegt wurde, für eine spätere Ausübung nicht vorstellen können, beweisen hinsichtlich des Zusammenhangs von Beruf und Sprache bzw. sprachlicher Prägung auf die Berufswahl nichts. Alle Standardformen können mit ›-in‹ moviert werden: ›Chefin‹, ›Pilotin‹, ›Managerin‹, ›Astronautin‹, ›Göttin‹ usw., so dass klar ist, dass sprachlich Frauen alle Berufe offen stehen. Umgekehrt können typisch weibliche Berufsbezeichnungen maskulinisiert werden, manchmal jedoch nur gegen das Sprachgefühl: ›Hebammer‹, ›männliche Hebamme‹ etc. Doch wie die feministischen Linguisten durch Ausdrucksneutralisierung (›Fachkraft‹) die sprachlichen

Möglichkeiten ausschöpfen, so können auch bei der Maskulinisierung von herkömmlichen Frauenberufen die Bildungsmöglichkeiten ausgeschöpft werden: ›Krankenschwester‹ => ›Krankenpfleger‹ => ›Pflegefachkraft‹ und ›Geburtshelfer‹. Sprachlich stellt das überhaupt keine Schwierigkeit dar. Anders steht es vielleicht mit sprachlichen Wendungen. Man sagt, etwas ist ›Chefsache‹, nicht ›Chefinnensache‹. Aber auch hier ist kein Sexismus in der Sprache zu erkennen, denn man kann bilden: ›Das ist Sache der Chefin.‹ Und natürlich können verblasste Maskulina oder Scheinmaskulina, also Standardformen mit ›der‹ ohne Sexusinformation nicht mit ›-in‹ moviert werden: ›der Möchtegern‹ => ›die Möchtegernin‹. Soweit ich sehe sind all diese Debatten um Gender in der Sprache fehlgeleitet und deshalb überflüssig. Die feministischen Linguisten problematisieren weite Teile der Sprache, aber sie trauen der Sprache zu wenig zu. Tatsächlich hat Sprache mit der tatsächlichen Berufswahl und den bestehenden Unterschieden der Geschlechter in der Berufswelt nichts zu tun. Und es ist ohnehin ein Missverständnis, wenn man Pluralbezeichnungen wie ›Piloten‹ als Maskulinum ansieht. Es ist einfach keines. Es ist *genus commune* und alle Frauen wissen das auch. Sie sind nicht so borniert wie die feministischen Linguisten. Diese aber beharren darauf, dass das sprachliche Genus mit dem biologischen Sexus (doch irgendwie in der Tiefe) zusammenhängt, und diese Behauptung ist einfach falsch. Sie lässt sich nur aufrechterhalten, indem man andere Behauptungen über Sprache in die Debatte einführt, etwa, dass Sprache systematisch Gender abbildet, das aber zu Lasten der Frauen usw. Dabei hilft unsere Sprache gerade mit dem *genus commune* den Frauen, denn Worte, die durch das *genus commune* geprägt sind, lassen sich viel flüssiger verwenden: ›Sarah und Caroline waren schlechte Piloten.‹ (Vgl. zur Debatte um *genus commune* und unmarkierte Formen: Leisi 2016, 76ff.) – Wir können eine übertriebene Tendenz zur sprachlichen Feminisierung auch anhand anderer Beispiele sehen. Die Sucht der Feminisierung führt zum *falschen* Femininum: In einem Rezeptmagazin lese ich: „...machen Birnen zum süßen Hauptdarsteller". So ist es richtig, allenfalls wäre zum Plural ›zu süßen Hauptdarstellern‹ zu verbessern. Aber das ist eine Frage des Fokus. Falsch ist dagegen: ›Gemüsesorten sind die Heldinnen der Küche.‹ Nur weil ›Gemüsesorte‹ im Singular feminin ist, muss nicht der Plural von ›Held‹ feminin sein. Falsch ist auch: ›die Staatsanwaltschaft ist Herrin des Verfahrens‹, ›die Staatsanwaltschaft ist die Anklägerin‹ (statt: ›vertritt die Anklage‹), ›die Uni Freiburg ist Veranstalterin‹. Ein grammatisches Femininum zieht nie ein feminines Sexus nach sich. Doch halt! Schreibt nicht Schiller in seinen *Räubern*: „... nimmermehr würde meine unschuldige Feder an dir zur Tyrannin geworden sein." (1. Akt, 1. Szene) Oder: „... wenn Blutliebe zur Verräterin, wenn Vaterliebe zur Megäre wird..." (1. Akt, 2. Szene) Oder wird nicht aus die „Siebenhügelstadt" die „Waise" (4. Akt, 5 Szene)? Er tut es tatsächlich, aber das ist eine künstlerische Entscheidung, während es bei den Korrekten ein fast standardisiertes Verfahren ist und auf der Annahme beruht, dass Genus = Sexus ist. Schiller nutzt auch das ganze Potential dieses Stilmittels: Die „Gerechtigkeit" ist einmal „Hure" (2. Akt, 3. Szene), dann aber auch „liebende Mutter" (ebd.), während es bei den Korrekten immer etwas Eindeutiges sein muss. Bei Eduard Engel lesen wir, die „Sprache" sei eine „Meisterin" (Engel 2017, 50). Das sind alles künstlerische Entscheidungen, aber wenn es die politisch Korrekten als Manier machen, ist es falsch. – Politisch wird oft auf den Artikel als geschlechtszuweisendes Mittel abgestellt. Als die Ukraine angegriffen wurde, stellte man sich die Ukraine als weiblich vor, die vom Despoten Putin drangsaliert werde. Als 2022 im Iran Proteste gegen die Regierung (im Westen immer: ›Mullahregime‹) stattfanden, gab es viele kulturelle Veranstaltungen in Deutschland. Ein Plakat titelte: ›Iran. Die Freiheit ist weiblich.‹ Auch hier wird ein Wortspiel gemacht, indem die Freiheit als weiblich evoziert wird (vgl. Justitia als Frau, der Rhein als Mann usw., näher noch: die Muttersprache, der Vater Staat). Doch es heißt standardsprachlich: ›der Iran‹, und dieser Artikel musste auf dem Plakat verschwinden... Bekannt geworden sind Feminisierungen, die falsch sind, oder die falsche Verwendung des Gendersterns (falsch auch nach der eigenen politisch korrekten Logik des Genderns): ›Lesb*innen‹, ›Krankenschwesterin‹, ›Samenspender:in‹, ›Prostatapatient*in‹. Die erste Form ist falsch, wenn man im Sternchen andere Geschlechter als das weibliche sehen soll, dann ist der Ausdruck eine Kontradiktion. Der zweite Ausdruck ist eine Tautologie, weil das Lexem, das Weiblichkeit semantisiert, noch ein formales Genuszeichen erhält. Der dritte und vierte Ausdruck sind eine Kontradiktion. Eine Kontradiktion liegt auch vor bei ›Jungen*Treff‹, wenn dieser andere Geschlechter als das männliche einbezieht. Eine kleine Debatte gab es im Dezember 2022 über den Männerturnverein MTV Gießen, über den berichtet wurde, dass ein Mädchen fragte, ob es überhaupt daran teilnehmen dürfe. Bei ›Jungen*Treff‹ steht das Sternchen wohl für Offenheit bzgl. anderer Geschlechter (und folgerichtig auch für Mädchen), also wird das Lexem ›Jungen‹ obsolet. Es ist dann auch kein

Schutzraum mehr für Jungen, ebenso wenig wie ›Mädchen*Treff‹ ein Schutzraum für Mädchen ist.

Partizipien

Ich glaube, dass eigentlich schon alles zur Partizipierung von Personenbezeichnungen im Sinne der Genderneutralität gesagt wurde (vgl. Kaehlbrandt 2016, 122f., Hurna 2021; 67, 111, 116), dass die Argumente, die gegen die genderneutralen Partizipien sprechen aber deshalb immer wieder auftauchen, weil sich die Partizipierung so hartnäckig hält, vor allem durch den Support der Bürokratie. Oder es sind die eigenen Skandale, die die politisch Korrekten heraufbeschwören, wenn sie die Partizipierung übertreiben, etwa als Mithu Sanyal von ›Erlebenden‹ statt von ›Vergewaltigungsopfern‹ sprach. Offenbar mangelt es der Partizipierung an globaler Verwendbarkeit, zudem kann ihre Genderneutralität bekanntlich umgangen werden: ›der Studierende‹, ›die Studierende‹. Der Mangel an globaler Verwendbarkeit ist etwas schwieriger zu sehen, nur deshalb gehe ich nochmal auf das Thema Partizipierung zur Neutralisierung von Personenbezeichnungen ein. Zunächst erscheint formell die Bildung überzeugend, wenn man der politischen Korrektheit anhängt: ›Demonstranten‹ => ›Demonstrierende‹. Man kann das Argument, ›Student‹ bezeichne einen Status, ›Studierende‹ einen augenblickshaften Bezug sogar weglassen, wenn man ›Studierende‹ einfach als Status versteht. Es gibt andere Probleme: Offenbar lässt sich das Partizip nicht immer anwenden: ›Asylanten‹ => ›Asylierende‹* => daher: ›Flüchtende‹. Auch kann man ›Demonstrierende‹ sagen, aber die Ableitung vom Verb stößt bei ›aktivieren‹ => ›aktivierend‹ => ›Aktivierende‹ an seine Grenzen, weswegen es dann immer ›Aktivist:innen‹ (vom Adjektiv ›aktiv‹) heißt. Es können offenbar nicht alle Personenbezeichnungen in ein Partizip umgewandelt werden, aber wenn man, wie hier, vom Adjektiv ableitet, hat man unter Umständen wieder eine unschöne Endung. Die ›Krankenschwestern‹ können nicht durch Partizip neutralisiert werden, also her mit ›Pflegende‹. Dann aber wird ein spezifisches Konzept, sogar eine kulturelle Einheit, sprachlich zerstört. Ähnlich bei ›Menstruierende‹ statt ›Frau‹. Es mag nicht alles gefallen, was an ›Krankenschwester‹ und ›Frau‹ an kulturellen Konnotationen hängt, aber wer beweist uns, dass nicht auch ›Pflegende‹ und ›Menstruierende‹ negativ konnotiert werden können? Das können sie doch wohl, alles kann negativ konnotiert werden, sogar Ausdrücke, die *eo ipso* positiv sind. Die Partizipierung spielt bei den politisch Korrekten, was viele ihrer Kritiker verkennen, nicht nur bei den neutralen Personenbezeichnungen eine Rolle, es spielt auch sonst im Gutsprech eine Rolle (vgl. Hurna 2021; 33, 188). Besonders dann, wenn das Partizip als Adjektiv verwendet wird: Etwas ist ›bestärkend‹, man ist ›horchend‹, ›mitfühlend‹, ›helfend‹ (aber nicht: ›engagierend‹, lieber ›engagiert‹, denn das ›t‹ unterstützt auch die Bestimmtheit im Engagement) oder ›liebend‹ oder ›Raum gebend‹ usw. Negativ: Blicke sind ›sexualisierend‹, Worte nicht bloß ›feindlich‹, sondern ›anfeindend‹, ›herabwürdigend‹, ›devalidierend‹, ›stigmatisierend‹ (etwa: ›stigmatisierende Zuschreibungen‹) usw. Die Kritiker des korrekten Partizips gehen meiner Auffassung nach zu wenig auf solche Bildungen ein. Für Kaehlbrandt klingen die Substantive aus Partizipierung nach „Schaffung eines Neusprechs der verwalteten Welt" (Kaehlbrandt ebd.), aber wenn er auch den esoterischen Gebrauch berücksichtigt hätte, hätte er die Abteilung Sprachliche Weichspülung jener Verwaltungswelt kennengelernt. Das unsinnige Partizip kann eine andere Unsinnigkeit, die Doppelnennung, ersetzen: statt ›Mitarbeiterinnen und Mitarbeiter‹ ist ›Mitarbeitende‹ tatsächlich kürzer. Aber ›Mitarbeiter‹ (pl.) ist es noch mehr. Und noch etwas kann man sagen: Eine Partizipform könnte dem widersprechen, was Vertreter der Leichten Sprache fordern, nämlich Anschaulichkeit. Alexandra Lüthen fordert eine konkrete Sprache, keine Abstrakta. Aber gegenüber dem ›Studenten‹ ist der ›Studierende‹ bereits eine Abstraktion, besonders dann, wenn die Sprachkorrekten den Vorwurf zurückweisen, in ihrer Bildung (›Studierende‹) studiere der Student gerade jetzt, sei also nicht immer Student... Die Partizipien sind beliebt in der Esoterik, die ja auch das Gutsprech pflegt: ›verstehender Umgang‹ (mit Zahlen, aber auch miteinander), ›authentisches akzeptierendes Sein übend, annehmend‹ (Handzettel Tanz).

Sprachirrtümer bei Luise Pusch

Luise Pusch moniert in ihrem Aufsatz *Die Hermaphrodite oder Femininum und Realität* (Pusch 2019, 35ff.), dass das Wort für einen Zwitter männlich sei, und dass ›der Hermaphodit‹ ebenfalls ein Maskulinum sei, weil das Kompositum ungerechtfertigterweise den Artikel ›der‹ zugewiesen bekäme, obwohl der männliche Bestandteil ›Hermes‹ vorne stehe. Es müsse nach den Kompositumsregeln des Deutschen „*die Hermaphrodite*" heißen (ebd. 36)... Das ist aber nicht richtig. Zunächst gibt es von der

Regel, dass der Artikel durch den Rechtsteil bestimmt wird, Ausnahmen: ›das Rückgrat‹ (›der Grat‹), ›die Schwermut‹ (›der Mut‹, aus ›muot‹, vgl. engl. ›mood‹) usw. Diese Ausnahmen sind aber nicht zahlreich, und deshalb ist es schon richtig zu sagen, dass die Kompositumsregel besagt, dass der Rechtsbestandteil den Artikel zuweist. Doch wird ›Hermaphodit‹ eben nicht als Kompositum wahrgenommen, sondern fällt in die Klasse aller maskulinen -it-Wörter. Daher war es falsch von Pusch, nur eine inhaltliche Einzelwortinterpretation zu geben. Die Artikelvergabe richtet sich hier nach dem Muster ›-it‹: ›der Trilobit‹, ›der Parasit‹ (keine Personenbezeichnung, aber letzteres metaphorisch übertragbar), ›der Kosmopolit‹, ›der Alevit‹, ›der Eremit‹, ›der Konvertit‹, ›der Archimandrit‹, ›der Jesuit‹, ›der Zenobit‹ usw., meinetwegen auch ›der Troglodyt‹, je nach dem, wie man die Ableitung aus dem Griechischen bewertet. Es kommt hier aber nur auf das Erscheinen in der Genussprache Deutsch an. Dem aufmerksamen Leser wird nicht entgangen sein, dass Pusch von ›der Hermaphrodit‹ auf ›die Hermaphrodite‹ umstellt, wohl in dem Glauben, ›e‹ sei eine feminine Endung (wie in ›die Rose‹, ›die Puppe‹, ›die Hebamme‹, ›die Spüle‹, ›die Spitze‹, ›die Haubitze‹...). Das Zeichen ›e‹ ist aber nicht so sicher: ›der Affe‹, ›der Löwe‹, ›der Krake‹ usw. Nun, wir können das ›e‹ zugestehen, da es sich bei ›Aphrodite‹ um einen Namen handelt, und dort ist das ›e‹ in der Tat ein sicheres Zeichen für das Femininum: ›die Anne‹, ›die Florence‹, ›die Luise‹, ›die Beate‹ usw. Dennoch müsste es, damit Puschs Argument stark ist, ›die Hermaphrodit‹ heißen, denn nur dann würde das Femininum vom Inhalt geleitet werden und, wie Pusch es ja auch bei ›Zwitter‹ moniert, ein weiblicher Bestandteil genuszuweisend sein. Oder es könnte einfach ›der Aphrohermes‹ heißen. Dann bestünde dasselbe Problem (antifeministischer Untergang des weiblichen Teils in der Grammatik), aber Pusch könne dann die Grammatik nicht bemühen... – Die feministischen Linguisten behaupten, Frauen würden durch die männliche Sprache und durch die grammatischen Formen (wie generisches Maskulinum) unsichtbar gemacht oder sie würden nur mitgemeint sein. Diese Formulierungen entstammen dem frühen Feminismus, auch Pusch gebrauchst sie. Sie verwendet in ihrem Beitrag über Orwell weitere Wörter, die zeigen sollen, dass die Frauen in der Sprache unsichtbar, ja ausgerottet werden: „vaporisiert", „nur mitgemeint", „gelöscht" (ebd. 29). Oder Frauen seien gar ins generische Maskulinum „inkorporiert" (ebd. 41). Generische Maskulina seien auch „frauenmordend" (ebd., 212). Diese Sache ist leicht abzuhandeln: Wenn es für einen Vorgang, den man moniert und den man aus der Welt schaffen will, eine Beschreibung gibt, die sich so zahlreicher Ausdrücke bedient wie: Frauen seien in der patriarchalischen Sprache nicht sichtbar, gelöscht, nur mitgemeint, nicht repräsentiert, unterdrückt usw., dann ist die Beschreibung unpräzise und sicher falsch. Pusch sieht die Frauen auch unsichtbar dadurch gemacht, dass sie die Berufsbezeichnungen ihrer Männer oder deren Familiennamen annehmen (vgl. für zahlreiche Beispiele ebd. 31). Pusch vergisst hier, dass die Annahme der Berufsbezeichnung, besonders im Handwerk, besonders bei Meistertiteln, eine Hebung der Frau im Status bedeutete, vor allem, wenn sie selbst nur Hausfrau war. Die Annahme des Familiennamen des Mannes löscht zwar den Familiennamen der Frau aus, war aber oft schon der Name des Vaters. Wenn also eine Frau Bruchmann eine Frau Jakobson wurde – wo ist da die Auslöschung eines genuinen weiblichen Namens? Die Namensvergabe war patrilinear, wie auch die Weitergabe der Güter (im Regelfall), aber wir können davon ausgehen, dass letzteres einschneidender für das Leben einer Frau war als die Annahme des Familiennamens des Mannes. Pusch moniert dann auch nur, dass sie ihre Freundinnen, die geheiratet hatten, unter ihren Mädchennamen (der oft der Vatername war!) nicht mehr auffinden könne (ebd. 31)... – Pusch macht die auch heute noch gängige Annahme, dass nur das Maskulinum ausdehnbar sei auf Frauen und Männer (ebd. 41), dass das Femininum ein Spezifikum sei (Movierung mit ›in‹ oder durch bestimmte Endungen), und dass deshalb die Frauen unsichtbar seien. Es gäbe wenige Feminina, die den Mann einschlössen bzw. ausschlössen (vgl. ihre Beispiele in 212: etwa „Brautpaar", „Geschwister"), und daher sei ein generisches Femininum gefordert. Doch ist nicht klar, ob sie das fordert, um Gleichheit zu schaffen, oder um den Mann zu vaporisieren... – Zu ›Jedem das Seine‹: Pusch liest diese Sentenz nur als Ausdruck, der Männer sichtbar macht und stellt ihr das ›Jeder das Ihre‹ entgegen. Wir wissen schon, dass der Ausdruck keine Männer meint, sondern allgemein das Standardgenus realisiert. Frauen sind nicht bloß mitgemeint, sondern auch der Mann ist nicht gemeint. Im Satz und in der grammatischen Realisierung geht es nicht um Sexus. Und das sehen wir auch deutlich, wenn wir sehen, dass in diesem Ausdruck in Rohform auch das Neutrum realisiert wird, das bekanntlich den unbestimmten Artikel mit dem Maskulinum teilt. Wir sagen also: ›Da sind drei Häuser und drei verschiedene Fenster: Jedem Haus das seine.‹ Es geht also gar nicht um den Mann und auch nicht um das Allgemeinmännliche als das Allgemeinmenschliche... – Das vom frühen Feminismus und auch von Pusch verwandte Pronomen ›frau‹ ist nicht so emanzipatorisch, wie sie glaubt. Man kann sagen: ›frau spricht viel, ist aber nicht der Rede wert.‹ Hier würden die Feministen doch beklagen, dass dieser Satz Frauen abwertet. Man sieht also, dass man das Denken bekämpfen müsste, und nicht Worte oder Wortformen. Diese sind einfach nur Mittel zum Zweck. Man sieht es an folgendem Phänomen: Es gibt zu einer Sache verschiedene Ausdrücke, die dann verschiedene Anschlüsse zu einem anderen gedanklichen Bereich bilden: Zu ›Herr‹ und ›Mann‹ gibt es verschiedene Anschlüsse mit verschiedener Bedeutung: ›Männerwitze‹ (Witze über Männer, wie Frauenwitze, Blondinenwitze etc.) und ›Herrenwitze‹ als Bezeichnung für Witze von Männern über Frauen. Es ist die gedankliche Sache, die sich der Wortformen und Ausdrücke bemächtigt. Die Bemächtigung von vorhandenem Sprachmaterial, auch neutralem, macht sich die Ironie zu nutze. Es ist der gedankliche Zusammenhang, der darüber bestimmt, ob etwas neutral, ironisch, derb, ernst usw. ist. Man nehme: ›Die Deutsche Bahn in vollen Zügen genießen.‹ Oder: ›Thích Quảng Đức brannte für Freiheit…‹ Eine Hochwortphrase wird zum Baustein für Ironie, ja Sarkasmus. Davor sind auch feministische Ausdrücke nicht geschützt und Hochwertworte sind besonders anfällig für ihre Karikatur. Daher bringt die Einführung des Pronomens ›frau‹ nichts, weil es unter die Regularien des Gebrauchs fällt, der den Ausdruck gegen den Strich bürsten kann. – Doch verbiegt Pusch auch sachlich-gedankliche Zusammenhänge. Pusch nennt zahlreiche angebliche feministische Pendants zu angeblichen Patriarchalismen oder „androzentrischen Missbildungen" in der Sprache, so etwa „Einverleibung" als emanzipatorisches Pendant zu „Penetration" (Pusch ebd.; 76, 79). Nun hat sie nicht verstanden, dass Mann und Frau beim Sex immer gleichermaßen aktiv sind: Das Umschließen des Mannes durch die Frau findet nur statt bei Penetration der Frau durch den Mann. Es ist ein gleichzeitiges Vorgehen, egal, wie man beide dreht und wendet. Passivität des Körpers wäre nur möglich bei Tod oder Betäubung. Deshalb kann „Umschließung" (ebd.) nicht aktiver oder emanzipatorischer sein. Daher sind diese Ausdrücke kein Teil einer „Gynozentrischen Re-Vision" (ebd. 79). Sondern sie zeigen uns, wieder einmal, dass die Sprachkorrekten präziser und positiver sprechen wollen. Gegen den Ausdruck ›Penetration‹ ist aber nichts einzuwenden, wenn genau das der Frau gefällt. Im Übrigen zeigt sich wieder das zwanghafte Finden von Pendants, etwa zu ›Strichmännchen‹, ›Vordermann‹, ›Gefolgsmann‹, wo aber der etablierte Begriff gar nicht problematisch ist. – Pusch glaubt an die sprachliche Unsichtbarmachung der Frauen durch:

- Aufgabe des Familiennamens der Frau,
- Annahme des Berufes durch die Frau und entsprechende Anrede (etwa Frau Dr. Erhard Müller),
- Unsichtbarmachung durch generisches Maskulinum (9 Lehrerinnen sind 10 Lehrer, wenn ein Mann dazu kommt),
- Nichtnennung der Frau in Sprichwörtern und Redewendungen (›Jemandem einen Bären aufbinden‹, satt: ›einer eine Bärin aufbinden‹),
- die Meinung, dass der Mann prototypisch Mensch sei,
- sonstige kulturelle Aneignung (der Mond sei eigentlich weiblich, vgl. Pusch ebd., 65),
- Präsentation durch Maskulina, etwa von Berufen: der Lehrer, der Pilot,
- das Vorhandensein weniger generischer Feminina im Deutschen.

Pusch greift auch Pronomen an, von denen sie ausgeht, dass sie maskulin sind und im Sinnzusammenhang nur auf Männer referieren, etwa das Pronomen ›wer‹. Es sei generisch und lasse die Frau verschwinden… Das heutige aktionistische, queere Gutsprech verlautet: ›Liebe, wen du willst‹, obwohl ›wen‹ nach Pusch maskulin ist. In der Bahn hörte ich eine Mutter zu ihrer Tochter und ihrem Sohn sagen: „Einer von euch kann dort sitzen." Sie sagte nicht: ›Eine von euch kann dort sitzen.‹ Tatsächlich ist es nicht so, dass ›wer‹ und ›einer‹ generisch sind und sich auf Frauen beziehen können, und dass sie zugleich maskulin sind, sondern sie sind allgemein, geschlechtsneutral. Die Spezifizierung in diese oder jene Richtung findet nicht grammatisch, sondern semantisch statt. Schlechte Nachrichten für Feministen: Weil es kein generisches Maskulinum gibt, gibt es auch kein generisches Femininum, wie es Feministinnen fordern. Wir können das auch an Nomen sehen. In Wirklichkeit werden Männer nicht eigens benannt, wenn man ›Lehrer‹ sagt, sondern weder Frauen noch Männer werden genannt. Gerade ohne Artikelgebrauch ist die Sache semantisch in beide Richtungen möglich: ›Herr Petermann ist Lehrer.‹ ›Frau Nguyen ist Lehrer.‹ Männer sind in diesem Sinne im Lexem ebenso unsichtbar wie Frauen. Man muss das Maskulinum als Standardgenus auffassen. Die angebliche doppelte Belegung des Maskulinums spezifiziert in beide Richtungen, wenn es überhaupt auf das Geschlecht ankommen soll. Die

Grundform ›der Lehrer‹ kann grammatisch ins Maskulinum und ins Femininum spezifizieren, nur dass die maskuline Spezifizierung *formgleich* mit der Grundform ist. – Pusch bemängelt, dass es zu „Lausbube" (ebd. 185) kein ›Lausmädchen‹ gäbe und dieser Mangel an einem Pendant scheint ihr irgendwie bedeutend. Nun ist aber die wichtige wissenschaftliche Regel zu beachten, dass zwar das Auftreten von Ereignissen signifikant sein kann, aber nicht die Abwesenheit von Ereignissen. Man kann aus dem Fehlen von ›Lausmädchen‹ nichts ableiten. Sonst müsste man auch von allen anderen nicht gebildeten Wörtern Ableitungen machen und sie am Ende noch fordern. Und: Man kann sehr wohl darüber *nachdenken*, warum es das Wort ›Lausmädchen‹ nicht gibt, aber welche Gründe es immer dafür geben mag, das Nachdenken über ›Lausbube‹ führt uns viel schneller zur Erkenntnis, warum es ›Lausmädchen‹ nicht gibt. Man muss das Pendant nicht erzwingen oder sein Fehlen für ungerecht halten, wenn die Sprache keine Gründe hatte, es zu bilden. (›Göre‹ könnte aber das semantische Pendant zu ›Lausbube‹ sein…) ›Burschenschaft‹ hat kein Pendant und ›Marschall‹ kennt keine ›Marschallin‹, weil es keine Frauen in diesen Bereichen gab. Man sagt ›Vetternwirtschaft‹ als etwas Negatives, nicht ›Basenwirtschaft‹. Das ist aber keine Diskriminierung. Es ist einfach Geschichte, und wenn es faktische Diskriminierung darstellt (nach heutigen Maßstäben), so doch keine Diskriminierung *durch* die Sprache. Weiter: Pusch moniert auch, dass es für „frigide" und „nymphoman" „kein männliches Gegenstück" in der „Männersprache" (alle ebd. 136) gebe. Es gibt sehr wohl Pendants, nur eben nicht als Einwortlexem. Die Vorstellung der sexuellen Appetenz oder Inappetenz bis hin zur Frustration gilt für Männer und für Frauen. Pusch macht den Fehler, Einwortlexeme als Pendants zu fordern, womit, wenn es sie gäbe, nicht zwingend gewährleistet wäre, dass die Semantik andere Wege geht und die Semantik der Ausdrücke nicht doch wieder Unterschiede schafft. Der Ausdruck ›Notausgang‹ hat kein Pendant ›Noteingang‹, aber es gibt schon Vorstellungen darüber, was ein Eingang sein könnte, der bei Not genutzt wird, beispielsweise für Feuerwehren. Man könnte das ›Notzugang‹ nennen.[26] Die Frau befindet sich,

---

26 Wir sagen ›Kurzparker‹, weil wir das normale Parken als längeren Vorgang betrachten, daher ist ›Langparker‹ obsolet. Nicht Markiertheit spielt hier eine Rolle, wie man denken könnte, sondern das, was in den Lexemen drinsteckt, die impliziten Annahmen, die erst im Gegenteil oder im Pendant versprachlicht werden. ›Pflege‹ kann sich zwar auf alles Mögliche beziehen, aber wir verstehen primär darunter das Feld der Alten- und Krankenpflege, ansonsten spezifizieren wir, vornehmlich mit Komposita oder Phrasen: ›Zahnpflege‹, ›Freundschaftspflege‹, ›Pflege unserer Vorurteile‹ usw.

wenn man Puschs Darstellung der Lage der Frau folgt, in der Situation eines Seesterns, der moniert, dass es nur den Ausdruck ›Alle Viere von sich strecken‹ gibt, nicht jedoch einen, der auf ihn passt. Der Seestern nimmt das als Lücke wahr. Da unsere Sprache in diesem Sinne lückenhaft ist, wird Pusch immer wieder Fälle entdecken, wo etwas in Bezug auf Frauen mangelhaft erscheint (oder die Frau selbst in Bezug auf anderes). – Pusch moniert (vgl. ebd. 51), dass ›Professor‹, ›Professioneller‹ zwar Hochwertworte für den Mann seien, der Ausdruck ›Professionelle‹ aber Prostituierte meine… Die Semantik formgleicher Worte und auch die Formen bedeutungsgleicher Worte kann auch sonst auseinander gehen, insofern ist das kein gutes Beispiel. Es ist nur für Pusch ein gutes Beispiel, weil es sich um formgleiche Personenbegriffe handelt, bei denen die Männer aufgewertet werden und die Frau scheinbar abgewertet. In Wirklichkeit jedoch wird die Frau, die sich Männern gegen Geld anbietet, sprachlich *aufgewertet*. Nur dass eben, wie auch beim sonstigen Gutsprechvokabular der Korrekten, das gesellschaftliche negative Ansehen dieser Tätigkeit durch den Begriff hindurch schimmert und er *deshalb* einen ironischen Zug erhält. Von einer hundertprozentigen Aufwertung kann also keine Rede sein, aber eben auch nicht von einer Abwertung! Das übernehmen für gewöhnlich Ausdrücke wie ›Hure‹. – Im Zuge der zu ihrer Zeit populären Prototypensemantik unterstellt Pusch, der Mann würde sich als prototypischer Mensch sehen, die Frau sei nur abgeleitet (vgl. ebd. 173, 133). Sie sagt, die Frauen seien gesellschaftlich jedoch weltweit die Mehrheit (ebd., 98) und es sei daher falsch, wenn sich alles am Mann orientiere. Nun ist es wahr, dass Frauen die Mehrheit in Deutschland stellen, mit einem Plus von 2% laut Weltbevölkerungsuhr 2023. Doch weltweit stellen die Männer die Mehrheit, wenn auch nur mit einem Plus von 0,5%. Doch daraus abzuleiten, dass Frauen in Deutschland und Männer weltweit sprachlich besser repräsentiert gehörten, ist sicher falsch. Die Sprache geht ganz andere Wege als die, die wir ihr mit unseren moralischen Vorstellungen bereiten wollen. Die Sprache kennt keine Quote, und der Ausgleich, etwa zwischen abwertenden Lexemen, findet auf einer anderen Ebene statt, etwa wenn positive Wörter für Männer ironisiert werden. Pusch ordnet die Auffassung, Männer sehen sich als den prototypischen Menschen an, Männern zu; sie selbst sagt, dass der Mann (entgegen dem Mythos, Eva sei aus Adams Rippe abgeleitet) biologisch eine Ableitung von der Frau sei, sein Geschlechtschromosom sei reduziert und auch sprachlich sei ›Lehrer‹ eine Schrumpfform von ›Lehrerin‹ (vgl. ebd. 97).

Letzteres ist sicher falsch, da ›Lehrerin‹ klar als movierte Langform und Spezifizierung zu erkennen ist. – Pusch nennt die Hexenverbrennung unkritisch einen „Holocaust" (ebd. 32) und formuliert ein klares politisches Ziel: „Die totale Feminisierung" (ebd. 93) als eine politische Antwort auf politische Probleme. Sie soll in erster Linie sprachlich stattfinden, etwa mit dem Gebrauch des generischen Femininums, aber auch das Denken betreffen. Demnach soll der Mann geistig nicht mehr im Zentrum einer Gesellschaft stehen (vergleichbar mit der Auffassung von Vegetariern, dass das Fleisch nicht Mittelpunkt eines Essens sein sollte oder dass Auto nicht im Zentrum von Mobilität). Ein wichtiges Problem spricht Pusch mittels eines Zitates selbst an, es ist das Problem der Imitation von Männern (ebd. 79). Um dieses Problem in gebührender Allgemeinheit zu behandeln, verlassen wir Pusch und diskutieren ein paar Beispiele des Feminismus (ich hatte ähnliche Probleme schon oben genannt): Der Mann hat eine ›Muse‹, aber die ›Muse‹ hat keinen inspirierenden Mann als Einwortbildung... Es gibt einen ›Weiberhelden‹, aber keine ›Männerheldin‹, einen ›Osterhasen‹, aber keine ›Osterhäsin‹, den ›Göttergatten‹, aber nicht die ›Götterbraut‹. Man erweist ›jemanden einen Bärendienst‹, keinen ›Bärinnendienst‹. Der Bezugspunkt, so der Vorwurf, ist immer der Mann. Ist die Frau nicht ungenannt, sondern geistig mitgedacht, ist sie auf den Mann bezogen, wie bei der Muse. Auch hier moniert man das Fehlen von Pendants, zusätzlich eben den Androzentrismus. Gäbe es zu Muse ein Pendant, so könnte der Mann als Quelle der Inspiration erfolgreicher Künstlerinnen konstruiert werden. Mehr geistige Konzepte haben sich in Sprichwörtern niedergeschlagen, die aus Sicht der Feministen den Mann sprachlich sichtbar machen, die Frauen aber nicht. Beispiele wären:

Was Hänschen (statt Antje) nicht lernt, lernt Hans (statt Anne) nimmermehr.
Übung macht den Meister (statt die Meisterin).
Jeder (statt jede) ist seines (statt ihres) Glückes Schmied (statt Schmiedin).
Des einen (statt der einen) Glück ist des anderen (statt der anderen) Leid.
Wem (statt wer) das Glück aufspielt, der (statt die) hat gut Tanzen.
Man (statt frau) muss das Eisen schmieden, solange es heiß ist.

Man sieht schon, dass die Krux bei den Pronomen und Nomen besteht, nicht in den Themen der Sprichwörter. Anders bei den androzentrischen Erzählungen. Feministen monieren oft, dass männliche Tugenden durch männliche Helden verkörpert werden (Stärke, Mut usw.). Die Märchen und Heldensagen, die Epen und Mythen seien männlich dominiert: Die Ungeheuer werden von Männern getötet, die Braut oder Prinzessin von Männern gerettet, Kriege von Männern geführt und Imperien von Männern gegründet; die Frau ist dagegen Gewinn, Geschenk, Gabe, Zugabe oder schmückendes Beiwerk... Gesehen wird dabei nicht, dass die ganzen Veranstaltung, die Männer betreiben, Frauen zuliebe geschieht. Alles dreht sich um die Frau. Heutzutage gibt es neben Helden, Königen, Samurai, Piraten usw. auch immer mehr Königinnen, Heldinnen, Superheldinnen, Drachentöterinnen usw. Stärke, Rationalität, Durchsetzungsvermögen, physische Präsenz usw. der neuen Heldinnen sind von männlicher Prägung. Es muss daran auffallen, dass Frauen hier das Männliche *nachahmen*, dass das Männliche, soweit es unterstellt wird, der Bezugspunkt für Frauen ist. Wie auch Pusch mit einem generischen Femininum nur das von ihr monierte generische Maskulinum eigentlich nachahmt und nachbetet. Die Konsequenzen, die ein generisches Femininum hätte, nämlich Vaporisierung des Mannes, sind wohlfeil zu haben und unproblematisch. Es geht ja auch um eine Wiedergutmachung für eine Jahrhunderte andauernde sprachliche Unterdrückung, denn Pusch und andere Feministen sprechen sich für ausgleichende Gerechtigkeit aus. Nach langer männlicher Dominanz soll es ein Zeitalter der Frauen geben... Dann noch abschließend: Ein Argument für die totale Feminisierung soll sein: „Das Maskulinum *Lehrer* (Singular und Plural) ist in den Feminina *Lehrerin* und *Lehrerinnen* hör- und sichtbar enthalten, ähnlich wie *man* in *woman* und *poet* in *poetess* und nicht umgekehrt. [...] Das schöne lange Femininum ist die Grundform, das kurze, quasi abgehackte Maskulinum ist die Schwundform[.] (ebd., 97) Und ›Arzt‹ ist in ›Ärztin‹ enthalten? Offenkundig lässt sich Pusch vom oberflächlichen morphemischen Erscheinungsbild auf den falschen Weg bringen. Der Vorwurf der Femlinguisten ist ja, dass in ›Lehrer‹ die ›Lehrerinnen‹ nur mitgemeint seien. Wie kann die Feststellung, dass (angeblich) maskuline Formen in den femininen, offenkundig movierten Formen enthalten sind, ein Argument gegen das von Feministen als vordringlich gesehene Problem sein? – Pusch greift das ›generische Maskulinum‹ an, indem sie behauptet, ein Oberbegriff (›Lehrer‹) könne nicht zugleich auch ein Unterbegriff sein, wie ›Lehrer‹ (bei der

Gegenüberstellung: ›Lehrer‹ (mask.) und ›Lehrerinnen‹ (fem.). Wir schreiben nach ihrer Idee: ›Lehrer‹ (generisch) ≠ ›Lehrer‹ (mask.) und ›Lehrerin‹ (fem.). Demnach: ›Anna ist Lehrer‹ oder eine Gruppe lehrender Frauen mit einem Mann seien nun ›Lehrer‹ statt ›Lehrerinnen‹. ›Lehrer‹ sei also immer maskulin und meine Frauen daher allenfalls mit. Pusch sagt, das Hyponym und das Hypernym ›Lehrer‹ können nicht dasselbe sein, und sie gibt zu verstehen, dass das ein logisches Unding sei. Nun gibt es zwar wenige Beispiele dafür, dass ein Hyperonym auch ein Hyponym sein kann (mir fiele ›Subtropen‹ ein als dominanter Begriff gegenüber einem nicht existierenden ›Supertropen‹), aber man muss sich gar nicht auf die Suche machen, denn es gibt keinen logischen Zwist. Denn ›Baum‹ ist zwar ein Überbegriff zu ›Ahorn‹, ›Linde‹, ›Esche‹, ›Eibe‹, ›Tanne‹, ›Buche‹ usw., und in dieser hyponymen Reihe taucht kein ›Baum‹ auf (allenfalls ›Ahornbaum‹ und ›Eichenbaum‹ usw., die aber durch die Spezifizierung klar als Hyponyme gekennzeichnet sind), doch er könnte wohl dort als Wort stehen. Nun ist es tatsächlich so, dass alle diese Bäume das semantische Merkmal *Baumsein* tragen, aber ›Baum‹ hat nicht das Merkmal *Ahornsein* usw. In ›Lehrer‹ generisch und ›Lehrer‹ (mask. / fem.) sollen beide kein Kreuzmerkmal, wie wir sagen können, haben; in der hyponymen Reihe sollte ›Lehrer‹ nicht auftauchen. Gegen diese falsche Ansicht gibt es zwei Antworten: Erstens funktionieren diese Ausdrücke nicht mengentheoretisch; nur weil eine Gruppe von Frauen einen Mann enthält sollten sie, so Pusch, nicht nach dem Mann benannt werden (aber auch nach den Frauen benannt werden wäre falsch). Es sollte also überhaupt kein generischer Begriff verwendet werden, wo man auf Geschlechtsunterschiede abstellt (das ist das, was Pusch in ihren Büchern suggeriert). Aber nur weil die *Gruppe von Menschen* ein Mengenproblem aufweist, heißt das nicht, dass es auch die *Begriffe*, gar über- und unterordnende Begriffe tun. Denn auch ›Baum‹ und seine hyponyme Reihe sind nicht mengenmäßig aufzufassen. Zweitens: Die Logik ist in beiden Fällen nicht im Spiel, sondern nur Bezeichnungskonventionen. Mengentheoretisch kann tatsächlich eine Menge nicht echte Teilmenge von sich sein; die natürlichen Zahlen können keine ganzen Zahlen enthalten, und die Meter können keinen Kilometer enthalten. Es ist also natürlich zu sagen, dass die Menge ξ die Elemente a, b, c, d, e usw. enthält, während es uns mengentheoretisch unlogisch vorkommt, wenn ξ die Elemente a, b, c, d, e und ξ enthält. Doch beides ist hier nicht dasselbe. ›Lehrer‹ und ›Lehrer‹ sind nicht dasselbe, sie sind formgleich, morphologisch gleich, aber sie werden verschieden eingesetzt, daher sind es zwei verschiedene sprachliche Zeichen. Und die Logik hat hier nichts verloren. Es ist Bezeichnungskonvention eine Gruppe von Frauen und nur einem Mann als ›Lehrer‹ zu bezeichnen, weil es in diesem Fall nicht auf das Geschlecht ankommt und der ›Lehrer‹ hier weder das Merkmal *männlich* noch *generisch* trägt. Weil ›Lehrer‹ nicht generisch ist, ist es auch kein Mengenbegriff, also auch keine Sache, die man mit den Mitteln der Logik ergründen müsste. Von Anfang an war es falsch, ›Lehrer‹ als Hyponym und Hypernym aufzufassen.

Bezeichnungskonventionen vs. Konzepte

Während Paare wie ›Adam und Eva‹ oder ›Hänsel und Gretel‹ und meine obigen Beispiele wie ›Betten Striebel‹, ›Kleider Müller‹ oder ›Juwelier Kühn‹ Sortierungskonventionen zeigen, illustrieren die Benennungen von Schiffen mit weiblichen Namen oder die aus der Mythologie geschöpften Planetennamen Bezeichnungskonventionen. Wir begegnen vielen solchen Konventionen und benutzen sie auch, ohne zu wissen, dass wir sie anwenden. Nehmen wir den Totemismus: Wir haben neben den althergebrachten Wappentieren (Berliner Bär, Niedersächsisches Pferd usw.) Bezeichnungskonventionen auch bei Vereinen (›Wölfe‹, ›Füchse‹, ›Eisvögel‹) und Maskottchen (OBI-Biber, SC-Freiburg-Fuchs usw.), besonders bei den Fahrzeugen der Bundeswehr: ›Marder‹, ›Fuchs‹, ›Leopard‹, ›Biber‹, ›Taurusmarschflugkörper‹ (also Stier) usw. Hitler bediente sich einiger Tierenamen für seine Quartiere: ›Wolfschanze‹, ›Werwolf‹, ›Wolfsschlucht I-III‹, ›Bärenhöhle‹, ›Adlerhorst‹. Auch bei der Apollo-Mission schlug der Totemismus bei der Bezeichnung für das Landefahrzeug ›Eagle‹ durch. Der SC Freiburg startete 2023 ein neues Schutzkonzept gegen Belästigung auf den Tribünen und nennt es ›Fuchsbau‹ (motiviert durch das Maskottchen). Es gibt die sprachliche Konvention, in Deutschland geborene Zootiere mit exotischen Namen zu versehen: die Tiger Raja und Simba, die Pandas Bao Bao, Fu Long und Fu Hu, die Gorillas Bokito und Harambe, das Nashorn Ebun und einige mehr. Asiatische politische Korrekte kritisieren jede Art von Exotisierung, nur diese nicht. Die Konvention mag nicht stark sein, sie kennt auch Ausnahmen, aber sie ist offenkundig vorhanden. In der Wissenschaft sind Bezeichnungskonventionen meist systematischer, vor allem, wenn es Nomenklaturen sind. Allerdings sind sie, besonders, wenn das System einem Wandel unterliegt, nicht ganz so kohärent und verschiedene Bezeichnungskonventionen überlagern sich. So sind die Erdzeitalter (besonders durch englische Geologen) nach Orten von Gesteinsfunden benannt, aber auch nach geologischen Prozessen oder typischen Formationen. Medizin und die Biologie kennen mehr oder weniger kohärente kontrollierte Bezeichnungen. In viele Fällen drängen Wissenschaftler und Institutionen nach Formalisierung und Normierung. Die politisch korrekte Sprache ist noch relativ jung und muss ihre Bezeichnungskonventionen erst noch etablieren. Objekte können sein Safewords für Frauen, Pejorative für Männer und Weiße, Pejorative für Gruppen, für den politischen Gegner usw. Es ist wichtig, an dieser Stelle von Konventionen zu sprechen, nicht von Konzepten, denn Bezeichnungsvorgänge sind keine kognitiven Angelegenheiten, sondern solche von Zeichen, also semasiologische. Es sei auf einen Irrtum eingegangen, der auf der Idee des Konzeptes für Sexus beruht, um das zu illustrieren. Es ist die These von Damaris Nübling und Gabriele Diewald, dass das grammatische Geschlecht die Benennung motiviere. So heißt es: „Erstens zeigt die Untersuchung von Tieren in Kinderbüchern, dass bei der Personifizierung von Raupen, Bienen, Käfern und Hunden deren Geschlechtszuweisung (die man an den Namen oder den Illustrationen erkennt) zu über 90 Prozent dem Genus ihres Substantivs folgt: ›die Biene Maja‹, aber ›der Käfer Manfred‹, ›Frau Elster‹, aber ›Herr Fuchs‹. Zweitens wurde unlängst in einer anderen Untersuchung gezeigt, dass rein grammatisch maskuline Tierbezeichnungen wie ›der Löwe‹ (oder ›der Hund‹, ›der Elefant‹) nicht mit weiblichen Eigenschaften bzw. Aktivitäten kompatibel sind. [...] Diese ›Macht‹ bzw. dieses Sexuierungspotenzial von Genus erstreckt sich sogar jenseits von Mensch und Tier. Wenn unbelebte Objekte, Flüsse oder Gestirne personifiziert werden, dann ebenfalls in überproportionalem Ausmaß Genus-Sexus-konform: ›Die Sonne‹ wird stets als Frau, ›der Mond‹ als Mann dargestellt [...], ebenso ›die Mosel‹ (›Mutter Mosel‹) bzw. ›der Rhein‹ (›Vater Rhein‹). Und in einem Gedicht von Christian Morgenstern treten ›Frau Gabel und Herr Löffel‹ auf." (*Genus und Sexus: Es ist kompliziert, NZZ online* vom 17.12.2020) Die Studien dazu wurden leider nie angegeben, und jedem Leser fallen zuhauf Gegenbeispiele ein: ›der Orkan Emma‹, die Liedzeile ›<u>Die</u> Drossel war <u>der</u> Bräutigam, <u>die</u> Amsel war <u>die</u> Braut‹ (hier also fifty fifty), ›die Biene Willi‹, die Ente ›Donald‹, die Maus ›Micky‹, der Plesiosaurier ›Nessie‹ (diese aus dem genuslosen Englisch), die ›Sphinx‹ (mit männlichem Kopf), <u>der</u> Drache ›<u>Frau</u> Mahlzahn‹ und viele mehr. Nun, diese Beispiele mögen nicht an die 90% der von Diewald und Nübling gesichteten Wesen heranreichen, bei denen das grammatische Geschlecht die Benamung bestimmt. Doch muss man diese Ausnahmen erklären, wenn es überhaupt welche sein sollten. Es handelt sich um eine Bezeichnungskonvention, insbesondere bei künstlerischen Gestaltungen. Oder es liegt ein konventionelles Schema zugrunde: Weil Schiffsnamen weiblich sind, werden auch Männernamen mit weiblichem Artikel versehen, wenn sie Schiffsnamen werden: ›der Gott Poseidon‹ wird zu ›die Poseidon‹. Nach dem a-Schema für Kontinente wurde der Name ›Amerigo Vespucci‹ zu ›America‹ und Matthias Ringmann weist 1507 explizit auf die weiblichen Namen ›Europa‹ und ›Asia‹ hin (vgl. auch ›Artica, anders ›Australia‹, von ›australis‹: ›südlich‹). Es kann gar nicht um (linguistisch-kognitive) Konzepte gehen, sondern um alte Traditionen, um Schematisierungen. Nicht jeder Artikel, nicht jede Tierbezeichnung führt automatisch zur entsprechenden weiblichen oder männlichen Figur. Nübling und Diewald stellen einen Zusammenhang von Genus und Sexus her, und sagen auch, dass dieser Zusammenhang kompliziert sei. Aber sie legen Wert darauf, dass er bestehe. Wir können sagen, dass der Zusammenhang besteht, aber sehr schwach und vergleichsweise probabilistisch ist, nicht sprachstrukturell. Konventionen, also Sortierungskoventionen und Bezeichnungskonventionen, sind probabilistischer Natur, denn die Konvention ist stark, bisweilen dominant, aber man kann von ihr unter bestimmten Umständen abweichen. Das wäre bei Konzepten, insbesondere sprachstrukturellen, kognitiven Konzepten, nicht möglich. Daher reiten die Genderlinguisten darauf herum; sie sehen nicht den probabilistischen Zusammenhang und wollen ihn nicht sehen. Das Argument, dass die Personifizierung, etwa von Flüssen, durch das Genus nahegelegt werde, wird stark dadurch, dass man keine Gegenbeispiele findet. In Donaueschingen finden wir die weibliche Personifizierung von ›Mutter Baar‹ (die Baar) und der ›jungen Donau‹ (die Donau) und Danuvius als Mann. Hier scheint es so, als wirke das Genus auf die Personifizierung. Alle Nationalallegorien sind weiblich, besonders die auf ›-(i)a‹ und ›-e‹: Germania, Britannia, Hispania usw. Diese Konvention ist offenkundig sehr alt. Wo das Land keinen Genus hat, wird ›Mutter‹ davor gesetzt: Mutter Bulgarien, Mutter Norwegen, Mutter Schweden usw. Auch hier sieht es so aus, als ob die lateinischen Feminina die weibliche Personifizierung bestimmen. Aber tun sie das, oder ist es nicht eher eine Konvention? Die Allegorien der Monate und die der Jahreszeiten (im Deutschen allesamt Maskulina) erscheinen im deutschen Kulturerbe nicht zwingend als Männer. Weiter: Die Warndurchsage „Frau Koma kommt" (Albertville-Realschule, 2009) ist sicher nicht durch das Genus von ›Amok‹ oder ›Koma‹ motiviert. Es wäre also ein Gegenbeispiel zu ›Mutter Courage‹ oder ›Frau Welt‹ (Feminina). Und ›Frau Koma‹ ist okkasionell gebildet, daher authentischer, und nicht durch Tradition (vgl. die Gerechtigkeit: Allegorie der Justitia; die Klugheit, Allegorie der Prudentia usw.). Dass ich hier überhaupt Ausdrücke mit dem Vorsatz ›Frau‹ erwähne, liegt an Nübling und Diewald, die das Beispiel ›Frau Elster‹ brachten.

Einige allgemeine Irrtümer des Feminismus

Manche Feministen behaupten, die Frau werde mit Natur, Konkretem, Substanziellem assoziiert und der Mann mit Geistigem, Abstraktem (so schon Beauvoir). In meiner Recherche zu Sprachphänomenen bin ich verschiedentlich auf folgende Behauptung gestoßen: Der Ausdruck ›Mutter‹ werde oft für Konkretes, der Ausdruck ›Vater‹ für Abstraktes verwendet. Also: ›Mutter Erde‹, ›Mutter Natur‹, ›Muttertier‹ hier und ›Vater Staat‹ dort. Jetzt ist natürlich zu fragen, was als konkret und was als abstrakt gilt. Ist ›Natur‹ konkret oder abstrakt? Wie bei jedem Argument, das sich auf empirische Mengen stützt, ist die Behauptung, ›Mutter‹ werde oft für Konkretes, der Ausdruck ›Vater‹ für Abstraktes verwendet, zweifelhaft. Wir kennen ›Mutter‹ auch als Abstraktum: ›Muttersprache‹, ›Mutterhaus‹, ›Mutterschiff‹, auch: ›Matrix‹, daraus die Ableitung: ›Matrize‹ sowie ›die Mutter aller Probleme‹. Sogar für Töchter: ›Filiale‹. Die Sortierung Mutter = Konkretum und Vater = Abstraktum beherbergt also keinen Sexismus. Man sieht leicht, warum ›Filiale‹ und ›Matrix‹ für Geistig-Abstraktes und für abstrakte Ordnungen verwendet werden: Sie sind ja fremdwörtischer Herkunft und die konkrete Bedeutung ist uns kaum präsent.

Empowernde Frauen- und repressive Männersprache

Heute gilt die Annahme, dass die deutsche Sprache Frauen unterdrücke, als bewiesen, denn andernfalls wäre es nicht zu erklären, dass so viel Wert auf gendersensibles und inklusives Sprechen verwendet wird. Ich darf aus einem der ersten Texte zu diesem Thema zitieren: „Die Forschung auf dem Gebiet der Frauen und Sprache konzentriert sich darauf zu zeigen, dass und wie Frauen in der Sprache ausgeschlossen und machtlos, unsichtbar und peripher, benachteiligt und degradiert sind." (Trömel-Plötz 1981 [1979], 6) Das Deutsche sei eine Sprache, in der Frauen „ausgeschlossen, trivialisiert und abgewertet" (ebd., 25) sowie „erniedrigt werden" (ebd., 21). In ihrer Antrittsvorlesung an der Universität Konstanz nennt Senta Trömel-Plötz u.a sowohl lexikalische Phänomene (das Fehlen von Frauenbezeichnungen, vor allem im Beruf; negative Bezeichnungen für Frauen), das generische Maskulinum und das passive Gesprächsverhalten als Belege für die Unterdrückung der Frau durch die Sprache, die die Dominanz der Männer widerspiegele. Sich dieser Mechanismen bewusst und als Frau sprachlich sichtbar zu werden („als Frauen die Sprache sprechen, die uns zukommt", ebd. 16) führe zu einer der Frau gebührenden gesellschaftlichen Stellung. Mehrmals wird „Sensibilisierung" (ebd., 27) und „persönliche Betroffenheit" (ebd., 16) angemahnt. Auch regt Trömel-Plötz weitere linguistische Studien zum sprachlichen Verhalten und zur sprachlichen Repräsentanz von Frauen an, um ihre „hartnäckigen Vorstellungen" (ebd., 21) bestätigt oder widerlegt zu finden. Immerhin gibt Trömel-Plötz zu, dass ihre Vorstellungen, wie dominant Männer und wie diskriminiert Frauen in und durch die Sprache seien, hartnäckig sind. Sie beklagt mangelnde, besonders fehlende empirische Forschung (vgl. 21, 20, 18, 14), was darauf hindeuten könnte, dass sie gefällige Ergebnisse durch die Wissenschaft erzwingen möchte. Untersuchen wir selbst die Ausdrücke, die Trömel-Plötz verwendet, um ihre Sache darzustellen, so finden wir neben den oben zitierten typischen Verben der Unterdrückung auch Wortspiele: „Was wir [in Linguistiktexten] sehen, ist eine intellektuelle Herabminderung der Frau. Bei einer Analyse der Beispiele in deutschen Grammatiken ergab sich ein Bild von einer Frau, in dem sie anscheinend noch nicht einmal Zugang zum Alphabet hat. Sie liest in der Tat nur Erbsen." (Ebd., 13) Unabhängig von den Beispielen, auf die Trömel-Plötz verweist, können wir mit einem ausgedachten Beispiel die Sache widerlegen. Nehmen wir den Fall an, dass wir in den 70er Jahren einen *Textbeleg* finden wie ›Herr Müller liest Zeitung, während Frau Müller Erbsen liest.‹ Das sagt nichts über die Alphabetisierung der Frau Müller aus. Anzunehmen ist, dass auch Frau Müller Zeitung liest, denn was sprachlich ausgedrückt und wirklich gelebt wird sind zweierlei Dinge. Ein weiteres Wortspiel: „In der Art und Weise, wie wir sprechen, schränken wir uns selber ein [...]. Wir erfüllen damit die Erwartung, dass wir weniger zu sagen haben. Wir haben auch nicht das Sagen." (Ebd., 10) Dieses Wortspiel geht schon in die Sprachesoterik über, die dann von Pusch und auch von heutigen Feministen und feministischen Linguisten gepflegt wird (›Wortung‹, ›wOrt der Freiheit‹, ›das Sagbare‹, ›in der Sage sein‹, ›Stimme und Stimmung‹ usw.). Trömel-Plötz arbeitet sich ab an einem wie sie findet: frauenunterdrückenden Vokabular, etwa ›man‹, ›Fräulein‹, ›Mädchen‹, ›Dame‹, die beiden letzteren findet sie trivialisierend (vgl. ebd., 25). Normalerweise gilt ›Dame‹ als Hochwertwort, wobei es das nicht immer ist, es hängt davon ab, wie es verwendet wird. In der Formel ›Sehr geehrte Damen und Herren‹ ist es blass, bei Fontane hat es keinen guten Ruch: „Aber wer war diese Frau? Sie war überhaupt keine Frau, im günstigsten Fall war sie eine Dame, das sagt alles: ›Dame‹ hat beinah immer einen Beigeschmack." Fontane 2019, 73)) Lexikalisch besteht in ›Dame‹ eher eine positive statt eine trivialisierende Konnotation und Trömel-Plötz liefert leider auch keinen Beleg für eine Trivialisierung der Frau durch die Verwendung von ›Dame‹. Aber sie wird auch konkret: ›Dame‹ ist für sie „euphemistisch", ›Mädchen› oder ›Fräulein‹ „pejorativ". Ohne Bewertung werden zitiert „unsere Goldmädchen", „Mädchen übertrumpfen Männer" und „Fräulein Kurdirektor" (alle 22). Die Belege gehen zu diesem Zeitpunkt nicht auf ihre eigene Forschung zurück, sondern sind zitiert. Bewertungskriterien dafür, dass es sich um einen euphemistischen oder pejorativen Sprachgebrauch handelt, werden nicht angegeben. Allgemein wird wohl moniert, dass ›Mädchen‹ für erwachsene Frauen gesetzt wird und ›Fräulein‹ sogar für eine verheiratete Frau. In Wirklichkeit wird der Status von Frauen gar nicht berührt. Die Sportlerinnen haben wohl Gold erhalten und „Mädchen übertrumpfen Männer" ist deshalb gut, weil es eine ähnliche Spannung hat wie ›Zwerge übertrumpfen Riesen‹, das bedeutet, dass die Leistung exzellent ist. ›Frauen übertrumpfen Männer‹ hat nicht diese Stärke. Ein besonderer Fehler aus fehlerhaften Prämissen unterläuft Trömel-Plötz in folgender Aussage: „Es gibt zahlreiche Arbeiten, die sich damit befassen, dass Frauen in der Sprache über Männer definiert werden […], dass Männer die Norm sind und Frauen die Ausnahme." (Ebd, 21) Dass es anders sein könnte, selbst wenn Männer die Norm sind, geht Trömel-Plötz nicht auf. Es muss nämlich in einer Gesellschaft nicht zwingend so sein, dass nur eine Norm herrscht und davon dann Ausnahmen oder Abweichungen existieren. Es können auch mehrere Normen oder Gegen-Normen existieren. Und Norm und Gegen-Norm können aufeinander bezogen sein. Zu Regeln mag es echte Ausnahmen geben, es gibt aber auch Subregeln oder gleichberechtigte Regeln, die kooperieren oder konfligieren. Zu Positiva mag es Negativa, Mängel geben, aber auch andere Positiva. Zu Routinen mag es Ausnahmen, Fehler oder Mängel geben, aber auch Subroutinen oder gleichwertige andere Routinen. Offenbar trifft das auf

Frauen und Männer zu, denn Frauen sind keine Negate von Männern. Wenn der Mann eine Norm sein sollte, so würde ich lieber untersuchen, inwiefern die Frau eine entsprechende oder andere Norm darstellt, die die männliche Norm korrigiert. Das gilt ja auch für soziale Strategien, besonders für Sexualstrategien zwischen Männern und Frauen. Gewiss haben beide nicht dieselben sexuellen Interessen in Bezug auf Nachkommen, aber beide Strategien harmonisieren in Bezug auf die ganze Gesellschaft. Dasselbe ließe sich für Gesprächsstrategien zeigen, von der Trömel-Plötz sagt, Männer hätten ein dominantes, Frauen ein „unterstützendes Verhalten" (ebd., 19). Wenn es so ist, wie behauptet wird, dass Frauen artikulatorisch deutlicher, aber inhaltlich vager sprechen, dass sie freundlicher und an Prestigeausdrücken orientiert sprechen, dass sie Gespräche eher eröffnen, aber Männer ihre Themen zu Ende führen (vgl. 17-19) usw., so wäre daraus nicht abzuleiten, dass Frauen passiver sind und gleich unterdrückt werden, sondern es könnte sich möglicherweise zeigen lassen, dass sie gerade diese Strategie wählen, weil sie langfristig zu einem *Erfolg* führt. Überhaupt die Frage der Dominanz: Hat es sich nicht schon herumgesprochen, dass Frauen in Wort und Tat langfristig dominieren und Männer kurzfristig? Dass Frauen langfristig eine stärkere Gestaltungsmacht zukommt als Männern? Die langfristige Wirkung auf unsere Gesellschaft ergibt sich schon aus der dominierenden Partnerwahl von Frauen. Was die Macht der Sprache betrifft, so verweise ich auf die hohe Anzahl an Akademikerinnen, Politikerinnen, Journalistinnen, Richterinnen mit entsprechender Macht. Nun, es ist wahr, dass das in den 70er Jahren noch nicht so war. Aber es ist jetzt so. Und dennoch hört man von den feministischen Linguisten immer noch die 70er-Jahre-Argumentation bzgl. Genderwortschatz des Deutschen und Sprachverhalten der Frauen. Am Rande erwähnt Trömel-Plötz fehlende Pendants für Frauenbezeichnungen, ein Thema, das in der Genderlinguistik weiterhin beliebt ist. Dazu hatte ich mich schon geäußert (Hurna 2021, 108f.), hier aber ein weiterer Aspekt: ›Gatte‹ und ›Gattin‹ und ›Braut‹ und ›Bräutigam‹ sind realisierte Pendants. Sie fallen also nicht in den Bereich der fehlenden Pendants (›Hurensohn‹ – ›Hurentochter‹* oder ›Nutte‹ – ›Nutterich‹*, ›Fräulein‹ – Ø). Dennoch könnte man sich beschweren, denn es gibt lexikalisiert ›Räuberbraut‹, nicht aber ›Räuberinbräutigam‹. Oder es gibt ›Windsbraut‹, nicht aber ›Luftgatte‹ oder ›Luftbräutigam‹. Wie ist das zu beurteilen? Hier würde Trömel-Plötz sagen, dass der Mann die Norm ist, dem Ausdruck ›Räuber‹ gesellt sich dann der der ›Räuberbraut‹ zu. Nun, bei diesen Lexemen fällt auf, dass sie möglich sind, während ein Pendant zu ›Fräulein‹ vergleichsweise nicht mehr möglich ist. ›Räuberinnenbraut‹ und ›Luftbräutigam‹ sind Langformen, deren Bildungswahrscheinlichkeit ohnehin niedrig anzusetzen sind, wenn sie nicht durch eine Sache motiviert sind (beispielsweise durch ein Märchen vom Luftbräutigam). Bleibt ›Luftgatte‹ als kurze, mögliche Form. Auch hier müsste es einen Anstoß geben, etwa eine Geschichte über den Luftgatten oder einen Mann, den man so bezeichnen könnte. (Vgl. ›Luftikus‹, ein Wort, das wie viele negative Maskulina kein weibliches Pendant hat.) Konkurrenten sind die bereits existierenden Nomen (etwa für Männer, die als Gatte scheitern). Andererseits wird klar, dass Benennungen aufkommen, wenn sie für ein Sprecherkollektiv irgendwie relevant sind. Man könnte jetzt durchaus auf gesellschaftliche Rollen schließen, etwa, dass der Status, eine Braut oder eine Gattin zu sein, wichtiger ist als für einen Mann, ein Gatte oder ein Bräutigam zu sein. Es geht also um soziale Rollen, Verteilungen von Positionen und wegen mir auch um Macht. Soweit, so gut. Diese These ist aber sehr allgemein, und an Allgemeinheiten ist immer etwas Wahres dran. Doch das genügt uns nicht. Wir müssen unser Augenmerk auf die wirklichen sozialen Rollen und Positionen von Männern und Frauen richten und den sprachlichen Niederschlag als etwas allenfalls Sekundäres betrachten. Es gibt die Lexeme ›Bettler‹ und ›Bettlerin‹, und die gibt es, weil Männer und Frauen betteln. Hier wird soziale Realität gespiegelt, ebenso beim Wort ›Hebamme‹, zu dem es kein unmittelbares Einwortpendant gibt. Der Zusammenhang von Sprache und Wirklichkeit (Tremel-Plötzens Widerspiegeln) ist nicht so stark, wie es Genderlinguisten behaupten, sondern der sprachliche Niederschlag gesellschaftlicher Realitäten ist ziemlich trivial. Besonders kann man von fehlenden Ausdrücken für die Gesellschaft nichts ableiten. – Bleibt noch das beliebte Thema, dass Männer die sprachliche (weil gesellschaftliche) Norm sind bei solchen Phänomenen wie ›Frau Thomas Mann‹ (für Katharina Pringsheim) oder ›Mme. Sartre‹, ›la grande Sartreuse‹, ›Notre Dame de Sartre‹ für Simone de Beauvoir. Auch hier, so könnte man argumentieren, zeigt sich der Mann als Bezugsgröße für weibliche Individuenbezeichnungen. Deutlich wird eine sprachliche Abhängigkeit der Frau vom Mann, was noch mehr heraussticht durch das Fehlen von Pendants, beispielsweise solchen wie ›Herr Pringsheim‹ oder ›le Beauvoireur‹ oder ›le Simoneau‹. Aber wir wissen, dass ›Frau Thomas

Mann‹ standardsprachlich-konventionell zu einer bestimmten Zeit auftrat[27] (vgl. ›Frau Müllerin‹) und dass ›la grande Sartreuse‹ usw. okkasionelle Bildungen sind. Auch hier bleibt die intellektuelle Raffinesse und Eigenständigkeit Beauvoirs unberührt. Zumal es auch anders herum geht: Ein Mann kann ein ›Merkelianer‹ sein oder ein ›Rosa-Luxemburg-Fan‹. – Einer angeblichen Männersprache setzen die Feministen eine empowernde Frauensprache entgegen. Zunächst einige Vokabeln: ›Empowerment‹, ›Frauenpower‹, ›Fempower‹, nach diesem Muster dann ›Lady Power‹ in ›ESP Elektroschocker Lady Power PTB‹ (200.000 Volt, in der Farbe Pink) und, Niki de Saint Phalle als Vorbild nehmend: ›Nana-Power‹. Weiteres typisches Vokabular aus diesem Bereich: ›Geschichten, die Mut machen‹, ›bekräftigen und bestärken‹, ›Stimme finden‹, ›Mut weitergeben‹, ›sich und andere bestärken / befähigen‹. Dabei werden sich Frauen verschiedener Identitäten bzw. Rollen bewusst und entsprechend variieren die Selbstbestimmungsvokabeln: Empowernde Ausdrücke die Menstruation betreffend sind: ›los Wochos‹, ›rote Horde‹, ›die Tage easy vorüber gehen lassen‹; die eigene Kompetenz betreffend: ›durchstarten‹, ›innerer Halt, inneres Gleichgewicht‹, ›souverän auftreten‹, ›Schlagfertigkeit‹; als Freundin: ›sich selbst eine Freundin sein‹, ›mehr als nur Freundin sein‹; als Frau: ›mehr Lilith, weniger Eva‹, ›Frausein ist mehr als eine Rolle‹, ›innere Kraft‹, ›starke Kämpferin‹, ›Leben selbst gestalten‹, ›take care of yourself like a woman‹, ›navigating womanhood‹; als Individuum: ›Selfcare-Routinen‹, ›Date mit mir selbst‹; als Mutter: ›wow mom‹, ›tiger mom‹, ›Mutter mit Löwinnenherz‹; als Politikerin oder Netzwerkerin: ›inspirierende Vorbilder‹, ›liebevolle Inspiration‹, ›Bedürfnisse stärken‹, ›Ressourcen wahrnehmen‹ usw. Es geht um möglichst gute und (wortspielerisch) originelle Selbstbeschreibungen. Frauen fordern, dass Frauen im Berufsleben und in der Gesellschaft sichtbar sind. Als im Januar 2023 das Model Tatjana Patitz starb, titelte eine Zeitung, sie sei eine ›Erscheinung‹ gewesen, eine andere, sie sei ›weniger sichtbar als ihre Kolleginnen‹ gewesen. Also eine wenig sichtbare Erscheinung! Das stimmt traurig, zeigt aber, dass die Ausdrücke, mit der man die Situation einer Frau beschreibt, fast beliebig sind – und sicher interessengeleitet.

---

27 Die Feminisierung von Familiennamen, etwa ›Frau Müllerin‹ (Hebung im Status), ist sehr alt, und sie ist auch sehr stark: In den Paumgartnerbriefen finden wir etwa die „Pläuin" als die Frau von Hans Christoph von Plauen, also die Feminisierung einer Ortsangabe (Ozment 1989, 133).

Eigenbezeichnungen

Beim Streit um die richtige ethnische Bezeichnung gibt es die Devise der Korrekten: Man muss die Selbstbezeichnung nehmen, also etwa ›Sinti‹ und ›Roma‹ oder ›Muslim‹ und ›Muslima‹, nicht ›Moslem‹ und ›Muslimin‹, nie ›Islami‹ oder ›Zigeuner‹. Manchmal besteht Unsicherheit, welchem Bildungsmuster man folgt; während der WM 2022 in Katar konnte man die Pluralformen ›Katari‹ und ›Katarer‹ nebeneinander sehen. Offenbar wird aber die i-Form als abwertend wahrgenommen, wenn sie nicht in der Eigenbezeichnung steckt (vgl. ›Lalleri‹, ›Sinti‹, ›Aschkali‹). Das Bildungsmuster im Deutschen ist ›-ese‹ oder ›-er‹ für den Singular (›Franzose‹, ›Vietnamese‹, ›Deutscher‹, ›Japaner‹) und ›-en‹ und ›-ier‹ für den Plural (›Chinesen‹, ›Spanier‹). Was diesem Bildungsmuster überkreuz geht, wird zur Abwertung verwendet: ›Japse‹, ›Jugo‹, ›Polacke‹, ›Fitschies‹ (Kürzungen, nichtstandardliche Endungen usw.). Unsicherheit in der Bildung (etwa ›Taiwanese‹, ›Taiwaner‹) zeigt sich nur *innerhalb* des Schemas. Die Eigenbezeichnungen sind für die Korrekten deshalb so wichtig, weil sie darin ihre Ideale der Freiheit und Selbstbestimmung verwirklicht sehen. Sie blenden aber aus, dass die Fremdbenennung sprachlich notwendig ist, im Kulturkontakt immer vorkommen wird und dass Autonomie nicht nur darin bestehen kann, sich selbst zu bezeichnen, sondern auch mit Fremdbezeichnungen umzugehen. Auch haben die politisch Korrekten ein großes Bedürfnis, diejenigen, die sie ablehnen, zu benennen und Eigenbezeichnungen des Gegners herabzusetzen, zu dämonisieren oder ins Lächerliche zu wenden (vgl. ›Incels‹, ›MGTOW‹, ›Querdenker‹). Sie machen also das, was die Sprache allen Sprechern anbietet und was auch unabhängig von jeder Sprachpolitik bestehen bleiben wird. Was Bezeichnungen der indigenen Bevölkerungen betrifft, so will man *Eigenbezeichnungen* als politisch korrekte Bezeichnungen ins öffentliche Bewusstsein und auch in den Sprachgebrauch bringen. Das führt zum Problem, dass Xenonyme wie ›Eskimo‹, die Gruppen zusammenfassen, einem deutlich differenzierten Vokabular weichen sollen. Dabei kommt es zu Fehlern. Im Deutschen bemüht man gegenwärtig ›Aboriginals‹ statt ›Aborigines‹, aber beides kann sich nur auf eine Gruppe beziehen, die damit ins Bewusstsein gehoben wird, während andere ungenannt bleiben. Mehr Eigenbezeichnungen und mehr Differenzierung führen auch zu mehr gedanklicher Arbeit. Fast immer gut fährt man mit dem Ausdruck ›Indigenous People‹, der aber nichts anderes ist als ›Ureinwohner‹ in gehobener, akademischer Form.

Primigen, primitiv, nativ, the natives, der edle Wilde, der rohe Wilde, Naturvolk, Indigene, Indianer

Immer, wenn es bei Humboldt „Sprache roher und ungebildeter Völker" (ebd. 141, 161), „Eingeborene" (142), „ein Haufen von Wilden" (148), „roheste Wilde" (205) heißt, schiebt er etwas Positives über deren Sprache oder Lebensweise nach. Diese heute geschassten Ausdrücke werden also positiv konnotiert. Es gibt sogar die Distanzierung zum Sprachgebrauch seiner Zeit: „sogenannten Wilden" (54) Bei Burke finden wir: „Negerin" (186), und bei Herder mehrmals den Ausdruck „Wilde" (9, 10, 11, 15, 35, 48, 53, 70, 71, 72, 77, 102, 103, 120), die „wilden Kariben" (69), die „wildesten Völker" (73), die „Morgenländer" (13, 75, 77 und öfter), und natürlich den „Neger" (71), die „Hottentotten" (70), den „Eskimo" (120), die „Negerbrüder in Europa" (41), den „rohen, sinnlichen Naturmenschen" (54, 89), überhaupt den „rohen Menschen" (63), ohne dass es heutzutage zensiert wird. Herder spricht von den „alten, wilden Sprachen" (9, 48, 64, 68). Impliziert ist zwar eine Weiterentwicklung der Sprachen, aber Herder betont die Komplexität der alten Sprachen. Rassistisch klingt für uns: „Neger mit seiner Haut, mit seiner Tintbläschenschwärze, mit seinen Lippen und Haar und Truthühnersprache und Dummheit und Faulheit" (ebd., 107). Dennoch zensiert man es nicht. Zensiert werden nur Kinder- und Jugendbücher; die problematischen Ausdrücke sind der Gelehrsamkeit vorbehalten. Das ganze 18. und 19. Jahrhundert ist voll von diesen Ausdrücken, die nicht abwertend sein können, es sei denn natürlich, sie werden in einem abwertenden Kontext verwendet. Außerdem: Abwertende Wörter sind immer Wörter, die allgemein bekannt sind, aber nicht allgemein eingesetzt werden, und so gut wie nie in wissenschaftlichen Publikationen. Heute darf es nicht mehr ›primitiv‹ heißen, man sagt ›primigen‹. Es ist ein Modewort, das nichts anderes meint als ›primitiv‹: einfach oder ursprünglich. Es gibt den Topos des ›edlen Wilden‹, den Korrekte problematisieren. Doch greift man diesen Topos heutzutage an, hat man mit dem ›rohen Wilden‹ von Humboldt genau das Gegenteil... Wenn Ausdrücke wie ›Naturvolk‹ und ›Indianer‹ kritisiert und zensiert werden, ist es nicht schlüssig, wenn der Ausdruck ›Indigene‹ beliebt und akzeptiert ist, denn er gehört zur semantischen und morphemischen Wortfamilie. Natürlich, jedes Wort hat seine Bedeutung und diesem Sachverhalt liegt zugrunde, dass ›Zigeunerschnitzel‹ nicht dieselben abwertenden Bedeutungen hat wie ›Zigeuner‹. Aber wenn man ein Wort wie ›Indigene‹ schätzt und ›Indianer‹ verachtet, ist man mit dem neuen Glanzwort näher am geächteten Wort. Darin liegt eine gewisse Inkohärenz. Ich verteidige hier Wörter wie ›Zigeunersoße‹, weil schon ›Zigeuner‹ an sich keine negative Bedeutung hat. Und wenn man ›Naturvolk‹ und ›Indianer‹ in einem politisch korrekten Kontext sagt (man schütze ihre Lebensräume etc.), dann sind sie genauso gut wie ›Indigene‹. Bei Thoreau finden wir mehrmals das Wort „Kanake" (etwa 2022; 28, 36) und die Ächtung der „Negersklaverei" (9) und jedermann weiß, dass Thoreau das nicht verächtlich meinen kann, da er sich gegen die Sklaverei aussprach und den Naturmenschen achtete und ihm nacheiferte. Es liegt also gar nichts an diesen Wörtern.

Orient 4 rent

Wir bündeln hier: Exotismus und Orientalismus, Rassismus und Sexismus. Damit diese Ismen nicht ›stattfinden‹, soll das entsprechende Vokabular geändert werden. Politisch inkorrektes Vokabular gibt es aber viel. Es wird in der Literatur für Erwachsene nach und nach aufgespürt, aber nicht alle Texte werden auf die gleiche Art problematisiert. Conrads ›Nigger‹ musste einem ›Niemand‹ weichen, aber das „Negermädchen" bei Günter de Bruyn oder das „Nigger" bei E.M. Forster (dort oft in Distanzzeichen, aber nicht immer) bleibt stehen. Der ›Mohrenkopfpapagei‹ wird problematisiert und zum ›Senegalpapagei‹, viele andere Wörter, die ich in Hurna 2023a auflistem, jedoch nicht. So auch nicht ›Eskimosalto‹ oder ›Berberteppich‹ oder wenn Thailänder ihre Gerichte mit ›Siam‹ bewerben. Angegriffen werden Hautfarbenbezeichnungen und solche für Körperteile (›kaffeebraune Haut‹, ›Mandelauge‹ usw.), durch die man exotisiere, erotisiere und ethnisiere, was letztlich rassistisch sei. Ein typischer Text dazu liest sich so: „Ab und an bekomme ich Nachrichten mit der Frage, wie man Hautfarben beschreibt, ohne dass es uncool ist. Wobei nicht allgemein nach Hautfarben gefragt wird, sondern nach dunklen Hautfarben. Wobei dann auch nicht allgemein nach ›dunklen‹ Hautfarben gefragt wird, sondern nach ›dunklen‹ Hautfarben von Menschen, die rassistisch markiert werden. […] Damit die Leser*innen verstehen, dass eine Figur braune Haut hat? Falls das eure Intention ist, geht ihr davon aus, dass eine braune Hautfarbe nicht normal ist und benannt werden muss. Es ist ja auch klar, woher dieser Gedanke kommt. In den Büchern oder generell in den Medien ist *Weiß* vorherrschend […]. […] Die Gesellschaft ist rassistisch, und somit ist es auch nur logisch, wenn es Romanfiguren (oder Erzähler) gibt, die andere wegen der Hautfarbe abwerten." (https://vickieunddaswort.de/warum-hautfarbe-allein-nichts-aussagt) Neben meinen Beispielen in Hurna 2023a zur Vielfalt der Beschreibungsweisen von Hautfarben von Autoren ›nichtweißer Herkunft‹ lassen sich bedenkenlos weitere Belege dafür anführen, dass nicht nur weiße Menschen dunkle Hautfarben klischeehaft oder nahe am Klischee dargestellt haben, sondern auch Beispiele von weißen Autoren, die mit großer Kunstfertigkeit Hautfarben beschrieben haben. Beim homosexuellen Humanisten und Kritiker der britischen Vorherrschaft in Indien E. M. Forster hört sich die Kritik an weißer Haut so an: „Was ihm aber in den Augen der Klubmitglieder [in Tschandrapur] am meisten Abbruch tat, war eine unbedachte Nebenbemerkung des Inhalts, dass die so genannte weiße Rasse eigentlich rosa-grau sei." (Forster 1972, 69) Eine Figur lässt er beobachten, „dass die dunklere Rasse sich körperlich von der helleren angezogen fühlte – nicht etwa umgekehrt[.]" (Ebd., 252) Die Antirassisten sagen uns, man solle eine Hautfarbe (besonders von Chinesen) nicht ›gelb‹ nennen? Mo Yan tut das: „gelbliche Fingerspitzen" (Yan 2007, 221), „gelbliche Brust" (ebd., 227), „gelblicher Teint" (ebd., 248). Der Roman spricht von „gelben Marionetten" (407), allerdings in Bezug auf die „gelben Uniformen" (413) der Chinesen, die mit den Japanern paktieren. In Bezug auf die Hautfarbe: „seine Haut war gelb" (424) und: „gelbe knochige Hand" (437). Auch das verpönte Mandelauge für asiatische Augen taucht auf: „Sie hatte große mandelförmige Augen, einen langen alabasterfarbenen [= weißen] Hals[.]" (Ebd., 155) Oder über eine Frau: „Augen … waagerechte Schlitze" (451) Zudem beginnt die Heldin „hysterisch" (ebd., 157) zu lachen, wie auch die Heldin in Forsters Roman zwischen „nüchterner Klarsicht und Hysterie hin und her gerissen" (Forster, 222f.) wird, und die bekennt, eine „Neurotikerin" (ebd., 235) zu sein. Hysterie aber schon mit der Übertragung auf Männer: „hysterische Jungen" (ebd., 247). Wir sehen neben der Schilderung von Hautfarbe auch politisch unkorrektes Vokabular und inkorrekte Zuschreibungen. Noch heute sind Hautfarbenangaben im medizinischen Bereich gängig. In einer Kinderarztbescheinigung über einen nordvietnamesischen Jungen heißt es: „Ethnisch-rosiges Hautkolorit." Bemängelt wird von den Korrekten, dass es die Farbe ›Hautfarbe‹ gebe, dieses aber eine helle Haut sei. Die rosane Hautfarbe ist hier einfach prototypischer als die dunkle Hautfarbe und die Bezeichnungen beansprucht nicht, das Rosa zur Hautfarbe an sich zu erklären.

Tigersprung rückwärts. Deutsch-vietnamesische Communities und die Realität

Politisch äußerst korrekt sind vietnamesisch-deutsche Influencer, die Themen wie Rassismus, antiasiatische Stereotype, Yellow fever, Exotismus und Multikulturalismus, Fremdenfeindlichkeit und Neokolonialismus oder sprachliche Besonderheiten aufgreifen. Die Youtuberin Pocket Hazel verblüffte mit der Behauptung, dass Deutsche den Namen ›Nguyễn‹ am besten aussprechen könnten, wenn sie ›Nürnberg‹ sagen und das ›-berg‹ weglassen. Es gibt im deutschsprachigen und im englischsprachigen Raum massenhaft Videos zur korrekten Aussprache von ›Nguyễn‹ und die IPA gibt den Schlüssel dazu, dass Pocket Hazel Unrecht hat: [ˈnyʁn̩ˌbɛʁk] versus [ŋwiənˀˀ]. Offenbar handelt es sich um zwei verschiedene Anlaute. Mangelhaft war auch die Erklärung von Mai Thu Nguyen-Kim in einem Q&A-Video, in dem sie ebenfalls Nürnberg zum Vergleich heranzieht. Immerhin erklärt sie den Anlaut Ng, weswegen sie den Parallelismus einer ähnlichen Aussprache mit ›Nürnberg‹ hätte weglassen können. Die Aussprache von ›Nguyễn‹ wurde dann damit begründet, dass Vietnamesisch eine tonale Sprache ist. Dieser Aspekt fällt jedoch nur ins Gewicht bei den Aussprachevarianten von ›Nguyễn‹, die Nguyen-Kim angab. Für das Wort ›Nguyễn‹, wie es Deutsche aussprechen sollen, wäre wichtiger, dass Vietnamesisch eine monosyllabische Sprache ist (denn es zerlegt Lehnwörter in Silben, etwa ›Schokolade‹ in ›sô cô la‹), so dass ›Nguyễn‹ als eine Silbe gesprochen werden muss, und nicht mit der Tendenz einer zweisilbigen Aussprache, wie Deutsche es aus Sprachgewohnheit tun. (Nur unter dem Aspekt der silbischen Länge ist die Analogie mit ›Nürn-‹ richtig.) Nguyen-Kim bedankt sich bei Pocket Hazel, dass sie endlich sagt, wie ihr Name *richtig* ausgesprochen werde. Aber so wie Vietnamesen ›Schokolade‹ zu ›sô cô la‹ angleichen, so gleichen auch Deutsche ›Nguyễn‹ zu ›Ngu-yen‹ an. Die Aussprachematrix jeder Sprache lautet nun mal unbekannte Ausdrücke nach ihrer Systematik um. Wir sehen am Beispiel von Hazel und Nguyen-Kim, dass außerhalb der ideologischen Verbarrikadierung (hier: ein Wort korrekt aussprechen und damit Toleranz zeigen) keine anderen, wissenschaftlicheren Aspekte berücksichtigt werden. Und dann geht die Sprachbelehrung auch noch nach hinten los, denn wenn Deutsche ›Nguyễn‹ wie ›Nürn‹ aussprechen, dann machen sie es ja falsch, und sind so nach Maßgabe der Korrekten gerade nicht tolerant. Zur sprachlichen Korrektheit gehört auch, dass beispielsweise Khuê Phạm ihren Namen mit Tonzeichen angibt, während normalerweise diese Zeichen im Deutschen keine Rolle spielen und auch im alltäglichen Gebrauch zwischen Vietnamesen in Deutschland nicht verwendet werden (Klingelschilder, Textnachrichten, viele Facebooknamen). Deutsche Behörden neigen jedoch heutzutage dazu, auf die genaue Schreibung der Namen zu achten. Diese Sprachgenauigkeit sieht man auch bei Redakteuren, die ›'Ndrangheta‹ unbedingt mit Kürzungszeichen schreiben, oder bei Twitterer, die ›Demokratia‹ auf Deutsch mit Längenzeichen schreiben... Die Tonzeichen bei Nguyễn oder Phạm wirken auf unbefangene deutsche Leser exotisch, eher wie Schmuck, und geben ihnen mangels Sprachkenntnissen keine Informationen über die Aussprache. Khuê Phạm zielt aber mit ihren Büchern und Artikeln auf deutsche Leser. – In einem Onlinekommentar der ZEIT schreibt Kim Ly Lam, dass es rassistisch sei, Vietnamesen als gut integriert bzw. angepasst, fleißig zu bezeichnen. Besonders der Soziologismus ›Modellminderheit‹ wird von Lam angegriffen: „Vietnames*innen werden in Deutschland zur Modellminderheit verklärt. [...] Der Mythos der Modellminderheit stammt noch aus der Kolonialzeit. Bereits Mitte des 19. Jahrhunderts, als Französ*innen die ersten Gebiete Vietnams gewaltsam besetzten, entstanden die ersten Stereotype. Das Bild der hart arbeitenden, aber unzivilisierten Vietnames*innen, die von einer Kolonialisierung angeblich profitieren, diente vor allem einer Sache: die Hegemonie weißer Kolonialherren zu festigen. [...] In den USA hat der Mythos der Modellminderheit längst einen Keil zwischen verschiedene People of Color getrieben: Ost- und südasiatisch aussehende Menschen gelten dort als fleißig und vorbildlich, Schwarze Bürger*innen und Latinx als wenig erfolgreich. [...] Der Mythos der Modellminderheit führt zu dem Trugschluss, dass es in unserer Gesellschaft keine rassistischen Strukturen gebe und andere Minderheiten lediglich Problemgruppen wären." (Lam: *Warum es kein Kompliment ist, Vietnames*innen als fleißig zu loben*. ZEIT online vom 21. 2. 2020) Hieran ist so ziemlich alles falsch. Die Vietnamesen bezeichnen sich selbst als fleißig und zielstrebig. Eltern vietnamesischer Kinder sind überwiegend vollzeitbeschäftigt, so dass sie für nicht schulpflichtige Kinder oft eine Betreuung anwerben, die sich um die Kinder kümmert. Die Kinder werden zu besten Leistungen und besten Noten angespornt, worüber Hazel Pocket auch Videos machte. Auch für die Modellminderheit der Vietnamesen gibt es eine spezifische Kriminalität

(Menschenhandel, Steuerhinterziehung, Scheinehe, Gewalt gegen Kinder). Dennoch dürfte es nicht abträglich sein, als Modellminderheit angesehen zu werden im Unterschied zu anderen offen kritisierten Personengruppen. Am Ausdruck ›Modellminderheit‹ ist ohnehin nichts auszusetzen, da das Konzept auch anders ausgedrückt werden kann: So schreibt Chelliah Logananthem im *Leuchtturm*: „Die Schüler, die in den ersten zehn Jahren unsere Tamilalayam besuchten, tragen heute ihren Teil zur wirtschaftlichen Entwicklung bei. In einer Zeit, in der wir unsere Sprache und Kultur bewahren, ist die Tatsache, dass wir als eine tugendhafte Ethnie [!] identifiziert werden, eine Wertschätzung[.]" (Infobroschüre der Tamilischen Bildungsvereinigung; 2022, 5) Kritik trifft die fast unsichtbaren Minderheiten kaum, auch nicht von Rechts. Werden beispielsweise die Kopftücher von islamischen Mädchen ab der Geschlechtsreife als sexistisch gebrandmarkt, da die Menarche Privatsache sei und nicht zur Schau gestellt werden solle, so doch nicht das Paruvamataital Vila, das tamilische Pubertätsfest, bei dem das Mädchen vor allen Verwandten mit Wasser und Milch überschüttet wird. – Ein großes Thema von Pocket Hazel ist das ›Yellow fever‹, dem westliche Männer verfallen, die Interesse an asiatischen Frauen entwickeln, und das Hazel lieber als ›Asiatenfetisch‹ bezeichnen würde, wegen der angeblichen rassistischen Rückimplikation (gelbe Haut). Das Pendant zu ›Yellow fever‹ ist ›White fever‹ und in Japan nennt man diejenigen Frauen, die weiße Europäer mögen, ›Gaijin hunter‹. Das Problem ist, dass Hazel nicht versteht, dass es sich nicht um einen Fetisch handelt, sondern schlichtweg um interkulturelles Interesse. Für unseren Zusammenhang ist nur wichtig, dass Hazel schon wieder eine Begriffsverbesserung im Sinne der Korrektheit anstrebt, dass sie nämlich das bildliche ›Yellow fever‹ (Metapher, die vom Sinnfeld der Tropenkrankheit zur Liebe hinüberführt) durch einen schrecklichen Pseudosoziologismus ersetzen will. Wir sehen bei Influencern wie Vanessa Vu, Minh Thu Tran, Poket Hazel, Khuê Phạm oder Mai Thi Nguyen-Kim die Behandlung von Sprache, besonders das Ausdeuten von Ausdrücken nach ideologischen Prämissen. Abgelehnt wird die Frage „Wo kommst du her?". Abgelehnt wird die Einschätzung, Asiaten seien süß, eine Einschätzung, die nicht landläufig ist. (Es sei denn, einem geht die Neotonie auf, durch die Asiaten gekennzeichnet sind.) Es wird einerseits behauptet, als ›asiatisch gelesen‹ zu werden, andererseits fühlen sich Deutschvietnamesen als echte Vertreter beider Kulturen. Es geht um Alltagsrassismus und Fremdenfeindlichkeit – auch für nachgeborene Vietnamesen sind die Ausschreitungen in Rostock-

Lichtenhagen im August 1992 immer wieder ein Bezugspunkt, um antiasiatische Ausländerfeindlichkeit zu belegen. Auch während der Corona-Zeit sollen Asiaten als Virusträger und Schuldige der Pandemie stigmatisiert worden sein, so Pocket Hazel. Belegt wird letzteres anekdotisch. Ein Einstiegsbild für Diskriminierung liefert Khuê Phạm in ihrem Buch *Wo auch immer ihr seid*, das vom Mädchen Kiều handelt und in das im Karstadt keinen Bleistift oder Schlüsselanhänger mit ihrem Namen findet... Diese Prämisse ist ein schlechter Einstieg, um Fremdheitsgefühle und Rassismus plausibel zu machen, denn ein Tobias hätte in Riad auch keinen Schlüsselanhänger mit seinem Namen gefunden. Im Zentrum von Phạms journalistischen Arbeiten stehen Rassismus, Fremdenfeindlichkeit, auch mal Cyperstalking oder Frauen. Ähnlich wie bei Vanessa Vu (eine Vertreterin rigider Coronamaßnahmen in Deutschland nach dem chinesischen Modell) erhält man den Eindruck, es müssen besonders unglückliche Themen sein. Beiden Frauen käme eine Reportage über den Weltuntergang zupass. Trotz der Themen und Bilder, die uns die deutsch-vietnamesischen Influencer über das Leben in Deutschland vermitteln, muss man aber beachten, dass die meisten Vietnamesen anders leben, in genau der Art und Weise, wie sie von Pocket Hazel und anderen kritisiert werden: Im Stillen, streng gegenüber den Kindern, arbeitsam und fleißig, mit einer Art puritanischer Ethik auf Arbeit und Wohlstand bedacht.

Wie Begriffe der Sprachkorrekten am Reißbrett entstehen

Viele Begriffe, die politisch korrekte, feministische oder transidierte Aktivisten heute benutzen, entstammen den Universitäten und sind, so könnte man sagen, am Reißbrett, also mit Überlegung entstanden. Als Beispiel möchte ich den Ausdruck ›Cis-Gender‹ nehmen. Er ist ja sehr beliebt bei Feministen und auch bei Transaktivisten. Dazu schreibt Volkmar Sigusch: „Wenn es Transsexuelle gibt, muss es logischerweise [!] auch Zissexuelle geben. Die einen sind ohne die anderen gar nicht zu denken. Gestattet habe ich mir, die Ausdrücke Zissexualismus, Zissexuelle, Cisgender usw. einzuführen [es folgen Verweise auf frühere Artikel], um die geschlechtseuphorische Mehrheit, bei der Körpergeschlecht und Geschlechtsidentität scheinbar neutral [!] zusammenzufallen, in jenes falbe [!] Licht zu setzen, in dem das Objektiv des Geschlechtsbinarismus, in dem nosomorpher Blick und klinischer Jargon [!] die geschlechtsdysphorische Minderheit, namentlich die sogenannten Transsexuellen, ganz sicher zu erkennen können glauben." (Sigusch 2013, 244) Subjekte des Nebensatzes sind nosomorpher Blick und klinischer Jargon. Sigusch will nicht nur das ins falbe, also trübe Licht setzen, was geschlechtliche Normalität im Sinne von Regelmäßigkeit ist, er möchte vor allem zum Begriff ›Transsexueller‹, der sicher mehrheits- und normalsprachlich aufkam, einen Dublettenbegriff etablieren. Dieser soll begrifflich ein Gegenstück sein. Anknüpfungspunkt ist das Präfix ›trans-‹: „Das lateinische cis- bedeutet als Vorsilbe: diesseits. So meint zisalpin: (von Rom aus gesehen) diesseits der Alpen. Das lateinische trans- bedeutet als Vorsilbe: hindurch, quer durch, herüber, jenseits, über – hinaus. So meint transkutan: durch die Haut hindurch. Zissexuelle befinden sich folglich (vom Körpergeschlecht und damit vom kulturellen Bigenus gesehen) diesseits, Transsexuelle jenseits. Und das Neo-Logische am Transsexualismus ist, dass er sein eigentlich immer schon logisches [!] Gegenstück, den Zissexualismus grundsätzlich ins Zwielicht [!] rückt." (Ebd.) Es wäre auch einfacher gegangen, nämlich in der Gegenüberstellung ›cisalpin‹ und ›transalpin‹: ›cis – südlich‹, ›trans – nördlich‹ (denn ›ciskutan‹ gibt es nicht). Das Cissexuelle wird uns als logisches Gegenstück verkauft, quasi als eine begriffliche Implikation, nur weil es zu ›trans-‹ auch ›cis-‹ gibt. Und es geht auch darum, den Bigenus mittels des Cisgenus ins Zwielicht zu rücken, also irgendwie verächtlich zu machen. Es liegt dem Bild von Sigusch zudem auch ein Wortspiel von Bi- und Zwie- zugrunde; überhaupt ist das ganze Denken von Sigusch strikt dualistisch, um dann durch Verdrehung eine dritte Option zum Bigenus herzustellen, die aber auch nur binär ist, nämlich in Opposition zum gesamten Bigenus. Nun interessiert uns hier nur der Zwang, dem ›trans-‹ ein ›cis-‹ hinzuzugesellen, ein Zwang, der daraus stammt, dass ›trans-‹ angeblich ein Gegenstück *logisch* fordert. Wir wissen schon, dass Ausdrücke, auch Begriffe, nicht immer Pendants erfordern. Wir haben immer noch keinen etablierten (aus der Sprechergemeinschaft erwachsenen) Ein-Wort-Ausdruck für ›nicht durstig‹ und brauchen ihn auch nicht, weil wir die Situation mit ›nicht durstig‹ lexikalisiert haben. Der Transsexuelle hat viele Wörter, um die zu bezeichnen, die nicht transsexuell sind. Und von logischer Implikation kann man ohnehin nicht sprechen, wenn es um die Existenz von Ausdrücken geht, bei denen man meint, es fehle ein Pendant, wie bei ›Hebamme‹. Welches Wort sollte das sein? ›Hebammer‹? Sigusch geht der Sache deshalb auf den Leim, weil es, wie er zitiert, zu ›trans-‹ auch ›cis-‹ schon gibt, also setzt er ein neues Komposita zusammen und stellt es uns als neue Personenbezeichnung hin. Dabei muss ›cis-‹ aber auch sonst nicht zwingend das Gegenstück zu ›trans-‹ sein, wie er in seinem Beispiel nahelegt, denn es gibt auch cis- und trans-Isomere, deren Vorsilben sich auf die innere Struktur des Moleküls beziehen. Sigusch nimmt die reinen Begriffe ›trans-‹ und ›cis-‹ als paarig, was sie auch sind (aber er hätte ›transalpin‹ seinem ›cisalpin‹ gegenüberstellen sollen), er bezieht sich also auf den reinen Unterschied zwischen ›jenseits‹ und ›diesseits‹ (aber bitte fremdwörtisch). Begrifflich paarig sind (scheinbar) auch trans- und cis-Isomere bei bestimmten Alkanen. So hat 1,2-Dichlorethen zwei räumliche Konfigurationen. Einmal liegen die beiden Chloratome auf einer Seite, das andere Mal gegenüber. Es gibt zwei verschiedene Moleküle von 1,2-Dichlorethen, die nicht ineinander transferierbar sind, daher heißen sie ›isomere Moleküle‹. Um beide begrifflich zu unterscheiden, werden die Präfixe nach der Lage der Substituenten *in einem Molekül* vergeben: Liegen sie auf einer Seite, so heißen sie ›cis-‹, liegen sie gegenüber, so heißen sie ›trans-‹. Ich gehe auf dieses Beispiel ein, weil die Benennung von ›cis-‹ und ›trans-‹ nach Lage der Substituenten geschieht, das heißt, selbst wenn es keine cis-Konfiguration gäbe, könnte man dennoch das einzig bestehende Molekül ›trans-Konfiguration‹ nennen, wenn man darauf verweisen wollte, dass die Substituenten gegenüberliegen (natürlich würde das ohne Gegenstück wenig informativ sein, aber es ist möglich). Das heißt, an sich besteht kein Zwang, einem ›trans-‹ ein ›cis-‹ zuzugesellen. Um noch auf Siguschs Metaebene einzugehen: Das Beispiel der Isomeriekonfiguration, wo beide Präfixe tatsächlich auch paarig genommen werden (allerdings aus praktischen Gründen, nicht aus begrifflichen), hat keine Normalkonfiguration. Während sich Sigusch auf eine sexuelle bzw. wohl eher identitäre Binormativität beziehen kann, also auf sein Bigenus, deren Vertreter er das ›Cisgender‹ begrifflich als Geschlechtsidentität zuweist, lässt sich in meinem Beispiel die Paarigkeit verstehen, ohne eine Vorstellung von irgendeiner Normalität (von der sich ein Trans-x abhöbe). Das bedeutet, dass Siguschs Begrifflichkeit neben all dem fremdwörtischen Quatsch und dem Hirngespinst von Logik auch ganz willkürlich ist. Denn er setzt eine Bigenus-Normalität voraus, die für die Paarigkeit der Begriffe ›cis-‹ und ›trans-‹ keine Rolle spielt. Sigusch legt Wert darauf, dass sich seine Begrifflichkeit logisch ergibt. Aber dass sich etwas logisch ergibt, geht nur *innerhalb* eines Sinngefüges, nicht von einem Sinngefüge zu einem anderen. Nehmen wir das Koordinatensystem der Kompassrose und ihre Systematik der Benennung. Aus ›Norden‹ folgen implikativ nur deshalb die anderen Himmelsrichtungen, weil das System etabliert und überdies geschlossen ist. Die Achteldiagonalen ergeben sich aus den Vierteln, wobei mit Blick auf die Wortbildung für den Kopf des Nomens *Nord* und *Süd* dominant sind. Dass sich die Achteldiagonalen aus den Vierteln additiv ergeben, ist eine Konvention, aber nur eine praktische, nichts Implikatives; die Achtel könnten auch mit ganz neuen Begriffen benannt werden. Aber so ist das System praktischer und informativer. Der Ausdruck ›Nordost‹ ist der *praktische* Anschluss an das System der vier Himmelsrichtungen. Eine wirkliche logische Implikation liegt nur vor, weil das Sinngefüge der Kompassrose vertikal und orthogonal aufgeteilt wurde, woraus sich vier Teile ergeben, von denen eines, wenn alle eindeutig benannt und fest positioniert sind, die anderen drei zwingend hervorruft. Es handelt sich jedoch nicht um einen deduktiven Schluss. Sagt man, dass die sechste Zahl der Reihe 2, 4, 8, 16, 32 die 64 sein muss, so tut man ebenfalls nichts Logisches, sondern man zeigt ein Muster auf, das gelten soll. Wenn es nicht gelten soll, könnte an der sechsten Stelle der Reihe jede beliebige Zahl stehen. Man muss das Muster also wollen und das Beispiel entsprechend arrangieren. ›Cis-‹ ist in diesem Sinne kein logisches Implikat von ›trans-‹, sondern allenfalls etwas Erzwungenes. Wenn Sigusch zu Transsexueller auch den Cissexuellen erfindet, so will er ein Muster erfinden, wo keines ist. Denn sein Bigenus ist ein System von Passidentitäten (Sexus und Identität sind passend), innerhalb dessen es Implikationen geben müsste, während Sigusch eine Implikation will, die den Transsexuellen dem Bigenus-System gegenüberstellt. (Da er aber mit dem Transsexuellen anfängt und daraus oppositionell den Cissexuellen erfindet, ist es wieder eine Projektion auf das System des Bigenus, aber das nur am Rande. Es ist wie, wenn man Amerika entdeckt und ›Neue Welt‹ tauft und dann Europa ›Alte Welt‹ nennt, obwohl es diesen Namen nicht braucht.) Dass Sigusch so verfährt ist aber willkürlich. Logische Implikation gibt es nur innerhalb eines geschlossenen Systems, wobei diejenigen Systeme uninteressant sind, die durch Konvention entstehen, wie die Kompassrose, anders als etwa die Winkel im Dreieck, die natürlich gegeben sind. So impliziert das Vorhandensein von zwei Winkeln in einem Dreieck einen dritten Winkel und je nach Lage der Seiten zueinander entsprechende Winkelgrößen. Das Dreieck sagt aber nichts aus über andere geometrische Formen, wenn sie selbst von ihm nicht impliziert werden. Sigusch will ein übergeordnetes Implikationssystem schaffen mit doppelt binärer Struktur: Frauen und Männer diesseits, Transsexuelle jenseits. Er geht von einem System in ein anderes über, und das funktioniert in der Logik nicht. Soweit, so gut. Gehen wir von Siguschs Konstruktion weg, um uns einige Gedanken über die Praktikabilität von Begriffen zu machen, und kommen dann wieder auf Siguschs Präfixe zurück. Es geht also jetzt nur um Sprachliches. Sigusch versteht ›cis-‹ als Pendant zu ›trans-‹. Ich habe schon oft den Zwang zu Pendants zurückgewiesen, und um bei Sigusch noch eine kleine Unstimmigkeit aufzuweisen, sehen wir uns solche Wörter an, die paarig, pendantisch, oder anderweitig symmetrisch sind. Auf solche Wörter stoßen wir besonders in von Menschen erfundenen oder tradierten praktischen Systemen mit Orientierungsfunktion, wie schon bei der Kompassrose. Nehmen wir das Orientierungssystem im Raum, das durch die Ausdrücke ›oben‹, ›unten‹, ›links‹, ›rechts‹, ›vorne‹, ›hinten‹ beschrieben wird. Diese Richtungsadverbien sind aufeinander bezogen, im festen Gefüge implizieren sie sich; man kann das räumliche Koordinatensystem aber auch auflösen und beispielsweise nur die Angaben ›links‹ und ›rechts‹ machen. An diesen Wörtern fällt auf, dass sie weitgehend unsystematisch sind, ›vorne‹ schließt sich nicht der en-Endung der anderen an und heißt nicht ›vornen‹. ›Rechts‹ und ›links‹ haben nur ›s‹ als gemeinsames Merkmal. Also: Funktionale Paarigkeit, aber keine begriffliche Paarigkeit und kaum morphologische Klassenmerkmale. Hier ist es also nicht so, dass es eine morphologische Systematik gäbe, die wir doch bei den Komposita der Kompassrose haben. Und auch anders als bei den Ausdrücken ›Diagonale‹, ›Orthogonale‹, ›Horizontale‹, ›Vertikale‹, ›Tangentiale‹ usw., also Begriffe, die zu einer Gebrauchsklasse gehören und das auch zeigen. Nun, man wird sagen, dass Ausdrücke aus dem Fremdwortbestand geeignet sind, diese praktische Erleichterung mitzuliefern und ich würde dem zustimmen. Doch haben wir auch ›Abszisse‹, ›Ordinate‹ und ›Applikate‹, bei denen hinsichtlich der ate-Endung ›Abszisse‹ ein Ausreißer wäre. Funktionale Paarigkeit und weitgehend morphologische Paarigkeit haben wir bei: ›extrinsisch‹ und ›intrinsisch‹ oder ›exothermisch‹ und ›endothermisch‹.[28] Auch bei Lagebezeichnungen des Körpers, die überwiegend auf ›-(er)ior‹ oder ›-al‹ auslauten. Die Klassenmerkmale solcher Wörter vereinheitlichen den entsprechenden Sinnbezirk, besonders, wie wir sahen, wenn Latein die Grundlage ist. Nicht dagegen bei ›cis-‹ und ›trans-‹. Sie können als Präfixe ihre Paarigkeit nicht zu erkennen geben, allenfalls mit dem Klas-

---

28   Der Leser kann ein Gegenteilwörterbuch durchgehen, das ist keine langweilige Lektüre. Er findet Gegensätze (Gegenstücke, Kontraste usw.), die morphologisch verschieden sind, wie ›Mann und Frau‹, aber auch solche, die schon zusammengerückt sind wie ›fair und unfair‹.

senmerkmal ›-gender‹ oder ›-sexuell‹. (Weswegen wiederum Siguschs Beispiele mit ›cisalpin‹ und ›transkutan‹ schlecht gewählt sind.). Das bedeutet, Siguschs ›cis-‹ und ›trans-‹ werden nicht dem praktischen Erfordernis gerecht, den Klassenmerkmale von Wörtern aufweisen, da ›cis-‹ und ›trans-‹ ihre (angebliche) Paarigkeit nicht zu erkennen geben, anders als ›diesseits‹ und ›jenseits‹ (diese wiederum anders als ›dieser‹, ›jener‹ oder ›endo-‹ und ›exo-‹ allein, wobei diese jedoch, anders als ›cis‹ und ›trans‹ (vgl. ›cis Mann‹, ›trans Mann‹), auch nicht isoliert verwendet werden). Von einem Begriffspaar am Reißbrett hätte ich mir das Einlösen von Praktikabilität erhofft. Selbst bei einem System, das sogar im Sinnbezirk selbst manchmal Konfusion stiften kann, findet sich doch in morphologischer Realisierung ein Klassenmerkmal, hier Zweisilbigkeit und ›-e‹: ›Länge‹, ›Breite‹ (auch ›Tiefe‹) und ›Höhe‹. (Andere Zusammenstellungen mit ›Dicke‹ finden sich bei Leisi 1975, 88.) Verwirrung kann entstehen, wenn man die Tiefe für die Breite nimmt oder Sätze bildet wie: ›Die Höhe des Quaders ist breiter als die Breite.‹ Immerhin bietet die Morphemkonstitution der Wörter eine Hilfe, etwa wenn man die Bezeichnungen von Raumkörpern lernt. Nebenbei sei bemerkt, dass es auch in der Sprache selbst solche Vereinfachungen gibt. Am wichtigsten ist wohl die Regel für eine Sprache, mit begrenztem phonetischen bzw. morphologischen Material viele bedeutungstragende Varianten ausbilden zu können. Daher finden wir neben dem Prinzip der Komposition auch Reihen wie: ›eins‹, ›ein‹, ›eine‹, ›mein‹, ›dein‹, ›sein‹, ›kein‹ usw. Über Wortarten hinweg ist das bei den Wurzeln der Wortfamilien der Fall. Morphemisches Recycling bei Nomen: Das Material für ›Baumhaus‹ (m+n) wird dem ›Baum‹ (m) und dem ›Haus‹ (n) entnommen. Würde man für ›Baumhaus‹ einen ganz anderen, neuen Begriff benötigen (m+n = z), so würde es immer mehr Ausdrücke geben. Morphemisches Recycling auch hier: ›nahebei‹, ›beinahe‹; ›vorher‹, ›hervor‹. Nun, indem Sigusch neue Komposita erfindet, vermehrt er auch die Anzahl der Wörter. Er erfindet mit einem neuen Wort aber auch neue Sachen, neue Probleme, neue Zusammenhänge. Sofern er auf notwendige Paarigkeit von Begriffen abstellt, also dass es zu ›Transexueller‹ auch den Komplementärbegriff ›Cissexueller‹ geben müsste, so liegt er falsch, weil es kein von der Sprechergemeinschaft etabliertes Sinngefüge Transsexuelle hier und Cissexuelle hier gibt. Vielmehr gilt im gemeinschaftlichen Sprachgebrauch ein Transsexueller als etwas, das außerhalb der physopsychischen Komplementarität von Mann und Frau steht – ohne aber deshalb gleich ein Paria zu sein. Aus einem Wort ergibt sich nicht die

Paarigkeit, die also ein Lexem als Gegenstück forderte, soweit kein Sinngefüge etabliert ist, wobei bei Sinngefügen schon diejenigen Sinnstellen etabliert sind, die dann die Lexeme ausfüllen. Bei den Wörtern am Reißbrett wie ›frau‹ zu ›man‹ und ›ihrerzeit‹ zu ›seinerzeit‹ werden also Sinngefüge erzwungen. Dann ist es kein Wunder, dass es nachträglich so erscheint, als würden die paarigen Bildungen einer logischen Implikation folgen. Überdies ist das auch nicht immer in abgeschlossenen Sinngefügen der Fall. Oben sagte ich, dass nur *innerhalb* von Sinngefügen, am besten in natürlichen, nicht in konventionellen, logische Implikationen stattfinden. Aber selbst das gilt nur für die wirklich abstrakte Klasse der natürlichen Schlüsse oder Syllogismen, von denen man weiß, dass sie in vielen Fällen, nämlich beim Übergang in die Empirie, ihre Gültigkeit verlieren. Das beliebteste Beispiel hierfür ist, dass die Straße nass sei, wenn es regne, aber wenn die Straße nass sei, es nicht am Regen liegen müsse. Sehen wir uns das Sinngefüge der Transitivität an, eines der leichtesten Beispiele, so sehen wir klar die logische Implikation des gültigen Schlusses: A => B => C, also A => C. Wenn die Empirie sich auf ein topologisches Gerippe reduzieren lässt, ist der Schluss selbst unter empirischen Bedingungen wahr: Weg A führt zu Weg B, dieser zu Weg C, also führt Weg A zu Weg C. Daher führen alle Wege nach Rom. Ohne diese noch in der Empirie geltende abstrakte Topologie wird die Transitivität schon heikel, denn wenn ein Kettenglied B an einem Kettenglied A hängt, und ein Kettenglied C an Kettenglied B, dann hängt C noch lange nicht an A, jedenfalls nicht direkt, nur indirekt. Aber der Syllogismus kann diesen feinen Unterschied nicht einfangen. Sigusch nun will ganz und gar logisch und doch empirisch bleiben, und das funktioniert nicht. Sein neu etabliertes Sinngefüge von Bigenus hier und Transsexueller dort ist ideologisch: Es muss so sein, weil nichts anderes sein darf. Und der eigentliche Zweck ist, den Bigenus, die Paarigkeit von Mann und Frau, in ein „Zwielicht" zu rücken... – Noch ein Wort zum Verhältnis von Logik und Konvention, weil das, was Sigusch sich ausgedacht hat an Logik gemahnt, letztlich aber eine Scheinlogik ist. Logisch erscheinen uns Verhältnisausdrücke wie ›ober‹, ›mittel‹ und ›unter‹ bzw. ›nieder‹, wenn wir sie inhaltsleer und formell aufeinander bezogen verstehen. Wir denken auch an klar gestaltete Raumangaben wie ›Oberdeutschland‹, ›Mitteldeutschland‹ und ›Niederdeutschland‹. Diese Ausdrücke aber verlieren ihren logischen Charakter und zeigen ihren konventionellen Charakter, wenn sie auf andere Matrizen abgebildet werden. So sind ›Oberfranken‹ und ›Unterfranken‹ am Ober- bzw. Unterlauf des Mains orientiert, und ›Mittelfranken‹ liegt nicht in ihrer Mitte. Das System ist historisch entstanden. So hat auch ›Oberpfalz‹ heute kein Pendant ›Unterpfalz‹ mehr. Die scheinbar logische Gliederung ist nur eine konventionelle Gliederung und historischen Veränderungen unterworfen. Die Unterscheidung von Sigusch zwischen Cisgender und Transgender, nachdem er eine andere als die Heterosexualität entdeckt hat, ist keine Logik, sondern eine privative Konvention, die sich dann verbreitet hat. Nur weil ›cis‹ und ›trans‹ ein Paar bilden, heißt es nicht, dass man natürlicher Heterosexualität ein Pendant vielfältiger Geschlechtsidentitäten gegenüberstellen könnte. – Ein anderer Begriff der politisch korrekten Aktivisten, der am akademischen Reißbrett entstanden ist, dürfte ›Femizid‹ (und seine vielen landessprachlichen Dubletten wie ›femicido‹) sein. Er hat die Schablone ›Suizid‹, ›Genozid‹ usw. und meint daher, ausdrücken zu können, dass Frauen wegen oder aufgrund ihres Geschlechts getötet werden. Dadurch abstrahiert (wie schon die falsche Annahme) der Begriff von all den konkreten Umständen, wegen denen eine Frau (vom Partner, Vater usw.) getötet wird. Das bedeutet, dass der Begriff ein ideologischer Begriff ist und ein abstraktes Problem transportiert. Wenn Frauen getötet werden, ist es irgendwie trivial und tautologisch, festzustellen, dass es Frauen sind, aber die Annahme, dass sie *wegen* ihres Geschlechts getötet wurden, ist ein unbegründeter Schritt. Ein so blasser Ausdruck wie ›Femizid‹ ist nicht lebensfähig ohne Anbindung an andere Begriffe, wie etwa ›Patriarchat‹ oder ›maskuline Vorherrschaft‹. Es muss auch eine Fremdwortvokabel sein, die eine Bestimmung (›Frauenmord‹ oder ›Frauentötung‹) umgeht.

Wortschatzgüte, restringierter und differenzierter negativer Wortschatz

Ein negatives Wort wird Grundlage für negative, aber auch für positive Weiterentwicklungen: ›Kanake‹ => ›Kanaksprak‹. Warum einige Ausdrücke nicht meliorisiert (resp. pejorisiert) werden können, andere aber schon, ist in der Linguistik nicht bekannt und wir sollten hier keine tiefsinnige Erklärung erzwingen. Wir können aber sagen, dass nicht alle positiven Ausdrücke und Selbstbezeichnungen der Korrekten sicher vor Verschlechterung sind. Selbst wenn ein Ausdruck in seiner Positivität beibehalten wird, kann er doch negativ konnotiert werden: ›Nimmt er die Dame, erhält er noch eine Abwrackpämie.‹ Für einen neutralen, medizinischen Ausdruck: ›Caroline erreicht das Klimakterium. Ihre Tage sind gezählt.‹ Hier werden alle Ausdrücke durch den Kontext negativ konnotiert.

Und für negative Ausdrücke ist dasselbe zu sagen. Anna Haag schreibt: „Wenn es nach Hitler ginge, würden alle Wohnstätten zerstört werden, das Volk würde wie weiland die Nomaden durch die Welt zigeunern." (Haag 2022, 106) ›Zigeunern‹ ist etwas Schlechtes, was Haag erhofft ist aber etwas Positives. Man kann vielleicht nicht die Hauptgüte eines Wortes ändern, aus ›Fettsack‹ kann nichts Positives werden. Aber man kann das Wort anders konnotieren. Außerdem werden Ausdrücke an einem Ort nicht in derselben Weise negativ oder positiv aufgefasst wie an einem anderen (oder in anderer Verwendung). Wäre ›Zigeuner‹ immer und überall negativ, so wäre ›Zigeunersoße‹ doch nicht zwingend negativ, hätte nicht einmal negative Anklänge. Das Produkt soll ja verkauft werden; der Ausdruck ›Zigeuner‹ wird also keine negativen Assoziationen wecken. Aber auch ›Zigeuner‹ war nicht immer und überall negativ. (Die Sprachkorrekten nehmen sich heraus, die Welt nur nach dem negativen Gebrauch des Wortes zu beurteilen, nie danach, wo es für einen Inhalt gebraucht wird. Itzik Manger braucht es in seiner Dichtung und verwendet es mehrmals, beispielsweise: „Maruska, die Zigeunerin" (Manger 2012, 55), „[w]ie ein Zigeuner im wilden Wald" (ebd., 34), „Mein Sehnen: ein Zigeuner / in windgepeitschter Steppe[-]" (ebd. 74), dasselbe Motiv: „Meine Sehnsucht – ein Zigeuner / in wildem Windgebell" (ebd. 79). Wollte man nun einen Juden dieses Ausdrucksmittel verbieten? Ja, auch ›Vagabund‹, ›Nomaden‹ oder ›Ewiger Jude‹ bieten sich an, aber Manger bedient dieses Sinnfeld mit diesen Ausdrücken und wenn er ›Zigeuner‹ setzt, dann muss man das akzeptieren. Er referiert damit auf eine kulturelle Einheit, die ›Zigeuner‹ als Umherziehende versteht. Die Sinti und Roma tun es selbst mit ihrer Flagge, die ein Rad zeigt. Es gibt nicht nur den negativen Gebrauch von ›Zigeuner‹ und das Wort ist auch nicht desavouiert.) Und niemand hindert einen, ›Roma‹ negativ zu verwenden, wenn es ein Motiv gibt. Und welcher Sprachkorrekte wollte in einer freien Gesellschaft Motive oder Konzepte kontrollieren? Es ist auch keine Sprachsünde, von ›Fräulein‹, ›Tippse‹, ›Kampflesbe‹, ›Emanze‹ oder von ›Zigeunerschnitzel‹ zu sprechen. (Die Behauptung von Sprachsünden ist selbst eine Sprachsünde.) Die Feministen beanstanden das Wort ›hysterisch‹. Warum? Es ist ja nützlich. Anna Haag nennt eine „Hitlerrede" das „Geschrei dieses hysterischen Mannes" (Ebd. 108) Auch Goebbels und einen Stabszahlmeister trifft dieses Urteil (vgl. 110). Also Männer! Und wir würden doch heute durchaus Hitler und Goebbels Hysteriker nennen angesichts ihrer inszenierten Schreiereien. (Verblasste Wörter sind immer für beide Geschlechter verwendbar; Hitler kann ein ›Hysteriker‹ sein, weil der Zusammenhang zur ὑστέρα nicht mehr so deutlich ist. Nur spezifisch weibliche Semantik kann nicht auf Männer angewendet werden, ebenso wie spezifisch maskuline Semantik nicht auf Frauen.) Bei Erich Kästner, in seinem *Fabian*, lacht zwar ein Mädchen „hysterisch" (Kästner 2017, 107), aber er nennt seinen Protagonisten ebenso ein „armes Luder" (ebd. 122). Verblasste Wörter sind also auf beide Geschlechter anwendbar. Die von Korrekten geschassten Ausdrücke ›Putzfrau‹ (statt ›Raumpflegerin‹) oder ›Weib‹ statt ›Frau‹ werden von Anna Haag ebenfalls verwendet (ebd. 46). Hilde Domin, 1939 vor den Nazis aus Italien geflüchtet, verwendet „Eskimovogel" im gleichnamigen Gedicht. Dass ich Franks, Haags, Hillersums und Domins Wortgebrauch zitiere, heißt nicht, dass die von den heutigen Feministen und Korrekten geschassten Ausdrücke durch die vier Autorinnen *legitimiert* würden. Würde es so sein, so müsste man in der Umkehrung dieser Logik alle Wörter, die Hitler verwendet hat, aus unserem Wortschatz tilgen. Und das würde unsere Sprache doch ziemlich arm machen. Eine besondere Weihe des Gebrauchs folgt aus meinen Zitaten nicht. Es ist aber so, dass uns die Autorinnen zeigen, in welcher Breite wir diese Wörter (von ›Backfisch‹ über ›Putzfrau‹ und ›Holland‹ bis ›zigeunern‹) verwenden können und wie flexibel wir mit ihnen ausdrücken können, was wir wollen. Es sind Ausdrücke, die ihnen zu einer bestimmten Zeit zur Verfügung standen, sicher so, dass ›Weib‹ auf eine Frau und ›hysterisch‹ ebenso auf eine Frau gemünzt war. Aber sie und wir haben doch die Fähigkeit, diese Ausdrücke einzusetzen, auch zu übertragen. Und so treffen wir doch Hitler gut, wenn wir ihn ›hysterisch‹ nennen. Unsere Sprachkorrekten meinen, alle diese Ausdrücke seien per se falsch, und sie verwenden sie immer nur so, als ob sie eine starre Bedeutung hätten, als ob ›Zigeuner‹ immer nur eine Gruppe abwertet, als ob das Wort nie flexibel verwendet werden könnte. Unsere Politiker kennen nur ›Nazi‹ und ›Fascho‹ als Ausdrücke, um sowohl Hitlers Schergen als auch heutige Rechte und Konservative zu bezeichnen. Der Wortschatz unserer politisch Korrekten ist ganz eng. Aber die Betroffenen finden ganz plastischere Ausdrücke: „braune Pest" (Haag ebd., 9), „Unter-Weltbürger" (14), widerliche Räuberbande" (40), „Über-Verbrecher" (41) statt ›Übermensch‹ u.v.m. Die Feministen verurteilen Schillers „Weiber werden zu Hyänen"? Das ist ja Vertierung der Frau! Anna Haag benutzt es ganz selbstverständlich, um die Frage zu stellen, ob die Frauen zuerst couragiert handeln werden (vgl. Haag ebd., 119).

Wenn keine Zigeunerjungen mehr aus dem Himmel fallen...

Der Leser, der bis hierhin durchgehalten hat, wird belohnt mit weiteren interessanten Zusammenhängen: Im März 2023 entzündete die Ulmer Lehrerin Jasmin Blunt eine Debatte gegen Wolfgang Koeppens Roman *Tauben im Gras* und startete eine Petition, um das Buch vom Lehrplan bzw. von der Abiturprüfung beruflicher Gymnasien abzusetzen. Sie sei der Auffassung, dass es geeignetere Bücher gebe, um Rassismus aufzuarbeiten, und dass die Verwendung des ›N-Wortes‹ eine „Gruppe dehumanisiere". Für sie sei der Roman ein rassistisches Buch und es sei „emotionale Gewalt", wenn es im Unterricht behandelt werde, der ja ein „schützenswerter Raum" sei. Der Linguist Daniel Gutzmann steuerte bei, dass „jede neue Verwendung" des Wortes ›Neger‹ seine „Diskriminierungsgeschichte" „aktiviert". (ZDF-Beitrag vom 26.3.2023: *Streit um Abi-Lektüre: Jasmin Blunt: ›Dieses Wort ist eine Waffe‹*) In verschiedenen Beiträgen wurde gesagt, dass das ›N-Wort‹ rund hundert Mal vorkomme. Das ist richtig. Ich habe die Worte ausgezählt und zudem anderes politisch inkorrektes Vokabular gefunden:

Neger als Simplex	Neger im Kompositum	Nigger	(halb) schwarz, Schwarzer	dunkel, braun	Farbige, farbig	andere politisch unkorrekte Wörter	Schwarzer verglichen mit...	gegen Frauen	heutzutage korrekte Aussagen
58	19	31	57	13	2	Annamiten im Busch, Schwule, USA = Besatzungsmacht, Aftermenschen, Vernegerung, Ficker, Negro-Spiritual, nubisch, Fräulein, Strizzi, Schwule, Turko, Backfische, Juden = unreelle Geschäftsleute, Griechen = gelbliche Eidechsen, Rassenkreuz, Black boys, Zigeuner	lendenstark, tierhaft, Bahama-Joe, Manneskraft, minderwertige Kerle, Ebenholz, Hottentottenschürzen, Andershäutige, Medizinmänner im Busch, Schwarz und Weiß gibt auch hübsche Kinder, gelblichen (...) Hände, Odysseus als Teufel, Gorilla, King Kong	Lustross, lustwütiges Weib, Nuttenwäsche, verhurtes Gassengör, Weiber, hysterisch, klatschsüchtige, missgünstiges Weib, Rassenschande, Gluckhenne, Nutten, Weiber, Freudenmädchen, Amihuren, Flitscherl, langbeinige Vamps	USA = Schutzmacht, mein Schoß, Körper gehört mir, es war eine Männerwelt

265

Das Kultusministerium hielt zunächst am Roman als Lektüre fest und begründete seine Entscheidung damit, dass auch schwierige Texte behandelt werden müssten, und dass Koeppen kein Rassist sei, sondern Rassismus aufzeige. In vielen weiteren der Argumentation von Blunt folgenden Beiträgen ging es auch von professoraler Seite nur um das ›N-Wort‹, und in Zitaten aus dem Buch wurde das Wort ›Neger‹ entsprechend verklausuliert. Hieran sieht man schon, dass die politisch korrekten Sprachkritiker einen Fokus haben, schließlich finden wir im Roman auch anderes, heutzutage problematisches Vokabular oder veralteten Wortschatz (›Annamiten‹), die nicht problematisiert werden. Außerdem hätte die Lektüre des Buches für Blunt die Gelegenheit geboten, auch positive Aspekte wie den von mir aufgeführten feministischen Slogan zu behandeln, oder die Frage, ob die USA eine Schutz- oder Besatzungsmacht waren. (Der Diercke-Weltatlas der 5. Auflage von 2002 schreibt ganz selbstverständlich: „Besatzungsmächte 1945–49".) Denn solche Aspekte sind ja auch interessant. Koeppens Roman wurde schon vor Blunts Initiative als problematisch angesehen, war aber vorher neben Conrads *Der Nigger von der Narcissus* oder *Onkel Toms Hütte* ein vergleichsweise wenig medienwirksamer Fall (auch im Vergleich zu Kinderbüchern). Bei Erich Kästner finden wir im Roman *Fabian*, in einer Figurenrede, den „weißen Neger" (178), außerdem heute politisch inkorrektes, aber zeitgenössisches Vokabular: „Türkenjunge" (11), „Liliputaner" (12, 15), „Schwadroneuse" (15), „Megäre" (18) „lesbisch", „hysterisch" (beide 106), „Chinesen mit Berliner Huren" (111), „armes Luder" (auf Fabian gemünzt, 122), „aufgetakelte Gans" (154), „Hure" (184), „Backfisch" (194) sowie in der Figurenrede: „überfremdet" (37), „Untermensch" (73), „geile Ziege" (von einer Frau an eine Frau adressiert, 108) und „Kolonialneger" (222). In der Figurenrede wird zum Teil der politische Sprachgebrauch der Weimarer Republik abgebildet. Man wird Kästner kaum Sexismus oder Rassismus vorwerfen können. Der Atrium-Verlag besteht übrigens aus Urheberrechtsgründen auf den originalen Wortlaut, wobei er andererseits die Neger-Passage in *Emil und die Detektive* zensierte. Wir sehen hier also einen Unterschied in der Behandlung von Kinder- und Erwachsenenliteratur. (Kaum im deutschen Sprachraum kritisiert war die Darstellung des numidischen Sklaven Duplikatha mit roten Wulstlippen aus dem Asterix-Comic *Die Trabantenstadt*. Ebenso wenig der Afrikaner des *Terra*-Buches für Geographie (Klasse 5, Baden-Württemberg 2016), der Wulstlippen hat. Die Kritik der Korrekten trifft mal den einen, mal den anderen, doch nie hat es Kohärenz. Man wird beispielsweise Koeppen oder auch den Nationalsozialisten Walter Porzig wegen der Verwendung der Worte „Neger", „Kaffer", „Eskimos" und „Eskimo-Dialekt" schelten (Porzig 1962; 90, 267, 272, 393), aber wenn man den älteren Wortgebrauch nach neuen Maßstäben angreift, dann muss man auch eine Ikone der Frauenbewegung schelten, nämlich Pusch, die gemäß des Sprachgebrauchs ihrer Zeit ganz unbefangen „Eskimo-Sprache" und „Eskimo-Frau" (Pusch ebd. 110) schreibt oder die Hexenverbrennung einen „Holocaust" nennt (ebd. 32). Heute heikles Vokabular bei Porzig wie „Sprachenkampf" (257) oder „Überfremdung" (des Albanischen durch Latein; 267) ist gängiges Nachkriegsvokabular. – Ein anderer Aspekt der Debatte um diskriminierende und daher inkorrekte Wörter ist das stillschweigende Herausnehmen, etwa aus Wörterbüchern. Das Herausnehmen von Wörtern betrifft beispielsweise Franz Dornseiffs *Der deutsche Wortschatz in Sachgruppen*. Im Unterschied zum Dornseiff von 1959 sind in der letzten verfügbaren Ausgabe von 2020 viele Wörter herausgenommen worden. Begründet wird die Umgestaltung des ganzen Dornseiff, also Herausnahme und Hinzunahme von Wörtern, vom Herausgeber Uwe Quasthoff mit der Umstellung auf edv-basierte Korpora. Das Lemma ›Zigeuner‹ mit immerhin sechs verschiedenen bzw. insgesamt zwölf Einträgen ist ganz weggefallen, dadurch auch schöne bildhafte Wendungen wie „wenn Zigeunerjungen aus dem Himmel fallen" (in der Bedeutung: etwas passiert nie). Vom Lemma ›Weib‹ sind Pejorative wie „Weibergeschwätz", „Weibergewäsch", „Weibergezänk" und viele mehr weggefallen. Der Eintrag „2.15 Weib" wurde zu „2.14 Frau" mit Einträgen wie „feministisch", „Feministin", und weiter erhaltenen wie „Nymphe", „Weib", „Weiblein", „Weibsbild", „weiblich", „weibisch". Im Dornseiff von 1959 tritt auf: ›das schöne, schwache, zarte Geschlecht‹, im Dornseiff von 2020 nur noch: ›das schwache Geschlecht‹, was heute politisch unkorrekt sein dürfte… Und das Aufheben der Reihe ist deshalb auch schlecht, weil Ausdrücke wie ›Das andere Geschlecht‹ (Beauvoir) daran anschließen. Ohne das originale Muster wäre das Weiterspinnen ja gar nicht möglich: ›Das polygame Geschlecht‹ (Esther Vilar), ›Das faule Geschlecht‹ (Claudia Pinl), ›Das übertherapierte Geschlecht‹ (Ch. Wolfrum und L. Marschall), ›Das stärkere Geschlecht‹ (Sharon Moalem). Artikel + freies Adjektiv + Geschlecht ist die Formel, aus der heraus die neuen Darstellungen gearbeitet werden, aber die Schablone hat eine *Geschichte*, übrigens eine noch recht unpolitische. Das Lemma ›Neger‹, im Dornseiff von 1959 mit „Neger", „Negerkuss", „negerschwarz", „Negerschweiß", „Negertanz" vertreten, ist im Dornseiff von 2020 nicht mehr vertreten. „Mohr" ist im Dornseiff von 1959 sechsmal vertreten, der „Mohrenkopf" einmal, im Dornseiff von 2020 sind beide nicht vertreten. Dagegen hat der aktuelle Dornseiff viele politisch korrekte Wörter und solche aus der bürokratischen Sprache stehen. ›Zigeuner‹ ist im Dornseiff von 2020 gar nicht mehr vertreten. Die Ausgabe von 1959 hat noch „Zigeuner(in)", „Zigeunergrab", „Zigeunerjungen", „Zigeunerkünste", „zigeunern", „Zigeunerwirtschaft". Man beachte den Verlust der bildsprachlichen Ausdrücke. „Hetäre" ist im Dornseiff von 1959 dreimal vertreten, „hetärenhaft" einmal, im Dornseiff von 2020 keinmal. Von 15 Einträgen mit „Jude" im Dornseiff von 1959 finden sich nur drei im Dornseiff von 2020: Weggefallen sind: „Alter Jude", „Ewiger Jude", „Judengraben", „Judenhaus", „Judenknochen", „Judenpech", „Judenschule", „Judica", sogar das Grundwort „Jude" ist weggefallen (vormals viermal vertreten)! Geblieben sind „jüdisch", „Judaskuss" und „Judaslohn", und „Judaistik" ist hinzugekommen. „Megäre", im Dornseiff von 1959 viermal vertreten, ist in der jüngsten Auflage nicht mehr enthalten. Ebenso nicht mehr „Mischpoke", „Mischvolk", „nuttig" (vormals zweimal vertreten, aber „Nutte" kam neu hinzu). Das Lemma „Mischling" ist erhalten geblieben, wird aber im Dornseiff 2020 als „Tierzucht" kontextualisiert. „Kannibale", viermal im Dornseiff von 1959 vertreten, ist im Dornseiff von 2020 nur einmal vertreten. Das Lemma „Hure" ist erhalten, aber in der Ausgabe von 2020 unter der Rubrik „Sexuelle Freiheit und Zwang" gefasst. Die Lemmata „huren", „Hurenspiegel" sind entfernt, sogar das Lemma „Huri" (Paradiesfrauen im Islam) besteht nicht mehr. Weggefallen ist das Lemma „Hottentott", das im Dornseiff von 1959 dreimal vertreten war. Die „Furie", im älteren Dornseiff siebenmal vertreten, ist in der Ausgabe von 2020 nur viermal vertreten. „furienhaft" und „furienmäßig" sind es nicht mehr, „furios" ist einmal aufgeführt. Der Dornseiff von 1959 hat noch ›Schickse‹, der aktuelle nicht mehr, jedoch ›Schlawiner‹ (Entstellung von Slowene). Das Lemma „Farbiger", das im Dornseiff von 1959 zweimal vorkommt, ist nicht mehr vertreten; ebenso nicht die „Rothaut", der „Mulatte" und der „Nigger" (zweimal in 1959 vertreten). Eine Schwemme von Ausdrücken gibt es nun zu „Frau" mit über 90 Einträgen, darunter viele politisch korrekte Ausdrücke wie „Frauenbeauftragte", „Frauenbeirat", „Frauenbildungszentrum", „Frauenbund", „Frauendiskriminierung", „Frauenfeind(lichkeit)", „Frauenförderplan", „Frauenförderung(sgesetz)" usw. Diese unter dem Sacheintrag „Gleichstellung". (Das *Duden Universalwörterbuch* von 2019 (9. Auflage) listet ebenfalls über 90 Einträge zu

›Frau‹ auf, viele davon politisch korrekt wie „Frauenhaus", „Frauenzentrum" und mit vielen Überschneidungen zum aktuellen Dornseiff.) Auch anderes politisch korrektes Vokabular wurde in den Dornseiff von 2020 aufgenommen, etwa: „Multikultur", „Multikulturalismus", „Multikulturalität". Hier ist auffällig, dass alle Varianten auftreten. Dadurch verhält sich der neue Dornseiff wie ein normales Wörterbuch, da er nun Wortvarianten und nicht Sachvarianten aufzählt. Vielleicht benutzt man dieselben Datenbanken. An anderen Stellen vermisst man Kohärenz. So kennt der Dornseiff von 2020 das Modewort „Stalking", aber nicht den ›Stalker‹, und „nachstellen", aber nicht die ›Nachstellung‹, obwohl all diese Ausdrücke ja frequent sind und wirklich verwendet werden. Meines Erachtens ist der Ansatz falsch, Wörter zu präsentieren, die eine gewisse Frequenz im Datenverkehr (Google-Suchen etc.) haben, aber viel Bildhaftes, auch solches, das nicht unbedingt veraltet ist, herauszunehmen. Damit verfehlt der aktuelle Dornseiff auch seinen Zweck. Man suchte als Autor (der Werbetext von beck-shop weist Lion Feuchtwanger, Paul Celan und Hermann Kasack als Benutzer des Dornseiffs aus) beispielsweise nach neuen Ausdrucksmöglichkeiten; es ging nie nur um Abbildung des jeweils aktuellen Sprachgebrauchs, sondern um breite Ausdrucksmöglichkeiten. Und wenn das Argument gültig sein sollte, dass frequente, zeitgenössische Wörter aufgelistet sein sollten, warum dann „Weiblein" angeben, aber nicht „Mohr", das doch in politisch korrekten Debatten vorkommt, während „Weiblein" wirklich niemand mehr sagt und keiner als inkorrekt diskutiert? – Am 1. Mai 2023 gab Boris Palmer eine Auszeit, später seinen Rücktritt als grüner Obermeister bekannt. Es war eine Reaktion auf den Vorwurf einer Aktivistengruppe, er gebrauche das Wort ›Neger‹, was Palmer auch so klargestellt hatte. Zudem verglich er die Stigmatisierung freien Sprachgebrauchs als eine Art neuen Judenstern. Im Zuge dessen kamen die Medien nochmal auf Dennis Aogos Aussage, er wolle mit seiner jungen Familie nicht „wie ein Zigeuner von A nach B" reisen, zurück. Nochmal sei an Anna Haags „wie weiland die Nomaden durch die Welt zigeunern" erinnert (wie oben: 106). Das ist gar nicht problematisch. Es kommt also immer darauf an, wer was sagt bzw. auch, welche Passagen entdeckt werden, denn die politisch Korrekten können wirklich nicht alle negativen Wörter detektieren. – Selten wird dokumentiert, wie die politische Korrektheit sich direkt auf den Sprachgebrauch, besonders auf den *Sprachhabitus* auswirkt, dann aber ist es eindrücklich. Anlässlich einer Pressekonferenz während der Ampel-Klausur in Meseberg 2022 äußerten sich

Baerbock und Lambrecht über die Zusammenarbeit mit Mali und Niger bzgl. militärischer Ausbildung und politischer Zusammenarbeit. Barbock sprach ›Niger‹ zunächst korrekt als [ˈniːgɐ] aus, Lambrecht stellte auf französisch [ni.ʒɛʁ] um, und Baerbock machte das dann nach… Möglicherweise dachte sie, [ni.ʒɛʁ] sei die deutsche Aussprache, jedenfalls adaptierte sie den Sprachhabitus von Lambrecht. Es kann sein, dass ihr und vielen Leuten ›Niger‹ heikel anmutet, aber das ist es nicht, und auch ›Neger‹ ist nicht heikel. – Es sei noch auf den Sondergebrauch von ›Neger‹ hingewiesen, nämlich als Synonym für einen Ghostwriter. Für die Filmfigur des Pierre Renard ein „erniedrigender Zustand" (1980) und Christoph in der *Trumanshow* spricht von „No scripts, no cue cards", was im Deutschen zu: „ohne Neger" wird (immerhin noch 1998). Es war nicht dieser Sondergebrauch, der thematisiert wurde, sondern eben Negerküsse, die verbreitet waren und mit ihrem Aussehen eine negative Assoziation brachten. – Nicht nur die Moral, das Empfinden der Benannten, sondern auch der Zeitgeist wird bemüht, wenn es darum geht, noch im Gebrauch befindliche Wörter, und sei es nur im Sonder- und Nischengebrauch, auszusondern. Zum Problem der Mohrenstraße in Berlin heißt es: „Das Verwaltungsgericht machte schon zu Beginn der Verhandlung klar, dass die Klagemöglichkeiten beschränkt seien. Straßennamen hätten zunächst eine ordnungspolitische Funktion. ›Das Einfordern eines staatsbürgerlichen Dialogs könnte außerhalb unserer Beurteilung als Verwaltungsgericht liegen‹, sagte der Vorsitzende Richter. Für das Gericht sei maßgeblich, ob eine willkürliche Benennung erfolgt sei, die ›außerhalb jeder sachlichen Begründung liegt‹. Das dränge sich aber nicht auf. Dass der Ausdruck ›Mohr‹ wenn nicht rassistisch, dann doch nicht mehr zeitgemäß sei, sei nicht abwegig, sondern ›Ausdruck eines Zeitgefühls‹. Das zeige sich etwa darin, dass man schon länger nicht mehr von Mohren- oder Negerküssen spreche, sondern von Schokoküssen. Die Umbenennung sei also nicht so sachfremd, dass sie in keiner Weise vertretbar sei."‹ (FAZ vom 6.7.2023: ›Alte weiße Männer‹ gegen das rot-grüne Bezirksamt, von Markus Wehner) Dass man nicht mehr von ›Mohren- und Negerküssen‹ spricht, geht bereits auf eine aktionistische Agenda zurück, und daher ist es Unsinn, wenn sich das Gericht auf das Zeitgefühl beruft.

Das Zankwort ›Zigeuner‹

Ich möchte noch einmal, obwohl ich es schon hier und da behandelt habe, auf das Wort ›Zigeuner‹ zurückkommen. Das Wort ist nicht das und beinhaltet nicht das, was die Korrekten meinen. Es ist ein Grundwort, das negativ und positiv gebraucht werden kann; insbesondere hat es in Komposita nicht die Kraft, den ganzen Ausdruck negativ zu machen. In einem Roman von Calvino taucht „Zigeunergeige" (Calvino 2015a, 123) auf. Wir können annehmen, dass diese von Zigeunern gespielt werden, obwohl sie nicht genannt werden. Sie spielen im Restaurant Biarritz, das als gehoben beschrieben wird. Wir können nun schlussfolgern, dass (im Rahmen der fiktiven Welt) die Spieler gut bezahlt werden, wir können aber auch unterstellen, dass sie zu einem Hungerlohn spielen. Im Wort ›Zigeunergeige‹ liegt nichts von beidem, wir müssen stattdessen dieses oder jenes Stereotyp aktivieren. Tatsächlich liegen im Ethnonym ›Zigeuner‹ kulturgeschichtlich bestimmte und eher negative Vorstellungen: Umherziehen, leichtes Leben, musische Aktivität, Kinderreichtum, Wahrsagerei, handwerkliches Geschick, Diebstahl und Betrug. Es sind *bestimme* Vorstellungen über Zigeuner, und Kriminalität ist eine bestimmte *negative* Vorstellung. Das alles ist mit dem Wort ›Zigeuner‹ verknüpft. Bei Ebner-Eschenbach heißt es: „Zigeuner waren gekommen und hatten ihr Lager beim Kirchhof außerhalb des Dorfes aufgeschlagen. Die Weiber und Kinder trieben sich bettelnd in der Umgebung herum, die Männer verrichteten allerlei Flickarbeit an Ketten und Kesseln und bekamen die Erlaubnis, so lange da zu bleiben, als sie Beschäftigung finden konnten und einen kleinen Verdienst. Diese Frist war noch nicht um, eines Sommermorgens aber fand man die Stätte, an der die Zigeuner gehaust hatten, leer. Sie waren fortgezogen in ihren mit zerfetzten Plachen überdeckten, von jämmerlichen Mähren geschleppten Leiterwagen. Von dem Aufbruch der Leute hatte niemand etwas gehört noch gesehen; er musste des Nachts in aller Stille stattgefunden haben. Die Bäuerinnen zählten ihr Geflügel, die Bauern hielten Umschau in den Scheunen und den Ställen. Jeder meinte, die Landstreicher hätten sich etwas von seinem Gute angeeignet und dann die Flucht ergriffen. Bald aber zeigte sich, dass die Verdächtigen nicht nur nichts entwendet, sondern sogar etwas dagelassen hatten. Im hohen Grase neben der Kirchhofmauer lag ein splitternacktes Knäblein und schlief. Es konnte kaum zwei Jahre alt sein und hatte eine sehr weiße Haut und spärliche hellblonde Haare." (Ebner-Eschenbach 2023, 23) Über Heathcliff wird gesagt, er sei ein „Zigeunerbalg" (Brontë 2020, 46), allerdings in negativer Figurenrede. Ebner-Eschenbach spielt mit dem Vorurteil, Zigeuner würden stehlen, daher ist das Dalassen des Kindes so überraschend. Bei Thomas Mann finden wir „ewiges Zigeunertum" (Mann 2007, 28, auch 133) als Abstraktum, und sinnlich, wenn wir die „Bande von Straßensängern" (ebd. 108) mit „Mandoline, Guitarre, Harmonika und [...] quinkelierend[er] Geige" (ebd. 109) als Zigeuner interpretieren. Wie ich schon sagte: Es kann heutzutage ein Buch mit dem Titel *Zigeunerromanzen* erscheinen, obschon das Wort ›Zigeuner‹ unter Beschuss steht; man ändert Lorcas *Romancero gitano* nicht in einen anderen deutschen Titel. „Gitanos" werden grundsätzlich mit „Zigeuner" übersetzt, aber „Negros" mit „Mohren" (vgl. Lorca 2022, 104) statt wie früher mit „Neger" (vgl. Lorca o.D., 65). Soweit notwendig werden die Gitanos von Lorca mit einer ihnen zukommenden Lebensweise bedacht: Kupferhandwerk, Kriminalität, freies Leben usw. Trotz thematischer Vielfalt und Bildzersplitterung finden wir in Lorcas Text starke Assoziationen zum Leben der Zigeuner und Attribuierungen, die auch in der deutschen Übersetzung deutlich sind: Das Schmuckhandwerk („Schmuck und blanke Ringe machen", 2022, 7), das Umherstreifen (ebd., 59), das Wienern von Kupfer (65) und das Spielen der Ziehharmonika (ebd., 67). In Bezug auf das schwarze Elend der Zigeuner mehr als Lokalkolorit. Hier kommt es darauf an, dass der aufgezeigte ältere Wortgebrauch in der Übersetzung, die erstmals 2002 erschien, *nicht* zensiert wird. Woran könnte das liegen? Dass es ein älterer Text ist, ein ausländischer Text, ein Text von einem Antifaschisten? Das Wort ›Zigeuner‹ wäre jedenfalls viel älter als Lorcas Text... Gehen wir zu einem anderen Wort über. Ich hatte schon in Hurna (2023a) gesagt, dass die Nazis bei ihrer Klassifikation von Sinti und Roma schrieben: „Kesselflickerfamilien aus dem Balkan" (Wildt 2012, 6). Das Beispiel ist einer Broschüre der *Bundeszentrale für politische Bildung* entnommen, die Schrift- und Bildzeugnisse der Verfolgung von Zigeunern liefert.[29] Diese Berufsbezeichnung kann auch dazu dienen, bestimmte Lebensweisen zu schildern,

---

29 Das Argument richtet sich gegen die oft aufgestellte Behauptung, ›Zigeuner‹ sei besonders durch die Nazis pejorativ geworden. In Wirklichkeit haben die Nazis die Selbstbezeichnungen der Gruppen verwendet, oft als Kompositum: „Gelderari-Zigeuner" (Wildt ebd., 6). Dadurch wurde ›Gelderari‹ aber auch nicht negativ. Hitler nannte sein Führerhauptquartier Brunhilde auch ›Zigeuner‹ (Deckname). ›Zigeuner‹ war kein besonders pejoratives Wort. Es taucht ganz gewöhnlich im *Duden* aus der NS-Zeit auf: „Zigeuner [...] zigeunerisch, zigeunern (ma. auch: herumlungern)" (Duden 1934 und wortgleich 1941)

man ist nicht auf das Wort ›Zigeuner‹ und auch nicht auf die politisch korrekte Bezeichnungen ›Roma‹, ›Sinti‹ usw. festgelegt. Freilich wird man heute niemanden so bezeichnen, der diesen Beruf nicht ausübt. Wie erscheint das Wort in der erzählenden Literatur und welche Bilder transportiert es? Wir haben bei Ebner-Eschenbach schon gehört: „Zigeuner waren gekommen[.] [D]ie Männer verrichteten allerlei Flickarbeit an Ketten und Kesseln[.]" (ebd.) Bei Calvino heißt es ohne ›Zigeuner‹: „Damals hatten sich allerhand fahrende Leute in den Wäldern niedergelassen: Köhler, Kesselschmiede [im Original: ›calderai‹], Glaser, Familien, die der Hunger von ihrem Grund und Boden vertrieben hatte und die sich nun mit unbeständigen Gewerben ihr Brot verdienten. [...] Unter den Leuten, die im Walde hausten, gab es damals viel Gesindel: allerhand fahrendes Volk wie Kupferschmiede [im Original: ›calderai‹], Stuhlflechter, Seidenfadenhaspeler, Hausierer, die am Morgen den Diebstahl aushecken, den sie am Abend ausführen wollten." (Calvino 2015b; 85, 112f.) Bei Tolkien heißt es: „Die Wege waren gut, [...] hin und wieder traf man einen Zwerg, einen Kesselflicker oder einen Bauern, die ihren Geschäften nachgingen." (Tolkien 2022; 47, it est: 13. Auflage von 2022 der TB-Ausgabe von 1997 (ältere Übersetzung von W. Scherf)) Diese Passage lautet in der Sonderauflage von 2012: „Zuerst waren sie durch die Gebete der Hobbits geritten, ein großes ordentliches Land mit achtbaren Bewohnern, guten Straßen und einem Gasthaus hier und da, und manchmal kam ein Bauer auf dem Weg zum Markt oder ein Zwerg auf Wanderschaft vorüber." (nach dem Text von: Tolkien 1998; 69, it est: neuere Übersetzung von W. Krege) Hier fehlt also der Kesselflicker. Leider konnte ich nicht herausfinden, ob Tolkien in einer frühen Ausgabe Ausdrücke wie ›Tinker‹ oder ›Coppersmith‹ geschrieben und später geändert hat. Wenn kein vergleichbarer Ausdruck verwendet wurde, die Scherfs Übersetzung zugrunde lag, dann wäre ›Kesselflicker‹ natürlich zu beanstanden. Andernfalls aber nicht. Doch Kupferschmied = Kesselmacher waren angesehen. Die Kalderasch haben bekanntlich ihren Namen von diesem Handwerk. Noch im Nachwort zu seinen Romanzenübertragungen von Lorca schreibt Enrique Beck: „[D]ie Zigeuner sind geschickte, geschätzte Schmiede!" (Lorca o.D., 70) Man muss solche Meinungen kennen, um durch die Debatte über das ›Z-Wort‹ nicht irre geführt zu werden. Für unseren Zusammenhang ist nur wichtig, dass ›Kesselmacher, -schmied, -flicker‹ als Berufs- oder Tätigkeitsbezeichnung dort auftreten kann, wo ›Zigeuner‹ als Wort *fehlt* oder wo die Beschriebenen auf andere Weise negativ kontextualisiert werden. Das Wort widersteht der Negativierung und so der Änderung bei der Übersetzung von Calvino. Die Zensur geht also sehr unterschiedliche Wege, je nach dem, was im Fokus der Korrekten liegt. Es kann also weiterhin heikel sein, einen Ausdruck nicht zu verwenden, wenn die Negativierung anders oder durch andere Wörter stattfindet. Warum sich also auf diesen bestimmten Ausdruck stürzen? Es kann aber noch anders gehen: Im Politischen kann es heikel sein, Gruppen *nicht* zu benennen. Geht es beispielsweise um Straftaten von Sinti und Roma, stellt man aber sprachlich auf ›Serbe‹, ›Bulgare‹ oder ›Moldawier‹ um, so geraten diese Nationalitäten grosso modo in Verruf, statt die spezifischen Täter. Hier zeigt sich wieder, dass es wichtig ist, ein möglichst großes Repertoire an Ausdrücken zur Verfügung zu haben, ganz besonders, wenn die korrekten Linguisten darauf beharren, dass Sprache Realität abbildet. Wenn sie Ausdrücke wie ›Kesselflicker‹ oder ›Zigeuner‹ zensieren, schlagen sie sich selbst die Mittel aus der Hand, Wirklichkeit korrekt abzubilden. Es sind nicht alle Zigeuner fahrend und kriminell, während viele Rom kriminell sind. Die Wirklichkeit ist komplizierter, differenzierter, mit anderen Worten: bunter; und jeder, der an Sprache, also an Ausdrucksvermögen herumnörgelt, sollte sich klar machen, welche Konsequenzen es hat, wenn man Ausdrücke zensiert. Die Ausdrucksvielfalt wird verloren. Es geht um die richtige Anwendung der Ausdrücke, um einen Sinn der Anwendung, nicht um ein Gefühl von Diskriminierung. Auch in der Neuauflage der Übersetzung von Philip Pullmanns *Der Goldene Kompass* finden wir politisch inkorrektes Vokabular, das niemand moniert: „Putzfrauen" (Pullmann 2015, 10) [„maidservants", 13] statt ›Raumpflegerinnen‹, „Eskimoschnitzereien" (37) [Eskimo carving, 28] statt ›Inuitschnitzereien‹ und auch das verschämte und im Deutschen eigentlich nicht existente „gyptische Familien" bzw. „Gypter" (45) [„gyptian families", 23] für ›Zigeuner‹. Schon allein das Kompositum ›Inuitschnitzereien‹ zeigt uns, dass die Korrekten zwar ihre politisch korrekten Nomen etablieren können, aber schon plastische Komposita sind mit den korrekten Vokabeln nicht zu haben. In der Verfilmung des *Goldenen Kompass* kommt gut zum Ausdruck, dass die ›Gypter‹ fast alle Klischees von dem, was man landläufig ›Zigeuner‹ nennt, erfüllen: Es sind schmutzige Gestalten, die in hierarchisierten Clans leben. Und auch im Buch: „Die verschwinden doch immer, die Gypter. Nach jedem Pferdemarkt verschwinden alle." „Und die Pferde auch", sagte einer seiner Freunde." (Ebd., 70) ›Gypter‹ ist im Deutschen eine Verfremdung, wie

„Branntwijn" (ebd., 38) [brantwijn, 28, statt brandy], die nur mäßig funktioniert.

Im Jenseits des Sagbaren: Tabus und Sprechverbote

Das, ›was sagbar ist‹, bzw. ›das Sagbare‹ haben die Korrekten selbst erfunden als ein Reich, auf das sie verweisen können, wenn es wiedermal ein Verbot gibt, etwas zu sagen. Was die Tabus angeht, so ist es schwer herauszufinden, was wirklich tabu ist, denn nur darüber redet man tatsächlich nicht, während man über die vermeintlichen Tabus fortlaufend redet. Tatsächlich wird über viel mehr gesprochen, als man denkt; man spricht privat oder öffentlich stets über die häusliche Gewalt bei den Nachbarn, über Menstruation, über Abtreibung, über marode Schulen, über diese oder jene Krankheit, über Kriminalität usw. Gerade, wenn die Korrekten ein Thema auf die Agenda setzen, spricht man darüber. Tabuisierte Themen sind wirklich versunkene Kontinente, zu denen man sich mühsam hindurcharbeiten muss – Themen wie Hass gegen Ausländer, Frauenunterdrückung, Missbrauch, Machtgefälle, Verarmung der Mittelschicht usw. gehören nicht dazu. Die Leiden, die aus erfolgloser Partnersuche entstehen, die Beschwerden, die ein chronisch krankes Familienmitglied auslöst, Trunksucht, Drogensucht, beruflicher Misserfolg, das Kuckuckskind u.v.m. sind keine Tabus mehr, wenn sie es jemals waren. Auch in der Reflexion über Sprache, eben ›wie man reden soll‹, was ›man noch sagen darf‹ usw., werden viele Themen angesprochen. Die Korrekten halten das für notwendig, die normale Bevölkerung wird ein Thema nach ihren Bedürfnissen behandeln. (Da es auch nützliche Tabus gibt, kann es auch Wunder wirken, ein Thema zur rechten Zeit nicht zu behandeln.) – Der NS-Vergleich ist besonders tabuisiert, wird aber deshalb auch skandalisiert, also hervorgehoben. (Zu sagen, xy ist ein Tabuthema, führt eher dazu, es zu beleuchten.) Schwieriger ist es, beispielsweise so etwas zu schreiben: ›Der Berührpunkt von Rassentheorie und Gendertheorie ist die Unwissenschaftlichkeit.‹ Diese Differenziertheit überfordert die Korrekten: Gender- und Rassentheorie sind nicht dasselbe, aber sie haben eine Gemeinsamkeit. Die Korrekten tun sich schwer damit, nicht nur, weil sie alles, was sie von sich geben, für ›wissenschaftsbasiert‹ halten, sie haben vor allem ein Problem damit, unbefangen mit der deutschen Geschichte zu argumentieren, wenn es um rein sachliche Argumente geht. Die Korrekten haben selbst Tabuzonen errichtet, übrigens zu ihrem eigenen Schaden, da sie jetzt immer bestimmte Themen oder Sachgebiete umgehen müssen. Denn man muss eines sagen: Die Korrekten kontrollieren vor allem sich selbst. Sie kontrollieren ihre Sprache, während der unbedarfte, freie, durchschnittliche Sprecher achselzuckend weitergeht. Die Korrekten haben eine solche Moral und eine solche Selbstkontrolle aufgebaut, dass sie ihren eigenen Sprachgebrauch ständig hinterfragen und auch revolutionieren müssen, daher auch die permanente Ausdrucksverbesserung, das Ersetzen schon politisch korrekter Wörter durch noch korrektere Ausdrücke und das Umsichwerfen mit ›N-Wort‹ und ›Z-Wort‹. Reizfiguren wie Hitler, Reizthemen wie diktatorische Züge in unseren Demokratien (weil Diktatur nicht etwas ist, was sich auf einen bestimmten Zeitraum festlegen lässt) provozieren bei den Korrekten einen Abwehrfuror. Dagegen eine Utopie: In einer freien Gesellschaft mit einem freien Ausdrucksvermögen in jede Richtung (sagbar sind etwa: ›Bist du schwanger?‹, ›Du bist zu dick.‹, ›Schon wieder haben sie sich wie die Zigeuner benommen.‹ Usw.) kann man auch Probleme schneller lösen. Wenn etwas gesagt werden sollte, das verletzt, so kann man sprachlich kontern. Wenn es eine kommunikative Differenziertheit in jede Richtung gibt, dann kann man auf das, was einem nicht gefällt, sprachlich reagieren und damit die Sache besser behandeln. Sprachverbote stellt nur derjenige auf, der von diesen profitiert, oder nicht die Kraft hat, zu diskutieren. – Übrigens: Ein Tabu x macht ein Stereotyp y nur stärker. Tabuisieren wir, dass Frauen starkes sexuelles Verlangen haben, wirkt die Unterstellung, Männer seien ›schwanzgesteuert‹, stärker.

Leisten, bleibt bei eurem Schuster

Die Korrekten denunzieren die Vergangenheit. Die Vergangenheit war aus ihrer Sicht arm und rückständig. Man moniert, dass es früher keine Rechte für Frauen, keine für Homosexuelle oder für Minderheiten gab. Man will eine progressive Moderne, die die Ungerechtigkeiten aus der Welt schafft. Man denunziert Traditionen, traditionelle Familie, traditionelle Werte, traditionelle Lebensweisen usw. Man erhebt sich moralisch über die Vergangenheit. Sprachlich: ›Pogrome sind so was von 30er.‹ Oder: ›Einweg war gestern. Mehrweg ist heute.‹ Oder: ›Wagenreihung auf Papier war gestern.‹ (*DB*) Immer wieder der Hinweis, wie spät Frauen Wahlrechte erlangt haben, wie spät Gewalt in der Ehe als solche gesehen (erkannt und verstanden) wurde, wie spät überhaupt Rechte für Frauen, für Homosexuelle, für Transistierte, ja für alternative Lebensweisen insgesamt umgesetzt und gesellschaftliche Tabus eingerissen wurden. Eine verzögerte Moderne, könnte man meinen. Im Zuge von LGBTQ+ behauptet man, Transpersonen habe es schon immer gegeben, sie seien nur nicht sichtbar gewesen. Das ist nun halb wahr, halb falsch. Man sagt, das Selbstbestimmungsgesetz sei ›überfällig‹… Die Gegenüberstellung von Vergangenheit und Moderne ist bei den politisch Korrekten sehr scharf. Alles Alte und Tradierte ist kritisch zu beäugen; wo man sonst auf Recycling setzt, will man doch Ideen und Errungenschaften der Vergangenheit nicht wiederverwerten. Oder manchmal schon: Alte Werte werden durch den Modernitätsfaktor auf Hochglanz gebracht: ›Gemeinsinn ist hochmodern‹ (Eckhard von Hirschhausen) Aber natürlich können nicht alle alten Werte den engen Übergang zur Jetztzeit passieren: Bestimmte Tugenden, vor allem geschlechtsspezifische Tugenden, sind nicht zeitgemäß. Allerdings werden, ganz alarmistisch betrachtet, alte Gräuel doch tradiert: Der Kolonialismus wirkt, natürlich, als Neokolonialismus fort, Transfeindlichkeit und Homosexuellenfeindlichkeit seien noch immer unüberwunden usw. Über die Vergangenheit zu urteilen ist leicht, vergangene Sachverhalte anders darzustellen ist besonders leicht. Auffällig ist das Muster der Beschuldigung im Nachhinein: Pornodarstellerinnen beklagen im Nachhinein die Zustände während der Produktion; Schauspielerinnen beklagen im Nachhinein die ›sexuellen Übergriffe‹; Politikerinnen beklagen im Nachhinein die Männerbünde; Lebensgefährtinnen und Ehefrauen beklagen im Nachhinein die ›toxischen Beziehungen‹ – und oft kommt die Anklage nach dem Tod des Beklagten, und zwar in Büchern, die sich gut verkaufen, in Artikeln, die sich rasant verbreiten. Man nennt so was auch ›Deutungshoheit gewinnen‹ und vielleicht ist das ja die symbolische Macht, von der die Korrekten immer sprechen.

Die Werte der Korrekten

Der Streit um Worte ist eigentlich oft ein Kampf um Werte. Die Korrekten wollen auf ihrer Seite intrinsische und funktionale Werte verteidigen und auch rationale Formen dieser Werte.[30] Ihre Gegner verteidigen ihrerseits

---

30 Wir unterscheiden nicht nur verschiedene Werte, sondern auch, ob sie aus sich heraus wertvoll sind oder nur bezogen auf anderes. Die ersteren können echt moralische Werte, die letzteren prudentielle Werte sein. Verschiedene Werte gliedern sich in einer Hierarchie, es gibt wichtige und weniger wichtige Werte, auch innerhalb der Klasse der

funktionale, intrinsische Werte und rationale Formen dieser Werte. Wo die Werte beider Kombattanten die gleichen oder scheinbar die gleichen sind, gibt es die echten Konflikte. Werte der Korrekten sind: (kollektive und individuelle) Freiheit, Würde, positive Gefühle, Sicherheit, globaler Frieden, Harmonie, Schutz der Umwelt usw. Dabei müssen wir die Werte von ihrem rhetorischen Vokabular freischälen. Zum Beispiel steckt hinter den oft propagierten demokratischen Werten letztlich auch nur die Freiheit. Und hinter den demokratischen Gepflogenheiten steckt die rationale Form des Wertes Freiheit. In Schreiwörtern wie ›Gerechtigkeit‹ oder ›Gleichheit‹ stecken Werte, denen wir auch diese Bezeichnung geben, mit denen wir aber nicht wie mit rhetorischen Sandförmchen ständig um uns werfen würden. Die Werte der Gegner der korrekten sind ebenfalls Freiheit, wohinter auch freie Entfaltung des Individuums und auch kollektive Freiheit steckt. Sie fordern auch die Meinungs- und Redefreiheit und verstehen darunter, dass, im Vergleich zu den korrekten, eben mehr gesagt werden kann, auch das, was gegen die Gefühle anderer gehen kann. Ist bei den Korrekten der Wert Respekt etwas, das als sekundärer Wert, die Würde des Menschen schützt, ist im Respekt bei den Gegnern auch der Fall enthalten, einem die Wahrheit ins Gesicht zu sagen. (Man unterstellt, dass jemand eigentlich auch an der Wahrheit interessiert ist, selbst wenn er sie fürchtet.) Wahrheit und Wissenschaftlichkeit sind bei beiden echte Werte (Wahrheit ist ein intrinsischer, Wissenschaftlichkeit ein funktionaler Wert), aber bei den Korrekten kann die Wissenschaftlichkeit dazu eingesetzt werden, andere mit dem Vorschlaghammer zu überzeugen, während bei den Gegnern der politischen Korrekten die Wissenschaftlichkeit etwas sein kann, was auch unbequeme Wahrheiten ans Licht bringt. Es stellt sich die Frage: Wer verteidigt wirklich wertvolle Werte, wenn diese Dopplung gestattet ist? Wer verteidigt primäre, wer nur sekundäre oder gar nur tertiäre Werte? Die Korrekten wollen zwar Freiheit, aber für sie ist die Freiheit bezogen auf mögliche Restriktionen. Dasselbe mit der Verantwortung, von der die Korrekten immer sprechen: Man soll verantwortlich sein, aber was

---

intrinsischen Werte. Deshalb sagen wir, dass Ordnung ein funktionaler, sekundärer Wert ist, denn er ist zweitrangig gegenüber dem funktionalen Wert des selbstmotivierten Ordnungsliebe. Und Effektivität des Ordnens ist ein tertiärer Wert, einer, der bezogen ist auf die Ordnung und diese optimiert. Wenig berücksichtigt in der Wertlehre sind die *Formen* der Werte. Rationale Form eines Wertes meint, dass er vernünftigerweise so existiert, dass er für die Menschen verwirklichbar ist oder dass er zu anderen Werten passt usw. Zum Beispiel wäre eine rationale Form des Wertes des Ausgleichs, dass man Institutionen schafft, die den Ausgleich effektiv umsetzen.

passiert, wenn man einer Verantwortung nicht gerecht wird? Dann folgt eine Bestrafung. Die Freiheit der Korrekten ist immer die Freiheit der anderen, für die ich meine Freiheit einschränken muss, niemals eine Freiheit, die dadurch zustande kommt, dass alle frei sind. Sie verstehen nicht, dass meine Freiheit diejenige anderer fördern kann und sie nicht beschränken muss. Ein funktionaler und sekundärer Wert ist für die Korrekten so etwas wie aktiv-werden, andere inspirieren usw. Es ist klar, dass die Korrekten einen solchen auxilarischen Wert brauchen, nämlich, um mehr zu werden und um die eigene Gesinnung zu verbreiten. Die Korrekten haben als Wert die Gemeinschaft, unter dem Gesichtspunkt der Vielfalt: die verschiedenen Communities (freier Austausch zwischen frei sich zusammenfindenden Individuen usw.). Das wäre großartig, gäbe es dann nicht die hartkantige, unachtsame und rücksichtslose Ausgrenzung gegen die, die anderer Auffassung sind. Somit werden sie ihrem eigenen Anspruch nicht gerecht. Es kann auch, wenn sich echte Werte widersprechen, zwischen den Korrekten und ihren Gegnern ein Streit um andere Werttypen entstehen: So wollen die Korrekten die Gleichheit fördern, Gleichheit ist für sie ein Wert, und sicher ist es auch ein Wert für ihre Gegner. Aber während die Korrekten das Sein aller Menschen auf Gleichheit gründen wollen (Chancengleichheit, Gleichwürdigkeit usw.), beharren die Gegner auf die offensichtliche Ungleichheit der Menschen (in Aussehen, Fähigkeiten, Intellekt). Sie bestreiten nicht, dass Gleichheit ein Wert ist, halten es aber für besser, Gemeinschaften auf Ungleichheiten zu gründen und Mechanismen des Ausgleichs einzuführen. Damit wird Gleichheit bei ihnen zu einem sekundären, funktionalen Wert. Damit ist der Widerspruch etwas entschärft, gleichwohl findet der schärfere Widerspruch immer noch an der Stelle statt, wo die einen in der Hauptsache Gleichheit, die anderen das Gegenteil wollen. – Die Korrekten haben kaum ästhetische Werte bzw. sehen ästhetische Gesichtspunkte bei Werten, die sie einfordern, nicht als allzu wichtig an. Das ist kein Wunder, denn Ästhetik hat etwas mit Ungleichheiten zu tun und im großen Werte-Paradigma der Gleichheit aller geht jene Ästhetik verloren, die aus Ungleichheit oder Distinktion kommt. Beispiel: Männer und Frauen sind ästhetisch aufeinander bezogen, sie sind durch ihre Kontrastierung ästhetisch geschärft und daher gegenseitig attraktiv. Die Gegner der politisch Korrekten haben das erkannt. Sie sagen etwa, Transfrauen werden keine Frauen, sondern Karikaturen von Frauen, wie man anhand der Drag Queens sehen könne. Hier wird offenbar der Wert der persönlichen Freiheit realisiert, doch ästhetische oder epistemische Werte spielen keine Rolle. – Manche Werte stehen näher zueinander als andere, manche Werte bilden Gruppen. So die sozialen Werte, auf die die Korrekten wert legen. Da gibt es innerhalb der Gruppe auffällige Verwerfungen: Die sozialen Werte wie Respekt, Toleranz, Freundschaft, Kollegialität, sozialer Friede und viele mehr werden hochgehalten, die Familie als Wert nicht. Vielmehr werden Eigenschaften des Familiären auf andere Wertobjekte übertragen.

Drei Annahmen der politisch Korrekten

a) Die politisch Korrekten sind sich darin einig, dass Sprechen = Handeln ist; sie sprechen von ›diskriminierendem Sprachhandeln‹. Aus den vielen Formulierungen greife ich nur die von Scharloth heraus: „Sprache ist Handeln und für Angehörige von Minderheiten wirken die Schimpfwörter der neuen Rechten ausgrenzend, entwürdigend und einschüchternd." (Ebd., 15) Wie Scharloth stellt auch Stefanowitsch seiner Sammlung an Schimpfwörtern eine Art Triggerwarnung voran (vgl. Stefanowitsch 2018, 7), um sensible Seelen nicht zu verletzen. Damit wird Sprechen als Handeln mit starkem Wirken überdehnt, man kann auf Beleidigung, Schmähung und Diskriminierung auch anders reagieren als mit einem Trauma. Die bevorzugte Reaktion ist ja auch das Zurückabwerten. Die politisch Korrekten werten ebenfalls ab.

b) Die politisch Korrekten setzen Denken = Sprechen. Wer zum Beispiel diskriminierende Sprache verwende, denke auch diskriminierend. Scharloth sieht seine Sammlung von Hetzwörtern als Spiegel des Denkens bestimmter Gruppierungen. Es stimmt sicher, dass, wer einen anderen verbal attackiert, diesen auch abwerten will, ihn negativ betrachtet. Aber dieses Denken muss nicht habituell sein, es kann augenblickshaft sein. Scharloth, Stefanowitsch und andere Sprachforscher und -kritiker gehen von einer habituellen Menschenfeindlichkeit aus, statt von schlichter und leicht zu erklärender politischer Unzufriedenheit der ›Hetzer‹. Richtig gesehen wird von Scharloth, dass Rechte Land und Leute (also Deutschland und Deutsche) abwerten, wobei man denken würde, dass sie beides aufwerten. Aber schon Hitler hielt von den realen Deutschen wenig und schadete ihnen so am meisten, so jedenfalls Sebastian Haffners Auffassung. Einen direkten

Beweis (nämlich durch zeitgenössische Zeugenschaft), dass Hitler gegen die Deutschen war, findet sich in Anna Haags Tagebüchern (ebd. 106).

c) Die politisch Korrekten rechtfertigen ihre Eingriffe in die Sprache, indem sie sagen, Sprache verändere sich sowieso. Das ist das schlechteste Argument für politisch korrekte Sprachkritik und für die Etablierung einer diskriminierungsfreien Sprache, denn wenn sich Sprache sowieso verändert, dann werden auch alle sprachkorrekten Neuerungen irgendwann obsolet werden (sei es, weil die Sprachkorrekten weiterhin mächtig sind und ihre Sprache revolutionieren, sei es, weil sie von den Inkorrekten abserviert werden...). Außerdem kann Stefanowitsch, der für positive Gruppenausdrücke (wie ›PoC‹) und gegen Abwertung ist, nicht verhindern, dass immer neue Abwertungsformeln entstehen (sowohl von Rechten: ›Flüchtilant‹ (wohl auf Pirinçci zurückgehend), als auch von politisch Korrekten: ›Sexist‹) und vor allem, dass *etablierte Hochwertwörter* einfach negativ gewendet werden, also nicht: ›Motsi Mabuse ist eine selbstbewusste PoC‹, sondern: ›Motsi Mabuse ist nur ein Poc‹.[31] Der Kampf gegen offensichtliche Beleidigungen wie ›Nigger‹, ›Bananenbimbo‹, aber auch negative Ausdrücke wie ›Luder‹, ›Emanze‹, ›Flittchen‹, ›Kampflesbe‹ usw., können politisch Korrekte gar nicht gewinnen. Beleidigungen entwickeln sich so wie Aussage und Gegenaussage, wie Frage und Antwort. Sie befinden sich in einer gemeinsamen Entwicklung mit anderen Schimpfwörtern. Schmähungen reagieren auf Schmähungen. Diese Koevolution lässt sich nicht mit Sprachpolitik unterbinden, sondern der einzelne Sprecher muss darüber entscheiden, ob er beleidigen will oder nicht. Und fast alles kann zur Beleidigung benutzt werden: Aus einem neutralen, beschreibenden Wort wie ›fossil‹ (wie in ›fossile Energien‹) kann eine größere Denkschablone werden (wie in ›fossiler Krieg‹) und auch eine abwertende Konstruktion, wie: ›fossiler Kanzler‹. Deshalb ist der Kampf gegen Invektiven aussichtslos. Wenn man das Wort ›Nigger‹ meidet, kann sich doch der Satz entwickeln: ›Mach nicht den Nigg‹... Genau diesen Satz habe ich gehört. – Recht gut zu erkennen ist, dass die politisch korrekte Sprache eine

---

31 Die gebundene Aussprache der Abkürzung muss nicht negativ sein, kann es aber, und das auch weit mehr als die Buchstabenaussprache, vgl. RAF [ɛʁ aː ɛf] im Unterschied zu Raf [ʁaːf]. Letzteres kann man auch sprachlich im abfälligen Gestus sagen.

(sondersprachliche) Sprachmode ist, allerdings eine breite und lang andauernde, so etwas wie eine beharrliche Schlechtwetterfront. Da die politisch korrekte Sprache zwanghaft vom Korrekten zum noch Korrekteren springt, und da das Gutsprech vom guten Ausdruck zum noch besseren Ausdruck eilt, ist vorauszusehen, dass sich diese Sprache irgendwann selbst auffrisst oder einfach ermattet.

Heimat, die ich meine

Es gibt sprachliche Veränderungen, ohne Zweifel, aber sie sollten nicht überschätzt werden. Früher sprach man eher von ›Haus‹ und ›Hof‹ oder vom ›Heim‹, schon die ältere Formel ›Haus und Hof‹ weist darauf hin. Heute begegnet man als positivem Konzept dem ›Zuhause‹. (Aufnahmeländer für Migranten sind nunmehr ihr ›neues Zuhause‹.) Auch das ›Heim‹ ist weiterhin gut gelitten (vgl. ›sweet home‹). ›Heimat‹ soll umstritten sein, ist es aber im normalen Sprachgebrauch nicht. Nur dort, wo ›Heimat‹ von Links und Rechts politisiert wird, ist es auch ein Politikum. Im Übrigen ist ›Heimat‹ ein Begriff, der überall mit positiver Bedeutung gefüllt werden kann. Deswegen sagt man ja auch, eine ›neue Heimat finden‹. Die Heimatesoterik im Zuge der Flüchtlingsdebatte weist darauf hin, dass ›Heimat‹ ein Gefühlsbegriff ist. Dass Heimat der Ort ist, an dem man sich wohl fühlt oder sich zumindest dreinfindet, kennen alle Exilanten. Vielen exilierten Schriftstellern seit 1933 wurde ihr Schreibtisch zur Heimat. Matthias Heine sagt zu ›Heimat‹: „Heimat ist eine sehr deutsche Angelegenheit." (Heine 2022, 99) Er begründet das mit der Etymologie, und dass es dieses Wort in anderen germanischen Sprachen nicht gibt. Aber: Wenn es das Wort nicht in anderen Sprachen gibt, warum ist es dann eine „sehr" deutsche Angelegenheit? Etwas, das ein alleiniges Merkmal aufweist, ist dann einfach „sehr", in diesem Falle sehr „deutsch"? Wenn Anna ein Mädchen ist, ist dann ihr Weiblichsein eine sehr weibliche Angelegenheit? Heines Gebrauchsempfehlung ist, das Wort ›Heimat‹ angesichts der Globalisierung und der Migration neu zu denken… Außerdem behauptet er vorher, ›Heimat‹ sei ein deutsches Wort aufgrund der Romantik in Deutschland. Die Romantik war aber eine europäische Bewegung. Heine stellt dar, wie Rechte und Konservative das Wort ›Heimat‹ als „Chiffre für Ausgrenzung" (ebd. 102) verwenden. Wenn Rechte das Wort ›Heimat‹ für sich reklamieren, geht es aber noch lange nicht dadurch kaputt. Auch nicht, wenn es aggressiv verteidigt wird. Jeder lädt den Ausdruck ›Heimat‹

auf, wie er will. Wenn Rechte auf der einen, Sprachkorrekte, Politiker und Aktivisten auf der anderen Seite um die Deutungshoheit ringen (vulgo: ›Heimat‹ semantisch in ihrem Sinne ausbeuten), so verwendet es gleichzeitig die Mehrheit der Sprecher ganz unpolitisch, aber auch ganz unromantisch und auch unproblematisch. Heine stellt es so dar, als ob Heimat in großen Wellen (Romantik, Konservatismus, NS, Heimatfilmzeit) für alle verbindlich verwendet wurde. Aber das waren alles spezielle Ausgestaltungen des Wortes ›Heimat‹, und sie haben nichts mit dem Gebrauch durch die durchschnittliche Sprechergemeinschaft zu tun. Die Gutsprecher sagen: ›neue Heimat‹, ›erste und zweite Heimat‹, ›neues Zuhause‹ und für sie ist Heimat, ›wo ich ich selbst sein kann‹. Die Heimat mag für Linke suspekt sein, aber nicht das ›heimische Biogemüse‹. Es gibt so viele tatsächliche Gebrauchsweisen und Aufladungen des Begriffs ›Heimat‹, dass es albern ist, eine Gebrauchsempfehlung zu geben.

Sprecherautorität: meinen = sagen

Zu den Verkehrungen von linguistischen Grundlagen gehört die Annahme der Korrekten, dass Aussagen dann als x-istisch zu bewerten sind, wenn der Angesprochene (oder ein Dritter) die Aussagen als x-istisch *empfindet* oder so *versteht*. Die Beurteilung, ob eine Aussage x-istisch ist, unterliegt nach Auffassung der politisch korrekten Aktivisten dem Hörer. Damit greift man die Sprecherautorität an, auf die sich die Sprachgemeinschaft stillschweigend und konventionell geeinigt hat. In unserem Sprachalltag sagen wir etwas und meinen damit etwas. Sagen und Meinen müssen kongruent sein, damit Sprechakte (wie befehlen, versprechen, schwören, drohen usw.) das meinen (nach Grice gleichbedeutend mit: als das intendiert sind), was sie besagen. Befehle ich zwar etwas, wird das aber nicht als Befehl verstanden (oder gar in etwas anderes umgedeutet), so wird der Befehl sinnlos. Natürlich ist die Kongruenz nicht immer gegeben. Beim Lügen ist sie nicht gegeben, beim Witze erzählen ebenfalls nicht (oder es liegt in einem Witz ein n-faches Meinen vor). In der Wissenschaft sieht man die Kongruenz von Meinen und Sagen (zum Beispiel, ich sage: x ist y, und ich meine das auch so, und sage es nicht nur so dahin) als Idealfall, sofern man die Wahrheit in der wissenschaftlichen Praxis hochhält, und sie ist auch der Regelfall, insofern Fälschungen, Lügen und wissenschaftlicher Betrug gemessen an den Normalfällen selten sind. In einer Verhörsituation dürfte die Tatsache, dass Meinen und Sagen nicht kongruent sind, der Regelfall sein, insofern Kommissar und Beschuldigter davon ausgehen, dass sie lügen dürfen. Ihr Sprachspiel hat das Wahrheitsdogma suspendiert. Für den Sprachalltag ist anzunehmen, dass Sagen und Meinen meistens kongruent sind. Deutet nun der politisch korrekte Hörer das Gemeinte im Gesagten um und extrahiert ein seiner Position genügendes anderes Meinen aus dem Gesagten (der Hörer wertet das Kompliment als Sexismus, die negative Aussage über einen Schwarzen als Rassismus etc.), so wird das Intendieren sinnlos. Außerdem wird die Position, dass es darauf ankommt, wie der Hörende das Gehörte versteht, und nicht darauf, wie der Sprechende das Gesprochene meint, dadurch selbst untergraben. Denn der politische Aktivist, der politisch Korrekte, die Feministin, die Frauenrechtlerin, der Antirassist, die Antikolonialistin usw. wollen ja selbst, dass das, was sie *sagen*, so aufgefasst wird, dass darin zum Ausdruck kommt, was sie *meinen*. Dass sie also, kurz gesagt, die Sprecherautorität inne haben. Um seine politische Botschaft zu übermitteln, muss der politisch Korrekte in dem, was er sagt und meint, ernst genommen werden, muss also insgesamt die Sprecherautorität in Kraft sein und kann nicht zugunsten einer Hörerautorität aufgegeben werden. Natürlich kann jemand, der eine x-istische Beleidigung ausspricht, später verneinen, dass er es tat. Dieses Problem ist aber nicht so groß, dass es rechtfertigen würde, die Sprecherautorität zugunsten der Hörerautorität aufzugeben. Normalerweise kommen wir in unserem Sprachalltag gut mit Lügen, Zurücknahmen von Aussagen und mit dem eigentlich in einer Aussage Gemeinten zurecht. Die feministischen Aktivisten geraten besonders in ein Dilemma, wenn sie die Sprecherautorität aufgeben, denn sie wollen ja gehört werden und sie wollen, dass man befolgt, was sie sagen. Das Dilemma betrifft vor allem ihre Schreiformel: ›Nein heißt nein‹. Die Formel hat folgende Struktur: ›Nein [sagen] heißt nein [meinen]‹. Das zweite Nein betont das erste Nein, mit der autoritativen Bedeutung, dass das erste Nein anerkannt werden soll. Jemand, der so spricht, will und muss die Sprecherautorität haben. Es gibt noch mehr zu sagen: Aktivisten fordern im alltäglichen Umgang, dass man nicht von Äußerlichkeiten auf das Geschlecht schließen soll, dass man das Gegenüber nicht falsch anreden und nicht falsch lesen solle, dass man nicht nicht nach der Herkunft, dem Geschlecht, der sexuellen Orientierung, einer Schwangerschaft oder nach dem Beziehungsstatus fragen solle. Das bedeutet, man geht auf das (vermeintliche) Bedürfnis des Gegenübers (des Adressaten von Sprechakten) ein, nimmt sich aber dadurch auch die Möglichkeit, grundlegende Informationen zu erhalten. Das bedeutet, dass, wenn auch hier die Sprecherautorität zugunsten derjenigen des Angesprochenen aufgegeben wird, es nicht mehr zu einer leichten Kommunikation kommen kann.

Noch einmal: Fräulein

Die von Pusch geforderte „Null-Lösung", also das Abschaffen des Ausdrucks ›Fräulein‹ (Pusch 2019, 233), wurde ja bürokratisch schon vollzogen. Der *Duden* rät vom Gebrauch ab und rät zu ›Frau‹. dennoch lebt das Wort weiter, weil es Ausdrucksbedürfnissen entspricht. Dabei ist die Bezeichnung ›Fräulein‹ nicht so zu verstehen, dass es nur junge Frauen meint oder alte Frauen verjüngt, sondern es ist eine Respektbezeichnung, auch und gerade für alte Frauen; der Sprachgebrauch belegt das auch, man denke an Hoffmanns *Fräulein von Scuderi*, eine Dame (wenn man sich dem Missverständnis hingibt, dass Dame ein Hochwertwort sei). Und auch bei Hesse: „[M]eine Mutter hatte in der Stadt eine einzige nahe Verwandte und Freundin, eine Cousine, die ein ältliches Fräulein war[.]" (Hesse 2022, 125) ›Fräulein‹ kann in der weiten und in der engen Bedeutung (das ist ›Bedienung‹) verwendet werden, auch sehr verschieden in unterschiedlichen Gebrauchsweisen. In den obigen Beispielen kann Unverheiratetsein dazu kommen, es wird also der Ausdruck ›Jungfer‹ umgangen, so dass der Gebrauch ›Fräulein‹ dann respektabel wäre, wenn ›Jungfer‹, besonders ›alte Jungfer‹, negativ wäre. Hesse verwendet, weil die Figur negativ ist, negative und ironische Bezeichnungen, also gerade ›Fräulein‹ mit negativem Attribut (ältlich), zudem noch „Dame", „Demoiselle", „altjüngferlich" und als Anrede: „gnädiges Fräulein" (Hesse ebd., 140ff.). Man sieht hieran: Hesse verfügt zur Charakterisierung eine Ausdrucksbreite, weil neben anderen Ausdrücken ›Fräulein‹ zur Verfügung steht. Dabei hat ›Fräulein‹ nicht nur eine feste Bedeutung, sondern lässt sich mannigfach einsetzen. Es ist also nichts daran, dass man ›Fräulein‹ streicht, weil man ihm eine oder nur eine bestimmte negative Konnotationen zuweist. Die politisch Korrekten streichen ›Fräulein‹, weil sie ihm nur eine negative Bedeutung zuweisen und weil sie nicht die Beweglichkeit des Ausdrucks sehen. Sie beschneiden die Sprache, weil sie Ausdrücke als so oder so negativ bedeutend ansehen, obwohl das die Sprechergemeinschaft nicht so empfindet. Es ist auch ein natürlicher Prozess, dass Ausdrücke neue, weite oder enge Bedeutungen annehmen bzw. dass sich ihre Gebrauchskontexte ändern. Nun, es geht den Korrekten aber um einen Spezialfall, nämlich um ›Fräulein‹ als Anrede, nicht nur um die Bezeichnung, auch wenn dort schon viele feministische Irrtümer stecken (etwa eine angebliche Verniedlichung der Frau). Die Anredefrequenz hat stark abgenommen; wenn eine Frau mit ›Fräulein‹ adressiert wurde, konnte sie es ohnehin immer korrigieren. Dieses Problem besteht also eigentlich nicht mehr.

Die Frechheit, frei zu sein

Für Aktivisten, insbesondere Genderaktivisten, heißt *leben* gleichzeitig, sich *auszudrücken*. Überall, wo das Leben weniger gelebt als ausgedrückt wird, besteht die Gefahr, dass es zum Schauspiel wird. Transaktivisten und Frauen wollen, wie sie sagen, ›frei sein‹, ›selbstbestimmt‹, wollen ›ihr Leben leben‹, insbesondere Transaktivisten wollen, dass ihre Lebensweise ›anerkannt wird‹. Frauen wollen ›mit gleichen Rechten anerkannt‹ werden, wollen ›gleichberechtigt‹ sein. Rechte und Anerkennung der entsprechenden Lebensweise zielen letztlich darauf ab, frei zu sein; und Freiheit ist es, was den Kulturmenschen ausmacht. Heutzutage können ›neue Lebensweisen‹, wie man meint, eine Provokation darstellen. Das ist indes ein Irrtum. Die Provokation liegt nicht darin, dass durch neue (bunte, queere, freiheitliche, emanzipatorische usw.) Lebensweisen diejenigen provoziert werden, die konservativ, unmodern, altbacken oder zurückgeblieben sind. Freiheit ist für alle eine Provokation, die von Regeln oder Traditionen überzeugt sind; aber Regeln und Traditionen sind nicht minder Provokationen für die, die auf eine neue Art leben wollen. So beschreibt dieses Problem auch recht gut den Kern unseres gegenwärtigen Kulturkampfes. Offenkundig geht es um verschiedene Lebensweisen, wobei leben, wie man wirklich möchte, Freiheit impliziert. Das Schreckbild einer uniformierten Gesellschaft (daher die ständig evozierten Bilder von Faschismus und Kommunismus) hilft dabei, den Begriff der Freiheit zu schärfen, allerdings nur negativ, denn eine positive Definition verbietet sich angesichts der Tatsache, dass man verschiedene Lebensweisen, also verschiedene Freiheiten will. Diese Tatsache ist wiederum verbunden mit dem ehrwürdigen Begriff des Liberalismus. (Aufgrund der vielen Spielarten des Liberalismus begnügt man sich mit einem konsensfähigen, das heißt sehr allgemeinen Begriff.) Neuerdings wird diese Tatsache jedoch eher mit dem Ausdruck ›Vielfalt‹ in Verbindung gebracht. Man fordert ›vielfältige Lebensweisen‹, auch ›Gemeinsamkeit bzw. Einigkeit in Vielfalt‹. Es gibt Vielfaltskriterien und neue Vielfaltsnormen. An diesem Punkt merkt man schon, wie die Sache kippt: Man überlege sich, wie es aussieht, wenn Freiheitsnormen etabliert werden. Freiheit, ebenso wie Vielfalt, gibt es schon; wenn man sie als Norm fordert, sind sie wertlos. (Besonders bei Vielfalt wirkt das Herstellen, etwa durch Einwanderung und durch neue, allerorten respektierte Lebensweisen seltsam, da gewachsene Vielfalt langsam entsteht und die differenten Teile aufeinander abgestimmt sind, während bei einer erzwungenen Vielfalt Unterschiedliches künstlich zu einem Komposit zusammengefügt wird.) Dann ist noch wichtig zu verstehen: Freiheit ist ein primärer Wert. Menschen unterwerfen sich nur so weit Regeln, Normen, Restriktionen und Risiken, so weit sie Freiheit gewinnen. Aus Angst können sie sich auch Regeln und Unfreiheiten unterwerfen, um Sicherheit zu gewinnen, und für das bloße Überleben tun Menschen alles. Aber an die Freiheit werden weitere Ansprüche gestellt: Sie soll echt sein, sie soll rechtlich abgesichert sein, sie soll entweder intrinsisch dauerhaft oder aber extrinsisch garantiert sein.

Falsches und richtiges NS-Vokabular

Immer wieder gibt es Debatten um angebliche Begriffe des Nationalsozialismus. So wurde Robert Habeck am 14. Juni 2023 vorgeworfen, den Ausdruck „Rollkommandos" verwendet zu haben, der ein Nazibegriff gewesen sei. Es ist zweifelhaft, ob es ein genuiner Begriff der Nationalsozialisten ist; Klemperer behandelt ihn nicht und weist ohnehin darauf hin, dass die Nazis ihre Begriffe klauten. Schmitz-Berning verzeichnet den Begriff nicht, auch Matthias Heine behandelt ihn nicht. Sucht man in Online-Lexika, so findet man den Hinweis auf das ›Rollkommando Hamann‹, das u.a. in Litauen zur Exekutionen und Judenvernichtung eingesetzt wurde. Für dieses gab es die litauische Bezeichnung: ›Hamanno skrajojantis būrys‹, also ›Hamanns fliegende Truppe‹. In so einem Fall lohnt sich der Blick in den *Duden* (*Deutsches Universalwörterbuch*, 6. Auflage, 2006): „Rollkommando, das [ursprünglich Soldatenspr[ache:] Rekruten wurden oft nachts von einem Trupp Älterer „verrollt" (= verprügelt)]: Gruppe von Personen, die für bestimmte überraschend durchgeführte gewalttätige od[er] der Störung dienende Aktionen eingesetzt wird." Der Ausdruck, sicherlich im Nationalsozialismus verwendet, ist kein spezifischer NS-Begriff. – Einen Aufreger gab es über den Ausdruck ›Führerhaus‹: „Laatzen. Der „Führerhaus"-Aufkleber, der bis Donnerstag, 20. Juli, auf der Fahrerkabine eines Lkws der Gleidinger Otto Kregel Containerdienst GmbH geklebt hatte, beschäftigt jetzt auch die Staatsanwaltschaft Hannover. Der Aufkleber mit der Aufschrift „Führerhaus – Fahrer spricht deutsch" in altdeutscher Frakturschrift hatte zuletzt eine Welle der Empörung ausgelöst. Etliche Kommunalpolitikerinnen und -politiker sowie der Bürgermeister hatten ihn als geschmacklose Nazi-Anspielung verurteilt. […] Der Begriff „Führerhaus" sei eine Bezugnahme auf das 1937 erbaute Führerhaus an der Arcisstraße „in München, von dem aus Hitler und die NSDAP die nationalsozialistische Idee der Vernichtung „unwerten Lebens" maßgeblich verbreiteten." (*Hannoverische Allgemeine* online vom 2.8.2023) Auch hier mag der Bezug zur NS-Zeit durch Art und Weise des Aufklebers ganz bewusst hergestellt sein. Die Netzgemeinde hat aber richtig darauf hingewiesen, dass die Frakturschrift von Hitler abgelehnt und durch Erlass durch die Antiqua ausgetauscht wurde. Der historische Bezug besteht aber ganz sicher nicht, weil man auf die heute gebräuchlichen Hoheitsfarben referiert; dafür wären die Reichsfarben nötig gewesen. Das „Führerhaus" an der Arcisstraße „in München" heißt nicht ›Führerhaus‹, sondern ›Führerbau‹. Das mag ein feiner Unterschied sein, aber er ist dennoch wichtig. Wenn die Korrekten Feinheiten zwischen ›Neger‹ und ›Nigger‹, zwischen ›Farbiger‹ und ›PoC‹ ausmachen, dann gilt dieser Unterschied, vor allem ein historischer, auch für ›Führerhaus‹. – Genuine Nazibegriffe sind ›Machtübernahme‹ (seltener ›Machtergreifung‹) und ›Röhmputsch‹. Matthias Heine, der in *Verbrannte Wörter* NS-Ausdrücke auf Herz und Nieren prüft und Empfehlungen zum Gebrauch ausspricht, behandelt ›Röhmputsch‹ nicht eigens, stellt aber für viele NS-Begriffe fest, dass man sie nicht mehr verwenden oder dass man ihren historischen Hintergrund „kennen und bedenken" (vgl. Heine 219, 147) solle. Inkohärent ist es, NS-Begriffe zu erlauben, wenn sie nicht „zum Kernwortschtz der NS-Ideologie" (ebd., 151) gehörten, aber bei von Heine als „harmlos" (ebd. 153) angesehenen Ausdrücken zu erwägen, wann und ob man sie gebraucht… Heine behandelt den Ausdruck ›Nacht der langen Messer‹, aber nicht ›Röhmputsch‹. ›Röhmputsch‹ ist ein Ausdruck, den die Nazis prägten und verwendeten, und der in der Forschung (oft in distanzierenden Anführungsstrichen) verwendet wird und der alternative NS-Begriffe und auch neutrale Fachprägungen dominiert (anders als ›Reichspogromnacht‹, der nur alle Nazi-Ausdrücke dominiert, vgl. Heine ebd. 165). Um kohärent zu argumentieren, müsste Heine den Ausdruck ›Röhmputsch‹ verbieten, da es ein Nazibegriff ist. Klemperer sprach von „Röhmrevolte"

(Klemperer 2010, 261). Als Scholz im September 2023 den Oppositionsparteien einen ›Deutschlandpakt‹ vorschlug (Zusammenarbeit, statt gegeneinander arbeiten), so wiesen die Medien schnell auf den ›Deutschlandpakt‹ von NPD und DVU hin. ›Deutschlandpakt‹ war also ein Fahnenwort, das schon die Rechten verwendet hatten. So genau konnte kein Korrekter sein, das zu bedenken. Und auch nicht alles ist durch den NS-Sprechgebrauch oder durch allgemeinen Sprachgebrauch durch Rechte desavouiert, Formen sind es jedenfalls nicht. ›Energie durch Klang‹ kann man sagen, aber nicht ›Kraft durch Freude‹ und ›Vernichtung durch Arbeit‹. Die letzten beiden Formeln zerstören nicht das beliebte Schema. – Im September 2023 wurde Höcke angeklagt, weil er bei einer Rede in Merseburg den verbotenen Satz ›Alles für Deutschland‹ gesagt hatte. Die Wachhunde der Korrekten waren aufmerksam gewesen; der Satz gehört als damaliger Wahlspruch der SA zu den in der BRD verbotenen Nazi-Kennzeichen. Er ist an sich auch echter NS-Gebrauch. Doch was man nicht sieht ist die rhetorische Einbettung; es handelt sich um eine Klimax, die vom Kleinen ins Große geht: ›Alles für unsere Heimat, alles für Sachsen-Anhalt, alles für Deutschland‹. Höcke monierte denn auch, dass der Halbsatz aus dem Zusammenhang gelöst werde. Wir sehen an diesem Beispiel, dass verminter Sprachgebrauch zu Unsicherheiten und zu langwierigen Erkenntnisverfahren (hier vor Gericht) führt. Ein unbefangener Umgang mit Sprache, zumal einem nicht allen bewusst sein kann, was gemieden werden muss, wäre freiheitlicher.

Methodisches, nachgetragen

Unsere Betrachtung der politisch korrekten Sprache fördert keine Absoluta zu Tage. Immer, wenn wir etwas über etwas aussagen, müssen wir das Bezugssystem angeben, innerhalb dessen Grenzen unsere Aussage Gültigkeit beansprucht, denn eine absolute Gültigkeit gibt es nicht; diese wie auch die Sache selbst ändert sich mit der Transformation einer Umgebung in eine andere. Bei der Angabe von zwei oder meist mehreren Bezugssystemen haben wir auch noch die Wahl zwischen idealen und realen Bedingungen oder anders gesagt zwischen faktischen und normativen Umgebungen; wir können sagen, wie sich etwas verhält in Bezug auf seine Umgebung mit Regelmäßigkeiten, Gesetzen, Wirkungen usw. Oder wir können sagen, wie es sich real verhält in Bezug auf ein Ideal, wie sich also in unserem Falle Sprache verhält gemessen daran, wie sie sich verhalten sollte. Wenn es um Normen und Ideale geht, kann eine Bezugsumgebung nur Stil (im weitesten Sinne Ästhetik) sein; tatsächlich sagen wir, dass die politisch korrekte Sprache oft hässlich ist, und das können wir nur in Bezug auf einen normativen ästhetischen Anspruch. Warum dieser gerechtfertigt oder warum ein anderer genauso gut gerechtfertigt sein könnte, führt dann noch weiter. Wie immer kommen wir vom Stöckchen aufs Hölzchen. Doch zunächst reicht es, uns noch einmal bewusst gemacht zu haben, dass unsere Aussagen nicht absolut zu verstehen sind; unsere ganze Kritik beruht auf der Annahme, dass Sprache besser (auch für politische Ziele besser) verwendet werden kann; dass politisch korrekte Sprache, was das reale Bezugssystem anbelangt, natürlich nur so weit gehen kann, wie die Sprache in ihrer Gesamtheit (in ihrer regulären Phänomenologie wie auch in ihren Spielarten, Varietäten, Abweichungen usw.) gehen kann, und dass sie gemessen am Ideal gut durchformter Sprache gerade nur soweit gedeiht, wie sie ihren propagandistischen Zweck erfüllen zu können glaubt. Sie hat nicht den Anspruch, bleibende Kunstwerke zu schaffen, das muss sie auch nicht haben, aber dadurch wird sie lediglich instrumentell und wird kaum bleibenden Einfluss auf unsere Kultur haben. (Allenfalls werden einige Ausdrucksdenkmäler bleiben, wie es ja bei der Masse an Ausdrücken unter Selektionsdruck nicht anders zu erwarten ist. Dabei sind die bürokratischen Ausdrücke der politisch korrekten Sprache nicht einmal gute Kandidaten, obwohl sie in festen, überdauernden, ja vergleichsweise permanenten Routinen verwendet werden. Aber bleiben tut in der Allgemeinsprache nur das, was nutzt; und ein Ausdruck nutzt, wenn er verschiedenen Bedürfnissen genügt, epistemischen, praktischen, aber eben auch ästhetischen.) Was das epistemische Bezugssystem anbelangt, so können wir die politisch korrekte Sprache nicht allein deswegen schelten, weil sie Begriffsungetüme schafft, die zugleich große Begriffsirrtümer in sich schließen, denn das gibt es auch in der unpolitischen Sprache. Wir müssen die bewusste Irreführung ansprechen, die bei so vielen Ausdrücken auf der Hand liegt, dass man die politisch Korrekten fragen möchte, warum sie offensichtlich so ungeeignete Werkzeuge für ihre Sache in die Welt setzen. Das gilt für Einzelbegriffe wie auch für die Muster der Schwemmausdrücke und noch mehr für die sprachkritischen Metabegriffe der Korrekten (›Diskurs‹, ›Hassrede‹, ›x-ismus‹, ›generisches Maskulinum‹, ›abwerten‹ usw.), die zwar die gewöhnliche Sprache angreifen, deren Analysemittel aber offenkundig ungeeignet sind. Wenn man Ausdrücke wie ›Mädchen für alles‹, ›Hausdrache‹, ›Schlampe‹, ›Neger‹,

›Mischling‹ usw. angreift, ohne die Bildhaftigkeit zu berücksichtigen, ohne zu berücksichtigen, welche ästhetische Rolle sie spielen, dann kann man nicht erfassen, warum eine Sprachgemeinschaft an diesen Ausdrücken hängt – und warum sie daher unausrottbar sind (unausrottbar im Verhältnis zur Zeit, die der Sprachwandel benötigt, Ausdrücke veralten zu lassen). Natürlich gebe auch ich nicht im Einzelnen die Kontextbedingungen an, ich finde es ausreichend, dass sich der Leser darüber im Klaren ist, dass meine Beispiele keinen Absolutheitsanspruch haben und durchaus nur in einer Umgebung gültig sind, in einer anderen vielleicht nicht. Da wir hier immer das Große und das Kleine im Auge haben, mal das Einzelwort oder gar ein Morphem, und auf der anderen Seite Strukturen der Sprache, wechseln auch die Umgebungen entsprechend.

Metabegriffe der Sprachkorrekten

Viele Metabegriffe der politisch Korrekten, die man nutzt, um andere Begriffe zu bewerten, stammen aus dem Englischen. In einem Beitrag für die Onlineseite der Zeitschrift *Aus Politik und Zeitgeschichte* bietet uns Anatol Stefanowitsch ›Slurs‹ als Wort an, das am ehesten Abwertungen von Gruppen bezeichnet und mehr als eine Beleidigung sei, und für das es kein deutsches Pendant gebe. Es ist typisch, dass Stefanowitsch behauptet, das Wort meine besser und treffender als ›Beleidigung‹ die Abwertung von Gruppen und es gebe kein geeignetes deutsches Wort dafür. Er schreibt: „Wörter wie ›Zigeuner‹, ›Spasti‹ oder ›Schwuchtel‹ sind aber weder gesellschaftliche oder politische Tabuwörter noch einfach nur Schimpfwörter – sie bilden eine eigene Kategorie, die in der internationalen sprachwissenschaftlichen und sprachphilosophischen Forschung als ›Slur‹ bezeichnet wird – ein Begriff, den ich hier mangels einer präzisen und allgemein anerkannten deutschen Entsprechung übernehme. In diesem Beitrag werde ich Slurs gegen Tabuwörter und Schimpfwörter abgrenzen und damit die Grundlage schaffen, um ihre Vermeidung – und damit die sogenannte Political Correctness – aus sprachethischer Sicht zu bewerten." (Stefanowitsch 2020, o.S.) Die Frage ist, ob ›Slurs‹ wirklich so verwendet wird, wie er es darstellt, und ob den Deutschen damit gedient wäre, wenn sie es übernehmen, denn die meisten können sicherlich nicht den Bedeutungsgehalt von ›Slurs‹ nachvollziehen. Typisch an Stefanowitschs Herangehensweise ist das Erklären. Er erklärt uns ›Slurs‹, wir sollen es so verstehen, wie er es sieht, und indem er ›Slurs‹ von Tabuwörtern und Beschimpfungen abgrenzt, erhält er dasjenige Kriterium, dass es der politischen Korrektheit ermöglicht, weiterhin unliebsame Wörter zu bekämpfen. Würde er Ausdrücke wie ›Zigeuner‹, ›Schwuchtel‹, ›Spasti‹ usw. mit einem deutschen Ausdruck (›Beleidigung‹, ›Abwertung‹, ›Beschimpfung‹ usw.) belegen, wäre die Argumentation gegen einen Gebrauch solcher Wörter viel schwieriger. Denn normalerweise ist sich das Sprecherkollektiv und ist sich auch der einzelne Beleidiger durchaus bewusst, dass es Beleidigungen geben muss, weil es Sprecherbedürfnissen entspricht. Die Korrekten machen es vor, wenn sie ihr Abwertungsvokabular verbreiten. Überall, wo modische englische Begriffe auftauchen, um vermeintlich skandalisierte Phänomene zu bezeichnen (›slurs‹, ›femicide‹, ›upskirting‹, ›old white man‹, ›hatespeech‹ usw.), da will man sich auch mit hippen Reden in den Vordergrund drängen. Wenn englische Begriffe als Metabegriffe verwendet werden, um Sprachkritik am Deutschen zu betreiben, dann hat man eine höhere Weihe und man schüchtert die Sprachlaien ein. Das sollte man berücksichtigen, wenn man auf das politisch korrekte Vokabular stößt. – Es empfiehlt sich, wachsam zu sein und genau auf den Wortgebrauch der politisch Korrekten zu achten. Nehmen wir den Ausdruck ›abwerten‹ bzw. ›devalidieren‹. Feministen sagen, Frauen würden von ihrem Partner oder von maskulinen Strukturen ›abgewertet‹. Wir wissen schon, warum die Korrekten zu diesen Ausdrücken greifen, und nicht etwa zu sinnlichen, bildhaften wie: ›runterbuttern‹. Zu ›abwerten‹ und seiner Fremdwortvariante ›devalisieren‹ gibt es die Ung-Abstrakta ›Abwertung‹ und ›Devalidierung‹, zu ›runterbuttern‹ gibt es aber kein solches Abstraktum. (Und: ›herunter-‹ ist besser als ›herab-‹, obwohl letzteres durch seine pharseologischen Familie gestärkt wird: ›jemanden von oben herab behandeln‹, ›auf jemanden herabsehen‹.) Würden die Korrekten sinnliche, konkrete Wörter benutzen, könnten sie nicht ihren Abstraktionsfimmel pflegen, und wenn sie diesen nicht pflegen könnten, könnten sie nicht die ganze Zeit von ›Strukturen‹ oder ›Zusammenhängen‹ faseln.

Triumph des Systems

Es gibt zweifellos Systeme und es gibt viele systematische Beziehungen. Doch wenn man von einem ›System‹ spricht, dann sollte man die Elemente angeben, die das System konstituieren. Wie bei ›Diskurs‹ ist auch bei ›System‹ das Formwort zu einem Inhaltswort geworden. Die Rede vom System ist daher bei den Korrekten beliebt; sie soll alles erklären oder eine Sache aufwerten: ›systemisches Denken und Handeln‹, ›Systemgegner‹, ›systematischer Missbrauch‹, ›sexistisches / maskulinistisches / patriarchales System‹, ›System Putin‹, ›systemische Therapie‹, ›Ökosystem‹ usw. Die Sprache soll nach der Rede der Korrekten systematisch andere als binäre Geschlechter ausschließen, unser Gesellschaftssystem soll diesen oder jenen benachteiligen und ausschließen, die Ungleichheit nehme systematisch zu usw. Das Problem: Wer will das messen? Während ›systematisch‹ in positiven und negativen Zusammenhängen erscheinen kann, scheint ›systemisch‹ nur in positiven Zusammenhängen zu erscheinen, wie in ›systemischer Paartherapie‹ usw. Wohl liegt nur eine praktische Unterscheidung zugrunde, ein semantischer Unterschied wirkt meistens erzwungen. (Wie auch bei ›human‹ und ›humanistisch‹. Ich würde bezweifeln, dass es nie einen Unterschied gibt, schließlich haben sich zwei Gebrauchsweisen herausgebildet, aber die Unterscheidungen sind, wenn sie überhaupt zum Tragen kommen, sehr fein. Meistens bezieht sich der Unterschied auf die Ableitung verschiedener Nomen aus der Wortfamilie, doch bei ›systemisch‹ und ›systematisch‹ kommt die Ableitung von ›System‹. Das Gutsprech tendiert eben zu diesen verschiedenen Gebrauchsweisen. ›systemisch‹ ist dabei die Fremdwortdublette zu ›ganzheitlich‹, auch ein esoterisches Wort, kann sich aber von ›systematisch‹ (auf ein System bezogen) nicht ganz frei machen, denn das Ganzheitliche bleibt auf das Ganze bezogen...) Das Problem bei ›System‹ ist, dass es sich wirklich um ein blasses Wort handelt, das sehr *abstrakte* Vorstellungen evoziert. Damit kann die Vorstellung als Themavorstellung wirken, an das andere Unterthemen (als jeweiliger Fokus) anschließen können. Daher die vielen Unterthemen, die man als systematisch bezeichnet: ›systematischer Missbrauch‹, ›systematische Gewalt‹, ›systematische Kriegsführung‹, ›systematische Abwertung‹, ›systematische Männlichkeit‹ usw. Abstrakte Begriffe bieten sozusagen die gedankliche Schablone für Konkretes, am besten für Themen, die man einführen will. Doch die Sprachkorrekten verstehen nicht, dass die abstrakten Wörter doch irgendwie auch aus Konkreta konstituiert werden.

Normalität und Heteronormativität

Die Korrekten leiden unter ›Normalität‹. Diese stellen sie der Vielfalt und der Abweichung (›queer‹) gegenüber. Dabei verkennen sie, dass es durchaus verschiedene Normalitäten gibt. Sie reden von ›Normgesellschaft‹, monieren repressive Schönheitsnormen, eine genormte Lebensführung, unterdrückende Geschlechternormen oder Normen, die Unterschiede zwischen Individuen oder Gruppen regeln. Dass Normalität repressiv sei, ist abwegig. Gäbe es nur eine Normalität, so dürfte es einen breiten Normenkorridor geben. Aber öffentlich gibt es verschiedene Normalitäten, die auch untereinander konkurrieren oder koexistieren. Korrekte reden von ›Heteronormalität‹ (in Bezug auf Geschlechter). Nun, eine ›Mononormalität‹ wäre noch schlimmer. Wichtig ist für die Korrekten das Itäts-Nomen, weil sie merken, dass Normalität manchmal doch ein erwünschter Zustand ist – so zum Beispiel zum Bäcker zu gehen, ohne durch einen Bombenhagel zu müssen... Wieso kann Normalität nicht repressiv sein? Ganz einfach, sie ist ein Resultat von Konventionen. Sie ist nichts, was um ihrer selbst willen praktiziert wird. Außerdem: Normalität ist nicht Alltag, auch wenn sie mit ihm etwas zu tun hat. Der Alltag kann durchaus schwer sein (aber ebenso wenig wie die Normalität repressiv), man ist gestresst, gehetzt, überfordert und verbringt schlaflose Nächte. Die Normalität hat nichts von diesen emotionalen Komponenten. Sie ist einfach die Abwesenheit von Extremen, außerdem ist sie, wenn man sie doch positiv definieren will, die Summe förderlicher Routinen. Sie ist auch Übereinstimmung des Einzelnen mit der Gruppe, ohne jedoch Konformität zu bedeuten. Normalität: Man wächst auf, tut altersgemäße Dinge, handelt so, dass man in kein Extrem verfällt, man durchläuft die Phasen eines Lebens, wie sie die meisten Menschen zu einer bestimmten Epoche leben. Konformität: Man kleidet sich, man redet, man fühlt, handelt und denkt wie seine Gruppe. Starke Konformität schließt Individualität aus, aber Normalität schließt sie nicht nur nicht aus, sondern fördert sie sogar. Normalität macht fit fürs Leben, insofern man die Routinen und Lebensphasen absolviert, die eine gegebene Gesellschaft einem vorgibt. Dieses Vorgeben ist nicht repressiv. Für die Korrekten ist ›Normalität‹ deshalb etwas Schlechtes, weil sie in dem Wort den Bestandteil ›Norm‹ zu stark machen. Es gibt nicht nur repressive Normen, sondern auch nützliche Normen. Nun zur ›Heteronormativität‹, der repressiven Geschlechterordnung. Das Thema ist weitläufig, daher nur so viel: Es heißt nicht ›Heteronormalität‹, und das muss schon auffallen. Dann spricht man von ›Binarität der Geschlechter{normen}‹. Natürlich muss es ein Fremdwort sein. Man versteht sie als eine Art Zwangskonstrukt und will sie ›auflösen‹ durch ›Geschlechtervielfalt‹. Die Binarität, die Zweiartigkeit von Mann und Frau, ist eine funktionale Angelegenheit, sie ist produktiv und definiert daher das Geschlecht.

Andere Konstellationen sind nicht produktiv, sie haben ihren Wert in der Erotik. Nehmen wir den abstrakten Gesichtspunkt von Binarität, dann können wir sagen, sie ist ungefähr so funktional wie das Verhältnis von Schlüssel und Schloss, auch sie binär, ohne dass es etwas drumherum gäbe. Auch eine Verschmelzung von Schlüssel und Schloss ist nicht möglich und sie würde die Funktionalität aufheben. In der Abstraktion gesehen gibt es auch Trinarität, etwa die von Messer, Löffel und Gabel, doch der Zusammenhang ist recht äußerlich. Sie wirken nicht zusammen wie Schlüssel und Schloss, es sei denn unter bestimmten Verwendungsweisen (Spaghetti mit Gabel und Löffel essen; Schnitzel mit Gabel halten und mit dem Messer schneiden). Auch um sie herum gibt es mehr Besteckarten, die also eine Trinarität fragwürdig werden lassen: Stäbchen, Soßenkelle, Tortenheber, Hummerzange usw. Zudem gibt es funktionale Verschmelzungen (Göffel). Ich habe das angeführt, um die abstrakte Binarität zu kontrastieren. Bekennenderweise schwebt den Gender- und Queer-Aktivisten eine Logik des Fließens vor, in der die Geschlechterbinarität zugunsten von tausend Formen zergeht. In der Tat gibt es andere Logiken als die Binarität und auch mit einer großen Formenvielfalt. Doch auch diese weist eine Funktionalität auf. Das biologische Geschlecht definiert sich über seine Funktionalität, außerdem hat es eine *evolutionäre Mächtigkeit*, die die kulturelle Mickrigkeit anderer Logiken übertrumpft.

Abkürzungen, Chiffren, Endkodierung und Dekodierung

Wir wollen noch einen kurzen Blick auf die politisch korrekten Abkürzungen und die damit verbundenen Phänomene werfen. Auch Abkürzungen gehören zur Ästhetik der politisch korrekten Sprache. Doch zunächst: Warum kürzen wir überhaupt ab? Viele Wörter der deutschen Sprache sind schon kurz, vor allem diejenigen, die häufig benutzt werden: Bindewörter, Zahlen bis 12, Präpositionen, Grundwörter und Konstituenten für Komposita. Besonders lange Wörter, die aus Klassen kurzer Wörter stammen, wie das Adverb ›beziehungsweise‹ oder die Konjunktion ›gegebenenfalls‹, werden in die Abkürzung gezwungen (›bzw.‹, ›ggf.‹). Die ›Vorderschaftrepetierflinte‹ verkürzt man zu ›Pumpgun‹, das extrem lange ›Der Bundesbeauftragte für die Unterlagen des Staatssicherheitsdienstes der ehemaligen Deutschen Demokratischen Republik‹ wird zu ›BstU‹ oder nach den Amtsinhabern benannt, damit kürzer, sinnlicher und populärer. Das kann aber nur ein schwacher Mengenbeleg sein, denn es gibt auch das umgekehrte Phänomen, etwa wenn das kürzere ›X-Strahlen‹ zum längeren ›Röntgenstrahlen‹ ausgezogen wird. Allerdings sind Eponyme wieder ein besonderer Fall, weil komplizierte Sachverhalte gerne mit Personen in Verbindung gebracht werden. Usw. All das bedeutet, dass die Abkürzung ein gängiges sprachliches Phänomen ist. Sehen wir uns den Befund für die politisch korrekte Sprache, besonders für das aktionistische Sprechen an: ›FLINTA+‹, ›LGBTQIA+‹, ›PoC‹, ›Z-Wort‹, ›N-Wort‹, ›I-Wort‹, ›TERF‹, ›FCK NZS‹, ›FCK PTN‹[32], ›FCK RSM‹, ›NZS BXN‹, ›Antifa‹, ›Antira‹ usw. Die gebundene Aussprache einiger Wörter schafft Erleichterung beim Sprechen und ebnet den Weg, dass die Abkürzung zu einem eigenen Lexem werden kann. Wie auch sonst bei ›Lkw‹ oder ›Abk.‹ muss man wissen, was diese Akronyme bedeuten. Inhalte werden enkodiert und müssen vom Hörer dekodiert werden, also muss der Hörer wissen, dass mit ›Z-Wort‹ der Ausdruck ›Zigeuner‹ gemeint ist. Aber er bekommt durch die Abkürzung auch das Tabu mitgeliefert, dass man das Wort nicht sagen darf. Bei Formen wie ›LGBTQIA+‹ wird mehr Bedeutung verbaut, weil jeder Buchstabe für eine Gruppe steht; das Plus als Platzhalter wie das Sternchen bei Formen wie ›Student*innen‹ soll anzeigen, dass man all das sprachlich und gedanklich fassen möchte, was gerade mit der Abkürzung nicht erfasst wurde. Es ist wie eine Entschuldigung, dass es nicht gelingt, alle Gruppen zu meinen, weswegen sie hier nur mitgemeint werden können... Auch diese Abkürzungen müssen von den Korrekten ständig erklärt werden. Die Chiffren, die hier nicht so sehr Inhalte transportieren, sondern Erkennungszeichen sind, müssen für jeden transparent sein, damit sich die Inhalte verbreiten und die Abkürzung der Verbreitung nicht selbst im Weg steht. Zugleich sind Abkürzungen wie ›FLINTA‹ cool und ›TERF‹ lässt sich lässig als Abwertung benutzen. ›PoC‹ steht in Gefahr zum abwertenden ›Pock‹ verschliffen zu werden.

Weitere verschiedene Strategien der Sprachkorrekten

Inhalte werden oft eingeführt, indem ein wortspielerischer Bezug zur Wirklichkeit hergestellt wird. Die Wörtchen ›wortwörtlich‹ und ›buchstäblich‹ werden dafür gerne benutzt. Wir sahen das schon bei Morris, als er sagte, dass die Lotusfüße Frauen im alten China „buchstäblich" daran

---

32 Das Nomen muss zweisilbig sein bei diesen FCK-Bekundungen, insofern hatte Putin einfach Pech, während Lukaschenko nicht auf den knappen Raum passen würde...

hinderten, den „Ehemännern davonzulaufen". Eine Frauenrechtlerin (*Feministische Initiative*) zur Möglichkeit in Berliner Schwimmbädern, oben ohne zu baden, wird zitiert: „Isabel Schönfelder sieht einen Profit, wenn das Bikini-Oberteil wortwörtlich wegfallen könne, nicht nur für Frauen, die Freiheiten gewinnen, sondern auch für Männer." (*Hünfelder Zeitung*, 11.3.2023, S. 11) Viele Ausdrücke haben eine Doppelbedeutung, so dass sie konkret und übertragen benutzt werden. Die Korrekten nutzen das, um beide Ebenen zu bespielen und damit die konkrete Bedeutung durch die übertragene Bedeutung zu festigen. So sagt man, es werde Regionen geben, die durch den Klimawandel und steigende Meeresspiegel ›wortwörtlich‹ untergehen… Über Gunter Demnigs in den Boden eingelassene Stolpersteine für Holocaustopfer sagte man, diese Steine und damit die Opfer würden ›mit Füßen getreten‹… Weitere Wortspiele, in denen man Wort- und Sachbezüge vertauscht: ›Gesicht zeigen‹ (gegen Verschleierung in der Öffentlichkeit), ›für mehr Offenheit‹ (gegen Verschleierung in Schulen), ›in die Parade fahren‹ (versuchter Anschlag mit Auto auf CSD-Parade in Österreich). – Für die Korrekten reicht es nicht, begrifflich eine Sache aufzuwerten, es werden auch die entsprechenden Gegenteile abgewertet. Wir haben schon gesehen, dass Metabegriffe dabei eine Rolle spielen. Es kommt selbst nicht darauf an, dass die Sachen schon eine positive oder negative Bezeichnung haben, die Bewertungsausdrücke übernehmen das Ab- oder Aufwerten. Was gut und was schlecht ist, lässt sich dann hierarchisieren:

Schottergarten	vielfach verboten
Steingarten	*Nabu*: Steinwüsten: monoton, heizen auf, keine Artenvielfalt
Rasen	pflegeintensiv
Wiese	natürlich, divers
Streuobstwiese	maximale Artenvielfalt

Wir sehen hier eine Hierarchie der Bewertung innerhalb eines Sachfeldes. An die Ästhetik der Gärten werden neue, moralische Kriterien herangetragen. – So gut Ausdrücke auch sein mögen, präzise, wie die Korrekten wollen, sind sie oft nicht. Das alte Konzept des ›Recyclings‹ (und auch das neuere ›Upcycling‹) hat ein Problem: Es soll einerseits bedeuten, dass Gebrauchtes wiederverwertet wird (Kreislauf der Waren) und andererseits, dass es in den natürlichen Kreislauf zurückgeführt wird. Es ist kein klarer Begriff. Und trotz aller Präzision pflegt das korrekte Sprechen auch die Unklarheit, etwa wenn ›Recycling-Material‹ zwischen ›recycel*tem* Material‹ und ›recycel*barem* Material‹ steht. Beim ›recyceltem Material‹ stellt sich die Frage, wie viele Zyklen schon durchlaufen wurden. – Von den Ausdrücken aus der Gebietshierarchie, also ›global‹, ›international‹, ›national‹, ›regional‹ und ›lokal‹, sind besonders ›global‹, ›international‹ und ›regional‹ gut gelitten (vgl. ›globaler Frieden‹, ›internationale Beziehungen‹, ›regionales Gemüse‹). In den Bannkreis von ›-al‹ gerät auch ›familiär‹, das in der Formel ›regional und familial‹ (Green Döner) als al-Bildung auftreten kann. – Aktionistisch, aktiv und engagiert klingt: ›Hebamme im Einsatz‹ auf einem Zettel hinter der Autoscheibe, auch wenn sie nur einen Kontrolltermin hat. Aber der Feuerwehreinsatz ist ein wirklicher Einsatz, auch bei Fehlalarm. – Die politischen Aktivisten verallgemeinern oft ein Problem. So gibt es ihrer Meinung nach nicht nur ›Rassismus‹, sondern auch ›Alltagsrassismus‹. Darüber habe ich mich schon ausgebreitet (Hurna 2021; 19, 26, 156, 161). Es gibt aber noch andere Strategien, um Probleme überall zu sehen. Man denke an: ›indirekte Hassrede‹. Auch die Verallgemeinerung von ›Vergewaltigung‹ zu ›sexueller‹ Übergriff gehört hierher. Es verschwimmen die Grenzen, und wenn die Grenzen verschwimmen (bzw. die Normen und deren Geltungsbereich unklar werden), wird die Freiheit durch Unsicherheit ersetzt. Wenn man sich unsicher fühlt, welche Handlungen erlaubt sind, wird man sein Handlungsspektrum vermindern. – Sprachlich wird uns suggeriert, dass ›tertiäre Geschlechtsmerkmale‹ in der Reihe von ›primären‹ und ›sekundären‹ Geschlechtsmerkmalen‹ stehen soll. Dabei werden ›tertiäre Geschlechtsmerkmale‹ als soziale Signale für Geschlechtszugehörigkeit verstanden, also Kleidung, Schmuck, Kosmetik, Verhaltensweisen u.v.m. Es ist das, was man unter ›sozialem Geschlecht‹ oder ›Gender‹ versteht. Indem man einfach durchnummeriert, wird eine Zugehörigkeit so verschiedener Phänomene wie soziale Codierung und biologisches Geschlecht suggeriert. – Sprachliche Moden gehen durch alle sprachlichen Bereiche, durch alle sozialen Schichten und durch alle politischen Lager: Die Linken reden von ›Mikroaggression‹, die Soziologen von ›Mikroklima‹, die Rechten von ›Mikroautoritarismus‹. Die Mode garantiert aber nie eine tiefere Erkenntnis, sie garantiert nur, dass man zur Sprechergemeinschaft gehört und mit den Begriffen up to date ist. Gleichzeitig ist die Mode nichts andres als ein *Denkparadigma*: Alles als ›mikro-xy‹ sehen oder als ›Diskurs‹ oder als

›Netzwerk‹ entlastet das eigene Vorstellungsvermögen, das eigene Denken. Aus solchen Moden kommt man nur heraus, wenn man selber denkt und versucht, das, was man erfährt, sprachlich eigenständig zu fassen. Warum ›Leitkultur‹ oder ›Wertekanon‹ nachplappern, wenn man sich fragen kann, ob eine Gesellschaft nicht eher ein *Wertekorsett* hat. Werte machen frei, binden aber auch. Sprachliche Mode bei negativen Ausdrücken: ›faschistisch‹ ist als Kürzel beliebter als das lange ›nationalsozialistisch‹, es wird auch dem gleich langen ›nazistisch‹ vorgezogen. Letzteres ist nicht so bekannt. ›faschistisch‹ differenziert nun aber nicht zwischen deutschem Nationalsozialismus und italienischem Faschismus und lässt sich als Förmchen bis zum Widerspruch anwenden: ›faschistische Linke‹ oder ›Ökofaschisten‹. Es ist doch auffallend, dass ›faschistisch‹ so beliebt ist und den sprachlich Beschränkten in allen politischen Lagern nicht einfällt, etwas Neues zu sagen. Das ›faschistoid‹ ist beliebt und indirekt, subtil ist: ›völkisch angehaucht‹. In beiden Fällen ist der Vorwurf tückischer, weil indirekter. – Modisches positives Vokabular, das in Umlauf ist, und das über das positive Einzelwort hinaus geht: ›respektvolle Aufmerksamkeit‹, ›Ausdrucksweise umgestalten‹ (achtsamer sprechen), ›Eigenverantwortung wird großgeschrieben‹, ›Zeit für Empathie‹, ›uns ehrlich und klar aussprechen‹ (aus einer Broschüre für Coaching in gewaltfreier Kommunikation). Beliebt und schon in das alltägliche Reden vorgedrungen ist: ›ins Gespräch gehen‹, ›ins Handeln kommen‹. Die ›fragwürdigen Methoden‹ tauchen überall in den Medien auf, wenn Handlungsweisen negativ konnotiert werden sollen. Die Kritiker der Korrektsprache diskutieren Ausdrücke wie ›umstritten› und ›meinungsstark‹, weil durch sie Personen in der Debatte bzw. ihre Positionen negativ gerahmt werden. Die Einschätzung ist richtig, diese Ausdrücke tun das, ohne sich zu weit aus dem Fenster zu lehnen. Man suggeriert einfach, dass die betreffende Person als ›umstritten‹ und ›meinungsstark‹ gilt, das also andere die Person schon bewertet haben, so dass man sich auf diese Einschätzung zurückzieht, ohne selbst mit der vollen negativen Bewertung zuzuschlagen. Oder, wieder auf Seite der Korrekten: Man spricht im Kontext der ausgerufenen ›Zeitenwende‹ offen davon, einen ›ökologischen Umbau‹ betreiben zu wollen. ›Umbau‹ klingt härter als ›Wandel‹, daher das mildernde Adjektiv. – Ein Muster ist: ›Mensch mit xy‹, wobei wahlweise ›Migrationshintergrund‹, ›Behinderung‹, ›Kleinwuchs‹ usw. einzusetzen sind. Damit bekommt der Mensch eine Art Daimon beigesellt, über den wir ihn näher bestimmen können. Im nicht instrumentellen Gebrauch (das wäre: ›ich schreibe mit dem Stift‹) ist ›mit‹ eine Präposition, die Größeres mit Kleinerem verbindet: ›Kaffee mit Milch‹, ›Wand mit Riss‹, ›Ast mit Zweig‹ (nicht anders herum) oder gleich große Elemente (›Anna mit Hannah‹). Deswegen wirkt ›Person mit Migrationshintergrund‹ disproportioniert. Ebenso ›Person mit Mehrbedarf‹, aber auch ›Person mit Behinderung‹, wenn diese nicht spezifiziert wird. – Sehr beliebt ist der direkte Akkusativ: ›das Morgen denken‹, ›wir machen das Morgen‹, ›Zukunft (neu) denken‹, ›Gas neu denken‹ (im Zuge der Energiewende), ›wir gestalten die Mobilität von morgen‹ oder auch: ›Was braucht es, um Begegnung haben können?‹, ›In Resonanz gehen, in Schwingung zwischen Zentrum und Umkreis‹ (Aushang: Eurythmie zu Pfingsten) usw.[33] Man verpackt nicht nur seine Vorstellungen in solchen Ausdrücken, sondern verspricht sich vom Gutsprechvokabular auch Erkenntnis. Das ›Morgen‹ ist für die Korrekten wirklich etwas, was ›gestaltet‹ werden muss, natürlich nicht ›kontrolliert‹ oder ›geformt‹… Der ›Klimawandel‹ führt zur ›Klimakrise‹, diese macht eine ›Klimagerechtigkeit‹ notwendig, für die man ›eintreten‹ muss, ohne dass man hinterfragt, ob das stimmt. Andernfalls ist man ›Klimasünder‹. All das geht in Richtung Wortmystik, denn man stellt rein sprachliche Zusammenhänge her, wobei die Hochwertworte die Bindeglieder sind. – Betrachten wir noch die Bilder: Man spricht vom Golfstrom als ›Wärmepumpe‹ für Nordeuropa. Daher ist man besorgt um seine Abschwächung. Man will im Zuge der ›Wärmewende‹ ›Wärmepumpen‹ in Häuser einbauen. Man sieht: Die Ausdrücke, hier ›Wärmepumpe‹, zirkulieren und Metaphern (Bildübertragungen) machen es möglich. Auch das ist ein Hinweis auf die Eigengesetzlichkeit der Sprache, denn der Golfstrom als ›Wärmepumpe‹ bildet überhaupt keine Wirklichkeit ab. Um zu beschreiben, was der Golfstrom thermodynamisch macht, bräuchte es eine andere Sprache. In der politischen Rhetorik geht es selten um bestimmenden, treffenden Gebrauch der Sprache, sondern um verführerische Bilder, während andererseits die bestimmte, präzise Sprache und Wortklauberei in den vielen Erklärtexten und Metabegriffen der Korrekten eine Rolle spielen. Die Eigengesetzlichkeit der Sprache, dass sie eben gerade nicht bestimmend abbildet, haben die Korrekten nicht im Blick. Natürlich behaupte ich nicht, dass der rein denotative Ausdruck präziser ist als der metaphorische, ich behaupte sogar, dass beide recht gleich unpräzise sind. Oft ist der

---

33 Dieses beliebte Stilmittel untersucht schon Klemperer für seine LTI: Klemperer 2010, 254.

denotative Ausdruck schon ein verblasstes Bild. Aber wir sehen, dass die Metaphorik wirklich die Sachverhalte anders einkleidet, als der *Versuch*, eine Sache begrifflich genauer zu fassen. Denn immerhin bemüht sich der Versuch, präzise zu sprechen, um weniger verführerische Bilder (vgl. ›thermohaline Zirkulation‹ vs. ›Wärmepumpe‹). Das derselbe, oft an sich nichtssagende Begriff, in verschiedenen Kontexten, dann mal positiv, mal negativ, verwendet wird, zeigt folgendes Beispiel: ›Hotspots‹ waren mal die angesagten Szenekneipen oder Treffpunkte, dann die Orte, an denen Gewalt drohte (Debatte um ›No-Go-Areas‹), nun, im Zuge der Klima- und Hitzerhetorik, sind ›Hotspots‹ die überhitzen Orte (in Stadt, Schule etc.). Man verbindet also ein Wortspiel mit dem Ausdruck, aber zugleich ist ›hot‹ jetzt wieder zur nicht-metaphorischen Bedeutung zurückkehrt. – Silbenkürze, Sprechbarkeit, Salienz durch Stilmittel usw. gehen oft zusammen. ›Nein heißt nein‹ bzw. ›no means no‹ kann man auf der Straße rufen. Es ist Sprechformel. Auch ›alter weißer Mann‹ ist eine feste Formel; es wären auch ›alter, männlicher Weißer‹ usw. bildbar. Es sind 3! = 6 Kombinationen möglich, von denen aber nur zwei (›alter weißer Mann‹ und ›weißer alter Mann‹) fünfsilbig, also griffig sind, die anderen Varianten weisen sieben Silben auf, weil das Adjektiv zu ›Mann‹ dreisilbig wird. Dass ›alter weißer Mann‹ das ›weißer alter Mann‹ übertrumpft, geht vielleicht einfach auf Konvention zurück. – Innerhalb des Zertifizierungswahns ist es für die Korrekten ganz nützlich, einen Begriffsdschungel zu etablieren: Innerhalb der Zertifizierung gibt es stille, von der Öffentlichkeit nicht wahrgenommene Umstellungen. FSC hat gegenwärtig (2023) drei Zertifizierungskategorien. Es sind: ›FSC 100%‹, ›FSC recycled‹ und ›FSC mix‹. ›Mix‹ ist die schlechteste Option. Sie lautet auf Englisch: ›Supporting responsible foresty‹. Ein großer deutscher Verlag übernimmt diese letzte Zertifizierung. 2023 heißt es entsprechend: „Mix: Fördert gute Waldnutzung", 2018 aber noch: „Mix: Papier aus verantwortungsvollen Quellen." Wenn man Zertifizierungen beliebig ändern kann, was bringen sie dann?

Kookkurrenz, Kollokation und sprachliche Pfade

Man betrachte das Beispiel:

bürokratisch-sachlich:	Teilnahmebedingung, Teilnehmer
emphatisch-enthusiastisch:	Mitmachangebot, Mitmacher

Wir können leicht sehen, in welcher Sprecherrolle man das eine oder das andere sagt. Oder man sagt: ›s<u>ei</u>nen (kl<u>ei</u>nen) B<u>ei</u>trag l<u>ei</u>sten‹, aber nicht: ›sein Beiträgchen leisten‹. Das Adjektiv mindert die Größe, die semantisch in ›Beitrag‹ erhalten bleiben muss. Viele andere Beispiele, die ich behandelt habe, zeigen, dass die Gutsprecher bestimmte Redeweisen und ein bestimmtes Vokabular bevorzugen. Und ich habe schon oft darauf hingewiesen, dass sie nichts Neues erfinden, dass sie vielmehr den Sprachregeln, wie alle anderen Sprecher, unterworfen sind, worauf ich jetzt noch einmal gesondert zu sprechen kommen möchte. Auf jedem Phänomengebiet der Sprache gibt es Regeln, Konventionen oder allgemeiner gesagt: Restriktionen, die dafür sorgen, dass man so spricht, wie man eben spricht. Dem linguistisch gebildeten Leser wird nichts Neues gesagt, wenn ich einige Regeln, aber längst nicht alle, aufzähle: Auf der Ebene der Phoneme: Das Deutsche bildet keine Wortanfänge mit ›Mb‹, ›Mf‹ oder ›Ng‹ usw. Selbstverständlich ist es kein Problem, es zu sprechen, wir können wie ein Muttersprachler ›Mbonge‹ und ›Mbale‹ aussprechen. Laute, die wirklich nicht gebildet werden, findet man in der IPA als Lücken. Silbische Restriktionen lassen sich in etwa so veranschaulichen: Wir bilden die Phrase ›einmal hü und einmal hott sagen‹, aber wir verfugen zu: ›Hottehü‹ (mit Fugen-e, was bei ›Hüehott‹ nicht möglich ist). Regeln der Syntax sind am offensichtlichsten: Wir sagen: ›Ich gehe heim‹, nicht: ›Ich heim gehe‹. Regeln auf phonematischer, silbischer, syntaktischer und grammatischer Ebene sind fester und restriktiver als diejenigen, die danach kommen. Auf der Ebene der Semantik: Wir sagen ›Geld stehlen‹, ›Geld rauben‹, auch: ›den Verstand rauben‹, aber nicht: ›den Verstand stehlen‹. Man kann jemandem ›die Zeit stehlen‹, ›den Atem rauben‹, aber nicht ›den Atem stehlen‹, wohl aber ›die Zeit rauben‹, jedoch nicht ›die Freiheit klauen‹ usw. Phrasenfestigkeit und feste Nomen-Verb-Verbindungen wirken deutlich auf das, *wie* wir etwas sagen und somit auch auf das, *was* wir sagen. Ein Beispiel für semiotische Restriktionen: ›ZINK + Vitamin‹, aber nicht ›& Vitamin‹. (Die Textsortenspezifität kann den Gebrauch der Zeichen nicht erklären, sondern dürfte erst durch den Gebrauch erklärbar sein…) Ikonografisch: Sensenmann, aber nicht Sichelmann; Sichelmond, aber nicht Sensenmond. Die Phrasenfestigkeit wird belegt bei Formeln wie ›Hänsel und Gretel‹ und natürlich bei Redewendungen: ›Irren ist menschlich‹, bei denen die Variation deutlich formelle Eigenschaften beibehalten muss, um als Variation erkannt zu werden: ›Irren ist männlich‹. Restriktionen führen dazu, dass die Sprache bestimmte Pfade gehen muss. Grenzen können durch

Assoziationen, Ironie, Metaphern, Wortspiel (meistens: Sinnspiel) und Metonymien überwunden werden, aber auch nicht beliebig. Die politisch korrekte Sprache muss sich an diese Restriktionen halten. Wenn etwas positiv sein soll, dann muss das korrekte Sprechen die negativen Wörter meiden. Wenn es neue Ausdrücke verfertigt, muss es sich herantasten: ›Demokratie+‹ wie ›LGBTIQIA+‹ oder ›Freundschaft+‹ ist möglich, aber nicht: ›Gesellschaft + Demokratie‹ wie Lenins ›Kommunismus ist Sowjetmacht plus Elektrifizierung‹, denn viele würden ›+ Demokratie‹ als bloßen Zusatz empfinden.[34] Auch ›Kerndemokratie‹ (wie „kerndeutsch" bei Heine ebd., 151, wohl analog zu ›biodeutsch‹) wäre heikel. Dass die ›Demokratie in ihren Grundfesten / Kern erschüttert‹ sei, ist dagegen nicht heikel, weil die Substanz hier anders gedacht wird. (Übrigens: In ›LSBTIQIA+‹ ist das Plus ein Zeichen von Offenheit, es suggeriert eine Leerstelle für andere Geschlechter. Das Plus in ›Freundschaft+‹ ist dagegen semantisch festgelegt: Sex. Nun fragt man sich aber, was bei ›Demokratie+‹ hinzukommt. Es bleibt im Vagen: Irgendein Vorteil von Demokratie.) Auch übergeordnete sprachliche Konventionen restringieren: So sprechen wir *ortsabhängig* und unabhängig vom Aggressor, also unabhängig von Schuldfragen, vom ›Vietnamkrieg‹, ›Irakkrieg› oder ›Ukrainekrieg‹ usw. Politisch Korrekte, die sich gegen diese Konventionen sträuben, stellen sich gegen die Gepflogenheiten der Sprachmehrheit – und verlieren. – Das gehäufte Auftreten von Wörtern und Zusammensetzungen einerseits, andererseits auch die sprachliche Festigkeit von Phrasen begrenzen jeden ideologischen Sprachgebrauch. Aus dieser Begrenzung kann man sich aber durch die relative Beweglichkeit innerhalb von festen Fügungen, durch Ableitungen, insbesondere durch das schematische Überschwemmen von Ausdrücken, und durch Wortspiele befreien. (Auch die überfallartige Übernahme aus dem Fremdwortschatz gehört hierzu. Nein, das Ausbeuten aus dem Englischen macht die politischen Debatten nicht internationaler (weil der *Sexismus* hier und der *sexism* dort nur oberflächlich dasselbe sind), sondern sie haben in unserem Sprachverhalten lediglich die Funktion, mehr zu scheinen als zu sein.) Aber Begrenzungen hier ermöglichen die Freiheiten dort, so wie der feste Stiel die Bewegung der Blüte begünstigt. Gäbe es gar keine Regeln, wäre Sprache

---

34 Tatsächlich ist das + kein eindeutiges Zeichen, sondern kontexabhängig. + kann Vielfalt andeuten, + kann aber auch Mehrwert und Bezahlcontent bedeuten, ebenso wie in +-Size-Model ein Zeichen für Mehrgewicht sein. Dicke Models werden auch als ›curvy‹ meliorisiert.

trivialerweise nicht möglich. Dabei schlägt ein Ausdruck ein Sinnfeld an, fokussiert aber dann unsere Aufmerksamkeit. Wir haben das bei unserer Unterscheidung von Thema und Fokus schon gesehen. Es gilt aber auch für die Sprachpragmatik, für das Setzen des Themas auf eine Agenda, wie man so sagt, und für das Überzeugen des politischen Konkurrenten. Neue Umstände verlangen daher nach neuer sprachlicher Einkleidung, besonders dann, wenn die politische Position über die Zeit kohärent verteidigt werden soll. Wir haben gesehen, wie der Ukrainekrieg sprachlich gestaltet wurde. Ist das Schema ›gute Frau‹ und ›böser Mann‹ schon da, so ist es leicht, die Ukraine als Frau darzustellen, die von einem Mann angegangen wird. Auch Harmloses spielt hier herein. Die Redeweisen, die ich im letzten Buch esoterisch genannt habe, gehören hierzu. Wir haben die besonders blumige, positive, fast kindlich-naive Rederei der Gutsprecher auf fast allen Gebieten sprachlicher Fassung: Umwelt, Politik, Krieg, Beziehung, Zwischenmenschliches, Bildung, Technik usw. Da Ausdrücke, insbesondere ja Lexeme, Vorstellungen vermitteln, geht es den Korrekten um Verführung mittels Vorstellung. Man soll sich eben vorstellen, dass es ein Loch (›Ozonloch‹) in der Atmosphäre gibt, dass der Regenwald brennt, dass die Erde einerseits brennt, andererseits überflutet wird, dass der ›Demokrat‹ ein anderes Erscheinungsbild hat als der ›Potentat‹, dass der ›Narzisst‹ nicht, wie es das Ursprungsbild von Narziss nahelegt, selbstverliebt ist, sondern dass er sich eben nicht liebt, und daher auch andere nicht usw. All das zu sehen legt nahe, dass wir selbst mehr auf die Worte achten, aber nicht in dem Sinne, wie es die Korrekten wollen, nämlich dass wir unsere Sprache kontrollieren, sondern dass wir die Mechanismen des Wortgebrauchs durchblicken. – Worte aus einem Sinnbereich können in verschiedene Richtungen getrimmt werden, also etwas gut oder schlecht semantisieren. Nehmen wir ›Mix‹, ›Mischmasch‹, ›Melange‹. ›Energiemix‹ und ›Mobilitätsmix‹ sind gut, können aber nicht mit ›Melange‹ (Gastronomie etc.) und schon gar nicht mit ›Mischmasch‹ gebildet werden. ›Mix‹ ist von allen drei Wörtern das allgemeinste, aber auch aufgrund seiner Kürze das hippste. Also ideal für das politische Gutsprech. ›Melange‹ ist wirklich nicht zu gebrauchen, da seine Anwendbarkeit beschränkt ist. ›Mischmasch‹ benutzen die Rechten, wenn sie sagen, dass Vielfalt zu einem Verlust von Identität führt. Aber: An und für sich ist ›Energiemix‹ zwar hipp, aber nicht davor gefeit, negativ zu werden: ›Energiemix, darin 80% fossile Energie…‹ – Übrigens: Es sind nie ›Probleme‹, die gelöst werden sollen, sondern immer ›Herausforderungen‹, die nach ›Lösungen‹

verlangen… Das Gutsprech benutzt ›Herausforderungen‹, um ›Probleme‹ zu umgehen, und dieses positive Wort wird mit einem anderen gepaart, so dass ›Lösungen‹ jetzt das Pendant zu ›Herausforderungen‹ bildet. – Differenzierungsvermögen mittels lexikalischem Bestand ist zu erreichen, wenn man desselben Sinn in verschiedenen Ausdrücken verpacken kann. Der Leser kennt sicher ›unverfälscht‹, ›echt‹, ›authentisch‹, ›natürlich‹. Wir haben es hier mit Dubletten zu tun, die in sehr vielen Bereichen zum Einsatz kommen können und die auch das Problem umgehen können, dass vielleicht ein Wort in einem bestimmten Zusammenhang nicht gesagt werden kann. Die andere, unfreiere Richtung ist, wenn wir die Ausdrücke ›kräftigend‹ nur in der Haarpflege, aber das stärkere ›kraftvoll‹ bei Spülmittel finden. Hier differenziert sich Sprache nach Gebrauchsbereichen.

Reihen

Die vielen Schwemmwörter, die wir betrachtet haben, und die Reihen, die wir hier und da angegeben haben, machen deutlich, dass es morphologische Reihen gibt und semantische Reihen. Diese können sich auch überkreuzen. Das ist natürlich keine besondere Eigenschaft des Gutsprechs, sondern trifft auf fast alle gewöhnlichen Ausdrücke zu. Dennoch lohnt es sich, die Sache genauer ins Auge zu fassen. Hier einige Beispiele aus dem Gutsprech: ›bodenständig, basal, basiert, fundamental…‹ Man sprich von ›bodenständiger Landwirtschaft‹, von ›wissenschaftsbasierter Politik‹, von ›fundamentalen Standpunkten‹ bzw. von den ›Fundamenten unserer Demokratie‹ usw. Die Rechten sprechen von einer ›basierten Person‹, wenn sie meinen, sie habe die linksgrüne Politik durchschaut. Das ›fundamentalistisch‹ ist aus der Reihe verstoßen, weil es negativ verwendet wird: ›fundamentalistischer Islam‹. Eine andere Reihe: ›Denkanstoß, Anregung, Inspiration, Impuls, Input…‹ All diese Ausdrücke werden gerne benutzt und der Leser weiß schon, welche Verbindungen diese Ausdrücke eingehen. Das Ganze wiederholt sich, wenn man schon mit einigen Bausteinen beliebte Ausdrücke zusammengesetzt hat: ›Raum für Gespräche / für Gefühle / Sorgen und Nöte der Menschen‹. Das ›Raum für‹ hat fast beliebige Andockstellen für weitere Gutwörter, neutrale Wörter und negative Wörter, da die Sache, die sie transportieren, im Kontext als lösbar erscheint. Es gibt also einen ›Raum für Entfaltung‹, aber auch einen ›Raum für Kritik‹, ja sogar einen ›Raum für Gesprächsbedarf‹, der ja aus einer Situation entsteht, die negativ ist. Manche Reihen sind charakterisiert durch Dubletten:

Es gab eine Zeit, da gab es nur die ›Verschwörungstheorie‹, dann aber kamen die ›Verschwörungserzählung‹ und das ›Verschwörungsnarrativ‹; es gibt auch noch die ›Verschwörungslegende‹. Sie meinen aber alles dasselbe, während zwischen ›fundamental‹ und ›basal‹ noch ein Unterschied ist.

Formeln

Es könnte der Endruck entstanden sein, dass mir Formeln suspekt sind. Eduard Engel unterscheidet zwischen Formel und Prägung (Engel 2017, 95), letztere ist besonders gefällig, wenn sie einmalig ist. Aber aus einmaligen Prägungen können wieder Formeln werden... Außerdem kommt unsere Sprache nicht ohne Formeln aus. Manchmal sind sie so blass wie ›Sehr geehrte Damen und Herren‹, und deshalb auch unschädlich. Manchmal sind sie in sich unehrlich, wie ›Im Namen des Volkes‹. Dass nicht immer etwas gegen Formeln einzuwenden ist, zeigt folgendes Beispiel: Man wird sagen, die Formel ›Ich liebe dich‹ ist unpersönlich, unkreativ, unzählige Male von Liebenden gesagt, keine individuelle Prägung usw. Aber die Formel ›Ich liebe dich‹ schmälert nicht die Zuneigung und ist auch nicht Allerweltsgerede, sondern man will mit dieser Formel bedacht werden. Ja, es ist eine unpersönliche Formel, die Romeo ebenso trifft wie Julia, aber man will sie hören. Die vielen neuen Formeln, auch die Anredeformeln, die die politisch Korrekten in die Welt setzen, sind hohl, aber man will sie dennoch hören. Zu den Formeln gehören besonders die Alliterationen und Zwillingformeln, die ja nur eine Untermenge der Phraseologismen sind – so dass wir es also mit Phrasen auch im nichtlinguistischen, sondern stilistischen Sinne zu tun haben. Formeln, die leer sind, können dennoch einen fokalen Punkt darstellen. Die Formel besagt nichts, aber sie wird erwartet. Das gilt für Formeln der Dankbarkeit, der Begrüßung und des Verabschiedens, aber auch für andere Bekundungen. Ist die Schreiformel ›Nein heißt nein‹ nicht schon völlig leer, abgesehen davon, dass sie tautologisch ist? Ich meine, ist der normative Überschuss nicht schon abgegriffen? Manchmal ist eine grammatische Struktur, die unerlässlich ist, Aufsitzer für eine Formel; das gilt etwa für ›nicht nur, sondern auch‹. Auch dieses Buch kommt nicht ohne diese Struktur aus, doch das Gutsprech benutzt sie wegen ihrer Griffigkeit: ›nicht nur gut für dich, sondern auch für die Umwelt‹, ›eine Covidinfektion kann nicht nur dir schaden, sondern auch anderen‹, ›eine Impfung / Kondome usw.

schützen nicht nur dich, sondern auch andere‹ usw. Das Korrektsprech liegt hier mehr in dem, was gesagt wird, aber die Formel ist zweifellos beliebt, denn es lassen sich mehrere Dinge zugleich sagen. Die Politik kennt Formeln als Reaktion auf etwas, was zuvor, meistens skandalös gesagt wurde. So gibt es unter den Reaktionen auf Nazivergleiche die immer selben Ausdrücke und Redeweisen: Man ›relativiere / verharmlose / bagatellisiere / leugne / instrumentalisiere / trivialisiere‹ usw. den Holocaust oder die Naziverbrechen. Mit einem Holocaustvergleich ›verhöhne man die Opfer‹. Man spricht immer vom ›dunkelsten Kapitel unserer Geschichte‹, von ›dunkelsten Zeiten‹. Eine ›Instrumentalisierung des Holocausts‹ verurteilt man ›aufs Schärfste‹ oder man übt ›scharfe Kritik‹. Denjenigen, die Vergleiche ziehen, etwa sich in ähnlichen Situation wie Juden sehen, wirft man vor, sich ›als Opfer zu stilisieren‹. Man betreibe eine ›Schultumkehr‹ oder ›Täter-Opfer-Umkehr‹. Auch kommt der Vorwurf der ›kruden Verharmlosung‹ oder der ›kruden Verschwörungstheorie‹. Ich will die Berechtigung dieser Kritik hier nicht beurteilen, ich möchte nur auf diesen Formelbestand hinweisen. Diese Formeln künden von einer erstarrten Rhetorik, sie sind unplastisch und allzeit griffbereit, nie neu, nie frisch, daher tragen sie auch nie etwas zur Klärung der Debatte bei. Diese Beispiele habe ich über die letzten Monate zusammengetragen, sie bestimmen oft die Debatten über vollzogene Nazi- und Holocaustvergleiche, ohne sie vorwärts zu bringen. Gegen solche Formeln, die kalte Endprodukte eines flachen Denkens sind, habe ich natürlich etwas. Man kann übrigens auf Formeln, zu denen auch Denkstereotype gehören, sprachlich ganz plastisch reagieren, dadurch andere Bilder aufleben lassen und insofern auch das Denken befreien. Eine konvervative, eu-kritische Partei, die meint, das Bild des bürokratischen EU-Kraken bedienen zu müssen, reagiert plastischer darauf, wenn sie einfach schreiben würde: ›Deutschland entkraken‹. Warum nicht? Solange es wirklich eine Prägung ist, die dann nicht laufend verwendet wird. Ein karitativer Verband moniert mit dem üblichen Gutsprech die personellen Lücken in der Pflege und die Belastung von Familienmitgliedern bei der Hauspflege, zumal in einer immer älter werdenden Gesellschaft. Warum nicht mal die Verschlagwortung ›Alte pflegen Alte‹? Eine konservative Partei mahnt vor einer grünen Diktatur? Na ja, diese kann einfach eine ›mehrheitsfreie‹ Regierungsform sein. Politiker reden immer davon, der Gegner sei ›rechts‹, ›rechtsoffen‹, ›rechtsaffin‹, ›rechtslastig‹, ›rechtgerichtet‹, ›faschistoid‹ usw. Das sind alles verbrauchte Wörter. Warum nicht mal: ›Auf den rechten Weg abgekommen‹?

Die Mär vom ›Narrativ‹

Ganz kurz behandeln lassen sich die Ausdrücke, die unterstellen, der politische Gegner sei in seinem Denken einer komplexen Lüge aufgesessen. Lange Zeit hieß es: ›Erzählung‹, ›Narrativ‹, oder als Langformen: ›Verschwörungserzählung‹, ›Verschwörungtheorie‹ und ›Verschwörungsnarrativ‹. ›Narrativ‹ ist dabei nur die fremdwörtische Dublette zu ›Erzählung‹, ›Theorie‹ hat in diesem Zusammenhang etwas Pseudowissenschaftliches. Diesen Bestand an Ausdrücken hat man erweitert, je nach Sachlage: ›Entlastungserzählung‹ (wenn jemand für sein böses Handeln eine Rechtfertigung benötigt), die seriös auftretende Langform ›Desinformationsnarrativ‹, wenn die Wirklichkeit anders erzählt wird, als sie ist (oder vernünftigen Menschen erscheint), und neu ist ›Brückennarrativ‹, womit man meint, dass verschiedene (falsche) Sachzusammenhänge miteinander verbunden werden. Andererseits wollen auch die Korrekten ihre Sache in eine ›positive Erzählung‹ einbetten, um sie an den Mann zu bringen… Das zu den Narrativen passende Personenstigmata ist ›Schwurbler‹. Und das muss auch so sein, denn ›Erzähler‹ ist zu seriös und ›Narrator‹ ist zu englisch. Wichtig ist zu sehen, dass es offenbar nicht reicht, dass jemand lügt oder Märchen erzählt, sondern die Sache wird ganz aufgeblasen zur Erzählung, Großerzählung oder zum komplexen Narrativ, oder eben zur Theorie, die jemand hat, und die ganz komplex ist (statt nur eine These oder andere Meinung zu sein). Auch der Vorwurf des ›Mythos‹ wird erhoben, er hat die Bedeutung, dass man einem Irrtum oder ›urban legend‹ anhängt: ›Mythos vom Fachkräftemangel‹ hier, ›Mythos vom Migrant, der den Fachkräftemangel ausgleicht‹ dort. Wo es ›Narrative‹ und ›falsche Fakten‹ gibt, da auch die ›Faktenchecker‹ und das gegenseitige Überprüfen, das, analog zum Wettrüsten, ein Wettprüfen geworden ist…

Mit politisch korrekten Sprachkritikern reden

Wie reden mit linken Sprachkorrekten und -kritikern? Wenn jemand ›werthaft‹ sagt, dann muss man ihn fragen: Warum nicht ›wertvoll‹? Oder allgemeiner: Was ist an x ›werthaft‹? Wenn ein Sprachkorrekter seine Theorien ausbreitet über den negativen Wortgebrauch, wenn man

›Schwarzer‹, ›Mohr‹ oder ›Zigeuner‹ sagt, dann muss man weiter ausholen: Sprachkorrekte glauben an sprachliche Präzision: Sie glauben daran, dass *ein* Ausdruck *eine* bestimmte Sache meint (zusätzlich bringen sie Konnotationen, Assoziationen und Klänge oder Beiklänge des Ausdrucks ins Spiel). Sie glauben also an eine präzise Denotation: ›Neger‹ ist negativ und bezogen auf dunkelhäutige Personen. ›Zigeuner‹ ist für sie ein Wort, das nur diese eine Person oder eine bestimmte Gruppe meint. Dass diese Ausdrücke, selbst wenn sie einmal präzise denotativ waren, auch wieder mobil sind, interessiert sie nicht. Dabei ist es oft so, dass unsere Ausdrücke denotativ wenig präzise sind. Das lässt sich an vielen anderen Wörtern besser sehen als an Personenausdrücken, die ja in der Tat spezifischer sind. Wenn wir mit Ausdrücken etwas an der äußeren dinglichen oder abstrakten Wirklichkeit meinen, haben wir oft diffuse Wörter für klare Sachen oder präzise Wörter für diffuse Sachen. Das, was wir sagen, ist keine gelungene denotative Abbildung, weder für äußere noch für innere Vorgänge, wenn man überhaupt unterscheiden will. Oft wird unsere Sprache der Wirklichkeit deshalb gerecht, weil wir eine wolkige Semantik auf eine neblige Wirklichkeit beziehen. Andererseits ist es so, dass wir Ausdrücke so weit wie möglich mit einem exakten Sinn lernen, denn ›Baum‹ soll ja ›Baum‹ sein und daher am besten das entsprechende Ding vor uns bezeichnen. Wir lernen also direkt ›Baum‹ = dieses Ding. Bei Komposita oder Phrasen sind die einzelnen Bestandteile semantisch nicht so wichtig, dass man sie immer voneinander schiede, etymologisch sind sie ohnehin unwichtig (daher wird ›Prinzessin‹ nicht als doppeltes Femininum wahrgenommen und viele Bestandteile von Wörtern sind uns unklar). Da wir ›Lehrer‹ = diese Personentätigkeit lernen, wird ›Lehrer*in‹ keine Chance haben, irgendwie inkludierend zu wirken, denn man müsste die Bedeutung des Sternchens gleich mitlernen, was aber niemand tut. Vielmehr muss uns das Ganze erklärt werden. Doch wie man spricht bleibt sehr wohl im Gedächtnis hängen, weswegen wir diejenigen, die das Sternchen verwenden, der Gruppe der politisch Korrekten zuordnen. Das mag in ihrem Sinne sein, stigmatisiert sie aber auch. Der Gebrauch von Gendermarkierungen, inklusiver oder leichter Sprache ist somit als Soziolekt zu behandeln nicht als politische Sprache. Dann kommt noch hinzu, dass in einem Wort nicht, jedenfalls nicht immer und nicht zwingend, eine ganze Geschichte aufbewahrt wird, weder eine Kolonialgeschichte noch eine Diskriminierungschichte des Wortgebrauchs. An ›Barbar‹ können wir als normale Sprecher keine Gebrauchsgeschichte ablesen, wir müssen sie eigens erforschen.

›Zigeuner‹ oder ›Neger‹ bewahren als Ausdrücke keine Diskriminierungsgeschichte, es sei denn, sie wird von Sprachkorrekten extra herausgestellt und mit Erklärungen versehen. Wir fragen den Sprachkorrekten, ob ›Schamlippen‹ wirklich etwas mit ›Scham‹ zu tun haben und warum Feministen uns Wortspiele mit ›beschämen‹ und ›Scham empfinden‹ auftischen. Um mit Sprachkorrekten vernünftig zu sprechen, muss man ihnen die obige Paradoxie vor Augen halten: Obwohl wir mühsam Ausdrücke als Eins-zu-eins-Entsprechungen *lernen* (und erst später durch Ableitungen), ist es nicht so, dass Ausdrücke 1 : 1 mit der Wirklichkeit *korrespondieren*.[35] Die Ausdrücke haben oft keine denotative Präzision, sondern eine, wie wir sagen können, denotative Breite. Das gilt vor allem für die von Sprachkorrekten so gern verwendeten Abstrakta, und sie benutzen sie gerne, weil sie allgemein und daher schwerer zu widerlegen sind. Daher ›Struktur‹ und ›Diskurs‹ als Förmchen, die man wirklich auf alles übertragen kann. Statt auf Etymologien und richtigen Sprachgebrauch sprechen zu kommen, sollte man nach den Implikationen fragen, die sich aus dem politisch korrekten Sprachgebrauch ergeben. Wenn Frauen durch den Gebrauch von ›frau‹ und ›Frau‹ sichtbar gemacht werden, dann wird aber das Fräulein unsichtbar gemacht, wenn man den Ausdruck ›Fräulein‹ meidet. Wenn man Sätze wie ›frau strickt hier gerne‹ moniert und unterlässt und dagegen bildet: ›frau in der Bundeswehr lässt sich gut gehen‹, so macht man gemäß der (falschen) Doktrin der Feministen die Frauen, die stricken, unsichtbar. – Wir können dem Sprachkorrekten aber noch eine frohe Botschaft bringen: Der Ausdruck xy hängt nur konventionell an der

---

35 Zwischen dem Vorgang, einen Laut mit einem Ding in der Wirklichkeit zu verknüpfen, und Dinge mit Wörtern und Sätzen (regulären Lautgebilden) bezeichnend abzubilden, ist ein Unterschied. Porzig weist verschiedentlich darauf hin, dass nicht die Lautung, sondern die geistige Gliederung die Sprache ausmacht. Wenn die geistige Gliederung Vorrang hat oder gar essentiell ist, kann sie auch eigengesetzlich stattfinden. Porzig sagt, dass Kinder beim Sprachenlernen einen Laut mit einem Ding verknüpfen, er sagt auch, dass jede „sprachliche Äußerung" die Aufgabe habe, „einen Sachverhalt der Außenwelt zu meinen" (Porzig 1962, 210), nie aber sagt er, dass Sprache Wirklichkeit abbildet. Es ist ein Irrtum der moderneren Sprachwissenschaft, dass Sprache Wirklichkeit abbildet (repräsentiert). Diesen Irrtum meint auch Kaehlbrandt bei den Korrekten zu erkennen: „Drittes Charakteristikum der korrekten Sprachzurichtung: die Sachen entsprechen den Wörtern. So ist es konsequent, wenn das grammatische Geschlecht mit dem biologischen verwechselt wird. […] Die Sprache kommt in die Werkstatt der Gerechtigkeitssemantik." (Kaehlbrandt 2016, 118) In der direkten Verbindung mit Wort bzw. grammatischem Phänomen und Wirklichkeit tut sich auch wieder der Zwang zur Präzision der Korrekten kund. Die Herkunft der geistigen Gliederung wohl bei Herder (2015, 17).

Sache, die er bezeichnet oder beschreibt. Wir legen den Schwerpunkt auf die Konvention, nicht auf das Konzeptionelle, wie die Korrekten es tun, wenn sie sagen, man solle ›Frau‹ statt ›Fräulein‹ sagen, weil das der angemessenere Begriff ist (moralisch angemessener und kognitiv angemessener). Wenn ein Ausdruck nur konventionell an einer bestimmten Sache in der Welt hängt, dann gibt es keine Repräsentation, es gibt aber auch nicht die in der feministischen Linguistik beliebten fehlenden Pendants. Die Sprache als eine Konvention hat ihre eigene Logik. Sie hat nichts oder doch nur sehr indirekt mit der Welt zu tun. Daher gilt nicht die Abbildungstheorie und daher auch nicht das, was das beliebte Politikergerede behauptet: Dass zuerst die bösen Worte da seien und dann die bösen Taten kämen. Gälte die Relation: Ausdruck = Repräsentation dieses Dinges oder Sachzusammenhanges in der Welt, so wären wir auf wahre Aussagen festgelegt. Der, den man ›Zigeuner‹ nennt, wäre wirklich einer… Da wir aber mit Worten, Sätzen und Phrasen Konventionen folgen, gibt uns unser ›Sprachspiel‹ Präsentationen. Zum Beispiel: Es gibt physikalische Prozesse, wir sagen: ein Gewitter. Das Wort (wie die ganze Wortfamilie) ist konventionell (der Ausdruck ›Grollen‹ ist allenfalls onomatopoetisch motiviert), dann gewinnen wir eine Präsentation. Es reicht, in der Kommunikation ›Gewitter‹ als Präsentation mitzuteilen. Das, was B von A mitgeteilt bekommt, ist nicht das, was A erfahren hat (daher keine Repräsentation), sondern es ist das, was B (selbst schon) einmal erfahren hat. Das Gewitter ist *Gemeinbesitz* wie das Wort. – Es wird von Politikern, Feministen und korrekten Linguisten immer wieder behauptet, Sprache schaffe Wirklichkeit und Worten folgen Taten. Das sind leicht widerlegbare Annahmen. Aber nehmen wir an, die erste Annahme sei wahr. Die politisch Korrekten schreiben Sätze wie: ›Als die Deutschen 1939 in Polen einmarschierten…‹ Die Deutschen? Alle? Oder die Wehrmacht? Hier müsste man im Jargon der politisch Korrekten ausrufen: ›Das ist *zutiefst* unwahr!‹ Denn nicht die Deutschen sind einmarschiert, sondern nur ein Teil. Wenn ihre These stimmt, dann manipulieren sie mit ihren Behauptungen die Wirklichkeit, schaffen Wirklichkeit, die aber unwahr ist. – Im Gespräch mit den politisch Korrekten muss man auch ihren permanenten Gebrauch von Stigma-Abstrakta zurückweisen. Diejenigen, die die Schwere der Bedeutung des Wortes ›Kolonialismus‹ nicht verstehen, bilden ganz unreflektiert ›Neokolonialismus‹. Sie machen auch den Fehler, eine alte Beschreibung auf neue wirtschaftliche Prozesse zu übertragen, denn globale Ausbeutung ist sicherlich nicht Kolonialismus der alten Prägung.

Alte, machst du Marossek?

Diana Marossek beforschte in ihrer Dissertation von 2013 das von ihr angeblich entdeckte Kurzdeutsch. Es stehe für Phänomene wie ›Ich geh Edeka‹, also eine Sprechweise, die bei immer mehr Menschen beliebt werde. Breitgetreten wird das Thema im populären Buch *Kommst du Bahnhof oder hast du Auto?*, das ich meiner Kritik zugrunde lege. Marossek ist sehr daran gelegen, das „vermeintliche" (Marossek 2016; 14, 18) Türkendeutsch als „neue Umgangssprache" (16) anzusehen. Das Kurzdeutsch sei ein Kontaktphänomen der türkischen, arabischen und deutschen Sprache, und so eben kein falsches Deutsch, sondern eines, das man aus speziellen sozialen Gründen nachmache, und zwar im Sinne einer „Stilverbreitung" (44). Es beruhe keinesfalls auf „mangelnde[r] Sprachkompetenz" (28). Das Weglassen von Artikeln und Präpositionen sei eine Inferenz zwischen den Sprachen und letztlich eine Jugendsprache, daher auch ein Soziolekt (vgl. 47ff.). Marossek vermischt noch andere Phänomene, die sie mal direkt als Kurzdeutsch beschreibt, dann aber auch nur als Merkmale des Kurzdeutschen, weil es sich ja eben nicht um Verkürzungen handelt, nämlich Sprachroutinen wie „Hör mal" oder „Weißt du noch" (57). (Das bekanntere „du weißt, was ich meine" behandelt sie leider nicht.) Auch die Prosodie und die Verwendung von ›d‹ statt Artikel (›Das iss d Diana.‹) oder ›sch‹ wo standardsprachlich ›ch‹ gesagt wird (vgl. ›isch‹) und rituelle Beschimpfungen sollen Merkmale des Kurzdeutschen sein. Das ist aber nicht so, es handelt sich vielmehr offenkundig um Sprachhabitualitäten der Jugendsprache. Um zu kaschieren, dass es sich tatsächlich um eine mangelhafte Sprache handelt (jeden Mangel kann man aber stolz hervorkehren, die Mängel des Kurzdeutschen sprechen also nicht dagegen, dieses Sprechen als falsches Sprechen zu bezeichnen), findet Marossek Ausdrücke wie „Sprecher orientalischer Wurzeln" (80) oder „alteingesessener Migrationskultur" (97). Marossek zeigt viel Unkenntnis über Fachbegriffe, so spricht sie von „Hochdeutsch" (92) wo ›Standarddeutsch‹ stehen müsste. Außerdem hat sie Probleme damit, sich festzulegen, was Kurzdeutsch nun eigentlich sei, nämlich Pidgin, Kontaktphänomen, Jugendsprache, Stadtsprache, Soziolekt oder Varietät, denn alle diese Begriffe gehen durcheinander. Nur eines darf es nicht sein: Falsches Deutsch… Deutlich versucht sie zu vermitteln, dass Kurzdeutsch zwar eine migrantische Herkunft habe und sich auch verbreite, es aber kein „Kanakendeutsch" und kein „Türkendeutsch" sei. Diese Begriffe hätten „eindeutig abwertenden, negativen Beigeschmack" (alle 103). Auch „Kiezdeutsch" (104) sei ein überholter Begriff. So sehen wir, wie die politische Korrektheit verfährt: Sogar Begriffe aus der Forschung werden nach und nach revidiert und durch besseres Vokabular ersetzt. Dabei beschreibt Marossek das Phänomen Kurzdeutsch immer als Folge von Inferenzen von Deutsch und Türkisch bzw. Arabisch und weist selbst darauf hin, dass grammatische (besser wäre zu sagen: syntaktische) Fehler durch eben diesen Kontakt kommen… Gastarbeiter und Brennpunkte werden mit „so genannt" (alle 104f.) apostrophiert, als wären diese Ausdrücke inkorrekt. Sie prognostiziert eine „neue Sprachenkultur" (126) und hält das Szenario, dass immer mehr Menschen Kurzdeutsch sprechen werden, für das plausibelste Szenario (vgl. 147). Daran ist alles falsch. Das Kurzdeutsch wird immer markierendes Sprechen sein. Auch wenn Jugendliche oder Erwachsene, die Kurzdeutsch sprechen, meinen, es würde ihrer sozialen Identität und Gruppenkohärenz zupass kommen, so wird es für Beherrscher des Standarddeutschen immer negativ konnotiert sein. Kurzdeutsch ist eine Sprache, durch die sich der Sprecher selbst stigmatisiert. Nach Marossek soll man nicht ›Kiezdeutsch‹ oder ›Ausländerdeutsch‹ sagen, sondern ›Kurzdeutsch‹. Hier finden wir also die typisch korrekte Belehrung. Aber bis auf der schmalen Basis der Kontraktionsvermeidung kann Marossek nicht zeigen, was Kurzdeutsch ausmacht, daher auch nicht wirklich zeigen, dass man all die Phänomene des migrantischen falschen Deutschen, die sie unter Kurzdeutsch subsumiert, als dem Kurzdeutsch zugehörig betrachten sollte. Eine Kritik an der frühen Behauptung, Kiezdeutsch würde sich zu einer allgemeinen Sprache adeln, findet sich schon in Kaehlbrandt 2016, 141. Wir können von Marossek umstandslos auf die Leichte Sprache zu sprechen kommen, weil das Kurzdeutsch Vereinfachungstendenzen zeigt. Leichte Sprache gehört zur politisch korrekten Sprache, weil sie Kommunikation, besonders Texte, *vereinfachen* will und das auch ideologisch begründet. So will LS ermöglichen, dass Menschen mit geringen Verstehenskompetenzen auch an der allgemeinen Kommunikation teilnehmen können. LS soll Inklusion leisten. Vertreter der LS wollen Teilhabe dadurch gewährleisten, dass sie alle Arten von funktionalen Texten, vom Mietvertrag bis hin zum Antrag und zum Parteiprogramm, vereinfachen und damit verständlicher machen. LS kommt daher besonders schon in behördlichen Broschüren, Erklärtexten und Schulmaterialien vor. Vertreter der LS wollen sogar klassische Texte vereinfachen. Interessanterweise sind die Reduktionsverfahren oft diejenigen, die schon die traditionellen Stilratgeber als Regeln für gute Prosa aufstellten: Man solle Hauptsätze statt Nebensätze, kurze Sätze statt lange Sätze, konkrete Ausdrücke statt Abstrakta und den Indikativ statt den Konjunktiv verwenden. Man soll Aktivkonstruktionen bevorzugen und Fremdwörter meiden (vgl. Bock / Rappert 2023, 105; vgl. Lüthen 2019, 8). Verständlichkeit ist für Vertreter der LS strikte Eindeutigkeit, vgl. Bock / Rappert ebd., 144. Dadurch aufgegeben werden andere ästhetische Reichtümer der Sprache, etwa solche, die auf Bildhaftigkeit, Ambivalenz und Komplexität beruhen, und die ja auch informativ sein können. Komplexe Bildlichkeit, die durch Sprache beim Rezipienten erzeugt wird, soll reduziert werden, und zwar werden textbegleitende Illustrationen bevorzugt, die zu Ikonen reduziert werden, siehe ebd. 146. Hinzu kommt noch, dass in Texten mit LS politisch inkorrektes Vokabular wie ›Neger‹, ›Zigeuner‹ usw. zu meiden sind. Hält man sich daran, so ist das Ergebnis der typische und immer gleiche Ton von Texten in LS. Lüthen (2019, 63) macht uns vor, wie LS klingt: „Leichte Sprache ist gut. Sie macht Sachen klar. Zum Beispiel Politik, Gesetze und Infos über Medi·zin. Alle Menschen in Deutsch·land sollen darüber Be·scheid wissen. Zum Beispiel: Es gibt ein neues Gesetz. Das Gesetz soll für alle Menschen gelten. Aber Gesetz·sprache ist schwer." Hier fällt auf, dass Lüthen den Text durch die Silbenhervorhebung unnötig kompliziert macht und es auch inkohärent ist, wenn sie nicht alle mehrsilbigen Wörter so trennt. Außerdem schreibt sie falsch, da es ja ›Gesetzessprache‹ heißen müsste. LS wird durch viele politisch korrekte Auffassungen über Gleichwertigkeit von Menschen, Gleichberechtigung, Würde, Teilhabe, Inklusion, Diskriminierung usw. gestützt. Diese Hintergründe werden wortreich erklärt. Die Begleittexte zur LS werden immer komplizierter und in unzähligen Videos wird ein Streit ausgetragen, welche Mittel der Vereinfachung zweckhaft sind. Ganz abgesehen davon, dass es viele Erklärungen gibt, warum zwischen Leichter Sprache und Einfacher Sprache ein Unterschied bestehen soll... Diese Dinge werden niemals für diejenigen erklärt, denen LS dienen soll. Sie sind am Streit auch nicht beteiligt. Dann gibt es noch ein linguistisch relevantes Problem: Komplexe Texte sind *informative* Texte; Ausdrücke werden durch den Kontext spezifiziert. Reduziert die LS Texte auf wenige, einfache Wörter und Strukturen, so kann man Lexeme nur als das nehmen, was sie lexikalisch an sich beinhalten. Dieses Vorgehen vereinfacht nicht nur das Verständnis, sondern lässt Lexeme auch übermäßig ihr eigenes semantisches Gewicht tragen, während sie durch den Kontext spezifiziert würden. So kann die LS dann auch unliebsame Wörter vereindeutigen, etwa indem sie ›Gastarbeiter‹ in der politisch korrekten Auffassung als abwertendes Wort nimmt, während der Kontext verschiedene Aspekte des Wortes beleuchten kann… Daher ist die LS ein Einfallstor für politisch korrektes Sprechen: Reduzierung der Texte verträgt sich mit Zensur und diese verträgt sich mit Vereindeutigung von Lexemen in eine gewünschte Richtung...

Rechtes Gutsprech

Soweit zur politisch korrekten Sprache der bekennenden Linken. Sehen wir uns die Sprache und Sprachkritik der bekennenden Rechten an, die oft von politisch korrekten Linguisten untersucht wird. Ich werde zunächst kurz auf einen rechten Autoren eingehen, den ich schon früher behandelte, auf Manfred Kleine-Hartlage, ein bekennender Rechter, dem man also mit dieser Einordnung kein Unrecht tut. Danach werde ich mich einer Broschüre von Tim Kellner zuwenden. Tim Kellner kommt dem nach, was Lüthen fordert, nämlich in simpler Sprache zu schreiben. Danach gehe ich auf einen Text von Rolf Peter Sieferle ein. Ich werde zeigen, dass zumindest diese Autoren an denselben Unstimmigkeiten, sprachlichen Unklarheiten, Denkfehlern und öden Ausdrucksformeln kranken wie linke politisch Korrekte.

Kleine-Hartlage behandelt die ›Sprache der BRD‹ anhand von ausgewählten ›Unwörtern‹. Er schreibt zum Ausdruck ›rechts‹: „›Rechts‹ ist schließlich nicht nur im Deutschen, sondern auch in vielen anderen Sprachen konnotiert mit ›richtig‹, ›Recht‹ und ›Gerechtigkeit‹. ›Links‹ dagegen wird verbunden mit ›linkisch‹ und ›link‹ im Sinne von unredlich." (Kleine-Hartlage 2019, 198f.) Er vergisst, dass ›links‹ auch positiv konnotiert ist, denn man macht etwas mit links, also mühelos. In ›Rechthaberei‹ erhält ›rechts‹ eine negative Bedeutung. Es heißt zwar im Straßenverkehr: ›rechts vor links‹, aber auch: ›rechts stehen, links gehen‹. Das ›T-Shirt auf links drehen‹ kann man so verstehen, dass es dann falsch herum ist, aber es kann auch pure Mode sein oder einen Fleck verdecken. ›Links‹ ist hier also neutral. Das Problem ist, dass Kleine-Hartlage solche eher leeren Begriffe wie ›links‹ und ›rechts‹ als politische Begriffe aufwerten will, indem er sie mit kulturellen Einheiten verbindet. Er ist damit aber nicht allein, die Sprachkorrekten machen es genauso. Neulich las ich von linken Demonstration in Leipzig, die gegen die Sparpolitik der Ampelkoalition unter dem alliterativen Motto ›Heißer Herbst‹ demonstrierten. Es wurde behauptet, rechte Demonstranten wollten im ›Schulterschluss‹ (wieder eine typische Politalliteration) mit den Linken marschieren, aber sie seien von der Polizei zurückgehalten worden. Die rechten Demonstranten hätten abbiegen müssen, zu ihrem Leidwesen, wie der Schreiber sagte, nach links... Solche Verbindungen überspannen die Bedeutung von ›links‹ und ›rechts‹. Es geht eher darum, den politischen Gegner in einem trüben Licht erscheinen zu lassen, indem man sich des weiten Feldes kultureller Assoziationen bedient. Damit wird jede Sprachkritik unspezifisch und schwach. – Kleine-Hartlage kritisiert, dass mit dem Wort ›Zuwanderung‹ verschleiert werde, dass es sich um ›Einwanderung‹ handle, vgl. ebd. 258. Ich verstehe den Eintrag zu ›Zuwanderung‹ so, dass der Ausdruck für Kleine-Hartlage ein Verschleierungswort der BRD-Sprache ist, ein Wort der von ihm oft kritisierten Sprachregelung. Tatsächlich aber ist es nur ein Verschönerungswort, das aus der Dynamik des Gutsprechens kommt. Die Sache soll sprachlich besser dargestellt werden. Aber offenkundig ist es nicht möglich, die Sache *begrifflich* zu verschleiern. Wir haben eine ganze Schar von Ausdrücken: ›Zuzug‹, ›Zuwanderung‹, ›Einwanderung‹, ›Einreise‹, ›Zugereiste‹, ›Zugezogene‹, ›Neubürger‹ usw. und natürlich die Fremdwortvarianten: ›Migration‹, ›Migrant‹ und mit genauerem Fokus: ›Immigrant‹. Selbst die schönsprecherische, politisch korrekte Herrichtung, so denke ich, lässt die Kernbedeutung durchschimmern. Jedes dieser Worte hat seine Konnotation, ist also mit anderen Sinnfeldern verbunden. ›Einreise‹ ist tatsächlich ganz harmlos, weil es auch für touristische Vorgänge benutzt wird. Und dennoch kann man die Sache durch Kontext offenbaren. Man kann Sachverhalte kritisieren, wie ›Wohnraumverknappung durch Zuwanderung, Migration, Zuzug‹ usw. und man wird sehen, dass im Kontext die *genaue Gestaltung* des einzelnen (auch ideologischen) Wortes weniger Gewicht hat. Wenn Kleine-Hartlage auf ›Einwanderung‹ (dann auch: Masseneinwanderung, illegale Einwanderung usw.) besteht, dann vollzieht er den falschen Gedanken der begrifflichen Präzision der Linken nach. Der Linke versucht mit ›Zuzug‹ die Sache in seinem Sinne darzustellen, der Rechte mit ›Einwanderung‹. Beide verstehen ›zu‹ und ›ein‹ anders. Stärker ideologisch ist der von Kleine-Hartlage kritisierte Begriff ›Bereicherung‹, vgl. ebd. 55, oder die Umstellung von ›Probleme‹ auf ›Herausforderung‹, vgl. ebd. 126. Wenn Migranten die Kriminalität erhöhen, was ein Problem ist, so schließt der Begriff ›Herausforderung‹ diese Probleme in einer gutsprecherischen Weise ein, so dass die Probleme als angenommene und fast schon gelöste erscheinen. Varianten von ›Bereicherung‹ sind ›Kulturaustausch‹, ›Akkulturation‹ usw. (Letztlich weiß ich nicht, warum das Lemma ›Bereicherung‹ als Verweisungswort mit Pfeil im selben Absatz erscheint, in dem Bereicherung behandelt wird, vgl. ebd. 56.) Kleine-Hartlage benutzt wie die politisch Korrekten oft Kraftwörter, um eine Sache besonders zu bezeichnen. Das kann auch mittels Adjektiv geschehen: „... Politik des kalten Genozids am eigenen Volk..." (ebd., 39) oder „kalter Staatsstreich" (ebd., 58). ›Kalt‹ ist offenbar einem ›heiß‹ gegenübergestellt wie in ›Kalter Krieg‹ vs. ›Krieg‹ im Sinne von schwelender Konflikt vs. offene Kriegshandlung. Das ›kalt‹ übernimmt auch die Rolle von ›heimlich‹ oder ›still‹. Weil aber die Gutsprecher und korrekten Politiker fast jedes Verbrechen an Gruppen als Genozid ausgeben, selbst wenn es nicht durch Kriegshandlungen geschieht, hätte Kleine-Hartlage es hier ebenso machen können. In beiden Fällen ist der Ausdruck ›Genozid‹ falsch angewendet.

Kommen wir nun zu dem, was uns Tim Kellner kredenzt. Bei ihm finden wir das typische rechte Vokabular, das die Korrekten auf die Palme bringt und das ihnen zeigt, dass das rechte Denken stilistisch und gedanklich weitgehend kohärent ist. Kellner spricht von „Gutmenschen" (2019; 6, 8), von einer „EU-Diktatur (34), natürlich vom „Schuldkult" (49), vom „Austausch der Bevölkerung" (11) bzw. vom „Bevölkerungsaustausch" (54) durch Zuwanderung und von der „amerikanischen Ostküste" (79, 80), also von dem, was Scharloth und andere Kritiker des rechten Sprechens für eine antisemitische Chiffre halten. Wenig überraschend ist auch, dass Kellner in Bezug auf die Parteien die üblichen (etwa auch bei Kleine-Hartlage, Esders und Kubitschek) vorkommenden Vokabeln und Variationen verwendet: „Politikerkaste" (6), „Parteienkartell" (18), „Altparteienkartell" (59), „Altparteien" (11) und „Blockparteien" (59). Mit acht Nennungen liegt „Einheitspartei" (8, 10, 11, 18, 54, 65, 67, 81) an der Spitze dieser Ausdrücke. Sehr präzise sind diese sprachlichen Varianten nicht, wenn sie ein und dasselbe bezeichnen sollen. Aus Sicht der Korrekten gibt es eine weitere unzulässige und halboffen antisemitische Bezeichnung, nämlich „Globalisten" (11, 54, 73), auch „Globalisten-Elite (34), und „EU-Elite" (73). Bzgl. Medien und Meinungen heißt es: „Beinahe-Diktatur (10), „Meinungsdiktatur" (10) sowie „Meinungskartell" (12), und bezogen auf Meinung und Bildung verwendet Kellner das Aufregerwort „gleichgeschaltet" (10, 30). Inklusion ist für ihn ein „Gleichmachen" (29). Durch die Verwendung von Anführungsstrichen oder dem Setzen von ›so genannt‹ wird deutlich, dass für Kellner das Wort ›Flüchtling‹ kein Pejorativum durch ›-ling‹ ist, wie die Korrekten ständig diskutieren, sondern schlicht ein verharmlosendes Wort: „so genannten Flüchtlingen" (16, 55) oder: „so genannte Flüchtlingskrise" (65). Flüchtlinge sind für Kellner „Wirtschaftsasylanten" (8), die Deutschland „fluten" (22) (Topos: Asylflut, Boot-ist-voll usw.). Kellner sitzt zwei verbreiteten Irrtümern auf: Er hält das Wort „Demokratie" (12) für Herrschaft des Volkes und stellt in Abrede, dass das Grundgesetz eine „Verfassung" (14) ist. Erstens hat das Wort ›Demokratie‹ nichts mit dem zu tun, was in einer repräsentativen oder direkten Demokratie wirklich vor sich geht, und zweitens ist das Grundgesetz eine Verfassung. Die gegenwärtige BRD ist für Kellner eine „DDR 2.0" (54) (das Versionszeichen ist zugleich Modernitätszeichen) und was die Veränderung der Politik in Deutschland betrifft, so wünscht er sich eine „zweite Wende" (9) nach 1989. Das auch bei Matthias Heine problematisierte Wort ›zersetzen‹ kommt bei Kellner vor: „Zersetzung" (15), „zersetzt" (25, 26, 73) (In Bezug auf Deutschland und die Bundeswehr). Dabei fordert er keine Zersetzung (wie Hitler in Bezug auf Propaganda), sondern beklagt sie (wie wiederum Hitler, wenn es um den Einfluss von Juden ging)… Dieses sehr typische rechte Vokabular ist variantenreich und wird immer so verwendet, dass es beschimpfend oder klagend ist. Aber Kellner verwendet auch das Gutsprech, und das ist ihm wohl nicht bewusst. Er gendert: „Schülern und Schülerinnen" (29) und er benutzt die typischen weibischen Kraftwörter wie „zutiefst" (15), „entscheidend" (17) und „massiv" (76). Typisches Gutsprechvokabular, oft bezogen auf Deutschland oder auf Werte, die man hier leben soll, sind: „sicheren, gerechteren und erfolgreichen Land" (17), „werteorientierte und -stärkende Schulfächer (31), „erfolgreiche Zukunft Deutschlands" (32), „digitale Innovationsstrategien (32), „starke Stimme Deutschlands (57), „Dank", „Anerkennung", „Wertschätzung" (60), „Würde" (76), Deutschland als „Vorreiter im Thema Umweltschutz" (78), „Respekt" (79), „Lösungsansätze" (5, 7), „westliche Wertegemeinschaft" (13). Diese Ausdrücke könnten genau so in einem grünen Parteiprogramm stehen; es ist auch ganz offensichtlich das Gutsprech aller Parteien. Positive Ausdrücke, die aber bei Linken heikel konnotiert sind, sind: „preußische Tugenden" und „Ehre" (27). Kellner unterlaufen einige sprachliche Fehler, die seine Unsicherheit in der deutschen Sprache zeigen. Wir wollen uns acht solcher Fehler genauer anschauen: Auf Seite 18 heißt es, dass es zum Nachteil wäre, wenn die Einheitspartei weiter die „Missgeschicke Deutschlands leiten" würde. Man leitet doch immer die Geschicke, oder? Auf Seite 29 schreibt Kellner zur Situation in den Schulen: „Es fängt mit fehlenden finanziellen Mitteln an und hört mit dem asozialen Verhalten von Schülern und Schülerinnen gegenüber anderen Mitschülern und Lehrkräften auf." Um die Sache problematischer erscheinen zu lassen, hätte der Satz ein „nicht" verdient. Aber auch „anderen" ist überflüssig, weil „Mitschüler" schon klar macht, dass damit diejenigen gemeint sind, die mit den vorher genannten Schülern beschult werden… Auf Seite 34 ist die EU einmal ein „technokratischer Superstaat", dann aber auch ein „Suprastaat". Ja, was denn nun? (›Supra‹ wäre richtig, weil es dann der Überstaat ist, statt ›Superstaat‹, der ein toller Staat ist…) Seite 38 hat eine tautologische Aussage: „Das Geld der Steuerzahler […] [ist] erstrangig dem Bürger in Form von *Dienstleistungen* in sach- und *Serviceform* wiederzugeben." Ich meine, hier ist erstrangig gedankliche Unklarheit im Spiel. Seite 51: „Richter müssen wieder Recht sprechen und das Strafmaß angemessen ausfüllen." Es muss ›ausschöpfen‹ heißen. Seite 59: „Amtszeiten sind zudem temporär zu begrenzen." ›Temporär‹ bedeutet schon zeitlich begrenzt. Ein bisschen pedantisch interpretiert sagt Kellner also: ›Amtszeiten sind zudem zeitlich zu begrenzen zu begrenzen.‹ Man muss die Fremdwörter, die man verwendet, schon verstehen. Seite 78 finden wir ein schiefes Bild: „Deutschland muss als Vorreiter im [besser: beim] Thema Umweltschutz vorangehen." Ein Reiter, der geht? Kellner kennt schließlich das „ursprüngliche Original" (83), obwohl jedes Original ursprünglich ist. Summa summarum haben wir es bei Kellner, was das Gutsprech und einen Teil seiner Gedankenführung betrifft, mit Bullshit zu tun.

Gehen wir über zu einigen sprachlichen Eskapaden in Sieferles *Finis Germania*. Sieferle versucht, die von ihm beschriebenen Sachverhalte mit Etymologien zu stützen. Sich auf Etymologien zu berufen ist immer ein schlechter Weg, heutigen Wortgebrauch oder heutige Sachverhalte begreiflich zu machen oder sogar zu rechtfertigen. Auf Seite 14f. seines Buches schreibt er: „Eine der Lieblingsvokabeln im politischen Wortschatz der Bundesrepublik ist die ›Verantwortung‹. […] Ursprünglich war Verantwortung aber ein Begriff, der innerhalb eines Personenverbandes ein ganz konkretes Verpflichtungsverhältnis bezeichnete: Ein Oberherr betraut seinen Vasallen […] [.] Die Ver-Antwort-ung zielt darauf, dass Rechenschaft über diesen Aufgabenbereich abzulegen ist." Auch die Linken bedienen sich des Wortspiels ›Verantwortung = Antwort geben‹, und zwar aus sprachesoterischen Gründen (vgl. auch: ›ver(antwort)ung‹ (Pfizer-Werbung)). Sieferle liegt in seiner etymologischen Aussage nicht ganz falsch, aber warum sollte das, was sich zwischen Herr und Vasall abgespielt hat, für den heutigen Begriff der Verantwortung eine Rolle spielen? Unklar wird es dann: „Nur in der Konfrontation von Wort und Ant-Wort, von Befehl und Gehorsam, von Schutz und Treue, also in einer vorsystematischen sozialen Wirklichkeit, kann es Verantwortung in einem präzisen Sinn geben." (Ebd. 15) Sieferle bemängelt an Verantwortung als BRD-Wort die inhaltliche Unbestimmtheit bei bloß gutem Klang, aber jetzt wissen wir nicht, was das Klangspiel mit Wort und Ant-Wort soll. Welchen Sinn soll hier das herausgestellte ›Ant‹ haben? Das ältere ›ant‹ als erstarrter Lokativ ist nur in wenigen heutigen Nomen anzutreffen (›Antarktis‹, ›Antagonist‹ usw.), es ist bei Verben zu ›ent-‹ verblasst (›entgegnen‹), es soll von ἀντί herrühren und die Bedeutung ›angesichts‹ (wie ›Antlitz‹), ›gegen‹, ›stattdessen‹, ›gegenüber‹ (lateinisch ›ante‹ auch mit zeitlicher Bedeutung) haben. Wenn Sieferle es in die Reihe stellt von Gehorsam und Treue, verliert das Wort an seinem etymologischen Gewicht, das aber doch wohl mit der Herausstellung ins Spiel gebracht werden sollte. Sieferle benutzt in seinem Satz ›Wort‹ und ›Ant-Wort‹ ohne Artikel; hätte er sie benutzt, so hätte er den Artikelwechsel beachten müssen: ›Antwort‹ ist gegenüber ›Wort‹ feminin, weil es abstrahiert ist. Sachlich passen die Ausdrücke aber nicht in seine Reihe, ›Antwort‹ ist etwas, was sich nicht gegen das Wort verhält, sondern genauso passt wie der Gehorsam zum Befehl oder die Treue zum Schutz, wo es aber überhaupt keine „Konfrontation" (ebd.) gibt, weil es passende *Gegenstücke* sind. (Die Entgegnung hat dasselbe Problem wie die Antwort.)[36] Zu diesem gedanklichen Durcheinander kommt noch die Unterstellung, die Beziehung zwischen Herr und Vasall sei eine „vorsystematisch[e]" Sache, aber sie ist doch ziemlich systematisch… Aber Sieferle identifiziert die moderne Welt mit der „systematischen Welt" (ebd.) und geht damit schon dem Soziologenbegriff ›System‹ auf den Leim. Auch der andere beliebte Begriff, ›Struktur‹, wird dann auf uns losgelassen. Sieferle spricht davon, dass „strukturelles Geschehen" (ebd., 16) heute nach dem Muster von Heldenepen oder Orakeln indivi-

---

36 Das verdeutlichende Zerreißen von Wörtern ist beliebt, ich erinnere an ›ver-rückt‹, um zu betonen, dass Verrücktheit ist, wenn etwas wie umgestellt ist. Oder man sagt, jemand sei ›leichtfertig‹, wenn er ›leicht fertig‹ mit etwas sei. Oder man sagt, erinnern sei ›er-innern‹, also etwas innerlich machen. Desgleichen bei ›per-vers‹, womit man sagt, dass etwas ›ver-dreht‹ ist… Alle diese Zerreißungen beweisen und veranschaulichen nichts, sollen nur bekräftigen, sind aber niemals überzeugend. Man beachte auch: ›Vita-min plus‹, um ›Vita‹ herauszustellen. Undeutlich dann, was ›min‹ sein soll…

dualisiert und in seiner Komplexität reduziert würde. Zuvor insinuierte er, dass „historische Großereignisse" (ebd. 15) „realen Akteuren" zugerechnet würden. Sein Beispiel ist die DDR (aber es könnte auch Nazi-Deutschland sein), die, sofern man nicht mehr nach dem persönlichen Beitrag und der individuellen Schuld fragt, einfach als etwas „Schicksalhafte[s]" (ebd., 17) beschrieben werden könnte. Das ist unbefriedigend, nicht nur weil wir gewohnt sind, im Strafrecht und auch im politischen Handeln nach der persönlichen Verantwortung und Schuld zu fragen. Und das ja auch nicht erst seit 1945. Sieferle, der wohl akteursabstrakte Kollektive für die DDR verantwortlich machen möchte, bemängelt dann aber, dass heutzutage Einzeltäter durch den Verweis auf ihre Umstände entlastet werden, also da, wo persönliche Zurechenbarkeit und Verantwortung eigentlich noch zählen müssten... Hier greift er zum Modewort „verorten" (18), um zu sagen, dass man die individuellen Handlungen des Täters verallgemeinert und sie den Abstrakta ›Umstände‹, ›Verhältnisse‹ und ›Gesellschaft‹ zurechnet. Überhaupt finden wir in Sieferles kleiner Schrift viele typische Abstrakta der politischen Korrektheit wie „Topik" (105), „Achsen" (61), „Multikulturalität" (94), „Figuren des Universalismus" (94) und Raumesoterik („postantropomorpher Raum, ebd. 62). Wo Scharloth politisch korrekt von den „Länder[n] des globalen Südens" (Scharloth ebd., 80) schreibt, schreibt Sieferle in alter Manier von der ›Dritten Welt‹, aber wenn es um Europäer und Germanen geht, dann doch auch vom „indigene[n] Volk der Industrieländer" (95)... Seine Kritik an der Massenkultur trifft sich mit derjenigen Adornos, seine Konzeption des Heros läuft in die Irre, seine Überlegungen zum Holocaust sind zwar nicht selbst krass revisionistisch, schließen aber einen möglichen Revisionismus nicht aus. Außerdem ist die Engführung jüdischer Heilsgeschichte des früher negativ, heute positiv ausgezeichneten Volkes Israel und der Deutschen als nun negativ ausgezeichnetes Volk arg konstruiert (vgl. 96) und ein typischer Fehler, der daraus entspringt, dass man angelesenes Bildungsgut für eine politisch brisante Darstellung nutzt, wenn man nur sagen will, dass die heutigen Deutschen unter der Schuld des NS-Regimes leiden. Zugleich sagt Sieferle, dass die Deutschen fast nicht mehr existieren, weder als Volk noch als irgendwie positiver Bezugspunkt. Hübsch sind die Überlegungen auf Seite 105 unter dem abgegriffenen Titel „Topik der Zivilisationskritik", wo es auch ›Kritik‹ getan hätte. Zum Heros noch: Sieferle romantisiert die alte Zeit, in der der Mensch noch in enger Bezug mit der Natur stand, die Familie intakt und mehr als eine ökonomische Zelle war, sondern mit den

Mächten von Himmel und Erde, Leben und Tod in Beziehung stand. Der Mensch, um den es Sieferle geht, erscheint als Heros, und diesem stellt er den heutigen Politiker gegenüber, der nicht mehr Handelnder sei, sondern von „Elementarkräften" (62) bewegt werde... Nun weiß man aber spätestens seit Campbells Studie über den Heros, dass es gerade der Heros war, der von den Elementarkräften bewegt, ja gejagt wurde, der oft nicht Handelnder, sondern Getriebener war – und das sowohl als Heros, der gegen Drachen, Grendel oder Kali, als auch als Bewohner der Scholle, der gegen Missernte, Dürre, Überflutung, Raub des Eigentums oder die Pest kämpfte... Sieferle schließt von einer Sache, die er nicht versteht, auf eine Sache, die nur seinem Vorurteil nützt. Der Leser lernt wenig aus der Lektüre und eigentlich beleidigt Sieferle sogar die Intelligenz seiner Leser. Die Etymologie von „Schuld" (74) wird von ihm kurz angetippt; so wenig wird klar, ob die Etymologie richtig oder falsch ist, weil sein ganzes Argument nicht darauf beruht; es handelt sich nur um ein kurze Markierung von Belesenheit. Gerade einige Überlegungen wären es wert, vertieft zu werden, während besonders die Aussagen zu Auschwitz sehr verwickelt sind, so dass Missverständnisse vorprogrammiert sind.

In Ellen Kositzas älterer Schrift *Gender ohne Ende* treffen wir zunächst auf viele akademische Schmuckwörter, die diagnostischen Wert haben sollen, aber wie von der Stange kommen: „Struktur" (48), „veröffentlichte Meinung" (24), der Modeausdruck „Macht des Faktischen" (21) usw. Sie unterliegt der Verführung, Doppelformen zu bilden, weil sie meint, damit würde mehr gesagt: „Probleme werden nur dort als solche erkannt und benannt..." (21). Kositza versucht den Feminismus aufzuspießen, auch seinen Sprachgebrauch. Sie geht deshalb auf die Vokabel ›Rabenmutter‹ und ›Glucke‹ ein (24ff.). Der moderne Feminismus habe versucht, den allgemein negativen Begriff der ›Rabenmutter‹, die bekanntlich im Tierreich eine sorgende Mutter sei, durch allerlei empowernde Publikationen zu verbessern. Kositza spricht von einem „forcierten Bedeutungswandel" (24). Das Wort ›Rabemutter‹ sei positiv besetzt und „[k]ein Mensch gebraucht ›Rabenmutter‹ heute mit negativer Konnotation" (ebd.). Man sei stolz, eine ›Rabenmutter‹ zu sein (vgl. Ähnliches zu ›tiger mom‹, ›tiger parenting‹). Dem stellt Kositza den Begriff der ›Glucke‹ gegenüber, der auch negativ behaftet sei, weil er eine überfürsorgliche Mutter meine. Wir wissen schon, warum weder der Feminismus ›Rabenmutter‹ dauerhaft positiv konnotieren kann noch Kositza mit Bezug auf das wirkliche Gluckenverhalten den Begriff ›Glucke‹. Warum? Weil diese Ausdrücke (Tiermetaphern für Menschen) *gar nichts* mit dem wirklichen Verhalten von weiblichen Raben und Hühnern zu tun hat. Die Begriffe verhalten sich nach ihrer eigenen Logik. Auffallen muss doch, dass das wirkliche positive Rabenverhalten ignoriert wird und im Begriff ›Rabenmutter‹ eigentlich das Entgegengesetzte gefasst wird (wie Kositza sagt); und dass das wirkliche Positive des Gluckenverhaltens als negativ gesehen wird, und zwar aufgrund des wirklichen positiven Verhaltens, das im Begriff *überzeichnet* wird. Die Begriffe verhalten sich nach dem Ausdrucksbedürfnis der Menschen. Tiere sind hier nur die Projektionsflächen, und zwar wie bei fast allen Tiermetaphern oder Tiervergleichen (denn der Bär mag zwar stark sein, er ist aber auch konfliktmeidend; die Gans mag unintelligent sein, sie ist aber nicht so dumm wie Menschen, deren Dummheit an der Intelligenz bemessen wird, die Menschen erreichen können etc.). Das bedeutet, dass es müßig ist, sich auf ›Rabenmutter‹ und ›Glucke‹ zu beziehen, und dass Kositza dieselben Fehler macht wie die linken Sprachkritiker. Beide sind zu sehr an den Sachen orientiert – die Sache hat aber mit den Worten oft nichts zu tun. Wir trinken Flüssigkeiten, aber wir essen Suppe. Nur weil die Suppe eine Flüssigkeit ist, sagen wir noch lange nicht, dass wir sie trinken. Und es ist hier keine metaphorische Übertragung, dass wir Suppe essen, sondern es liegt an der semantischen Beschaffenheit des Wortes ›essen‹. Deswegen ist es belanglos zu sagen, ›Glucke‹ solle wieder positiv besetzt werden. Das entscheidet das Kollektiv nach seinen Ausdrucksbedürfnissen.

Gehen wir über zu Armin Mohlers älteren *Notizen aus dem Interregnum*, in denen Mohler in den späten 90er Jahren eine Standortbestimmung der Rechten versucht. Seine Überlegungen wären in ihrer Konfusion an sich eine Untersuchung wert, hier aber soll es nur um sprachliche Tücken gehen. Mohler schreibt über Norberto Bobbios ›agonalen Gegensatz‹ zwischen Rechts und Links: „Als Italiener ist Bobbio nicht so weltfremd, seine Landsleute säuberlich in Gute und Böse aufzuteilen [...]. ›Agonaler Gegensatz‹ sagt deutlich genug, worum es Bobbio geht: zwei große Blöcke, die einander gegenüberstehen. [...] Man kennt dies aus dem englischen Parlament, wo zwei lange Bankreihen einander gegenüberstehen[.] Leider hat sich der kontinentale Parlamentarismus mehrheitlich für das Halbrundmodell der französischen Kammer entschieden. [...] Das weich schwingende Halbrund wirkt [...] einschläfernd. Und auf dem ›Seid-nett-zueinander‹-Kreisel von Bonn gehen wir besser gar nicht ein – der abgeordnete Pflüger könnte das für einen Vorstoß gegen das

G-Rundgesetz halten." (Mohler 2018, 38f.) Wir sehen an der ganzen Passage, dass sie ins Nichts führt. Wenn man auf einen Sachverhalt nicht eingehen will, muss man ihn nicht erwähnen. Doch will Mohler ein Wortspiel platzieren, und das geht ziemlich schief, weil in ›G-Rundgesetz‹ das ›G‹ isoliert und nicht mehr bedeutungstragend ist. Der Ausdruck ›Grundgesetz‹ wird gewaltsam aufgebrochen, um ›rund‹ zu erhalten, der nichts mit der tatsächlichen Sitzordnung im Bundestag zu tun hat. Damit wird das, was ein Aufblitzen an Bedeutung sein sollte, zu einem Kalauer. – Ein anderes Malheur passiert Mohler in seiner Bedeutungsexkursion zur *volonté générale*: „Man kann sie wörtlich als ›der allgemeine Wille‹ übertragen. Das trifft aber nicht genau. Das deutsche Wort ›allgemein‹ ist viel nüchterner als ›général‹; im französischen Wort klingen die Bedeutungen von ›allgemeingültig‹, von ›überhaupt‹ und damit von Oberhaupt (der General!) mit." (Ebd., 57) Nun liegt die Zeit, da ›über‹ und ›ober‹ als Präpositionen etwas miteinander zu tun hatten und auch schriftsprachlich austauschbar erschienen (vgl. dazu *Grimmsches Wörterbuch*), etwas länger zurück. In ›général‹ deutet Mohler ›General‹ hinein. Natürlich ist es eine Wortfamilie, aber das bedeutet nicht, dass die Semantik zwischen den Familienmitgliedern gleich verteilt wäre. In ›général‹ eine Verbindung zu ›General‹ zu suchen ist wie, in ›generell‹ eine Verbindung zu ›le général (de l'armée)‹ zu suchen. Tatsächlich findet sich die Semantik von ›allgemeingültig‹ weder in ›General‹ noch in ›le général‹, nur in ›generell‹, dort auch nur in engerer Ausprägung als in ›allgemeingültig‹. ›allgemeingültig‹ (Adjektiv) und ›überhaupt‹ (Adverb) sind durch verschiedene Verwendungsweisen schon weit auseinander getrimmt: ›Überhaupt sind Mohlers Ansichten bizarr.‹ versus ›Allgemeingültig sind Mohlers Ansichten bizarr.‹ Letzteres würde man nicht sagen. Mohlers Assoziation von ›überhaupt‹ und ›Oberhaupt‹ sind rein klanglich, die etymologische Verbindung ist zu lose, um seine Assoziation heute zu stützen. Auch im Französischen fehlt der Charakter des Oberhäuptlichen, wenn ich mal so sagen darf: ›La mécanique générale‹ ist einfach die allgemeine Mechanik. Es ist nicht unmöglich, dass ein Wortspiel oder eine Etymologie die Sache, die man vorträgt, unterstützt, doch das Wortspiel muss Esprit und die Etymologie wirklich etwas mit der Sache zu tun haben. Selten aber begründet die Etymologie den heutigen Wortgebrauch oder erhellt ihn. Ich halte es mit Moore: „[…] [N]atürlich ist die Etymologie eines Ausdrucks weder ein guter Führer für die tatsächliche noch für die korrekte Verwendung desselben." (Moore 33, 143) Etymologie wirkt also weder begründend noch normativ. Ein Wortwitz, besonders ein etymologischer Wortwitz, ist daher fast immer nur Bildungsbeigabe; ich selbst kenne keinen Fall, da die Etymologie irgendeinen Beitrag leisten konnte zu einer Sache, für die man sich stark machte.

Noch einige allgemeine Beispiele zum rechten Wortgebrauch: Rechtes Sprechen ist nicht auf offen negative Bezeichnungen für Flüchtlinge und Migranten angewiesen, es genügt, einen positiven Begriff der Flüchtlingsdebatte ironisch zu wenden, daher ›Goldstücke‹ als Bezeichnung für angeblich wertvolle Migranten. Ein sinnlicher Begriff ist ›auslinken‹, er meint das Argument, das ein von Rechten und Konservativen erkanntes Problem so hinstellt, dass es auch für Linke verdaulich ist. Also man kritisiert die Masseneinwanderung nicht als für Deutsche und Autochtone schädlich, sondern als auch für früher Zugewanderte schädlich: Neue Migranten üben einen Druck auf schon frühere Migranten aus (Wegnahme von Wohnraum, Bildungschancen, Integrationsleistungen usw.). Die Rechte stellen ›Demokratie‹ zu ›Demokratur‹ um, sie konfundieren also beide zu einem Kofferwort. Nicht sehr kreativ. Wie ›Muslim<u>a</u>‹ ein Zeichen der politischen Korrektheit, so bei den rechten ›Myth<u>us</u>‹ als Zeichen der Zugehörigkeit.

Grundgesetz oder Verfassung?

Die Rechten hadern damit, dass Deutschland eigentlich keine richtige Verfassung habe. Einmal seien die ostdeutsche Gebiete nur beigetreten, ohne demokratische Abstimmung, andererseits sei auch das Wort ›Grundgesetz‹ verschleiernd, denn Deutschland müsse eine Verfassung haben… Dieser Streit ist alt und leicht zu klären: Das Grundgesetz *ist* eine Verfassung. Es muss diesen Namen nicht haben. Das allgemeine europäische Fremdwort ist *Konstitution*. Es ist ein Klassenbegriff für alle diejenigen Gesetze, die staatskonstituierend sind, auch wenn sie einen Individualnamen haben. Wir können auch sagen, dass Deutschland eine Konstitution hat, wie England eine nicht-kodifizierte Konstitution (*Common law* usw.) oder Spanien seine *Constitución* und Italien seine *Costituzione* hat. Hier wäre der Klassenbegriff der Individualbegriff. Auf die Worte kommt es aber nicht an. ›Grundgesetz‹ schließt an die Vorstellung eines Grundes an, wie auch ›Grundnorm‹, ›Grundsatz‹, ›Grundwert‹ usw. Mit diesem Wort ist sehr plastisch ausgedrückt, dass wir Normen haben, die der Staatsverfassung zugrunde liegen. ›Grundgesetz‹ ist nun kein Name für eine Klasse von Texten, eben die Texte der Konstitutionen. Aber das macht nichts. Es ist sachlich das, was diese Klasse von Texten ausmacht. Mit einem Grundgesetz sind wir auch nicht allein: Dänemark hat das gleichnamige *Grundlov*, die Niederlande haben ihr *Grondwet*. Damit ist das Thema auch schon beendet.

Gemeinsamkeiten des linken und rechten Sprachgebrauchs

Linke und Rechte tendieren zu Abstrakta und Wortungetümen. Sehr beliebt bei linken und rechten Gutsprechern, die akademisch auf sich halten, sind Ung-Abstrakta. Es sind oft Vorgangsabstrakta, die wieder diagnostischen Wert haben sollen, die aber natürlich nur auf einen Schematismus zurückgehen. Linke beklagen ›Gentrifizierung‹, ›Prekarisierung‹, ›Faschistisierung‹, ›Ökonomisierung‹, ›Viktimisierung‹, ›Traumatisierung‹. Weiterhin beklagen sie eine ›Dehumanisierung‹ im Krieg, aber auch durch Kapitalismus, eine ›Rassifizierung‹ von Hautfarben, Personen und Kulturen, eine ›Deprivilegierung‹ und ›Pauperisierung‹ weiter Bevölkerungsteile. Sie fordern eine ›Deputinisierung‹ von Russland und eine ›Dekolonialisierung‹ der noch subtil durch westliche Hegemonie kolonisierten kulturellen Bereiche. Schließlich ist auch ›Dekarbonisierung‹ ein politisches Programm. Überhaupt erschreckt sie, dass die Ostukraine einer dauerhaften ›Russifizierung‹ unterliegen könnte. Ein beliebtes Ung-Konkretum ist ›kulturelle Aneignung‹. Von der rotgrünen Regierung kommt ›Relativierung des Staates‹, nachgebildet vielleicht der Phrase ›Relativierung des Holocausts‹. Von Experten kommt: ›Entoligarchisierung der Ukraine‹ und die Klage über eine immer weiter voranschreitende politische ›Polarisierung‹ der Gesellschaft. Rechte beklagen eine ›Afrikanisierung‹ und ›Balkanisierung‹ durch Zuwanderung nach Deutschland, dazu eine ›Banlieusierung‹, ›Überfremdung‹, ›Verschwulung‹, ›Islamisierung‹, ›Radikalisierung‹ und ›Jihadisierung‹. Sie monieren eine ›Betaisierung‹ oder ›Effeminisierung‹ von Männern durch Feminismus, eine gesellschaftliche ›Hypermoralisierung‹ durch Linke und eine ›Vergrünisierung‹ durch Linksgrüne. Konservative sprachen gleich von einer ›Kubanisierung‹ als Szenario der Mobilität in Deutschland nach dem EU-Verbrennerverbot 2023. Dabei übernehmen Rechte und Linke auch Fachvokabular der politischen Forschung (Soziologie: ›Brasilianisierung‹, Gesellschaft: ›Digitalisierung‹, ›Globalisierung‹ etc.). Beide gehen dem falschen Gedanken auf den Leim, dass sich mit einem Ung-Abstrakta eine große Sache benennen ließe. Abstraktionen sind bei Links und Rechts beliebt. Da es im Deutschen viele Abstraktionsendungen gibt, steht formell viel lexikalisches Material zur Verfügung, um sich auszudrücken. Die folgende Tabelle listet einige Wortbildungen politischer Begriffe von Links und Rechts auf:

Abstraktionsendung	typisch linkspolitische Bildung	typisch rechtspolitische Bildung
-tum	?	Emanzentum
-ismus	Neofaschismus	Merkelismus
-ierung	Faschistisierung	Vergrünisierung
-ifizierung	Gentrifizierung	?
-ung	Entfremdung	Überfremdung
-heit	?	politische Krankheit
-keit	Machbarkeit der Achtsamkeit	?
-ität	Kreativität	Identität (daraus: Identitäre)
-ifikation	Diversifikation	?
-lei	?	Auslandsanhimmelei (bei Scharloth 122)
-(er)ei	Hitlerei	Israel-Anbeterei (bei Scharloth 124)
-nis	interdependentes Machtverhältnis, ungleiches Geschlechterverhältnis	Juden = Verhängnis
-omat	?	Scholzomat
-at	Konglomerat	Feminat[37]

Beide Gruppen bindet der Glaube an die Exaktheit von Ausdrücken an einen gemeinsamen Fehler, nämlich an den Irrtum, mit einem Begriff sei eine Sache schon leibhaftig da. So glauben die linken Aktivisten an ›Hass-

---

37 Ursprünglich jedoch eine feministische Bildung oder eine frühe innerparteiliche Kritik am ›Weiberrat‹ der Grünen von 1984; sie steht offensichtlich in der Reihe ›Sultanat‹, ›Kombinat‹ usw.

rede‹, weil sie von einer hübschen alliterativen Reihe gestützt wird: „Hetze, Hass und Häme" (Scharloth ebd., 240), sie glauben auch an die neuen ›Echokammern‹ und ›Blasen‹ durch das Internet, obwohl die Sache der einseitigen Meinungsbildung in der eigenen Gruppe ein Steinzeitphänomen ist. Die Rechten glauben an den ›Bevölkerungsaustausch‹, an ›Heteronomien‹ der linken Mächte usw. Beide bilden Ausdrücke in großer Zahl, viele davon mit einem Missverständnis behaftet: So ist der auch bei Rechten zu findende Ausdruck ›migrantenstämmig‹ analog zu ›deutschstämmig‹ falsch, da ›migrant-‹ keine Bedeutung von ethnischer oder lokaler Herkunft trägt. Des Weiteren nutzen die korrekten Gutsprecher großes Abstraktionsvokabular, das sich durch ›de-‹ verrät: ›De-Risking‹ (Baerbock zu Konflikten mit China), ›Dehumanisierung‹ (wie oben), ›Demokratisierung‹ (eigentlich ein false friend in der Reihe), ›Dekarbonisierung‹, ›Dekolonialisierung‹ (beide wie oben), ›Detoxing‹ (von Männern, Beziehungen usw.), ›Dehumanisierung von Menschen‹ und ›Devalidierung von Frauen‹ (Vorwurf von Menschenrechtsaktivisten und Feministen), ›Deputinisierung‹ usw. Das funktionale ›de-‹ mit der Bedeutung ›weg-‹ oder ›(her)ab-‹ sollte man nicht unterschätzen. Es ist ein Zeichen für gebildeten Gebrauch, wie das ganze Fremdwort. Und nur mit ›De-Risking‹ kann Baerbock an den internationalen Diskurs anschließen, weil ›Entrisikorisierung‹ nicht geht. Nur ›Risiko minimieren‹ geht noch, aber das überfordert die Gutsprecher.

Die Tendenz zur Abstraktion und eine gegenläufige Tendenz (die beide daraus resultieren, dass um korrekte Worte gestritten wird) können wir uns deutlich machen an den Wörtern ›Femizid‹ und ›Antisemitismus‹. Beide werden von den politisch Korrekten verwendet, bei ›Antisemitismus‹ wird, wie oben gesagt, jedoch auch gefordert, es durch das präzisere ›Judenhass‹ zu ersetzen. Judenhass sei das, was man eigentlich meine, wenn man von Antisemitismus spreche, nämlich der Hass auf Juden. Wir können den politisch Korrekten zustimmen, dass der Ausdruck ›Judenhass‹ viel besser ist (wenn es ihm gelingt, das zu bezeichnen, was er bezeichnen soll), weil er nämlich kürzer ist, verständlicher, aussagekräftiger usw. Einige Vorteile gegenüber dem Ausdruck ›Antisemitismus‹ habe ich aufgelistet:

Antisemitismus	Judenhass
Fremdwort	deutsches Wort
Überlänge: sechs Silben	drei Silben
abstrakt, blass	bildreich
klingt nicht	klingt durch ausrollendes ss
–	ss lässt sich als SS-Runen ikonografieren
schließt an Ismen an	schließt an Bildungen mit ›-hass‹ an (wie Frauenhass, Männerhass etc.)
international verwendbar (*antisemitism*)	nur für Deutschsprecher verständlich
mit ›Semit‹ altes Vokabular	mit ›Jude‹ aktuelle Eigenbezeichnung
mit ›Semit‹ zu weiter Fokus	mit ›Jude‹ angemessener Fokus

Wer jedoch ›Antisemitismus‹ dem ›Judenhass‹ vorzieht, kann einen Vorteil in seiner Gebrauchsweise darin sehen, dass ›Antisemitismus‹ an andere Ismen der Korrekten anschließt. Etwas anders verhält es sich mit dem Ausdruck ›Femizid‹, das die Korrekten und Feministen gerne verwenden und das alternativlos. Es ist ein typisch korrektes Politwort. Stellen wir Vorteile und Nachteile gegenüber:

Femizid	Mord an Frauen / Frauenmord
Fremdwort	deutsches Wort
daher nicht unmittelbar verständlich	daher unmittelbar verständlich
drei Silben	vier / drei Silben
abstrakt, blass	bildreich
als Nomen erstarrt	Einwort oder präpositional
schließt an ›-zid‹ an (›Genozid‹, ›Suizid‹ etc.)	schließt an gängige Bildungen an
international verwendbar	nur für Deutschsprecher verständlich
als Schlagwort einsetzbar	als Schlagwort einsetzbar

Eine deutschsprachige Entsprechung hat Vorteile, leider nicht die, auf die es den internationalen Feministen wohl ankommt, nämlich überall als Schlagwort verstanden zu werden. Bei den Rechten finden wir ein Beispiel das zeigt, wie das Fremdwort wirksamer ist als ein mögliches deutsches Wort:

Eigene (von Kellner)	Identitäre (von Sellner)
deutschsprachige Sonderbildung	Fremdwort und Personenabstraktion aus ›Identität‹
weitgehend unbekannt bzw. nicht breit akzeptiert	bekannt und vom linken Gegner anerkannt
silbisch: Kurzwort	silbisch: Langwort
klingt blass und fad	klingt wichtig und tief
versteckter Bezug zu Arier	–

Auch das Wort ›Identitäre‹ hat aber das Problem, eine Sache zu schaffen, hier durch Verschlagwortung einer Gruppenzugehörigkeit, bei der man zweifeln kann, ob es sie gibt. Denn man kann bezweifeln, dass *sprachlich* etwas an den ›neuen Rechten‹ irgendwie neu ist und nicht einfach der Aufguss der ›Neonazis‹, zumal sich ›neu‹ und ›neo‹ nicht viel geben... Bildhafte, plastische Ausdrücke sind ›rechtes Lager‹, ›rechte Ecke‹, ›rechter Rand‹, ersteres auch Eigenbezeichnung, letztere Schmähung, oder das bei den Korrekten beliebte ›Brandmauer gegen Rechts‹. Allein, ein Bild kann an seiner Gefälligkeit durch wiederholten Gebrauch verlieren. – Gehen wir weiter und bemerken noch, dass die Ausdrücke ›Identitäre‹, ›Neue Rechte‹ und ›Nouvelle Droite‹ ein neues Selbstverständnis markieren und eine Abgrenzung zu den früheren Rechten sein sollen. Tatsächlich gibt es aus Sicht der Rechten von heute einige Unterschiede: Die neuen Rechten verurteilen das NS-Regime; sie nehmen Bezug auf Errungenschaften der deutschen Kultur oder auf konservative Epochen, die prägend oder segensreich waren. Sie lassen die Einwanderer der 50er bis 90er Jahre gelten, hetzen also nicht gegen Griechen, Türken der älteren Generation, Vietnamesen und Italiener, sondern betonen deren Integrationsleistung. Sie erweitern ihre Identität zur europäischen Identität und verbünden sich mit Rechten und Konservativen anderer Länder. Auf dem Weg übergreifender Interessenbündnisse wird implizit der nationale Unterschied markiert und ein moderner Nationalismus gestärkt. Die Verurteilung des NS-Regimes mündet in eine stärkere Verurteilung Hitlers, von dem (wie schon Haffner zeigte) behauptet wird, er habe den Deutschen am meisten geschadet. Insofern die Dimension des Holocausts geschmälert oder relativiert wird, so geschieht das aufgrund von Zahlen und Widersprüchen derjenigen, die die Opferzahlen erheben. Es werden wissenschaftliche Methoden zur Holocaust-Relativierung in Anspruch genommen. Teilweise haben die neuen Rechten heute ein kultiviertes Auftreten, wobei Pöbelnazis immer noch das Fußvolk darstellen. Trotz alldem behaupte ich, dass ›Identitäre‹, ›Neue Rechte‹ und ›Nouvelle Droite‹ aufgeblasene Begriffe sind.

Ein Gutausdruck wie ›breiter Energiemix‹ umfasst für die einen Kohle-, Atomkraft, Gas und regenerative Energien, für die anderen nur verschiedene Formen der regenerativen Energien (Wind, Fotovoltaik, Biogas usw.) mit Ausschluss von Atom- und Kohlekraft... Der Ausdruck hat also einen breiten Bedeutungsumfang, und der hängt von der Interessenlage seiner Benutzer ab. Dasselbe dürfte auch auf ›Zigeuner‹ und andere unliebsame Ausdrücke zutreffen, nur dass die Korrekten den unmoralischen Usus nicht mehr sehen oder das Wort bewusst auf die negative Bedeutung, den negativen Usus verengen. Ein anderes Beispiel: Wer, auch ohne extrem rechts zu sein, mit der Migrationspolitik der Ampel-Koalition nicht zufrieden ist und gegen Zeltunterkünfte im ländlichen Raum kämpft, der benutzt den Ausdruck ›gemischte Gemeinschaft‹, und zeigt sich so offen für Flüchtlinge, aber in angemessenen Proportionen. Auch die Formeln, die bei den Korrekten besonders beliebt sind, übernehmen die Rechten und Konservativen (bzw. sie bieten sich beiden gleichermaßen an), etwa im Polit- und Plakatsprech: ›Strukturwandel statt Strukturschwindel‹ (AfD). Linke und Rechte sprechen vom ›besorgten Bürger‹, den man ›ernst nehmen‹ muss, sie bieten diesem den allgegenwärtigen, aber nie auskunftsfreudigen und meist inkompetenten ›Ansprechpartner‹ an. ›pro‹ ist ein typisches Gutwort (›pro Familia‹, ›pro Bau‹, ›pro Darm‹ (Medikament)), es ist kurz und eigentlich abstrakt, deshalb auch Baustein für jede politische Richtung. Die Rechten bilden ›pro fortis‹. Im Juni 2023 wurde der ›Pride Month‹ von Rechten zum ›Stolzmonat‹ umgedeutet. Es ist eine Adaption und Karikatur, die aber etwas Positives aussagen will: Die Rechten fordern einen (neuen) Stolz auf das eigene Land und die Errungenschaften von Deutschland ein. Sie wollen auch die rühmliche Vergangenheit Deutschlands respektiert wissen. Eine solche Adaption und Umdeutung in seinem politischen Sinn ist Gang und Gäbe in der politischen Rhetorik. Letztlich sind die aktionistischen Vokabeln dasselbe, aber sie stehen für anderes (wie ›Farbiger‹ und ›PoC‹ dasselbe sind); und es geht darum, die Hoheit über das Meinen eines Ausdrucks zu haben. Die Rechten übernehmen aber viele Phrasen der Korrekten, weil sie genau das meinen, was auch die Korrekten meinen, daher das ständige Gefasel von ›wichtig und richtig‹ oder ›offen und ehrlich (und transparent)‹ auch bei den Rechten. Es sind eben Formeln, die das Denken beherrschen. Das beweist auch, dass beliebige rhetorische Strukturen der Gutsprecher und Korrekten übernommen wurden. Wir hatten oben die Formel ›x statt y‹. Also dichten die Rechten während des Stolzmonats: ›Stolz statt Scholz‹. Hier liegt nun der Einwand nahe, dass, wenn die Rechten sich desselben Vokabulars und der Strukturen bedienen wie die Gutsprecher, es vielleicht keine genuine politisch korrekte Sprache gibt. Und ist es nicht so, dass wir viele Ausdrücke im Alltag ebenso verwenden und auch dieselben Strukturen? Immerhin sagen wir: ›Urlaub auf Kreta statt auf Sizilien.‹ Und wir sagen ›herzlich willkommen‹ statt nur ›willkommen‹… Oft wird von den Korrekten Klemperer zitiert, der sagte, die politische Sprache des Nationalsozialismus habe nichts hervorgebracht und leide an Armut: „Das Dritte Reich hat die wenigsten Worte seiner Sprache selbstschöpferisch geprägt, vielleicht, wahrscheinlich sogar, überhaupt keines." (Klemperer 2010, 26) Und: „Die LTI ist bettelarm." (ebd. 29) Das könnten wir auch für die Sprache der politisch Korrekten sagen, gerade wenn darauf hingewiesen wird, dass sie ihre Formen und Inhalte aus den allgemeinen sprachlichen Strukturen des Deutschen und Englischen bezieht. Aber ich denke, dass unsere vielen Beispiele deutlich gemacht haben, dass es diese korrekte Sprache, insbesondere das Gutsprech, wirklich gibt. Um politisch korrekte Sprache zu sein, gibt es bestimmte stilistische, ästhetische, kognitive usw. Merkmale, die die in Dienst genommenen Strukturen, Inhalte, Formen und Formeln verwandelt, so dass sie zwar erkennbar allgemeinsprachliche Merkmale behalten, aber eben immer als in eine bestimmte politische Richtung getrimmt erkennbar sind. Und sie ist weit verbreitet, so dass sie in die Alltagssprache wieder zurück dringt. Und so kommen auch die politisch Rechten nicht um sie herum. Wenn sie etwas, was wertvoll ist, als ›wertvoll‹ bezeichnen wollen, es aber auch stark machen wollen, und ›werthaft‹ nunmal die einzige verbale Formel ist, um das auszudrücken, dann müssen sie ›werthaft‹ benutzen. So sagen sie dann, dass ›Patriotismus werthaft‹ ist, obwohl sich die zwei Ausdrücke aufgrund ihrer verschiedenen politischen Herkunft (oder ihres Jetztgebrauchs) eigentlich beißen…

Die Rechten parodieren die großen, erhabenen Sätze der Korrekten (›das beste Deutschland aller Zeiten‹, ›Deutschland, in dem ich gut und gerne lebe‹). Das geht auf zwei Weisen, einmal in dem sie die rhetorische

Hülle angreifen, wenn Inhalt und Form offenkundig in einem Missverhältnis stehen und die Korrekten falsche Inhalte verbreiten, oder sie greifen wirklich die Substanz an, weil sie anderer Auffassung sind. Im zweiten Fall besteht die Gefahr, dass die Parodie der Rechten selbst zur bloßen Rhetorik wird.

Was ist Sprache?

Wenn man über politische Sprache schreibt, stellt sich automatisch die Frage, was denn eigentlich Sprache ist. Doch nicht einmal der größte Trinker würde dieses Fass aufmachen. Sprache lässt sich nicht definieren, man kann nur eine Fülle von Erscheinungen zusammenzutragen; diese erlauben, das, was Sprache ist, zu illustrieren, auch wenn dabei keine befriedigende Definition herauskommt. Eine Möglichkeit wäre es, die folgenden vier Aspekte in einer Definition zusammenzufassen: Sprache ist geistig gegliederte Lautung, die stark konventionalisiert kommunikativen Zwecken dient. Geistige Gliederung meint hier, dass die Sprache schon die Lautung bedeutungshaft verwendet, so dass spezifische Lautung zum Sinnträger wird. Bestimmte Laute sind bedeutungshaft, andere bedeutungslos (wenn auch realisiert), andere strikt ausgeschlossen. Durch die geistige Gliederung bilden sich Sinnbezirke. Diese erübrigen es, dass die Sprache Abbildungscharakter hat (jedenfalls strikten Abbildungscharakter), und führen die Eigengesetzlichkeit der Sprache vor Augen. Die „sprachinhaltliche Gliederung" kann von der „sachlichen der Wirklichkeit" (Porzig 1962, 107) abweichen. Daher auch die verschiedenen Inhalte der verschiedenen Sprachen, die zu den unterschiedlichen Lautungen der Sprachen noch hinzukommen. Allerdings führen diese Unterschiede nicht zu einem starken Relativismus. (Relativismus in der Sprache hieße, dass von einer Sprache nicht mehr oder nicht weitgehend übersetzt werden könnte.) Dann: Sprache ist als Lautung das Primärsystem gegenüber der Schreibung. Beide müssen regelhaft sein. Beide unterliegen dem Anpassungsdruck durch die Zeit, das heißt Ausdrücke, Regeln und Zeichen verändern sich. Dass diese Veränderungen selbst regelhaft auftreten zeigt, dass das Kommunikationssystem Sprache eigenen Gesetzen des Bestandes und der Wandlung (eben synchron und diachron) unterliegt. Zweifellos ist das keine Definition, sondern eine Illustration, die den Erkenntnissen der einzelnen linguistischen Fächer folgt. Abzugrenzen ist die Sprache noch von Sprachähnlichem. Man gesteht dem Menschen zu, seine Kunstfertigkeit im Vergleich zum Tier dem Grad nach entwickelt zu haben: der Vogel baut ein Nest, das Eichhörnchen seinen Kobel, und der Biber seine Burg. Der Mensch ist aber in der Lage, riesenhafte und komplexe Gebäude zu bauen. Auch ist seine Planungsfähigkeit dem Grad nach besser entwickelt, diese ist aber bei höheren Lebewesen schon vorgebildet. Ebenso sein Sozialverhalten und viele andere Fähigkeiten. Nur die menschliche Sprache soll der Art nach von den Lauten der Tiere verschieden sein. Man spricht, um doch eine graduelle Entwicklung anzugeben, allgemeiner von *Kommunikation*. Tiere kommunizieren, auch der Mensch kommuniziert, aber eben komplexer. Der Art nach verschieden ist übrigens auch die Grausamkeit des Menschen. Aber was die Sprache betrifft, so soll sie von der Kommunikation der Tiere unterschieden sein. Geben die Tiere mit ihren Lauten informative Signale, so gibt der Mensch keine Signale, sondern bedeutsame Lexeme und Strukturwörter. Die Sprache ist daher weitaus komplexer als alle kommunikativen Signalisationssysteme. Und sie bietet laufend Überraschungen. Eine sehr wichtige Eigenschaft jeder Sprache ist ihre konventionelle Prägung. Handlungen, kulturelle Praktiken, Regeln, Normen und eben auch Sprache haben als modale Eigenschaft, also unabhängig von jeder inhaltlichen Bedeutung, konventionellen Charakter. Wir sind schon oft auf die Eigenschaft des Konventionellen gestoßen. So ist ›Dreieck‹ dominanter als ›Dreiseit‹, und alle anderen sprachlichen Bildungen, besonders mit Alternative, haben sich konventionell durchgesetzt. Alle Entwicklung über die Zeit und unter den Bedingungen der Zeit hatten einen Ausgangspunkt, der, wie immer er motiviert war, sich dann konventionell weitervererbte. So reden wir, wie wir reden. Das Konventionelle beherrscht auch die Sekundärsysteme, also Schreiben und Lesen. Unsere rechtsläufige Schrift impliziert ein rechtsläufiges Lesen. Allerdings gibt es Beispiele im Deutschen und Englischen, in denen sich die Leserichtung kurz ändert:

1) Zahlen (Bsp.: ›456‹, aber gelesen: ›Vierhundersechsundfünfzig‹).
2) Uhrzeitangaben (›3:40 Uhr‹, gelesen: ›Drei Uhr Vierzig‹).
3) Bei Wertangaben („All companies should be given a three-month business rates holiday as part of almost £ 16 billion of potential new aid, according to the CBI." Übersetzt gelesen: ›16 Millionen Pfund‹. Oder: ›Beitrag in Höhe von € 2.500,00 netto‹.
4) Verben (›ich wirble‹, gesprochen: ›ich wirbel‹, geschrieben: ›ich würfle‹, gesprochen: ›ich würfel(e)‹) oder Nomen: ›Single‹, ›Example‹, ›Puzzle‹.

5) Andere Angaben: ›Wird ab ca. KW 21 in unserem Auftrag saniert.‹ Lies: ›21. Kalenderwoche‹.
6) Relativ neu: „Der mutmaßliche Täter verschickte nach Einschätzung der Ermittler seit Januar 21 mit einem Pulver gefüllte Briefe [...]." (Meldung aus dem Jahr 2020!)
7) ›Logarithmus$_4$ (64)‹, wird gelesen: ›Logarithmus von 64 zur Basis 4‹.
8) ›cm²‹ wird ›Quadratzentimeter‹ gesprochen.
9) Auch beim Koordinatensystem lesen wir ›x-y-Achse‹, also von unten nach oben und von rechts nach links.
10) ›∃xP(x)‹, lies: ›Es gibt ein x, dass die Eigenschaft P hat‹.
11) ›¹⁴C‹ geschrieben, aber ›C14‹ gelesen, also von rechts nach links und von unten nach oben.
12) ›3,1$\overline{33}$...‹ Leserichtung von links nach rechts und dann von oben nach unten: ›Dreikommaeinsperiodedreidrei‹
13) ›12,34 €‹ geschrieben, gesprochen: ›Zwölf Euro Vierunddreißig‹.

Dieses Phänomen ist alt, man findet es schon in der Devanagari-Schrift. Von der dominanten Schreib- und Leserichtung gibt es also nur sehr spezielle Ausnahmen, aber es gibt sie. Die Leserichtung ändert sich von rechts nach links, und in den Fällen, in denen von unten nach oben gelesen wird, wird deutlich, dass wir nicht in Linien anordnen, sondern in einer Matrix. (Genutzt wird das bei vielen Flächendarstellungen, die zugleich Schrift sind, etwa beim Karolus-Monogramm, wo der Text zum Bild wird und die Leserichtung daher springt, und zwar rechts, hoch, runter, runter, hoch, rechts.) Diese Matrix sollte man nicht überbewerten, sie ist nur die Zusammenfassung der Linearität, die in unserem indogermanischen Sprach- und westlichen Kulturkreis von links nach rechts, von oben nach unten verläuft. Aber es wird durch den Wechsel der beiden Richtungen deutlich, dass die Fläche, auf der sich unser Schreiben und Lesen vollzieht, freier verwendbar ist. Das Ganze ist ein Beispiel dafür, wie es konventionelle Dominanz in der Sprache geben kann, und dass es Ausnahmen geben kann. In vielen Fällen erweisen sich die Ausnahmen als Unterregeln. Aus dieser allgemeinen Sicht lassen sich auch Phänomene der korrekten Sprache betrachten und verstehen. Vor allem muss die politisch korrekte Sprache die Kriterien erfüllen, die wir für Sprache genannt haben. Das ist für die Lautung und die geistige Gliederung keine Kunst, denn die politisch korrekte Sprache ist eine Sonderausprägung der Sprache allgemein. Um etwas über die Konventionalisierung zu sagen ist es vielleicht noch zu früh, aber an dem ganzen Phrasen- und Formelbestand sehen wir, dass die Konvention auch hier zum Tragen kommt. Daher wird es interessant sein zu beobachten, in welche Richtung sich die politisch korrekte Sprache entwickeln und vor allem, welche Denkmäler sie uns nach ihrem Aussterben in der allgemeinen Sprachpraxis hinterlassen wird…

Wir sind am Ende unserer Untersuchung angelangt. Wenn es mir gelungen ist zu zeigen, wie politisch korrekte Sprache auf der Sinnebene und auf der Ausdrucksebene funktioniert, dann ist dieses Buch nicht umsonst geschrieben worden. Falls der Leser eine Handlungsanweisung zum Sprachgebrauch möchte, so kann ich nur eine geben: Alle politisch inkorrekten Ausdrücke können prinzipiell gesagt werden, wenn es eine sachliche Rechtfertigung dafür gibt; die Moral hat nicht die Hoheit über den Sprachgebrauch und liefert auch nicht die erstgültigen Kriterien. Auch impliziert der sachgerechte Einsatz einen großen, vielfältigen Wortschatz, den sich der Leser aneignen sollte, wenn er plastisch, situationsgerecht und stilistisch fein sprechen will. Mit einem besseren Verständnis der Sprache im Allgemeinen und der Korrektsprache im Besonderen kann der Leser selbst entscheiden, *wie* er sprechen möchte. Er wird keine Sprachpolizei fordern, weil er Sprachrichter und Sprachstaatsanwälte und Sprachschöffen und Sprachbewährungshelfer gleich mitfordern müsste. Er wird aber auch keine Sprachpolizei beklagen, wenn er weiß, dass die Gutsprecher aus urmenschlichen und daher auch urfehlbaren Motiven ihre Diktion und ihre Ideen verbreiten. Sie tun es aus persönlicher Eitelkeit, weil sie Sprachstrukturen missverstehen, aus einem akademischen Habitus heraus, aus Belehrungswahn, aus dem Bedürfnis heraus, mitzureden und letztlich das Sagen zu haben… Ich hoffe, dass der Leser jetzt in der Lage ist, den politisch Korrekten, die immer mit dem moralischen Zeigefinger aufwarten, den moralischen Mittelfinger entgegenzustrecken.

Literatur

Adorno, Theodor W. (1997): *Minima Moralia. Reflexionen aus dem beschädigten Leben*. Frankfurt.
Behagel, Otto (1932): *Deutsche Syntax. Eine geschichtliche Darstellung. Band IV: Wortstellung. Periodenbau*. Heidelberg.
Beutelspacher, Albrecht (2022): *Null, unendlich und die wilde 13*. München.
Beutelspacher, Albrecht: *Haben Zahlen eine Bedeutung? Beobachtungen aus Sicht der Mathematik*. 6–24. In: Schimmelpfennig, Laura / Kratz, Reinhard (2019): *Zahlen- und Buchstabensysteme im Dienste religiöser Bildung. Studies in Education ans Religion in Ancient and Pre-Modern History in the Mediterranean and Its Environs 5*. Tübingen.
Bock, Bettina M. / Pappert, Sandra (2023): *Leichte Sprache, Einfache Sprache, verständliche Sprache*. Tübingen.
Bollnow, Otto Friedrich (1958): *Wesen und Wandel der Tugenden*. Frankfurt.
Borst, Arne (1990): *Barbaren, Ketzer und Artisten: Welten des Mittelalters*. München.
Brontë, Emily (2020): *Sturmhöhe*. Stuttgart.
Burke, Edmund (1989): *Vom Erhabenen und Schönen*. Hamburg.
Calvino, Italo (2015a): *Marcovaldo oder Die Jahreszeiten in der Stadt*. Frankfurt.
Calvino, Italo (2015b): *Der Baron auf den Bäumen*. Frankfurt.
Ebner-Eschenbach, Marie von (2023): *Krambambuli*. Stuttgart.
Engel, Eduard (2017): *Deutsche Stilkunst*. Zürich.
Esders, Michael (2020): *Sprachregime. Die Macht der politischen Wahrheitssysteme*. Dresden.
Forster, Edward Morgan (1972): *Auf der Suche nach Indien*. Berlin.
Frank, Anne (2021): *Gesamtausgabe: Tagebücher. Geschichten aus dem Hinterhaus. Erzählungen. Briefe, Fotos und Dokumente*. Frankfurt.
Fontane, Theodor (2019): *Effi Briest*. Stuttgart.
Haag, Anna (2022): *Verlogenheit und Barbarei. Auswahl aus dem Tagebuch 1940–1945*. Stuttgart.
Heine, Matthias (2019): *Verbrannte Wörter. Wo wir noch reden wie die Nazis – und wo nicht*. Berlin.
Heine, Matthias (2022): *Kaputte Wörter? Vom Umgang mit heikler Sprache*. Berlin.
Herder, Johann Gottfried (2015): *Abhandlung über den Ursprung der Sprache*. Stuttgart.

Heuser, Harro (2003): *Die Magie der Zahlen. Von einer seltsamen Lust, die Welt zu ordnen.* Freiburg.

Hoffmann, E.T.A. (2015): *Das Fräulein von Scuderi.* Stuttgart.

Humboldt, Wilhelm von (2021): *Schriften zur Sprache.* Stuttgart.

Hurna, Myron (2021) *Neuester Sprachpurismus. Wie wir sprechen, wenn wir Gutsprech sprechen.* Berlin.

Hurna, Myron (2023a): *Zur Stilistik der politisch korrekten Sprache: Mit einem Essay Vier Dogmen der feministischen Linguistik.* Würzburg.

Hurna, Myron (2023b): *Vergleiche nicht! Der Vergleich in der politischen Rhetorik, insbesondere der Holocaust-Vergleich.* Berlin.

Junker, Thomas / Paul, Sabine (2010): *Der Darwin-Code. Die Evolution erklärt unser Leben.* München.

Kaehlbrandt, Roland (2016): *Logbuch Deutsch. Wie wir sprechen, wie wir schreiben.* Frankfurt.

Kästner, Erich (2017): *Fabian. Die Geschichte eines Moralisten.* Zürich.

Kellner, Tim (2019): *Die Rettung Deutschlands. Visionen eines Neuanfangs.* Warschau.

Kleine-Hartlage, Manfred (2019): *Die Sprache der BRD. 145 Unwörter und ihre politische Bedeutung.* Schnellroda.

Klemperer, Victor (2010): *LTI. Notizbuch eines Philologen.* Stuttgart.

Kositza, Ellen (2022): *Gender ohne Ende.* Schnellroda.

Leisi, Ernst (1975): *Der Wortinhalt.* Heidelberg.

Leisi, Ernst / Leisi, Ilse (2016): *Sprach-Knigge oder wie und was soll ich reden?* Tübingen.

Lobin, Henning (2021): *Sprachkampf. Wie die Neue Rechte die deutsche Sprache instrumentalisiert.* Berlin.

Logananthem, Chelliah (2022). *Leuchtturm Jahresbericht.* Tamilische Bildungsvereinigung e. V. Bildung, Kultur und Sport. Stuttgart.

Lödige, Hartwig (2000): *Ketschup, Jeans und Haribo. Die letzten Rätsel unserer Sprache.* München.

Lorca, Federico Garcia (o.D.): *Zigeuner-Romanzen.* Übertragung von Enrique Beck. Frankfurt.

Lorca, Federico Garcia (2022): *Zigeunerromanzen.* Übertragung von Martin von Koppenfels. Berlin.

Lüthen, Alexandra (2019): *Allen eine Chance. Warum wir Leichte Sprache brauchen.* Berlin.

Manger, Itzik (2012): *Der Prinz der jiddischen Ballade.* Aachen.

Mann, Thomas (2007): *Der Tod in Venedig.* Frankfurt.

Mohler, Armin (2018): *Notizen aus dem Interregnum.* Schnellroda.

Moore, George Edward (2007): *Philosophische Studien. Ausgewählte Werke. Band 2.* Heusenstamm.

Mo Yan (2007): *Das rote Kornfeld*. Zürich.
Olschansky, Heike (2017): *Täuschende Wörter. Kleines Lexikon der Volksetymologien*. Stuttgart.
Ozment, Steven (Hrsg.) (1998): *Magdalena und Balthasar. Briefwechsel der Eheleute Paumgartner. Aus der Lebenswelt des 16. Jahrhunderts*. Frankfurt.
Palm, Christine (1997): *Phraseologie. Eine Einführung*. Tübingen.
Porzig, Walter (1962): *Das Wunder der Sprache. Probleme, Methoden und Ergebnisse der modernen Sprachwissenschaft*. Bern / München.
Pullmann, Philip (2015): *Der Goldene Kompass*. Hamburg.
Pullmann, Philip (1995): *The Golden Compass*. New York; zitiert nach dem Pdf: http://lgnavigators.weebly.com/uploads/5/8/5/2/58521739/his_dark_materials_omnibus.pdf
Pusch, Luise F. (2017): *Das Deutsche als Männersprache*. Frankfurt.
Pusch, Luise F. (2019): *Alle Menschen werden Schwestern*. Frankfurt.
Raabe, Wilhelm (2017): *Die Chronik der Sperlingsgasse*. Stuttgart.
Römer, Ruth (1968): *Die Sprache der Anzeigenwerbung*. Düsseldorf.
Rummel, Monika (2017): *Brisantes Suffix? Zum Gewicht von -ling im Konzept des Flüchtlings*. Gießener Elektronische Bibliothek 2017: https://d-nb.info/1139211897/34
Sand, George (2022): *Ein Winter auf Mallorca*. Frankfurt.
Sanyal, Mithu Melanie (2009): *Vulva. Die Enthüllung des unsichtbares Geschlechts*. Berlin.
Scharloth, Joachim (2021): *Hässliche Wörter. Hatespeech als Prinzip der neuen Rechten*. Berlin.
Scheffler, Gabriele (2000): *Schimpfwörter im Themenvorrat einer Gesellschaft*. Marburg.
Schiller, Friedrich (2017): *Der Verbrecher aus verlorener Ehre*. Stuttgart.
Schiller, Friedrich (2022): *Die Räuber*. Stuttgart.
Schwarz, Monika / Chur, Jeannette (2007): *Semantik. Ein Arbeitsbuch*. Tübingen.
Schwarzer, Alice (2004 [1975]): *Der kleine Unterschied und die großen Folgen*. Frankfurt.
Sieferle, Rolf Peter (2020): *Finis Germania*. Berlin.
Snow, Charles Percy (1967): *Die zwei Kulturen. Literarische und naturwissenschaftliche Intelligenz*. Stuttgart.
Snow, Cahrles Percy (1959): *The Two Cultures*. London. Text abrufbar unter: https://apps.weber.edu/wsuimages/michaelwutz/6510.Trio/Rede-lecture-2-cultures.pdf
Spitzer, Leo (1961): *Stilstudien. Erster Teil: Sprachstile*. München.
Stefanowitsch, Anatol (2015): *Asylanten, Flüchtlinge, Refugees und Vertriebene – eine Sprachkritik*. Der Standard. Abrufbar unter: https://www.derstan

dard.at/story/2000022449906/asylanten-fluechtlinge-refugees-und-vertriebene-einesprachkritik

Stefanowitsch, Anatol (2018): *Eine Frage der Moral. Warum wir politisch korrekte Sprache brauchen.* Berlin.

Stefanowitsch, Anatol (2020): *Politisch korrekte Sprache und Redefreiheit.* In: *Aus Politik und Zeitgeschichte.* Abrufbar unter: https://www.bpb.de/shop/zeitschriften/apuz/306446/politisch-korrekte-sprache-und-redefreiheit

Steinke, Ronen (2020): *Antisemitismus in der Sprache. Warum es auf die Wortwahl ankommt.* Berlin.

Tetzner, Theodor (1835): *Geschichte der Zigeuner.* Weimar.

Thoreau, Hanry David (2022): *Walden.* Stuttgart.

Thurau, Gustav (1912): *Singen und Sagen. Ein Beitrag zur Geschichte des dichterischen Ausdrucks.* Berlin.

Tolkien, J.R.R. (2012 [1998]): *Der Hobbit.* Übertragung von Wolfgang Krege. Stuttgart.

Tolkien, J.R.R. (2022 [1997]): *Der kleine Hobbit.* Übertragung von Walter Scherf. München.

Tran Dan Tien / Mai Luan / Dac Xuan ([1948] 2017): *Ho Chi Minh. From Childhood to President of Vietnam.* Hanoi.

Trömel-Plötz, Senta (1981 [1979]): *Frauensprache in unserer Welt der Männer. Konstanzer Universitätsreden.* Konstanz.

Vervecken, D., & Hannover, B. (2015). *Yes I can! Effects of gender fair job descriptions on children›s perceptions of job status, job difficulty, and vocational self-efficacy.* Social Psychology, 46(2), 76–92. https://doi.org/10.1027/1864-9335/a000229

Wildt, Michael (2012): *Nationalsozialismus: Krieg und Holocaust.* Informationen zur politischen Bildung, Nr. 316. Bonn.

Zimmer, Dieter E. (1997): *Deutsch und anders. Die Sprache im Modernisierungsfieber.* Reinbek.